胡兴东　张艺　焦磊◎辑校

历史文献所见
云南少数民族
民事习惯选辑

中国社会科学出版社

图书在版编目（CIP）数据

历史文献所见云南少数民族民事习惯选辑／胡兴东，张艺，焦磊辑校.—北京：
中国社会科学出版社，2020.10
ISBN 978-7-5203-6258-0

Ⅰ.①历…　Ⅱ.①胡…②张…③焦…　Ⅲ.①少数民族—习惯法—汇编—云南
Ⅳ.①D927.740.215.9

中国版本图书馆 CIP 数据核字（2020）第 059466 号

出 版 人	赵剑英
责任编辑	任　明
责任校对	沈丁晨
责任印制	郝美娜

出　　版	中国社会科学出版社
社　　址	北京鼓楼西大街甲 158 号
邮　　编	100720
网　　址	http：//www.csspw.cn
发 行 部	010-84083685
门 市 部	010-84029450
经　　销	新华书店及其他书店

印刷装订	北京君升印刷有限公司
版　　次	2020 年 10 月第 1 版
印　　次	2020 年 10 月第 1 次印刷

开　　本	710×1000　1/16
印　　张	27
插　　页	2
字　　数	442 千字
定　　价	148.00 元

凡　例

一、本书辑录的原则是对所有会对当前云南少数民族民事活动产生影响的习惯、禁忌等史料进行辑录，属于广义上的"习惯"，包括禁忌、习俗、习惯等。

二、本书对辑录史料中涉及少数民族称谓时，在用字上有贬损的直接改成现行通用字。

三、本书对辑录史料中涉及古今异名的少数民族支系名称、他称、自称、地名等进行必要的注释，特别是对各少数民族古代不同支系的自称和他称，现在被归为同一民族的都用当前民族称谓进行标注。

四、本书在史料排编体例上，根据辑录史料的内容性质以及民事法律基本特点分为18类。

五、本书对历史上记载云南少数民族民事习惯史料进行较为全面地收集，涉及文献达200多种，其中重点收集地方志、民族志和少数民族社会历史文化调查等资料。

六、本书对辑录的每条史料根据性质特点和表达完整，选择相关内容。

七、本书对辑录的每条史料都注明所在典籍、版本、页码等信息，以备复查核对。

八、有些史料在不同时期史志文献中有重复记载，但由于所载史志文献年代不同，仍重复收录，而不是采用第一次或者最后一次，以反映该习惯在时间上的延续性。但对没有时间沿革性质的则不采用重复收录。

九、史料中有明确脱漏和错误的字词，原文用（）标注，改正和补充的用［］标注。

十、同类史料排序顺序以史志文献时间顺序为准，若同一时间以所在史志文献顺序为准。

十一、对辑录资料原文中的异体字、繁体字直接改为现在通行标准简化字，但现在通行标准字与异体字、繁体字有含义上差别的除外。

十二、对原文中的注释文字，用小字楷体作出区别，以保持原文的原样。

目 录

一　婚姻习惯

（一）历代史志文献所见婚姻习惯

嫁娶之夕，私夫悉来相送，既嫁有犯，男子格杀勿罪，妇人亦死。或有强家富室责资财赎命者，则迁徙丽水①瘴地，终弃之，法不得再合。【（唐）樊绰撰，向达校注：《蛮书校注》卷八，"蛮夷风俗"，中华书局2018年版，页210】

娶妻不避同姓，富室娶嫁，金银各数十两，马牛羊皆数十头，酒数十瓶。女之所赍金银，将徙亦称是。婿不迎亲，女至其家，亦有拜谒尊卑之礼。【（唐）梁建方撰：《西洱河风土记》，方国喻主编：《云南史料丛刊》卷二，云南大学出版社1998年版，页219】

松外诸蛮②：唯服内不废婚嫁。娶妻不避同姓。【（唐）杜佑：《通典》卷一百八十七，"边防三·南蛮上"，中华书局1992年版，页5068】

东谢蛮③：婚姻之礼，以牛酒为聘。女归夫家，皆母自送之。女夫惭，逃避，经旬方出。【（后晋）刘昫：《旧唐书》卷一九七，"南蛮·西南蛮"，中华书局1975年版，页5274】

南平獠④：土多女少男，为婚之法，女氏必先货求男族，贫者无以嫁女，多卖于富人为婢。【（后晋）刘昫：《旧唐书》卷一九七，"南蛮·西

---

① "丽水"，又称大金沙江，即今缅甸伊洛瓦底江。

② 又称"松外诸蛮"，因居"松外"城之外而得名，今四川盐源县以南，泛指唐初居于今盐源县以南至云南洱海地区的少数民族，主要群体有河蛮，或称西洱河蛮，属于白蛮，也有部分是乌蛮。

③ 族名，因其首领姓谢，又居于东部，唐时分布在今贵州东南部。多认为其属于蛮僚类，是今侗族、水族的先民。

④ 又称"南平蛮"，古僚人一支，唐朝时分布在今四川南部及贵州、广西一带。

南蛮"，中华书局 1975 年版，页 5277】

　　处女、嫠妇①与人乱，不禁，婚夕私相送。已嫁有奸者，皆抵死。
【（宋）欧阳修：《新唐书》卷二二二上，"南蛮上·南诏上"，中华书局
1975 年版，页 6269】

　　其西有裸蛮，亦曰野蛮，② 漫散山中，无君长，作槛舍以居。男少女
多，无田农，以木皮蔽形，妇或十或五共养一男子。【（宋）欧阳修：《新
唐书》卷二二二上，"南蛮上·南诏上"，中华书局 1975 年版，页 6271】

　　西爨③之南，有东谢蛮……（昏）［婚］姻以牛酒为聘。女归夫家，
夫惭涩避之，旬日乃出。【（宋）欧阳修：《新唐书》卷二二二下，"南蛮
下"，中华书局 1975 年版，页 6320】

　　南平獠……俗女多男少，妇人任役。（昏）［婚］法，女先以货求男，
贫者无以嫁，则卖为婢。【（宋）欧阳修：《新唐书》卷二二二下，"南蛮
下"，中华书局 1975 年版，页 6325—6326】

　　松外蛮：居丧，（昏）［婚］嫁不废，亦弗避同姓。婿不亲迎。富室
娶妻，纳金银牛羊酒，女所赍亦如之……奸淫，则强族输金银请和而弃其
妻，处女、嫠妇不坐。凡相杀必报，力不能则其部助攻之。【（宋）欧阳
修：《新唐书》卷二二二下，"南蛮下"，中华书局 1975 年版，页 6321—
6322】

　　南平獠……土多女少男，为婚之法，女氏必先货求男族。贫人无以嫁
女，多卖与富人为婢。俗皆妇人执役。【（宋）王若钦等编撰，周勋初等
校订：《册府元龟（11 册）》卷九百六十，"外臣部（五）土风门二"，
凤凰出版社 2006 年版，页 11122】

　　松外蛮：在西洱河……虽服内不废婚嫁，娶妻不避同姓。富室娶嫁，
金银各数十两，马牛羊皆数十头，酒数十瓶，女之所赍金银。将徒亦称
是。婿不亲迎，女至其家，亦有拜谒尊卑之礼。其俗有盗窃、杀人、淫秽

---

　　①　即寡妇。
　　②　唐朝南诏管辖下的少数民族群体，居寻传城（今江心坡）以西三百里的祁鲜山（今缅
甸甘高山），是今中国景颇族、缅甸克钦族的先民。
　　③　南北朝及隋唐时期云南爨群体中的一部，又称白蛮，见于《蛮书》《旧唐书》《新唐书》
等。晋、南朝、隋时分布在今云南东部，势力达西洱河（今洱海）。唐朝时主要分布在滇池周
围，聚居在石城（今曲靖）、昆川（今昆明）、曲轭（今马龙）、晋宁、喻献（今澂江、江川）、
安宁、龙和城（今禄丰）等地。

之事，尊长即立一长木，为击鼓警，共会其下。强盗者，众共杀之。若贼宗富强，但烧其屋宅，夺其田业而已，不至于死。穿窬盗者，九倍征赃。处女、孀妻淫佚，不坐；有夫而淫，男女俱死。男子不跨有夫女子之衣。若奸淫之人，其族强者，输金银请和，妻则弃之。其两杀者死，家族即报复，力不能敌，则授其部落，举兵相攻之。【（宋）王若钦等编撰，周勋初等校订：《册府元龟（11 册）》卷九百六十，"外臣部（五）土风门二"，凤凰出版社 2006 年版，页 11122—11123】

《南夷志》曰：裸形蛮①……或十妻、五妻共养一丈夫。【（宋）李昉：《太平御览》卷七八九，"四夷部十·南蛮六"，中华书局 1960 年版，页 3497】

《永昌郡传》曰：郡西南千五百里徼外有尾濮②……男女长，各随宜野会，无有嫁娶，犹知识母，不复别父。【（宋）李昉：《太平御览》卷七九一，"四部夷十二·尾濮"，中华书局 1960 年版，页 3508】

云南俗无礼仪，男女往往自相配偶，亲死则火之，不为丧祭。无秔稻桑麻，子弟不知读书。赛典赤教之拜跪之节，婚姻行媒。【《元史》卷一百二十五，"赛典赤瞻思丁传"，中华书局 1975 年版，页 3065】

少年子弟号曰妙子，暮夜游行，或吹芦笙，或作歌曲，声韵之中皆寄情意，情通私耦，然后成婚。【（元）李京撰，王叔武辑校《大理行记校注》：《云南志略辑校·诸夷风俗》，云南民族出版社 1986 年版，页 87】

金齿③百夷④……嫁娶不分宗族，不重处女，淫乱如狗彘。女子红帕首，余发下垂。【（元）李京撰，王叔武辑校《大理行记校注》：《云南志略辑校·诸夷风俗》，云南民族出版社 1986 年版，页 91—92】

---

① 唐朝南诏管辖下的少数民族群体，居寻传城（今江心坡）以西三百里的祁鲜山（今缅甸甘高山），是今中国景颇族、缅甸克钦族的先民。

② 濮人的他称之一，又称"扑子蛮""普蛮""扑子蛮"等，历史上居住在澜沧江沿岸，是现在布朗族、佤族、德昂族的先民。

③ 始见于唐朝樊绰的《蛮书》，是部分傣族先民的他称，因有"以金缕片裹其齿"为饰的习俗而得名。

④ 今傣族。

罗罗，即乌蛮也①……嫁娶尚舅家，无可匹者，方许别娶。【（元）李京撰，王叔武辑校：《大理行记校注》《云南志略辑校》，云南民族出版社1986年版，页89】

其俗贱妇人，贵男子，耕织徭役担负之类，虽老妇亦不得少休。嫁娶不分宗族，不重处女，年未笄，听与男子私，从至其家，男母为之濯足，留五六昼，遣归母家，方通媒妁，置财礼娶之。【（明）钱古训撰，江应樑校注：《百夷传校注》，云南人民出版社1980年版，页95】

缅人②，色黑类哈剌③……妇人貌陋甚淫，夫少不在，则与他人私，遂为夫妇。【（明）钱古训撰，江应樑校注：《百夷传校注》，云南人民出版社1980年版，页102—103】

父死收其后母，兄弟死则妻其妻。新妇见舅姑不拜，裸而进盥，谓之奉堂。男女居室不同帷第，潜合如奔狼。而多疑，忌相贼也。【（明）田汝成撰：《行边纪闻》，《国立北平图书馆善本丛书》（第一集），页89】

婚姻不用财，举以与之，先嫁由父母，后嫁听其自便。惟三宣④稍有别，近华故也。其余诸夷，同姓自相嫁娶，虽叔、侄、娣、妹有所不计。莽著娶莽瑞体之女，叔娶侄也；著女嫁莽应理，妹适兄也。【（明）朱孟震著：《西南夷风土记》，商务印书馆1937年版，页5】

其俗男贵女贱，以妻为仆，非疾病衰老不得少息……处女先与人通，及笄，始用媒妁，以羊酒财帛为礼而娶之。【（明）谢肇淛：《滇略》卷九，"夷略"，页17】

楚雄之夷为罗婺，⑤居山林高阜，以牧养为业……女子以红黑布相

① 今彝族。现在的彝族在历史上名称繁多、支系复杂。秦汉时称"昆明"，魏晋时称爨，唐宋时称乌蛮和白蛮，元明时称罗罗。从历史文献看，现在的彝族在历史上自称和他称共有300多种。其中自称主要有：诺苏、聂苏、纳苏、罗婺、阿西泼、撒尼、阿哲、阿武、阿鲁、罗罗、阿多、罗米、他留、拉乌苏、迷撒颇、格颇、撒摩都、纳若、哪渣苏、他鲁苏、山苏、纳罗颇、黎颇、拉鲁颇、六浔薄、迷撒泼、阿租拨等。

② 缅甸主体民族，分布在伊洛瓦底江中下游，并散居于其他各地，属于蒙古人种南亚类型。

③ 又作"哈剌""戞剌""哈剌枉""哈瓦""卡剌"等，是佤族先民的称谓。

④ 明朝云南滇西土司有"三宣六慰"之称，其中"三宣"指南甸宣抚司、干崖宣抚司、陇川宣抚司；"六慰"指车里军民宣慰使司、缅甸军民宣慰使司、木邦军民宣慰使司、八百大甸军民宣慰使司、孟养军民宣慰使司、老挝军民宣慰使司。

⑤ 明清时期滇中及滇东北地区的彝族支系。

间，缀于裙之左右。既适人，则以藤丝圈束膝下。婚姻，男以水泼女足为定。【（明）谢肇淛：《滇略》卷九，"夷略"，页24—25】

阿昌，一名峨昌①……无酋长官束，好居高山，杂处山谷夷罗之间，听土司役属……今永昌有罗古、罗明三寨，皆阿昌夷也……近年罗板寨有百夫长早正者，病将死，其妻方艾，忽持刀欲杀之，妻惊问其故，曰："我死。汝将属吾弟矣。"【（明）谢肇淛：《滇略》卷九，"夷略"，文渊阁影印本（494册），页225】

楚雄府治之近，多旧汉人，乃元时移徙，与爨人②杂处，而服饰、器用，及婚姻、丧葬、宴会、馈饷之俗，大抵同风。【（景泰）《云南图经志书》卷四，《云南各族古代史略》编写组编：《云南各族古代史略》，云南人民出版社1978年版，页305】

白倮倮③：为婚姻惟其种类，以牛马为聘。及期，聚众讧于女家，夺其女而归。【（清）倪蜕：《滇小记》，"滇云夷种"，《云南丛书》（第九册），中华书局2009年版，页4643】

干倮倮④，婚嫁尚侈，诸种不及。丧以牛皮裹尸……好勇喜斗，杀人偿财物，仇怨，虽至亲，推办不顾。【（清）倪蜕：《滇小记》，"滇云夷种"，《云南丛书》（第九册），中华书局2009年版，页4644】

土人⑤，在武定境……姻亲，以牛羊刀甲为聘，新妇披发见姑舅，性刚（劣）［烈］，不能华言。【（清）倪蜕：《滇小记》，"滇云夷种"，《云南丛书》（第九册），中华书局2009年版，页4648】

沙人⑥：在弥勒者独善柔，孝亲敬长，有读书识字者，婚丧虽未能尽

---

①　今阿昌族。历史上有"峨昌""莪昌""娥昌""萼昌""蒙撒""傣撒""蒙撒掸""汉撒""阿昌"等自称和他称。

②　有人认为是古氐羌人支系，秦朝时居于今川南和滇东北等地，曾建立过"爨侯国"（爨国）。西汉末分布在云南滇池等地区。有人认为是今白族先民。

③　古代彝族中的平民阶层。历史上彝族分为平民和贵族两个阶层，平民阶层称为白彝，贵族阶层称为黑彝。

④　彝族中的平民阶层。

⑤　a. 自称"布土"，壮族先民。源于古代僚人对酋长、长辈尊称为"都老"（土僚）。沿用于宋、元、明、清。b. 土家族别称。自称"毕兹卡"，意为本地人，故文献记载为"土人""土丁""土家""土民"，解放后统称为土家族。参见陈永龄主编《民族词典》，上海辞书出版社1987年第1版，第31页。

⑥　今壮族。

改夷俗，而恶陋泰甚已除矣。罗平州亦有沙人，器用木，婚丧以牛为礼。【（清）倪蜕：《滇小记》，"滇云夷种"，《云南丛书》（第九册），中华书局 2009 年版，页 4649】

苗子①：婚娶，婿亲迎，步行偕妇，归始置酒待客。母家三日后，以牲畜送婿家，以为妆奁。婿家答以牛马、布匹，即准财礼，厚款送归。死则毡裹……婚配以其类不通诸夷。【（清）倪蜕：《滇小记》，"滇云夷种"，《云南丛书》（第九册），中华书局 2009 年版，页 4650】

黑干夷②，宣威有之……居深山密箐，婚配不用媒妁，男吹笙，女弹口琴，唱和相调，悦而野合，归语父母，始用媒聘，迎妇归。【（清）倪蜕：《滇小记》，"滇云夷种"，《云南丛书》（第九册），中华书局 2009 年版，页 4650—4651】

永昌府③：婚娶以谷、茶二长筒，鸡卵五、七笼为聘；客至，以谷、茶供奉，手拈而食，旧纳差发银百两，今十一两。【（清）王崧著，杜允中注：《道光云南志钞》卷七，"土司志上"，云南省社会科学院文献研究所 1995 年版，页 345—352】

栗粟④，近城四山、康普、弓笼、奔子栏皆有之……婚以牛聘，丧则弃尸，不敬佛而信鬼。【（清）余庆远撰，李汝春校注：《维西见闻纪》，维西傈僳族自治县志编委会办公室编印 1994 年版，页 51—53】

宾川州：种人有阿者、倮倮⑤、东㽏、乌蛮之苗裔……婚礼以牛为聘，婿亲负女而归。【（清）刘慰三撰：《滇南志略》卷二，方国瑜主编：《云南史料丛刊》卷十三，云南人民出版社 1998 年版，页 95—97】

临安府：⑥ 窝泥⑦……其俗，女适人，以藤束膝下为别。娶妇数年无

---

① 今苗族的主体先民。

② 彝族的一支。

③ 今保山市。历史上辖区相当于今云南省保山市隆阳区、永平县以南，澜沧江以西，怒江、龙川江以东及缅甸联邦萨尔温江以东、南卡江以北地区。

④ 今傈僳族。还有栗粟、力苏、溧粟、力梭、黎苏、施蛮、顺蛮、俚苏等称谓。

⑤ 又写作罗罗、罗罗蛮、卢鹿、罗落、落落、倮倮等。元明清及民国时期对彝族的称谓。分布在云南、贵州、四川三省广大地区。明清有时还称为"爨"。

⑥ 今红河州建水县。

⑦ 今哈尼族。还有和夷、和蛮、和泥、禾泥、窝泥、倭泥、俄泥、阿泥、哈尼、翰泥、阿木、罗缅、糯比、路弼、卡惰、毕约、豪尼、惰塔等称谓。

子，则逐之。【（清）刘慰三撰：《滇南志略》卷二，方国瑜主编：《云南史料丛刊》卷十三，云南人民出版社1998年版，页101—107】

宣威府：州属有黑乾夷①一种……居深山密箐，婚姻不用媒妁，男吹笙，女弹口琴，唱和相调，悦而野合，归语父母，始用媒聘，迎妇归。【（清）刘慰三撰：《滇南志略》卷三，方国瑜主编：《云南史料丛刊》卷十三，云南人民出版1998年版，页177—180】

开化府②：所属夷人三十余种，喇乌③，多居边地，性愚劣，自为耕织，男女蓬头跣足，面黧黑而身短小，议婚先订礼银数两，耕牛一条，嫁无妆奁……白捈鸡，④朴直小心，不能受屈，种旱稻、杂粮、棉花等物，居瘴地，衣服自为织染，饮食更属淡薄，婚不用媒，财礼以牛，多至五六只。【（清）刘慰三撰：《滇南志略》卷四，方国瑜主编：《云南史料丛刊》卷十三，云南人民出版社1998年版，页228—232】

镇雄州：种人有沙兔⑤……婚姻不用媒妁，寨中男女互相窥，农隙，去寨一二里，吹笙引女出，隔地兀坐，长歌婉转，更唱迭和；愈歌愈近，以一人为首，吹笙前导。众男女周旋歌舞，谓之跳月，两情合者，男女告父母，以牛羊为聘而（取）〔娶〕之。【（清）刘慰三撰：《滇南志略》卷四，方国瑜主编：《云南史料丛刊》卷十三，云南人民出版社1998年版，页249—252】

江川县：阿者保保⑥，衣服大略与黑保保（倮倮）⑦同……婚以牛为聘，婿亲负女而归。耕山捕猎，性好迁徙，无土司管辖。【（清）刘慰三撰：《滇南志略》卷五，方国瑜主编：《云南史料丛刊》卷十三，云南人民出版社1998年版，页272—274】

---

① 彝族的一个支系。

② 清朝改土归流后的府，管辖文山壮族苗族自治州南部的文山、西畴、马关、麻栗坡、砚山等县。

③ 清代哈尼族的自称。

④ 今彝族，属于白彝。清朝时文山地区的舍武、聂素、普剽、阿系、蜡欲、山车、普岔、腊兒（mào）、普马、普列、朴喇、花朴喇、白蹼喇、喇乌、捈鸡、白捈鸡、黑捈鸡、白喇鹦、阿保等19种，皆是彝族。

⑤ 又称沙人，今壮族。

⑥ 彝族的一个支系。

⑦ 即彝族中的黑彝阶层，属于贵族阶层。历史上西南地区彝族分为黑彝和白彝两个阶层，有的还有花彝。

顺宁府①：所属夷人……利米②，状貌黝黑，类蒲蛮，男子戴竹丝帽，著麻布短衣，腰系绣囊，善踏弩，每射生，得之即啖。愚朴，不娴跪拜。妇女青布裹头，短衣跣足，时出樵薪，刀耕火种，土宜荞稗。顺人，性朴谨，厌虚诞。亲戚往来，重实不重文。丧葬不烹不酌，亦称简朴。婚姻之典甚为美便，不慕势力，不厌单寒，惟取门第相若，声气相孚，男女年齿相近，不责聘仪，不较奁具，诚美俗也。【（清）刘慰三撰：《滇南志略》卷五，方国瑜主编：《云南史料丛刊》卷十三，云南人民出版社 1998 年版，页 290】

武定直隶州③：土人……姻亲以牛羊、刀甲为聘，新妇披发见舅姑。性刚（劣）［烈］，不能华言。【（清）刘慰三撰：《滇南志略》卷六，方国瑜主编：《云南史料丛刊》卷十三，云南人民出版社 1998 年版，页 310—313】

云南府合属：婚嫁六礼，先求庚帖，次通媒妁，继亲长之尊贵者向女家致主人意。既诺，然后二姓互相酬拜，具启下定。将娶则请期、纳币，而后亲迎焉。仪物丰俭，各称其力。【《康熙云南府志（1），④ 卷二·地理志之七·风俗》，页 56】⑤

昆阳州：地薄民淳，汉彝杂处，土民耕读各安其业，居家俭朴，畏法止争。惟彝人言语、服饰、婚姻、丧祭不无稍异于汉人。【《康熙云南府志（1），卷二·地理志之七·风俗》，页 58】

嵩明州：士习尚朴，敦礼读书，守约以私谒为耻，婚丧能用古制，邻保相恤，其民务农安业者多，风土俗习与省会略同。【《康熙云南府志（1）·卷二·地理志之七·风俗》，页 58】

婚丧与省俗略同，惟仪物为差俭，若彝独帑用牛羊，耻与奴隶为婚，葬从火化。【《康熙富民县志（5）·风俗》，页 459】

---

① 今临沧市，府治在今凤庆县。

② 彝族的一个支系。

③ 今楚雄州武定县。

④ 今云南省昆明市。

⑤ 本书所引云南地方府州县志，没有明确注明的，皆出自《中国地方志集成·云南府县志辑》，丛书于 2009 年由凤凰出版社、上海书店、巴蜀书社影印出版，资料中地方志注明的册数是指在《云南府县志辑》中的册数。

白倮倮①：婚姻惟其种类，以牛马为聘。及期聚众讧于女家，夺其女而归。【《康熙平彝县②志（10）·卷之三·地理志·风俗（种人附）》，页335—336】

婚礼，求亲敦请冰人③于家，宴而拜之，至妇家拜致主人意，妇家既诺，即宴之，二姓互相酬拜，下定仪。将娶，订期纳币，然后亲迎。其仪物丰俭，各称其力。【《康熙平彝县志（10）·卷之三·地理志·风俗（种人附）》，页329—330】

黑倮倮：性多悍黠好攻掠，汉人弗以女妻之。【《康熙平彝县志（10）·卷之三·地理志·风俗（种人附）》，页333—335】

罗平婚礼极朴，丧礼极俭，安本分，急输将，但无恒产，故多贫。其俗，各种人至今不改。【《康熙罗平州④志（19）·卷之二·风俗志》，页189】

白人⑤，按《通志》古白国之支流也，旧讹"白"为"僰"，实非一类，其服饰与汉人同，惟俗习、语言则异，多有读书登仕籍者。今婚、丧之礼，悉去其旧而遵制矣。【《康熙罗平州志（19）·卷之二·风俗志》，页190】

沙人⑥，一号"仲家"，习俗同侬人⑦……婚、丧以牛为礼，死用薄棺葬，女、媳盛妆罗立，曰"站场"，毕异于野焚而掩。【《康熙罗平州志（19）·卷之二·风俗志》，页190】

干倮倮，次于鲁屋黑倮倮⑧……俱不共居处，不通婚姻。【《康熙罗平州志（19）·卷之二·风俗志》，页192】

婚丧宾祭因时成礼，江左之风犹有存者。【《康熙通海县志（27）·卷之第二·风俗》，页24】

---

① 彝族的平民阶层。

② 今曲靖市富源县。

③ 即媒人。

④ 今曲靖市罗平县。

⑤ 今白族。是白族的他称，首见于元朝李京的《云南志略》。又称僰人、白爨等，1949年后统称为"白族"。

⑥ 今壮族。

⑦ 今壮族。

⑧ 与花倮倮同一阶层，即介于黑白彝之间的阶层。

士秀而文崇，尚气节，民专稼穑，礼度与中州等。人多畏法，少有不平，宁弃不争，多爱清雅，敬老敦礼，婚葬近古。岁时、节序与各省同，衣冠皆遵时制。【《康熙嶍峨县①志（32）·风俗（附种人）》，页377】

黑倮倮：嫁女，与羊皮一张、绳一根以为背负之具。【《康熙嶍峨县志（32）·风俗（附种人）》，页378】

白倮倮②：婚姻惟其种类，以牛为聘；及期，来女家夺其女而归。近渐习王化，同于编氓，大率寡弱易治。【《康熙嶍峨县志（32）·风俗（附种人）》，页379】

婚嫁仍遵行六礼，先求女庚帖，随通媒妁，继请亲长之尊贵者向女家致主人意。既诺，则二姓互相酬拜，具启下定仪。将娶，则请期、纳币，而后亲迎焉。其仪物丰俭，各称其力。【《康熙楚雄府志（58）·卷之一·地理志·风俗》，页357】

黑彝：即黑倮倮③……嫁女与皮一片、绳一根为背负之具，衣领以海蚆饰之，织火草麻布为生。【《康熙元谋县志（61）·卷之二·风俗》，页136—137】

婚嫁仍遵行六礼，先求庚帖，随通媒妁，继请亲长之尊贵者向女家致主人意；既诺，则二姓互酬拜，具启，下定仪；将娶，请期纳币；而后，亲迎焉。其仪丰俭，各称其力。惟喜轿多尚繁华，殊为无益。【《康熙黑盐井④志（一）（67）·风俗》，页355—356】

井人有自明初谪戍来者，有游宦寄籍者，有商贾置业者，有就近赁居者，故冠婚丧祭与中州不甚相远。男不镃基，女不杼轴，习尚繁华，人多慷慨，以信义相高，耻词讼，喜读书，立门户。男不及冠不婚，女不及笄不嫁，不论财。丧祭悉用《家礼》，如新婚之馈，新丧之复。【《康熙黑盐井志（一）（67）·风俗》，页349】

蒙化川，原夷坦……凡婚丧燕祭一准乎礼俗，称和易焉。故郡旧志谓："士人冠婚皆用《家礼》，民间相尚以朴实，饮食服用视他郡为俭。"

---

① 今云南省玉溪市峨山彝族自治县。

② 彝族中的平民阶层。

③ 黑彝、黑倮倮，都是彝族中贵族阶层的不同称谓。

④ 今黑井镇，属云南省禄丰县所辖。

【《康熙蒙化府志①（79）·卷之一·风俗》，页47】

一曰保倮：土著之乌爨也，为哀牢九族②之一……（燕）［宴］会则踏歌跳舞，婚聘以牛，卜筮用鸡，其俗颇称笃实。【《康熙蒙化府志（79）·卷之一·风俗》，页48】

备乐乡：冠、婚、丧、祭、吉、凶、宾、嘉，一遵《家礼》；尚节俭，勤耕读，朴直坦易，犹多古风；重名节，承先志，耕读相半，不事商贾。【《康熙宁州郡志③·风俗》，梁耀武主编：《康熙玉溪地区地方志五种》，云南人民出版社1993年版，页47】

彝俗：散处山谷，风气淳朴，田地瘠薄，刀耕火耕，不分冬夏，朝出暮归；甘贫苦，尚勤俭，婚娶重媒妁，合以类娶。【《康熙宁州郡志·风俗》，梁耀武主编：《康熙玉溪地区地方志五种》，云南人民出版社1993年版，页47】

婚嫁仍遵六礼，先通媒妁，既诺，则具启谢允下定。将娶则纳币请期，而后亲迎。仪物丰俭，各称其力。【《康熙易门县志·风俗》，梁耀武主编：《康熙玉溪地区地方志五种》，云南人民出版社1993年版，页69】

城内士民，男耕读，女纺绩，俗尚淳朴，不事奢华。语言、衣服、饮食与中州同。冠婚丧祭，互相资助。

窝泥④：婚用媒妁。

山苏⑤：婚无媒妁。

摆衣⑥：婚无媒妁，以正月子日用色线结球抛之，两相愿者，接而为夫妇。

车苏：⑦婚随自愿。【《康熙新平县志·卷之二·风俗（附种人）》，

---

① 今大理州巍山县。元明清时期，设过蒙舍千户所、蒙化府、蒙化路、蒙化州等。

② 今彝族先民。战国秦汉时期云南澜沧江两岸的"哀牢夷"，现在还有傣族先民之说。战国至汉时称为哀牢夷，南北朝时称乌爨，唐宋时称为乌蛮，明清时称为保倮。

③ 今玉溪市华宁县。

④ 哈尼族称谓，有时写作"倭泥"，首见于明代民族志。

⑤ 彝族他称，"勒苏濮"，彝语音译，部分彝族的自称。分布在云南峨山、新平、元江、双柏等地。

⑥ 今傣族。

⑦ 彝族的一个支系。

页 310】

婚嫁六礼，先求庚帖，次通媒妁，继请亲长之尊贵者向女家致主人意。既诺，然后二姓互相酬拜，具启下定。将娶则请期、纳币，而后亲迎焉。仪物丰俭，各称其力。【《康熙云南府志（1）·卷二·地理志之七·风俗》，页 56】

白倮㑩①：婚姻惟其种类，以牛为聘，及期来女家，夺其女而归。【《康熙嶍峨县志·卷之六·风俗（附种人）》，梁耀武主编：《康熙玉溪地区地方志五种》，云南人民出版社 1993 年版，页 117】

沙人②：婚嫁以牛羊为礼。【《雍正师宗州志（18）·卷之下·九考》，页 622】

罗武倮倮③，无姓氏，服饰、婚丧与黑倮倮同。【《雍正师宗州志（18）·卷之下·九考》，页 622】

婚：遵行六礼，男家先求女庚，通媒妁，请亲友之尊贵者致意。既诺，则二姓具启，相酬拜，行聘。将娶，则请期、纳币，而后亲迎。仪物丰俭，各称其力。【《雍正建水州志（一）（54）·卷之二·风俗》，页 157—158】

婚礼：婚姻遵六礼，先求庚帖，次通媒妁，继请亲长之尊贵者向女家致意。既诺，择期行媒下定。将娶，请期纳聘，而后具启亲迎。其仪物丰俭，各因其力，独彩轿争华，古盒繁拙，为此地乡俗。至若婚娶论财，彝虏之道，乘丧嫁娶即属逆理。今白井概无焉。【《雍正白盐井志④（67）·卷之一·风俗》，页 6】

阿昌：俱以"喇"为姓……婚聘用牛马。【《雍正云龙州志（82）·卷五·风俗（附种人）》，页 147】

婚嫁，先求庚贴，随通媒妁，继请亲长之密好者，向女家致主人意，既诺则具启下定仪，将娶则请期、纳币，而后亲迎焉。其仪物丰俭，各称其力，惟近多尚繁华，殊为无益。亲迎，戚友分列摆马四、五封不等，顶马、坐马在中，旗灯在前，花轿在后，彩亭执事锣扇呼拥极盛。新郎插花

---

① 彝族中的平民阶层。

② 今壮族。

③ 彝族的一个支系。

④ 今云南省楚雄州大姚县西北的石羊镇。

披红，到女家饮馔如礼。乘轿而往，骑马而归，前导新娘，并无奠雁之仪。【《乾隆东川府志（10）·卷之九·风俗》，页77】

夷俗附：乾人①，婚姻之礼未受聘者，额饰具，其长重门户，否则其下不服，聘妇以斗米，娶妇炒面和蜂蜜为团。【《乾隆东川府志（10）·卷之九·风俗》，页77】

爨僰，②聘妇议银币、娶议牛马，轻重多寡凭媒妁口，贫者不易得妇。爨之父母将嫁女三日前，持斧入山伐带叶松树于门外结屋，坐女其中，旁列米渧③数十缸，集亲族执瓢杓、列械环卫。（壻）［婿］④及亲族新衣黑面，乘马持械鼓吹至，两家械而斗，婿直入松庐中，挟妇乘马疾驰走，父母持械杓米渧逐浇婿，大呼亲族同逐，女不及怒而归，新妇在途中故作坠马三，新婿挟之上马三，则诸爨皆大喜，即父母亦以为是爨女也。新妇入门，婿诸弟抱持，新妇扑跌，人拾一巾一肩乃退。及月，爨女归宁，子生婿家，别议以牛马迎之，否则终身不娶也。未生子，夫妇相见不与语。爨僰苗娶妇，夕椎牛杀羊豕，具酒，亲族里党，男女墙聚一室，昼夜醉饱，跳歌为乐。【《乾隆东川府志（10）·卷之九·风俗》，页78】

苗人⑤聘娶，随婿家丰俭。【《乾隆东川府志（10）·卷之九·风俗》，页78】

嫁娶丧葬，贫富俱从约，会宾客亦淡泊。【《乾隆霑益州志（17）·卷之二·风俗》，页31】

婚礼：求婚者，敦请冰人，设酒宴之，冰人至女家达主人意相恳；女家或未允，再三求之。既诺，亦宴冰人，然后二姓互相宴饮会亲。其纳采、问名，礼皆从便。将娶，则定期，预通于女家，先纳币，然后行亲迎礼。仪物丰俭，一视其力。娶夕行合卺礼，三日庙见，弥月女子归宁。【《乾隆霑益州志（17）·卷之二·风俗》，页31】

黑倮倮：其丧葬婚嫁向与人异。【《乾隆霑益州志（17）·卷之二·风

---

① 今彝族的支系。

② 今彝族的支系。

③ 此处"渧"字应是"淅"字之误。

④ 此处"婿"通用"壻"，"壻"是"婿"的异体字，今统改。

⑤ 清朝时"苗人"非现在苗族的专称，它包括苗族、瑶族等民族群体。

俗》，页 34】

　　婚嫁，遵循六礼，先求庚帖，随通媒妁，继请姻朋之尊贵者向女家致意。既诺，则二姓互相酬拜。具启、纳采丰俭，各称其力。将娶，请冠笄以姑往迎，或婿往亲迎，姑亦同往。【《乾隆新兴州①志（26）·卷之三·地理·风俗（附种人）》，页 450】

　　白子②，古白国支裔也。旧讹"僰"为"白"，其类实不相通……婚姻为其种类，以牛马为聘，甚敬长上。【《乾隆新兴州志（26）·卷之三·地理·风俗（附种人）》，页 452】

　　至于婚姻，先求庚贴，后通媒妁，纳礼称家有无。将婚请期、亲迎，亦用喜轿，或以匹马迎之，马鞍节以彩。【《乾隆腾越州志（39）·卷之三·风俗》，页 41】

　　求婚，请人至女□［家］致辞，宴酒即为允诺，以尺帛、银饰为定。二姓男女互相往来，名曰"认门"，娶之前一日，遣人牵羊一，负萝米瓶酒，往不亲迎，今渐从汉礼。【《乾隆丽江府志略（41）·礼俗略·风俗》，页 251】

　　婚礼，请媒妁，求庚帖，凭星命合婚，又求签问卜，视其许可为定。夫婚姻问卜，古虽有之，然惟此是凭，非秉礼之家所尚也。此后，则有纳聘、请期、纳采、亲迎等礼，其仪物各随之有无。亲迎之日必用灯炬彩桥，或有以双鹅系彩于颈，抱之以亲迎者，殆亦奠雁之意矣。成婚后三日，新妇始理中馈，制饮食以谒祖先。盖亦仿三日庙见之文。此婚礼之大略也。【《乾隆永北府志（42）·卷之六·风俗》，页 25—26】

　　蒙民愿而愨重……婚姻重门第，丧葬向质实。器用辄相通，不靡费。妇人不游观，不对客，非至戚不相见，纺织铖鬶是勤，行路以巾帕遮而长袖掩，手执小伞有檐；与《内则》"出则拥蔽其面"之说相合。【《乾隆蒙自县志（48）·卷之二·风俗》，页 153】

　　婚嫁仍遵行六礼，先求女庚帖，随通媒妁，请亲长之尊贵者向女家致主人意。既诺，则二姓互相酬拜，具启下定仪。将娶则请期、纳币，而后

---

　　①　元至元十三年（1276 年）置，今玉溪市。辖区相当于现在的云南省玉溪市境内。属澄江路。明、清属澄江府，不辖县。1913 年改名新兴县。1914 年改名休纳县。

　　②　又称"白尼""白伙"等，旧称"民家"。白族的自称。"白"是白族的族称，"子""尼""伙"都意为"人"。1949 年以后，"白族"为整族的族称，称为白族。

亲迎焉。其仪物丰俭，各称其力。【《乾隆弥勒州志（58）·卷之九八·风俗》，页26】

婚嫁，遵六礼，先求庚帖，次通媒妁，继请亲长之尊贵者向女家致意。既诺，择期行媒下定（仪）。将娶，请期纳聘，而后具启亲迎。其仪物丰俭，各因其力，独彩轿争华，古盒繁拙，为此地乡俗。至若婚娶论财，彝虏之道，乘丧嫁娶，即属逆礼。今白井概无焉。【《乾隆白盐井志（67）·第一卷·风俗》，页92】

大理府属：大理四州三县，山川各异，而风俗则大略相同……近亦稍从汉俗，渐知礼教，各属婚丧悉遵《家礼》。① 【《乾隆大理府志（一）（71）·卷十二·风俗》，页298—299】

成童入泮而遵仪制，始戴银顶，亲友竞贺，犹存冠礼之遗意。婚行六礼。【《乾隆赵州志②（77）·第一卷·民俗》，页33】

衣服随时尚，惟僰人多包头，倮民多披羊皮，倮民婚聘用牛羊猪鸡为礼，相聚则吹芦笙，打歌为乐。【《乾隆赵州志（77）·第一卷·民俗》，页33】

卢鹿③：土著，乌爨之后，俗讹为"逻罗"④……用鸡卜聘嫁。【《乾隆赵州志（77）·第一卷·民俗》，页33】

回族：其先阿（剌）［拉］伯人……然皆聚族而居，不与汉人通嫁娶……嫁娶不择日，不合婚聘，时用糖四，合首饰四色，间亦有用聘金者。纳采用衣饰各一二，事吉期必招五师台念喜经。余礼与汉略同。【《乾隆续修蒙化直隶厅志（79）·第十六卷·人和部·人类志（附风俗）》，页632—633】

倮倮有二种：一种即古之罗罗摩，为哀牢九族之一，唐南诏细奴逻后也；一种为蒲落蛮，即古百濮⑤……男女皆少聘，七八岁即婚娶，娶三日，妇即归，及长或有子始还夫家。婚丧宴客，恒以笙箫杂，男女踏歌，时悬一足。作商羊舞，其舞以一人吹芦笙，居中以一二人吹箫和之，男女

---

① "家礼"指《朱子家礼》。
② 元、明、清时设赵州，民国时设凤仪县，今祥云县一部和大理市凤仪镇。
③ 今彝族。
④ 今彝族。
⑤ 巍山地区的彝族支系。

百余围绕唱土曲，其腔拍、音节皆视笙箫为起止。【《乾隆续修蒙化直隶厅志（79）·第十六卷·人和部·人类志（附风俗）》，页 634—635】

白人，[1] 古白子国之支流也，南诏时徙大理属民，实蒙化者，现止四十余户聚居落摩、杵蜡、五子坡、猪街子等处。每正月十六，则跳神唱灯，婚丧礼与汉人略同，习俗亦不甚相远。【《乾隆续修蒙化直隶厅志（79）·第十六卷·人和部·人类志（附风俗）》，页 636—637】

婚礼：两姓以门（弟）［第］相当，男女年齿相若者，（倩）［请］媒通议二次，而允订盟后，亲迎。【《乾隆云南县志（80）·卷之三·民俗》，页 661】

婚嫁，遵行六礼，先求庚帖，随通媒妁，继请亲长之尊贵者，向女家致意。凡三次方允诺，然后二姓互相酬拜，具启，下定仪。将娶则请期、纳币；而后亲迎。其仪物丰俭。各称其力。亲友具仪致贺者，量力酢之。【《嘉庆阿迷州志[2]（14）·卷之六·风俗（附种人）》，页 548】

种人：倮㑩……婚尚财帛。【《嘉庆阿迷州志（14）·卷之六·风俗（附种人）》，页 548】

僰獞，[3] 婚丧与倮㑩同，而语言不通。【《嘉庆阿迷州志（14）·卷之六·风俗（附种人）》，页 549】

蒲人，即古百濮[4]……婚令女择配。【《嘉庆阿迷州志（14）·卷之六·风俗（附种人）》，页 550】

侬人：[5] 婚议定财礼，俟生育后，儿周岁方偿财礼。【《嘉庆阿迷州志（14）·卷之六·风俗（附种人）》，页 550】

猓民：[6] 婚苟合，生育后，方通知父母，议及财礼。【《嘉庆阿迷州志（14）·卷之六·风俗（附种人）》，页 550】

夷俗附：倮㑩之俗，婚姻先用媒妁通好，允则牛马猪羊为聘，迎娶之时，□亲朋各送洋布，聚饮而散……今圣天子教化覃敷良，有司潜移默化，种人多革陋习。所谓衣冠、饮食、婚姻、祭祀、宴享者，大半从汉。

---

[1] 汉族对白族的他称，亦作"僰人"，或"白爨"。

[2] 今红河州开远市。

[3] 今彝族。

[4] 亦称"濮人""百濮""卜人"等。

[5] 今壮族。

[6] 今苗族。

【《嘉庆永善县志略（25）·上卷·风俗》，页566】

　　种人（附）：楚将庄蹻遗种，在西汉为"南夷"、为"靡莫"、为"夜郎"，在蜀汉为"南蛮"，自晋至隋为"东爨"，自唐至元为"蛮"、为"罗罗"；斯蛮，明人呼为"猓猓"……爨人①出劫，辄以突烟涂面，令人不识。相沿成俗，即亲迎新婚，偕宾客皆黑面鲜衣，跃马鼓吹而往，路人警诡为鬼物。新妇亦谓其从哭中来，不知即新婚也。人皆指目，呼为"爨人"，而其人则沾沾自喜，且以为佳。【《嘉庆永善县志略（25）·上卷·土司》，页624】

　　婚嫁，先通媒妁求庚帖，继请亲友之尊贵者诣女家，致主人意。既诺，则二姓互相酬拜，具启下定仪。将娶，请期纳币，而后亲迎。礼物之丰俭，各称其力。旧志谓婚礼，近古有以也。【《嘉庆临安府志（47）·卷之七·风俗》，页75】

　　婚礼：必择门户，各以其类，通媒问名必托尊长，纳采、请期各有仪物。亲迎尤重，其仪轻重，各称其力。婚姻论财者，向来固少。【《嘉庆楚雄县志（59）·卷之一·天文地理志》，页26】

　　《旧志》：土人有三种：一曰"猓猓"……嫁女则与羊皮一张、皮绳一条，以为背负之具……星回节，②燃炬吹葫芦笙，跌脚以节歌，饮酒为乐，婚嫁亦如之。【《嘉庆楚雄县志（59）·卷之一·天文地理志》，页28】

　　《旧志》曰：滇会城婚嫁皆遵六礼，仪物丰俭，各称其力。【《道光昆明县志（2）·卷之三·风土志第三》，页25】

　　撒弥：③衣服、婚姻与汉人近。【《道光昆阳州志（3）·卷之五·地理志·风俗志（附种人）》，页310】

　　昆阳近省城，婚丧之礼，名称其家，不丰不俭，贫乏者亲邻亦颇醵金相助。【《道光昆阳州志（3）·卷之五·地理志·风俗》，页309】

　　猓猓：衣服仍踵，其旧婚姻以类，非其种不相嫁娶也。【《道光昆阳州志（3）·卷之五·地理志·风俗志（附种人）》，页310】

　　婚礼：先遵行六礼，先求庚帖，次通媒妁；既诺，互酬拜，下定仪，

---

①　彝族的先民。

②　又称火把节。

③　今彝族。

将娶请期、纳币，而后亲迎焉。其仪物各随其力之所能，贫苦之家间有不亲迎者。【《道光宣威州志（12）·卷之二·风俗》，页34】

婚嫁，遵行六礼，先通媒妁，求庚帖，继请亲友之尊贵者问女家拜采。既诺，二姓互相往拜奠启，行定仪，将娶，先请期、纳币，通亲迎。仪物丰俭，各称其力。惟轿马佽具多尚繁华，（裴）①之稍止。【《道光澄江府志（26）·卷之十·风俗》，页166】

至于冠、婚、丧、祭以及岁时之礼，与各处同，崇儒重教，颇喜为善。【《道光威远厅②志（35）·卷之三·风俗》，页88】

婚礼：求亲延冰人于家（延）［宴］而拜之，至诣妇家拜致主人意。妇家既诺，下定仪，将娶定期、纳币，然后亲迎。其仪物丰俭，各随其力。无论贫富，俱遵六礼。【《道光威远厅志（35）·卷之三·风俗》，页88】

旱摆夷③：性情淳朴，习俗大略与水摆夷相同，服、食各异，居于山巅。婚丧之礼悉如汉民，好嗜酒。男弹琵琶，女吹箫为乐。【《道光威远厅志（35）·卷之三·风俗》，页91】

黑窝夷④：宁洱、思茅、他郎⑤、威远有之……婚丧嫁娶略似汉礼，通晓汉语，近有读书应试者。【《道光威远厅志（35）·卷之三·风俗》，页92】

白倮倮：婚不凭媒，病不服药。以六月二十四日为度岁，男女杂聚，携手成圈，吹笙跳舞，名为"跳笙"。【《道光威远厅志（35）·卷之三·风俗》，页92】

蒲蛮：⑥凡女出嫁，父母为薙其发。【《道光威远厅志（35）·卷之三·风俗》，页92】

---

① 此字不清，似"裴"字，但语意不通。
② 今普洱市景谷傣族彝族自治县。
③ 傣族的一个支系。云南傣族根据生活习惯分为旱摆夷、水摆夷、花腰傣三个主要支系。
④ 又写作"黑窝尼"，属于现在的哈尼族。
⑤ 今云南省普洱市墨江县。
⑥ 亦称"朴子蛮"，唐宋古籍中称为濮人，分布在云南永昌（今保山等地）、开南（今景东等地）、银生（今景谷、普洱、景洪一带）、寻传（今云南澜沧江上游以西地区）等地。明清以来始称"蒲蛮""蒲子蛮"等，分布在澜沧江以西，今勐海、澜沧、双江、凤庆等地。是布朗族的先民。

米利：婚丧悉如汉民。【《道光威远厅志（35）·卷之三·风俗》，页92】

《桂海虞衡志》曰：婚姻自若，酋豪或娶数妻，皆曰"媚娘"；洞官之家，婚嫁以粗豪汰侈相高，聘送礼仪皆千担，少亦半之。婿来就亲两家，各以鼓乐相迎，盛陈兵马；成婚后，随便而归夫家。亲始死，披发持瓶，雍凡恸哭，水滨掷铜钱纸，纸于水没归洛尸，谓之"买水"；否则，邻里以于不孝。【《道光广南府志（43）·卷二·风俗（附种人）》，页178—180】

依人①：依智高遗种……如缔婚姻，则以歌唱私合，始通父母，议财礼。【《道光广南府志（43）·卷之二·风俗（附种人）》，页185】

花土僚②：婚不亲迎，送嫁者携酒食以荐婿家祖先。自正月至二月，击铜鼓、跳舞为乐，谓之"过小年"。按铜鼓，马援征交阯时所遗，请夷宝之，以志不忘。【《道光广南府志（43）·卷之二·风俗（附种人）》，页186】

黑倮倮：婚姻丧葬亦知称家有无……婚姻以听男女自择，不用媒妁。【《道光广南府志（43）·卷之二·风俗（附种人）》，页189】

黑僰喇：③ 一名"普腊"，婚丧与倮倮无异，而语言更觉难通。【《道光广南府志（43）·卷之二·风俗（附种人）》，页189—190】

白僰喇：④ 婚多苟合，礼较简。【《道光广南府志（43）·卷之二·风俗（附种人）》，页190】

瑶人⑤：婚用媒。【《道光广南府志（43）·卷之二·风俗（附种人）》，页191】

倮夷：本名"爨夷"，⑥ 又称曰"白衣"，盖声以相近而伪也……婚以媒。【《道光广南府志（43）·卷之二·风俗（附种人）》，页192】

爨人：古白国之支流，性诡俗俭，又谓之"民家子"⑦，知读书，其

---

① 今壮族。

② 清朝壮族的称谓。

③ 今彝族。

④ 今彝族。

⑤ 今瑶族。

⑥ 又作"爨夷""伯夷""百夷""摆夷"，今天的傣族。

⑦ 今白族古称。

婚丧葬祭与汉相近。【《道光广南府志（43）·卷之二·风俗（附种人）》，页192—193】

嫁娶之礼：其纳采、问名，曰"求口婚"，女家语以生年月日，始令星士合婚；既合，乃请媒妁持庚柬至女家，以酒脯、果饼及簪环、衣服行礼。将婚，先延媒妁至女家示以吉期，即请期也。至期，亲迎，男家延齿尊而齐眉者，同媒妁往，曰"接亲"。女家亦以亲族有望之人送亲。奠雁后，新妇乘舆至婿门，以红毯更替铺地，新妇履之而进，谓之"接代"。余与他处同。【《道光大姚县志（一）（63）·卷之二·地理志下·风俗》，页529—530】

婚礼：凡求婚者，闻某家有女欲与婚，先请冰人于家设酒宴之，告以己意，然后冰人至女家以其情遗之，未允则再三婉词相恳。既诺，又宴冰人。纳采、问名礼皆从便。将娶，筮吉日预通女家，名曰"报期"，先期纳币，行亲迎礼仪。物之丰俭，妆奁之厚薄，皆视其家力优绌为之。既娶当夕，行合卺礼。三日庙见，弥月则女子归宁。【《咸丰南宁县①志（11）·卷之一·风俗》，页79】

婚礼，用庚帖，通媒妁，具启、下定、纳聘、亲迎，与中原无异。【《光绪呈贡县志（3）·卷之五·风俗》，页123】

婚礼：请亲友为媒妁，诣女家通意恳求再三，始许更择吉允口，以炷香为凭，既允二姓互致柬相延谓之"换帖"；尊媒妁为上客。将婚嫁，男家或衣饰，或布帛行纳聘礼，女家出庚帖与之，卜吉既定，具书以报。女家诺之乃纳币，亲迎女至婿门，住肩舆用，一巫唱吉祥语，谓之"退车马"；登堂谒祖先，毕遂入室。伴婆为妇，揭锦帕，饮合卺酒。三日出，拜天地庙，见并拜亲戚尊长，妇以针黹为献，尊长以仪物答之，丰啬称力。【《光绪镇雄州志（8）·风俗》，页78】

夷俗附：倮倮……缔姻必求敌体，故黑、白不通姻娅，亦用媒妁，先论财礼，多者至数百金，少或数十金，大半以奴婢、牛马敷其值。妇家赔奁，一视婿之财礼多寡为丰啬，不亲迎，止（倩）［请］媒妁催妆。妇家送亲率以多人为荣，骑者、步者，或络绎至数里。妇入姑以栉分其两鬓，若行笄礼然者，新妇举酒酹地，即入别室，无合卺礼。燕宾于旷野，多用咂酒、灌水糟粕，镡中歃竹管曰"酒竿"，列坐而吸味，尽乃止。【《光绪

---

① 今曲靖市麒麟区。

镇雄州志（8）·风俗》，页 79】

婚姻不先媒妁，每于岁正，择地树芭蕉一株，集群少吹芦笙，月下婆娑歌舞，各择所配，名曰"扎山"。两意谐和，男女归告父母，始通媒焉。以牛马、布帛为聘。嫁娶迎送亦以人多为荣。【《光绪镇雄州志（8）·风俗》，页 80】

沙兔：婚姻不用媒妁，彼此寨中男女，互相窥觇，农隙去寨一二里吹笙，引女出，隔地兀坐，长歌宛转，更唱迭和，愈歌愈近，以一人为首，吹笙前导众男女，周旋起舞，谓之"跳月"。男女不相爱仍离去，如两情合者，男归告父母，以牛羊为聘而（取）〔娶〕之。【《光绪镇雄州志（8）·风俗》，页 80】

《省志》载夷人男子至十五六岁，击去左、右两齿乃娶。今无其俗。【《光绪镇雄州志（8）·风俗》，页 80】

吉凶之礼：冠不加三，婚尚亲迎。【《光绪续修嵩明州志（15）·卷之二·风俗》，页 17】

居山隅者，虽殷实，不衣帛，或至老不入城市。妇女不衣华丽，亦无金银妆饰；嫁娶丧葬，贫富俱从约；会宾客亦淡泊。【《光绪霑益州志（17）》，页 340】

婚礼：求婚者，敦请冰人，设酒宴之，冰人至女家达主人意相恳。女家或未允，再三求之。既诺，亦宴冰人，然后二姓互相宴饮会亲。其纳采、问名礼皆从便。将娶则定期，预通于女家，先纳币，然后行亲迎礼。仪物丰俭，一视其力。娶夕行合卺礼，三日庙见，弥月女子归宁。【《光绪霑益州志（17）》，页 340—341】

《古今图书集成》：顺人性朴谨，厌虚诞，亲戚往来重实不重文；庆吊随家厚薄，量亲疏以鸡豚醴粟为仪物。间有丧葬，举素不烹、不酌，吊者遂因之，亦称简朴。婚姻之典甚为美便，不慕势利，不厌单寒，惟取门第相若，声气相孚，男女年齿相近为是。男女探有可从之机，邀塞修氏三诣其门车。盖从之女氏，初不为之设茶，待三往而后，饷之以饭，示不轻也。既诺，男氏投刺于女氏之百尔亲戚，谓之"递谢柬"。从此则相往来，节令交馈矣。俟桃期既届，择吉告成，或入赘，或亲迎从便。相就不责，聘仪不较奁具，诚美俗也……旧《云南通志》里有，盖藏乡无剽劫，士习虽陋，民风自淳。《顺宁旧志》：士多浑朴，人敦古道，民守分惧法，美劣相半，俗尚节俭。婚嫁称家为礼，野无游民，恒产不失以上皆旧《云南

通志》。【《光绪续顺宁府志稿（35）·卷之五·地理志三·风俗（附夷俗）》，页 211—212】

婚娶：以著姓言，初视门第相当，年齿相若，理有可求，男家（倩）【请】媒妁通其议。次言财礼，必以牛为首事；次及奶钱，虽不论多寡，若以为去父母之怀，则礼重之。次之用槟榔、茶盐、色布、簪珥之属，无论远近，执柯者必三至其门，女家初不设一茶，惟三至则留饮，斯议成矣。次日，冰人持男家名帖，遍告女氏亲戚，谓之"通谢"。自是，两姓往来馈问交至。婚之日，或亲迎，或过赘，不务铺张，不贵聘仪，不盛饰花轿，不较索妆奁。若云过赘，则费稍简，而婿在妇家初似代为持户者，久之一二年后，任其贫富，未有不与之，俱来夫妇之道也。【《光绪续顺宁府志稿（35）·卷之五·地理志三·风俗（附夷俗）》，页 214—215】

妙倮倮，《府志》一种无姓氏……男女野合自配……又一种……婚嫁俱通媒妁，葬、祭仿佛汉礼。其姓氏有子禾、折脚、勿敢、罗羊等姓，外无别姓。【《光绪腾越乡①土志（35）·人类》，页 592】

永昌府属：永昌两厅两县，风俗大略相同。《通志》云：衣冠、礼义悉效中土者，犹谓其初也。今则骎骎日盛，婚丧、宴会相尚以文，服食、居处亦必有节。【《光绪永昌府志（38）·地理志·卷之八·风俗》，页 44】

永平县：永平山多田少，旧为群彝杂处之地，其服食、礼仪悉如永昌，而俗习淳朴，鄙浮薄、恶游荡。居山谷中者，有倮倮、僰人、倮武数种，亦知伦理，婚姻、丧葬与汉礼相去不远。其子弟之俊秀者，皆知业儒，有古风焉。【《光绪永昌府②志（38）·地理志·卷之八·风俗》，页 45】

婚礼先求庚帖，后通媒妁，纳采随人丰俭。将婚请期、亲迎，用喜轿。【《光绪腾越厅志稿（39）·卷之三·地舆志下·风俗》，页 263】

婚礼，请媒妁，求庚帖，凭星命合婚，视其许可为定。夫婚姻问卜，古虽有之，然惟此是凭，非秉礼家也。此后，则有纳聘、请期、纳采、亲迎等礼，其仪物随各家之有无。亲迎之日必用灯炬彩桥，或有以双鹅系彩于颈，抱之以亲迎者，殆亦奠雁之意欤。成婚后三日，新妇始理中馈，制

① 今保山市腾冲市。
② 今保山市。

饮食以谒祖先。盖亦仿三日庙见之文。此婚礼之大略也。【《光绪续修永北直隶厅①（42）·卷之二·食货志·风俗》，页272】

回：其先阿拉伯人……然皆聚族而居，不与汉人通婚嫁……嫁娶不择日，不合婚聘，时用糖四，合首饰四色，间亦有用聘金者。纳采用衣饰各一二事，吉期必招五师台念喜经。余礼与汉略同。【《光绪蒙化乡土志（42）·下卷·人类》，页613—615】

俅：男女皆少聘，七八岁即婚娶。娶三日，妇即归，及长或有子始还夫家。婚丧宴客，恒以笙箫，杂男女踏歌时，悬一足，作孔雀舞。其舞以一人吹芦笙居中，以一二人吹箫和之，男女百余围绕唱土曲，其腔拍、音节皆视笙箫为起止。【《光绪蒙化②乡土志（42）·下卷·人类》，页618】

婚丧，绅士一遵《家礼》，其余多尚浮屠，③耻与仆隶连婚，然多崇俭约，不事奢华。

附增：罗邑地瘠民贫，民风浑朴，耕读为业，逐末者少。凡冠婚丧祭，不事浮华，兵燹后，元气未复，更觉俭约。【《光绪罗次县志（62）·卷之一·风俗》，页25】

黑彝：即黑保保……嫁女与皮一片、绳一根为背负之，其或用笋壳为帽，衣领以海蚆④（节）［饰］之，织火草麻布为生。【《光绪武定直隶州志（62）·卷之四·风俗》，页276】

麦岔，住白沙，娶妇以牝牛为聘，吹笙饮酒，担柴椅箕，治生勤苦。【《光绪武定直隶州志（62）·卷之四·风俗》，页277】

婚礼：问名，媒妁请于女家；许诺，荐酒脯，以女氏告。无纳吉礼。纳征俗谓压八字，⑤旧俗惟束帛、酒脯及女饰钗钏之类。兵燹后，女家多索重聘，有用银钱者，而世族大家皆耻，不为也。请期，媒氏以束脯造女家，告吉日。亲迎，婿以骑往迎，妇用彩舆，或用青轿朱胆旗、缴备具，二童执灯炬先行，有执烛前马之遗风。婿至，登堂见父母，一揖不拜；婿出，妇从送者二三人至夫家门，外设筵，婿筵前再拜，乃入合卺焉。既婚

---

① 今丽江市永胜县。
② 今大理州巍山县。
③ 指佛教。
④ 即海贝。
⑤ 原文中的释文。

一月，或浃辰①之间归宁俗谓 "回门"②，婿偕往见女父母及女昆弟诸戚，始再拜成礼。【《光绪镇南州③志略（62）·卷之二·风俗》，页 406】

婚礼：《管楷姚州志》④：求婚者请媒于家，宴而拜之，至妇家拜致求婚者之意，妇家许诺亦宴之。二姓互相酬拜，下定仪，将娶请期、纳币，然后亲迎，其仪物丰俭，各视其力。按：亲迎，婿乘马，妇坐彩舆。妇家亲族侄娣十数人送之，舆马辐辏，有祁祁如云之致。（又）先辈订婚论门第，不论财物。自离乱后，嫁女者皆索聘金，转相效尤，遂成敝风。【《光绪姚州志（63）·第一卷·地理志·风俗》，页 34】

古者婚礼有六，曰：纳采、问名、纳吉、纳征、请期、亲迎，而《周礼》所载，令民嫁女娶妻，入币、纯帛无过五两，盖所以重礼而轻财也。浪邑则礼不必备，而惟财是务。查民间婚娶，动辄百金，至贫亦需四五十金，在苛求聘币者，谓非是不足明贵重，不知新妇入门而炊爨已虚。所谓 "贵重者"，安在不如稍留有余，以佐饔飧也。在觞客务奢者，谓非是不足以称 "体面"，不知筵客未散而乞贷已多。所谓 "体面者" 何存，不如力行节俭，以省张罗也。【《光绪浪穹县⑤志略（76）·卷之二·地理志·风俗》，页 28】

《旧志》：婚嫁不慕势利，不厌贫寒，倘门第相当、年齿相若者，塞修氏通议后，聘定择吉亲迎。【《光绪云南县⑥志（8）·卷之二·地理志·风俗》，页 78—79】

中甸地分五境：大、小中甸，格咱，泥西，江边。人属夷：一名 "古宗"，一名 "麼娑"⑦，一名 "龙巴"，一名 "傈僳"⑧，名为四种，而江边虽属麼娑，自归化以来，间有汉籍杂处。其中，言语、服饰俱与丽江县民相同，现在设立学校，以期文风丕振。内有傈僳一种，为数无几，居处沿江山头，打牲为食。其大、小中甸之古宗，泥西、格咱之龙巴，种类

---

① 古代在干支纪日中，从子至亥一周，共十二日，称为 "浃辰"。
② 原文中的释文。
③ 今大理州南华县。
④ 指康熙年间管楷纂修的《姚州志》，共有四卷。
⑤ 今大理州洱源县。
⑥ 今大理州祥云县。
⑦ 又写作 "磨些"。
⑧ 傈僳族自称，还写作 "栗些" "力些" "力夗" 等，见于明清文献。

相似……如家中遇有吉凶之事，必请喇嘛打鼓念经。咸习藏经，不识汉语。惟近城市者渐能通晓，其婚姻多无媒妁，丧葬尽投水中，年来涵濡。【《光绪新修中甸厅①志书（82）·上卷·风俗志》，页485—486】

婚嫁先求庚帖，随通媒妁，继请亲专察好者，向女家致主人意，既答则具启下定仪，将娶则请期纳币，而及迎亲礼与东川同。至仪物之重啬，各称其力。【《宣统恩安县②志（5）·卷之五·风俗》，页306】

查昭通黑、白爿夷③系出主奴，因而命名为异，其婚丧岁序之俗，则扰相同，婚财咸以牛马为聘。【《宣统恩安县志（5）·卷之五·风俗》，页308】

查苗子一种……婚姻自决不由亲命。（严娶）［迎娶］成亲之后，领至家中，方向女家议交财礼，宴会以咂竿酒为敩。【《宣统恩安县志（5）·卷之五·风俗》，页309—310】

查民家之俗，微喜于彼姻婚之礼，间有同于汉俗。【《宣统恩安县志（5）·卷之五·风俗》，页310】

蒙邑：婚姻重门第，丧葬尚质实，器用相通，不靡费，妇女不游观、不对客，非至戚不与相见，纺织针黹是勤，出门以巾帕遮面，手执小伞，有檐以自障，即《内则》："出则拥蔽其面"之义。开关互市以来，俗尚如故，不屑见异思迁《旧志》参《通志》。【《宣统续蒙自县志（49）·卷之三·社会志·风俗、彝俗》，页285—286】

与奢宁俭，圣训昭然，蒙邑吉凶礼节因不为繁，而日即于奢，有识者尝议从俭矣。惟新婚之夕，亲朋少年出入房闱，调笑戏谑，谓之"闹房"；于稠众之中、亲属之前，问以丑语，责以慢对，其为鄙渎，不可胜言。《升庵外集》④以庙见之妇，同于倚门之倡，诚所谓弊俗也。各属俱有之，甚有闹出命案者。此等恶俗，宜垂为厉禁。【《宣统续蒙自县志（49）·卷之三·社会志·风俗、彝俗》，页292—293】

婚礼：嫁娶，取子女相当。男家请媒问字，恳求三次，女家允诺。然后请双全亲长荐酒脯，以取庚帖。俗谓"压八字"，渐有用钗钏者，有用布帛

①　今迪庆州。
②　今昭通市昭阳区。
③　即黑白彝族。
④　明人杨慎的文集。

者。兵燹后，有用银钱者，而正士皆不与焉。继行聘礼，媒人将男家酒脯、茶食、衣物送至女家告吉。亲迎，比古礼也，近则前一日行聘，次日亲迎，以觉简便。新郎乘彩舆至女家（取）[娶]亲，与陪郎者茶。毕，先归新妇，随入门迎嫁者同至。俟新郎、新妇合卺后，请福寿双全亲长率拜天地、家神、祖先。次日，拜亲长父母，三朝拜茶，即古人告庙亲舅之礼矣。而婚后，择吉归宁俗谓"回门"，婿携女至岳家，拜岳父母、尊长，成礼。【《宣统楚雄县志（一）（59）·卷之二·风俗》，页344—345】

婚姻之道，古者以为人伦之始，遵父母之命，通媒妁之言，固不可轻举也。轻则其害有不可胜言者，近时人醉心欧化，竞言自由结婚，然离婚有时亦有之，皆由不谨于始，故鲜克有终矣。昭之婚礼遵古者尚多，必须六礼皆备，亲迎、周堂拜祖、谒父母及宴客也。间有行文明礼者，插香开庚，一如其旧，惟不周堂而只于礼堂行新式礼而已。但时至今日，百物昂贵，婚嫁费在中人之户，总计男家行聘完娶，女家置备妆奁，各费亦必须数百金，而数日设宴待客以及过礼雇轿，其他浮费皆当改良从俭也。①【《民国昭通县志稿（4）·卷第六·第十七·礼俗·婚礼》，页393—394】

婚礼：通媒、问名、纳采、迎娶，男家行聘所用之衣饰、果品、盐茶，女家遣嫁应备之奁具，以及订婚、结婚举行各仪式，均与全国通行之礼节相同。凡汉、夷、回及知识较高之苗族，大都如此。其有因宗教关系，必须遵守教规者，则于礼式外行之。【《民国巧家县志稿（二）（9）·卷八·礼俗》，页377】

冠婚：古本二事，邑中旧合为一，谓：男之婚，即"冠"；女之嫁，即"笄"也。是则去繁缛，归简便之趋向矣。至于婚嫁之礼，古者有六，紫阳仅用其三，杨升庵附问名于纳采，附纳吉、请期于纳征，靳合乎古。于实际上亦有时不便。宣中大概本此，出入处亦所时有其纳采也。男、女年龄相等，八字相合，门第相当，媒妁往来其间，征获同意，则男家具备首饰、布匹，择请红叶二人押往女家，觐其祖先而陈其筐篚贺其父母，谓之"递小礼"；问名之礼即于此时附带及之，或竟略过，盖认初次所纳者为小，则自有大者随乎其后。俟举其大而问名、请期，条文乃附于其中。其纳币也，钗钏而外，具备布匹，多至八封，少或四封、三封不等；将之酒脯、瑞草、形盐，仍（倩）[请]原媒以香蜡纸烛奠于主人家庙。发束

---

① 民国时期婚姻习俗发生了变化，是欧美风俗传入影响所致。

帖、伸宴贺而求鸾书，书先由男家开具婿之年庚及月、日、时，女家照式将妇之生年及月、日、时填就，滕以吉语；另换束帖，并酬答之物由原媒携回，答拜。此项纳币之文谓之"押八字"，查其中间实附有互相知名之义。婚期较近，则于此时附带请期，若犹远则另作一次，举行不定，用媒亦不发币、酒脯，将事而已，谓之"通讯"。此与升庵补设条目之意合；又升庵于请期条后补有催妆之文，宣俗于此项手续，谓之"过礼"，即将制给新妇之钗钏、章服送致女家，以速其行，而女家亦即相就来人举遣嫁之种种物事输送男家，示凤驾。所谓"以尔车来，以我贿迁"者也。至于亲迎之礼，惟士绅家偶一行之，余多用新郎之姊丈或姑父代往，名曰"取亲"。其合卺、庙见诸仪并如《家礼》，宴客除戚属外，男、女仅各一餐，丰俭惟力，是视较他县为简便。然以新式结婚例之，则犹烦费。详查党义婚配重自由，结婚尚文明，不仅革除繁文，节缩费用，而促子女之自立，省父母之操劳，所俾实多。惟以耳目锢蔽之宣威，积习岂能猝破，钥之以交通，申之以教育，庶有从而兴起者。【《民国宣威县志稿（二）（13）·卷八之四·民族志·礼俗》，页243—245】

黑夷：婚娶以牛马、金帛为聘，及期，女之父母以带叶松树结庐门外，坐女其中，旁列清水数缸，集亲族执瓢杓，列械环卫。婿及亲族新衣黑面，乘马持械鼓吹至，两家械而斗，婿直入松庐中，卫者杓水浇之，挟妇乘马疾驰走逐，而浇者益厉，新妇在途中故作坠马状凡三，婿前而扶之；亦凡三入门，婿诸弟抱持，新妇扑跌，人拾一巾一肩乃退。翁、姑于是命以名，次日用，祝者引谒先祖，新妇披套头，执盥器候舅姑洗沐。七日乃止，于亲族来贺者，主人泡酒数坛，聚而会饮，老者坐于其上，少者男女牵手罗舞而唱，一人吹笙导之，轮次饮酒，亦凡三五夜以上婚礼。

白夷，《旧志》：衣妆悉如黑种，丧祭婚娶亦同。【《民国宣威县志稿（二）（13）·卷八之四·民族志·礼俗》，页259—260】

干夷：婚配以类，不通黑干夷。【《民国宣威县志稿（二）（13）·卷八之四·民族志·礼俗》，页261】

黑干夷：婚配不用媒妁，男吹笙，女弹口琴，唱和相调而合，归语父母，央媒行聘，择期接回以上婚配。【《民国宣威县志稿（二）（13）·卷八之四·民族志·礼俗》，页261】

苗子：婚期，婿步行迎妇，妇始置酒宴客，女家于三天具牛羊鸡猪之类送致婿家，以为妆奁；婿家答以牛马布匹，厚款送归以上婚嫁。【《民国

宣威县志稿（二）（13）·卷八之四·民族志·礼俗》，页262】

夷人，俗名曰"倮倮"……十二月子日，祀密枝神，均息耕作，婚嫁男女自由，婚期以夜，新人越二三日回门。至二、三年始返，虽在女家有子，亦莫之怪。【《民国路南县①志（14）·卷一·地理志·风俗》，页153—155】

苗：婚嫁男女自由，（取）［娶］亲之日，迎送百余人，少者亦数十人，男吹芦笙，女振铃鼓舞为乐。歌舞时男女混杂，若遇石洞、山谷即宿，其处有月余，始散归者。【《民国路南县志（14）·卷一·地理志·风俗》，页158—159】

兹将本属婚礼之沿革，叙述如左，以备参考：

（1）订婚：县属男女订婚，悉主于父母，订婚年龄多在五岁以上、十五岁以下。父母欲为子订某家人之女为妻，则先请媒通知女家父母；女家父母允诺，则将女生之年、月、日、时告之媒人，媒人转告男家父母，名曰"给口八字"。再由男家父母将女家所给八字及男生之时日八字，请阴阳家两相封看，封看合得，则再请媒通知女家父母，约期定婚；届期则由男家买糖、酒、猪肉等物，使媒送给女家，女家父母乃正式将女生时日用支干字书于红纸帖交媒，媒又交男家，名曰"拿红八字"因帖上书着八个字，故。发红八字后，即为聘定，不得翻悔，非有大故，亦未有翻悔者。

（2）聘礼：男家聘仪，订婚只用糖、肉、酒等物，先有用钱币者，"以女家衣食小康者多不肯受钱币，受之则以为卖儿女也"。至选期，则用酒、肉、钱币等物请媒送之女家；至亲迎前一日，则用猪一口、酒二瓶合布帛及银制簪环、首饰、手镯、戒指等物，托媒送之女家，其轻重多寡则视乎家境之丰啬，女家亦量力购妆奁酬答。然男、女两家之一切聘礼、妆奁，较之省城，则俭朴多矣。

（3）选期：男子娶妇之时，先请媒通知女家父母，得其许可，然后请阴阳家择定成婚吉日，再请媒往纳聘礼，通知女家，即为选期，俗名"通讯"，通讯后即为约定。

（4）迎娶：迎娶仪式颇为简单普通，用礼柬拜柬若干扣女家亦用柬酬答，花红轿一乘，马二三匹，吹手一班多系雇倮倮奏叭喇、敲皮鼓之乐，挑盒抬盒一架或二架，及抬箱柜、火盆等物若干人。迎娶之日，婿往妇家亲迎，并请

---

① 今昆明市石林县。

一陪郎相伴，媒亦偕行新妇，既坐花轿，则婿先归；俟于门外，妇至则揖而入，但亦有以姑代往迎妇者。在前清时，富贵之家多用高脚牌书官衔于其上，以作迎娶仪式者，迄乎民国，此种仪式罕见有用者矣。男家娶妇归日，向例妇家亦请亲眷相随，送女至婿家，扰筵至三两日始回，名曰"送亲"。婿家招待稍有疏忽，即谓有意轻慢，每因此而起隔阂，而男家亦多一番破费。至民国，邵甸乡乡议会议长司沂等议将此种送亲之礼革除，以后合县亦因之而将此种送亲之礼废除矣。

（5）结婚：结婚仪式先洒扫庭室，门楹皆贴喜联，灿然一新，为酒食以宴乡党、亲友。富贵之家门上均悬灯挂彩。亲友除送礼钱外，尚有具喜联、喜图以贺者。新妇到后，负入洞房，稍息理装，装毕，用女宾引之出随新郎，由伯叔父母领导同拜天地、祖宗，名为"开堂"。拜讫，再由新郎、新妇请拜尊长辈，拜讫，新郎、新妇交拜，拜讫。再由伯叔父母领导复拜天地、祖宗，名为"收堂"。拜时多奏箫笛等乐。礼毕，复引入洞房，饮交杯盏，名为"合卺"。是晚，新郎尚请姨表兄弟宴于房中，新郎、新妇须双双进酒，宾客按次讲吉利每人说四句或八句韵语，使新郎、新妇读念之，名为"讲吉利"，以取笑乐，名为"闹房"。至夜际又联桌于堂庭中，请宾客列坐饮食，新郎、新妇同来按序进茶、酒，宾客亦有讲吉利者。民元以前，结婚行拜堂礼，系在新妇迎至之次日，今改为至日为之，宾朋所具贺之喜图、喜联，有用缎制、镜制者；今则只准用纸联、纸图矣。盖以经济日艰，由风俗改良会议决改崇节俭也。又闹房一事有过为野蛮者，使新婚人终夜或数夜不得宁息，实为恶俗之一端，亦应革除者也。

（6）成婚后之各种礼节：成婚后，满一个月，女家父母遣人接女回家，婿亦同往，此即古时归宁父母之礼也。又成婚年新岁之元旦，新郎须到父族各家行拜年礼；次日，须具酒、饵块等物由婿亲送至岳家行拜年礼，然后遍拜亲朋。及至生子女时，婿家又备酒醴、猪肉等物，由婿亲往送给岳家，名为"报喜"；岳家亦以糖鸡蛋等物酬之报喜。后，月余又由岳家备办小儿衣帽及玉银制之帽饰品并肉食等物，邀同女眷送给女家，女家留三四日乃还，名为"送饭"。又成婚后近数年间，当阴历六月二十四日火把节，岳家皆接女婿与女同来数日。

（7）结婚年龄：男女结婚年龄在十七八者约居十分之五，自十九岁、二十岁者约居十分之二，自十四岁至十五六岁者约居十分之三，平均男女结婚之年约十六岁有奇，且有女长于男者。

（8）续娶：夫因妻死而续娶者，谓之"续弦"，俗又谓之"填房"；其续娶之妻若为未婚女_{俗呼姑娘}，则礼节与初婚大致相同；若为后婚妇_{即寡妇}，须与妇之娘、婆两家交涉，得其许可，并得妇之同意，则给婆家银若干，便可迎娶，礼节较为简略，其迎娶仅用青轿或马而已；所请宾客仅少数至亲密友而已，其招待之筵席仅一餐或两餐而已。

（9）改嫁：妇人因夫妇不睦而离婚改嫁者甚少，数十年中偶见一二而已。而妇人之改嫁，皆以夫死而无儿女者为多，但夫死之后，须守孝三年，至少亦须一年，然后改嫁，否则为社会所不齿。其因无儿女而改嫁者，不成问题；亦有生有儿女，因无人抚养而改嫁者。当改嫁时，必与后夫家交涉，若系男孩则须由后夫承认抚养若干年，乃令其归宗，若系女孩则承认抚养至其婚嫁时。然亦有矢志守节，孝养翁姑，终身不改嫁者。目前清光绪三十年以迄于今，计有百余人之多；其中可歌可泣，令人钦佩者大不乏人，此吾国为礼义之邦之特征也。

（10）赘夫：人有只生女而无男者，每为女赘夫于家，为养老计，惟以女子无承继权，赘夫往往为女族轻视。故赘夫有三辈回宗之习惯，甚至遇无良者，只两三年即将妻领归，而使女之父母因此乏嗣，此固赘夫之不良也。

（11）多妻：县属自来无多妻习惯，惟娶妻无子者，则有纳妾之举；富贵之家亦有纳妾之举，其纳妾有至两人以上者。普通则一夫一妻而已。

（12）童养媳：县属童养媳，惟贫贱之家间有之，大抵由父母不能抚育女儿，或不能自存，乃将女儿鬻与人作童养媳_{俗呼为"小媳妇"}，其价值不过数十元_{因买童养媳之家亦多系贫户}。及至成婚之年，结婚礼则谓之"团房"_{云赘婿至女家数年乃成婚者，亦谓之"团房"}。【《民国嵩明县志（二）（16）·卷之十九·礼俗·婚礼》，页110—115】

婚嫁，在昔自纳采以至亲迎，概用布帛、银饰而菜品、果饵之属，以从俭约。故嫁女者，亦如之两家互相体贴，诸从简便而事易举。贺客备礼，皆用钱币，常礼五百文，至亲加重至一千文或银一两而止。既归实用又不费力。今则婚嫁必用陕缎丝绸、金玉为饰，即力薄者亦必镀金，果饼、羊酒、礼猪等须丰备，有回此而争多寡、大小，以至庆吊不通者，本为了向平之愿而债台高筑，亦何必挣命乃尔？至于贺客之对联，质佳者一二元不等；而涂鸦难者又长绸数尺亦须一元，皆属无用之物。礼金以一元为少数，其多者或二三元以至五元、十元不等，以致小康之家或遇一喜期而竟有三五家相请，统计礼金、红联、省鞋共须一二十元，往往掣肘。窃谓"红联"，皆为枉费，尽可取消。贺礼以一元为常礼，至戚则二元、三元为止。其婚嫁礼仪概从节省，则物力既得，而财用不匮。此风俗之宜改二也。

又冠笄礼，男女冠笄，悉遵三礼，速宾告庙，以示成人之道。

婚礼，遵行六礼，男家先求庚帖，邀请三族亲眷，敬请福德望孚者以通媒妁，待其既诺，则二姓备启帖酬宾，互送聘仪。将娶，则报期、纳币，始行亲迎；男家邀请陪郎五六人，盛服骑马，皆新郎迎亲，遵《家礼》，行奠雁；新妇至婿家，伴与送亲男、女各一人，告祀祖祠。三日后新郎、新妇同起岳家，谓之"回门"。【《民国罗平县志（19）·卷之一·地舆志·风俗》，页534—537】

婚礼，遵行六礼，男家先求女庚，请亲友尊贵者以通媒妁。既诺，则二姓具启，相酬拜，行聘仪。将娶，则请期纳币，而后亲迎。仪物丰俭，各称其力。旧俗，婿母往娶，今遵《家礼》，行奠雁，婿往亲迎。【《民国陆良县志稿（一）（21）·卷之一·地舆志·风俗》，页99】

婚礼，男家先求庚帖，次通媒妁，向女家致主人意。既诺，然后二姓互相酬拜，具启下定，将娶请期、纳币，婿往妇家亲迎。既奠雁御输先归，妇至，揖门而入，行合卺礼。次日拜谒祖先、舅姑及亲族中尊长。三朝夫妇同回母家俗曰"回门"。其往来仪物丰啬，各称其力。【《民国宜良县志（一）（23）·卷二·地理志·风俗》，页152—153】

婚嫁，遵循六礼，先求庚帖，随通媒妁，继请姻友之尊贵者向女家致意。既诺，则二姓互相酬拜。具启，纳采，丰俭各称其力。将娶，请冠笄婿往亲迎。【《民国续修马龙县志（25）·卷之三·地理·风俗（附种人）》，页159】

白子……婚姻，惟其种类，亦有媒妁，聘用牛马，诸蛮散处，境内椎鲁。[①] 易治近郊，则衣服、言语多化于汉。【《民国续修马龙县志（25）·卷之三·地理·风俗（附种人）》，页161—162】

《旧州志》：性和缓柔懦，男女相悦始婚媾……估客娶夷女者，欲出必问还期，或一二年，或三四年，女即以毒饵之，如期至，以药解救，亦无他；若不尔，必以毒发而死。所许还期，即死期也。【《民国元江志稿

---

① 愚钝、鲁钝之意。

（一）（29）·卷二十·种人·僰夷》，页143—144】

俚俚：《旧州志》：男女相悦，始通媒妁……；《台阳随笔》：俚俚，东乡多有之，其俗男女相悦，即为野合，吸烟、唱歌以表情趣……其婚礼，家搭松棚，男子簪花拖红与女同顶草席一幅立棚下，有帕马一人执草鞭刷其席，口喃喃作咒语，略似汉家禳煞之为，帕毕，女则逃归，约行里，许男始驰往留归。次日，送女回门。俟两年满有身方归，女家媵以糯米、濮被之属，多方劝慰始行，然必迟至昏黑方抵夫家，故名曰"黑俚俚"。①【《民国元江志稿（一）（29）·卷二十·种人·俚俚》，页149—150】

《旧州志》：性俭朴，勤耕织，男女嫁娶必先告知族人，两家会亲，然后婚媾。《清职贡图》：窝泥②……其俗女适人以藤束膝下为别，娶妇数年无子则逐之，祭祀宴会击鼓吹芦笙为乐……婚亦用媒往议，路遇野兽即返，而他求娶时，有奶钱、阿舅阿火头钱，动费数金，无银以畜代之；贫则入赘，多年始得携妻归。【《民国元江志稿（一）（29）·卷二十·种人·窝泥》，页153—154】

《旧云南通志》：卡堕③，元江有之，性顽钝，喜歌舞，男女多苟合。遇婚娶，通媒妁之日议聘金，多者或至百金。娶后，子孙犹有代祖父偿聘金者。故娶妻之家，见妇生女喜不自胜，若生数子，即以为受累。【《民国元江志稿（一）（29）·卷二十·种人·卡惰》，页157】

《新平县志》：婚无媒妁，不论寒暑，晚则架柴火一炉，男女围而卧之。【《民国元江志稿（一）（29）·卷二十·种人·山苏》，页165】

《广南府志》：性好奢侈，女勤耕织，惯挑棉锦，④婚姻则以歌唱私合，始通父母议财礼，病不医药，惟知祷神。【《民国元江志稿（一）（29）·卷二十·种人·侬人》，页169】

婚礼：

议婚手续：初由男家央媒向女家求婚，女家允许，发给庚帖，男家接

---

① 此处对"黑俚俚"的解释是有错的，"黑俚俚"是彝族中的贵族，"黑"是彝族分类中黑白两者之语。

② 今哈尼族。

③ 今哈尼族支系的自称，汉作"卡多"，与"卡惰"同音异字，见于清代记载，分布在云南墨江、江城及镇沅、普洱、景东、景谷、思茅等县。

④ 指刺绣。

到女庚后，与男庚相合无冲犯，遂相议婚礼银，多者二百元，少亦不下百元，其他礼物若干，亦预先议定，双方同意，婚事遂定。

行聘礼式：自问名后，男家写具婚书，央媒送于女家，谓之"过小礼"，又谓之"吃酒"。礼物钗钏、衣服、布帛及猪、鸭、茶果之类，物用盒挑全礼二十四盒，半礼十二盒，特殊者三十六盒，不接礼银。过礼时，由男家请媒人，同父族母族亲人相送至女家，谓之"压礼"。是日午，女家设宴款待，并请亲友相陪宴后，填写婚书，发还男家，并答以其他礼物。

迎娶仪式：迎娶之日，男家又复致送银物一次，谓之"过大礼"。亲迎时，新郎乘彩轿，陪郎二人乘骑，旗帜鼓乐前导，礼盒居次，至女家，陪郎引新郎拜女家祖先。拜毕，设宴，酒经三巡，鼓乐大作，陪郎引新郎辞出，登舆，新妇亦登舆，随至男家。

成婚礼节：新妇入门后，同新郎先拜天地、祖先；后入洞房，夫妻对立交拜、行合卺礼；成婚次日，谒见翁姑，并请男、女家亲族年长者拜见，谓之"拜堂"。亲族赐新妇首饰等礼物；拜毕，宴客，男、女家亲族均在座。次早，回门，女家设宴款待新郎、新妇，午邀亲族及男家亲族赴宴，谓之"会亲"。

案：婚礼，近日有改用文明结婚者矣，但不过一二家而已。【《民国续修新平县志（二）（31）·第十七·礼俗》，页295—296】

婚嫁：遵行六礼，男家择门户女子之可配者，请亲友为媒向女家致意，三返。既诺，诹吉具柬及酒肉，以往女家宴；将女子年庚书于鸾笺，拜交媒人复命男家，男家拜而受之。及男女既长，择年月日时之吉者，先数月请媒定期；既定，择日纳彩、请期，具柬及簪环、猪羊、布帛、盐茶、粢粑或春饼、聘金等物；行聘请期以羊。至期，用催装、书启、礼物、轿马、鼓锣、执事，婿与媒及男教拜一人、女启亲一人同至女家亲迎。女家亲友出门外相迎，三揖入拜祖先、尊长；女家答婿以花红并具衣服、簪环、妆奁陪嫁，婿先归入室拜父母、尊长，复出俟于门外，妇至，婿面喜神方位三揖而入，婿前（夫）［妇］后。至新房，请寿高德邵、夫妇双全者为之合卺，女家令伯叔、昆弟及姑姨姊妹亲送至男家，名曰"送亲"；又令幼女馈衣物，名曰"添箱"；男家俱留宴。毕出，三揖送妇。是日，翁率新郎、新妇同拜天地、家神、祖先，谓之"周堂"；次早亦然，毕拜父母、翁姑及伯叔尊长。凡亲友之兴宴者皆拜焉，尊长、亲友答新妇以首饰银物。于是日，设筵宴客，男外女内，新妇执糕饼、丝履、手工等物以见翁姑及家庭尊长。毕，用女家送来之酒筵邀表弟，兄辈与新郎、新妇同宴，名曰"陪圆席"。至吉日，女家备筵具柬往请男家亲戚并婿及女，名曰"回门"，又曰"会亲"，早去午归。是午，男家执柬请女家复宴，数日后，媒家接请新郎、新妇宴归，答以礼物。【《民国景东县志稿（一）（32）·卷之二·地理志·风俗》，页647—649】

《旧志》：顺宁婚礼，以著姓言，初视门第相当、年齿相若，理有可求，男家（倩）［请］媒妁通其议；次言财礼，必以牛为首事；次及奶钱，虽不论多寡，若以为去父母之怀，则礼重之；次用槟榔、茶盐、色布、簪珥之属。无论远近，执柯者必三至其门，女家初不设一茶，惟三至则留饮，斯议成矣。次日，冰人执男家名帖，遍告女氏亲戚，谓之"通谢"。自是两姓往来，馈问，交至婚之日，或亲迎，或过赘，不务铺张，不贵聘仪，不盛饰花轿，不较索妆奁。若云过赘，则费稍简，而婿在妇家，初似代为持户者，久之一二年后，任其贫富，未有不与之俱来，夫妇之道也。迄今数百年，时代变迁，人事更异，分述如下。

（1）订婚：顺邑旧习订婚，由家长主持，当议婚之先，男家央媒作伐，备酒一壶，往女家提议。迨允许后，三日回谢红色甜酒一壶，始择期取庚帖，并以酒、肉、糖、茶四色送往女家，作订婚礼物。女家发给庚帖，无回谢礼。其有迷信者，于得女家允许后，犹须经合婚手续。近此风亦渐杀。

（2）婚约：婚聘尚无婚约，惟以庚帖及鸾书柬为证书，其形式极简单，男家取庚帖时，由女家发与男家收执。故单写坤造，鸾书柬系迎娶前一日，由男家填就乾造并告语，送往女家，再由女家填就坤造，于迎娶日交还男家收执。

（3）选期：婚期由男家选择，用柬商请女家酌定，女家允许，即开允柬答复。其礼：男家备酒一壶，女家以甜酒答谢。

（4）聘礼：男家所备聘礼，除取庚帖时用酒、肉、糖、茶各一色外，至迎娶前一日，则用猪一头、米一担、酒一瓶、衣服首饰各数件，送往女家。次日迎娶时，女家又以帐、被、衣服、箱架、盥具及各种妆奁附送男家，此为普通聘礼。至富室贵族，较为奢华，贫家小户，则较为俭朴。间有男家殷实，女家穷困，女家即向男家索聘金者，为数不等。

（5）迎娶：前清迎娶时，必以鼓吹并旗、锣、伞、牌等仪仗为先导，次为安乐马，再次为陪郎乘骑，新郎、新妇舆马等，最后则为迎送亲属之舆轿。民国以来，仪仗全废，余无大变更。是日，新郎至女家，由女家主婚人率领至祖堂行礼，名曰"参祖"。礼毕，赐新郎花红，并以甜茶饷众。此时，新妇由其亲属长辈携送入轿，及迎归登堂，男家请二童女以红色蜜饭交喂新妇，是为"喂蜜饭"。入新房后，即行合卺礼，俗名"交杯盏"。继（倩）[请] 亲邻福祉较备之妇，为新妇梳妆；毕，新郎、新妇同拜祖先、双方亲属长辈，受拜者皆各以财物相赠。盖是日女家亲属由男家备柬邀请宴会故也。此外，犹有所谓烧喜神纸退喜神之迷信举动，今渐废。

（6）归宁：成婚之日，新郎、新妇随携四色礼物，归宁女家，并参拜祖宗、父母及亲长，俗称"回门"。是日，女家宴集，男女双方亲属，至晚仍归；路途较远者，七日始回门。

（7）续婚：男子续婚，若系处女，其礼与初婚同。若系再醮之妇，或自由聘定，或央媒作合，惟顷由男家备赀财与妇家或其亲生父母，至迎娶手续极其简单，仅用一舆轿迎归成礼，勿须亲迎，亦无亲属伴随。俟婚后数日或数月，备礼数色，偕往拜识岳父母。至少妇丧夫不论有无子息，多听其改嫁，间有矢志守节者，亦听其终身。妇人再醮得自由，择婿惟（酒）[须] 由男家偿还其翁姑，或其亲属相当之婚费。其礼节与男子续婚同。

（8）招赘：旧俗无子有女之家，多招婿入赘，以承其嗣。但须得女族允许，并须经更易姓名，立有合同凭据者，始得享受遗产。间有因女长子幼，家政待理，而亦招赘者，则多俟子长，即许女随婿归；但女及婿均无分产权，其有父母溺爱其女而嘉惠之者，殆属例外。至妇人丧夫，因子幼而有招夫养子者，亦须得家族之允许，但世俗多鄙之。

（9）童养媳：男女订婚后，未达结婚年龄，或因男家人力单薄，或因女失怙恃，又或因女家贫、不能自赡，乃由男家接女过门，谓为"童养媳"。迨男女均以长成，始正式成婚，此风今亦减少。

（10）特殊婚俗：僻远乡村，有订婚不用庚帖，亦不（倩）[请] 冰人，仅由男家携只鸡，向女家求婚；若女家烹此鸡祭祖，即为许婚。此种风俗倘行之于男女幼稚之时，因无确实证据，长大每多悔婚及争讼，颇难解决。又有双方父母，听一时之热情，指腹为婚，迨男女成长，稍不如意，即行悔婚，其因悔婚而争讼者，亦间有之。更有乡愚因择婿失慎，或家人意见（纷）［分］歧，至有一女而许二夫，发生抢亲情事，甚至双方械斗，酿成刑事案件者，是又为恶习矣。【《民国顺宁县志初稿（二）（37）·卷九·礼俗》，凤凰出版社 2009 年版，页 213—217】

（1）婚事：有送喜仪之俗，婚嫁之家若辞收喜仪，亲友复以喜联、喜幛或日用品、装饰品等致贺之。嫁女之家于婚期前夕，又有谓送填箱礼者，戚属妇女各携糖、布、妆品相馈赠，辞否则视主人之意而定。婚嫁方面，对于亲友，事先有用柬邀请者，亦有不用柬帖者，办法不一，主人接收喜仪与否，即于柬帖中有所表示。用柬之家贺客多寡，可以预算抬待易周，否则既难估计，复易失之简慢。

迨女子生育时更有送粥米之俗。子生三日，婿持鸡、酒往女家报喜生男以牝鸡，生女以雄鸡。女家即择期备米、酒、糖、鸡等食品，及婴孩一切服饰，具担盛盘，送至婿家。是日，婿家设宴，招待女家亲戚，甚为热闹旧俗迎娶日所用之彩色花瓶贮之女家，即备预作送粥米、酿酒者。富家大姓于此举，习尚奢华，竞相夸耀，所费不赀。今此风亦渐加改良矣。【《民国顺宁县志初稿（二）（37）·卷九·礼俗》，凤凰出版社 2009 年版，页 229—230】

婚姻社交：订婚多讲门面，少择儿郎且喜早婚，女子少愿为姜，即为簉室亦如嫡妻待遇；又或择偶不当，或配非其偶，则多出俗为僧尼，惟多不住寺院，常在坊间贸易。旧时女子谨守闺阁，近则风气渐开，女子亦渐有参与一切社交矣。【《民国顺宁县志初稿（二）（37）·卷九·礼俗》，凤凰出版社 2009 年版，页 231】

婚姻方面，新妇入门时，禁披白者及孕妇在堂；新郎、新妇在未回门前，忌入人家；女子忌食文定礼品；结婚日，新妇忌食男家菜饭。【《民国顺宁县志初稿（二）（37）·卷九·礼俗》，凤凰出版社 2009 年版，页 233】

龙陵风俗纯厚，由来旧矣，男务耕读，高尚气节，女勤纺绩，谨慎闺闱，浑浑噩噩，有太古风，初无凉薄习也。及世风日下，不免踵事增华，渐失浑朴气象，斯亦运会使然耳。然有未可厚非者，婚姻论门第，丧葬称有无，富者好礼，慷慨乐施；贫者固穷，廉隅自励，尊师重道，革薄崇忠，妇女不尚艳妆，亲操井臼，即士大夫家鲜用奴仆。虽人多田少，不敷种植，而为工、为商罔不，各勤本业，以故市无游手，野无惰民。任兵燹屡经，其风俗未尝改易也，语曰"美俗可以救秕政"，龙其庶几乎？【《民国龙陵县（40）·卷之三·地舆志下·风俗》，页 98—99】

婚嫁琐记：男十八而婚，女十六而嫁，此通俗也；有早婚者，亦必男十六、女十四，然不多见。开始，问名例由男家延请与女家接近之亲友达求婚意，得女家允许后，再于姻党中择夫妇双全，稍有名望者二人为媒，订期往女家申明婚意，谓之"走媒"。而前之媒人称为"内媒"，后之媒人称为"摆街媒"。

传槟榔：即纳采之礼，走媒后，再订期，以酒、肉、鸡、鸭、盐、茶、糖、槟榔等物并附聘礼旧礼由八两至十六两，今有用银百元以上者，赏随摆街媒往女家，主宾相接如仪，女家将女之生庚书于红柬，交媒人携回男家，谓之"传槟榔"，又谓之"开八字"。经此礼后，婚议遂永固，双方均不得反覆矣。

报日子：即请期之礼，吉日既定，以果品、蜡烛往女家，谓之"报日子"。

婚期前一日，以盐、茶、糖各二包包重三四斤，槟榔二盘，鸡、鸭各二双，猪一口重须百斤以上，酒一坛，女衣一套，并假发、金银首饰等，以鼓乐送往女家，女家将制备之一切嫁妆，全数摆出。抬回男家，谓之"过礼"，即古奠雁之礼。吉日既至，新郎乘肩舆，有乘顶马者四人谓之"陪郎"，旗锣牌伞，往女家亲迎。既至女家，新郎参拜女家宗祖以及尊亲，尊亲为新郎挂红簪花，设席款宴；宴毕，又复叩拜，谓之"谢席"。婿背面坐女之兄弟，行抱女入花轿，女铜簪而红衣，巾帕蒙首，迎归男家。至门停轿，由术士念咒语，撒草豆、铜钱，谓之"退车马"。花轿落地，即有幼女以糖拌饭喂新娘，以马鞍加诸门限，牵新娘跨鞍入于堂，拜祖先、夫妻交拜，入洞房、饮合卺杯，吃长寿面，婚礼成。是夜，即有闹新房之事。次日，参拜翁姑、尊长，受拜者各有赐物，谓之"拜招"。

闹糖茶：新婚之夕，亲朋中年轻好事者，于灯火既明，多拥挤于新房，嬲新人出烧糖茶，不出则谑笑讥讽，冷语嘈杂，一似胡调，为彼辈应享之权利，新郎既无权抵抗，只得应命而出烧茶。须夫妇各出一手，以短棍抬壶烧成，不能使他人代烧也。茶既熟，置茶杯于盘，夫妇共捧之，敬此则让彼，敬东则让西；迨无可处，则命新夫妇说俚鄙之茶令以难之，品头题足以厌之，虐浪笑傲无所不至。新妇畏羞不肯说，则彼不饮茶，而计旧矣；新夫妇捧盘久立足软神疲，新娘有因侮而兴者矣，有恼羞成怒者矣，因是有骇而挞妻者矣，有刚而逐客者矣；新娘若不论如何恶语句，不但照说且请再请三，则闹者计穷，有乘间而逃者矣；不逃者亦觉无甚意味，草草了事而已。闻乡间曾有一次，将新郎拴于屋外，独闹新娘，闻新郎呼虎而不信，新郎竟死于虎，遂成命案。总之，闹房一事，即不买祸，亦觉无礼，乡人犹以为是日多恶煞，必假此一闹以驱逐之，是诚别有肺肝，难以理喻，以糖入水而代茶，故谓之"闹糖茶"。

喜筵以八大碗为例，馐不过猪、鸡、蔬菜，男家宴宾自婚前一日午餐起，至后一日早餐止，共四餐；女家婚前一日午餐起，至婚日午餐止，计三餐。

吾邑地居边僻，风气锢闭，自由、文明等结婚名词，妇女犹掩耳，不敢闻。【《民国马龙县志（一）（45）·卷二·风俗志》，页202—207】

依人之婚嫁：多早婚，亦行媒聘之礼，结婚不拘年龄，七八岁即有结婚者。既两小无知，何有夫妻之情感，其不坐家之恶俗，岂非此故耶。婚日，男往女家亲迎，无彩舆、仪仗等排场，多数送亲女伴送女至男家住二三日。夜间，女伴同新娘共枕，新婚鲜能问津者。三日后，新娘偕婿归宁，母家亲宾预置冷水于门，伺婿至门，则尽量倾泼，须由水阵冲入，多淋漓。而后快一二日后，婿归女不归，已成惯例。遇农忙时节，女始一至夫家，稍助工作，未完而复归母家矣。青年男女自由唱歌，唱（酹）[酬]既洽，难免淫奔，或有妊而遂归夫家同居俗谓"坐家"，或夫妻如仇、数十年不愿觌面俗谓"不坐家"。因野合而成夫妻者，随处皆有，人亦不以为怪。【《民国马龙县志（一）（45）·卷二·风俗志》，页218—219】

土佬①之婚俗：聘礼，例用银九两二钱，定聘时先以一两二钱为定银，其余八两待迎娶日补之。新妇徒步行，不舆马，衣花绣。婿不亲迎。送嫁者，携酒以荐婿家祖先。满月后，女偕婿归宁，母家女伴咸集，弹琵琶、唱土歌，夜阑灯弛，诸女伴与新妇共房宿，婿来于暗中摸索，得妻则共枕，摸错则共堂相乐，而不相尤也。【《民国马龙县志（一）（45）·卷二·风俗志》，页228】

僰猰②之婚嫁：娶妻不以媒，每自由恋爱而得之，俗淫而善歌。当夏日插秧，四野歌声袅袅不断，词句信口而成，滔滔不绝，要皆逗风骚而情情愫者也。唱酬既洽，无须媒合，若论财礼则反手撮土以戥较之，准其轻重，如数过付，兹则以牛羊猪酒以为礼行媒聘者。亲迎时，新妇偕女伴行

---

① 今壮族。

② 今彝族。

至门，婿家预设冷水以泼面，新妇见而畏之，趑趄不前，必待新郎拉之急趋而后入，名之"僰揶"，盖由此云。【《民国马龙县志（一）（45）·卷二·风俗志》，页231—232】

揶僰：又名"拉鸡"①……揶僰之婚嫁：婚议开始，女家必拉雌、雄两鸡，割以款媒，验其鸡卦，以决可否。亲迎日，送嫁人甚多，每经一沟即须设食以饷送者，须给新娘手镯一对，否则新娘不过沟。倘远道沟多，女家必先预算，食与镯备如其数。【《民国马龙县志（一）（45）·卷二·风俗志》，页232—233】

苗人之婚嫁：早婚之习，一如侬人，但既嫁则长住夫家，不似侬人之不坐家也，故未成年之夫妻所在皆有。开始求婚时，必请善于唱歌者为媒人往，与女父母对唱，胜则婚议成，负则婚议绝矣。

有夫之妇被人拐逃，只要赔偿本夫财礼，便可与拐夫成婚。此乃苗族惯例，无人敢为异说。至成年女子凭媒婚嫁者，固多先拐去，而后托媒者，正复不少。【《民国马龙县志（一）（45）·卷二·风俗志》，页237—238】

苗人之踩山：上年冬季，选一高而稍平之山场，竖数丈高之木杆于其边作标识，而资号"台"。当事者酿咂缸酒数缸，翌年春初，陈咂缸酒于场，苗男女皆新其装饰，多自远方来，如归市。然自初一日起来者曰"众累百盈千"，肩摩踵接，诚盛会也。早餐既罢，山场已开，众苗女遥立场外，作羞涩不前态，有苗男子以油脂涂于长绳，两人拉其端而围之，故作欲污女衣之状，诸苗女乃被迫入场，或三或五相聚而立，任凭苗男选择，中意时撑一伞以覆照之，此则一小群苗女已为占有，独与歌唱，他人不得参加。苗男唱胜则苗女赠与指环，得意洋洋，又鼓勇而之他群大唱特唱。曾见一苗男所得指环，两手无着处，谓是善歌者也。远宾至场，必先款以咂缸酒；咂缸酒者，用玉麦玉蜀黍为原料炒香，磨碎，复煮之，使软和曲，入缸封之，数月酿成，插四五尺长之细竹管于糟内，取其端而咂其汁，汁减则增之以水，至日昃早无酒味，吸饮者犹咂唇舐舌，似津津有余味，以领主者盛意。场中吹芦笙者，既吹且舞，屈其腰而昂其首足或飓矣，手或翔矣，盘旋往复，丑态万端，观众则以为艺术，已美不可及。终日歌声袅袅，笙韵悠悠，饮者呶呶，论者咻咻，递盛追欢，不醉无归。夕

---

① 今彝族。

阳既下，如鸟兽散，如是者数日，渐有唱酬既洽，男女相悦，拐逃私奔之事陆续发生，为之父，若夫者视为故常，无敢訾议。惟先事严防，期无变故为幸。【《民国马龙县志（一）（45）·卷二·风俗志》，页 238—240】

冠婚丧祭：冠礼久废，男子成人并于婚礼。取字号者，幼即有之，不待冠也。仪礼所谓三加祝辞，今胥从略。

男家以父母之命，媒妁之言求婚于女家；允之，乃定婚。将婚前数月，男家备柬报婚期于女家；及婚日，婿亲迎至家，合卺、庙见皆如礼。古人云"婚姻论财，夷虏之道"，石屏无之，此可称者。惟定婚过早，往往有髫龄即定者，世事变幻，人失自主，宜待成人行之。【《民国石屏县志（一）（51）·风土志第六·礼仪》，页 527】

《家礼》四：曰"冠"，曰"婚"，曰"丧"，曰"祭"。冠礼将责以成人，虽众著其义，而能行者鲜，惟临人亦然。婚嫁先通媒妁，求庚帖，继请亲友之尊贵者，诣女家致主人意；既诺，则二姓互相酬拜，具启下定仪；将娶，请期、纳币，而后亲迎。礼物之丰俭，各称其力。《旧志》，谓婚礼近古，有以也。【《民国续修建水县志稿（56）·卷之二·风俗》，页 166】

（1）镇康婚礼，汉夷各殊。惟汉人结婚，与他县大同小异，当男家求婚之初，仍以父母之命，媒妁之命，既经女家父母许婚，则男家捧一双月双日，用膳鸡二只，央媒前往女家，宰食此鸡，为定婚之准则，其取义"鸡项一断不能再续"，有如此婚一定不能反悔也。别无庚帖、字据，仅用银簪饰一二件为贺而已。至完婚之期，先一月前，行纳采礼，名曰"（遇）［过］布"，而猪酒、盐茶、首饰等物；视其家之贫富，而定其丰啬。比及娶日，新郎往妇家亲迎，必请一陪郎，而之同叩首行礼；而女家送亲之人，必取一男一女，成对者十余人，无论相隔远近，必到男家宿一夜，或二夜，而后返。至于妆奁，由男家备一木柜，女家殷实者增添一皮（厢）［箱］而已。总之，百事俭朴，不事奢华，惟境内风俗半参郑卫，男女十一二岁即便结婚。此早婚之害由来尚矣。

（2）摆夷①婚礼：土司婚制极重门第，一切仪式略与汉人同。惟民间婚制，则与土司迥异。然谓告摆夷婚制，则宁舍土司，而就人民立言，始可以得其本然。盖土司贵族熏染汉习，其一切举动，与古诸侯往来，略相

---

① 今傣族，当地人对傣族的一种通称。

似也。民间男女婚媾，不重媒妁之言，多在男女自由择配。如果男女互相心许，各将其情形，报告父母，或以媒相通，或不必以媒相通，婚约皆可成立。及婚娶时办法，略分为两种：其一，凡两方家长心悦意愿，而不致有意外之问题，则新郎须至女家亲迎，迎娶男家；其二，倘两方家长有不乐意事，或某一方有苛状之条件提出时，则有抢婚之举动，即男家聚众若干人，至女家将女抢归。然而两种办法之中，以后一种尤为盛行。盖抢婚之举，有时竟不必有苛求之条件以为其动机也。当抢婚之时，女家故作咒骂态，而所谓咒骂态大抵全作假作，及女抢至男家结婚后，则两方家长依然和好，成为真亲家。此项风俗，沿边一带夷人，皆习为因常，不以为怪也，即卡腊、蒲蛮①类皆如此，不甚差异耳。【《民国镇康县志初稿(58)·第十七·礼俗·婚礼》，页281—282】

　　婚礼：《管志》：求婚者请媒于家宴而拜之，至妇家拜致求婚者之意，妇家许诺亦宴之。二姓互相酬拜，下定仪，将娶请期纳币，然后亲迎，其仪物丰俭，各视其力。《滇系》：夷种在姚安者，婚用牛羊至女家，以水泼足为定。《甘志》：亲迎，婿乘马按：婿亦多乘舆，妇坐彩舆，妇家亲族姪娣十数人送之，舆马辐辏，有祁祁如云之致。（又）先辈定婚论门第，不论财物。自离乱后，嫁女者皆索聘金，转相效尤，遂成敝风。《采访》②：旧时求婚多拘牵星命，取生庚配合，方行定仪，书庚柬交男姓存证，现多于纳币时行之请期。纳币，俗名"过礼"。柬书吉期，并纳衣饰、布帛、豚羊、酒盐、糖茶各仪。选期多拘牵女命行嫁月，婚期前夕，男女多由父母告祖醮遣；及期亲迎，前列仪仗，骑佐鼓吹，礼盘至女家奠雁，女家奁仪丰啬视其力。亲迎至门，交拜入室合卺，拜见舅姑，谒祖宴宾。翌晨，回门谢亲，循礼之家须成妇后次日，始行庙见，拜亲长舅姑塞修，夫受妇拜。七日，归宁。文明结婚尚鲜有行者，但时势演进，将来须扫除繁仪，参酌古今中外，制为一定仪节。庶人民有所遵守，此则中央政府之责也。结婚年龄十六至二十岁，亦有早婚者，现中校学则修学时不得结婚，已婚者不许入学，意在矫正末俗。续婚再醮，亦甚普通。家计窘迫者，娶童养媳，礼仪少杀。惟赘婚及坐产招夫是为（敝）[弊]俗。离婚风习尚少。

---

　　① 今布郎族、德昂族的先民。又称"朴子蛮""蒲蛮""蒲子蛮"，分布在澜沧江以西，今勐海、澜沧、双江、凤庆等地。

　　② 《采访》是此次修撰地方志时调查所获资料。

（又）回教婚礼，媒说后，须以教长为证，订期行拿手礼，婚夕请掌教诵祝天大赞。（又）彝人由父母之命者多早婚，成人婚配者尚自出，迎娶不用车马，日暮燃火炬，照入夫家。婚夕，男女宾客吹笙跳舞为贺。婚三日，亲妇随送亲者归宁，俟成年始归夫家，其不归者离异。【《民国姚安县志（66）·礼俗志第七·风俗》，页242—243】

婚礼：婚礼悉遵古礼，先求庚帖，次通媒妁，继请亲长之尊贵者向女家致意。既诺，择期行媒下定。将娶，请期纳聘，而后具启亲迎。亲迎日，新郎乘大轿，以二童锦衣乘马前导，名骑顶马到新妇家，筵宴行亲迎礼。毕，新妇坐彩舆随行，男家接亲，女家送亲。既至，行合卺礼、拜堂礼。聘金约分为三等，上等五六十元，中等三四十元，下等一二十元。其衣服、首饰丰啬，各因其力。妇人以再醮为耻，故地方多节妇。惟早婚少聘，是为鄙俗。【《民国盐丰县志（69）·卷之三·地方志·风俗》，页312—313】

甲婚姻：汉、回两族婚嫁与内地同。

藏族婚嫁有四种方式：一、弟兄同妻，即多夫制；二、姐妹同夫，即多妻制；三、兄妹结婚制；四、则无论有多子或独子均送入大寺为喇嘛而赘一婿以延宗嗣。因藏族家庭之经济大权拘操于女子之手，数千百年已成习惯，是以每一家庭仅容有一主妇，百千万年不许分家；复因地面高寒，生产力薄，故既多夫多妻之制限制其蕃殖；更以喇嘛寺为尾闾，以消纳其丁壮，而减少其生育，以期供求平衡，免人满杀戮之患，亦古人苦心调节之遗法也。

摩些族，最喜血族，结婚除同胞之兄妹姐弟稍为回避外，同胞弟兄所生之子女即为结婚第一条件，次及姑舅姨表之子女，[①] 再次及同曾祖之兄妹姐弟，再次始及同族，亦必由亲而及疏，最后始及异姓。

保保族，婚姻尚知避免血族，惟最讲究种类。因保保以黑夷为贵族，谓之"黑骨头"；白夷为平民，谓之"白骨头"。是以黑夷之子女但许与黑夷之子女结婚，白夷之子女但许与白夷结婚。其血统混杂者，为"花骨头"，为同族人所不齿，此阶级之限制也。黑夷娶妇聘礼须在千元以上，即白夷亦必在五百元左右。惟此种财礼多以牛马猪羊准折，观其表面虽似买卖婚姻，其实此种财礼大有"保证金"之意。盖自女子生育后，

---

① 这是纳西族婚姻中舅舅家儿子有优先娶姑姑女儿的习惯。

无论所产为男或女，约可褓抱其初生之子女回母家分受产业，即"索还"其夫家当初所送聘礼之意。此财礼之神秘也。其俗妇、翁不睹面，伯、婶不通问，大有周礼遗意。故当娶妇之先，必须另造一屋，一俟结婚之翌晨，新夫妇即离家另爨，不许与父母同居，又似秦代法度。然当初则不许翁妇见面，若不幸而其子夭折，而子妇尚未生育，则其嫠妇之身体又非归乃翁享有不可，而其故父所遗之姬妾亦必归其长子。此又其家庭间之神秘也。

力些族①，亦有黑力些、白力些两种，但其婚姻一律平等，绝无贵贱之分，尤重血统，不能混乱，聘礼多以牛羊、布匹为准。

苗族，婚姻以姑母所生之女为第一条件，其次始及异姓，最忌母舅之女。婚后即多与父母分居，其聘礼仍用牛羊。【《民国中甸县志②稿(83)·下卷·风俗》，页47】

婚礼：婚礼俗为子孙主婚，先择门第清白女、年齿相当，（倩）［请］戚属求女生年月日时与生年，酌其阴阳八字，名曰"合婚"。如得上婚、中婚者，请媒作合，两相喜悦，女父母许以诹吉、纳采焉。

右议婚。诹吉、纳采或二八月，或四六月不等，总以双月为吉。媒人从中议定至期，主人备办，乃香烛、槟榔、茶食、饼饵之类。童子数人随媒人盛服至家，主人议案于祖堂洒扫厅，争盛服出，近至祖堂。从人焚香燃烛，媒人于祖堂行三跪九叩礼；继请主人西向、媒人东向，媒人再拜，主人避拜。妇人陈书于祖堂，主人亲书女生年月日时，附于书。延宾升堂，主人奉书西面，授宾再拜，媒受书避拜授。从者请退主人礼宾，布席中堂，宾东主西，揖让主、从人就坐，茶食、饼饵陈设满案。主人敬槟榔二盒于各宾前，名曰"吃槟榔茶"，取"定婚"之义。食毕，实兴离席告退，揖主人，主人答揖退宾于门外，使还复命主人。至门，主人出迎至祖堂，宾东主西，纳书授主人贺喜，再拜主人，受书避拜主人；亦再拜谢宾，宾避拜退，主人酿宾以礼。

右纳采。纳采之日，吃槟榔茶者，两家各三二十席，奢费不资，贫者力不能胜。俟后，应请改良。纳币诹日，主人于男女长成，使媒通女家，求许婚期，得其许允，主人备书呈喜神单于内氏送至女家，并请高门尊柬

---

① 今傈僳族。

② 今迪庆州香格里拉市。

单，女家开单，媒人复命，主人照单具柬币，仪三刀六钱，与柬送至女家。女氏主人受柬及币，为婚期已定之义。

右请婚期。期前一日，主人备香烛，肃高门尊亲柬帖表，裹衣服、大褂、喜衣之类，容饰各四响，花凤勤银镯、戒指、喜酒、喜肉、羊肘、鲜鱼、山盟海誓宝镜等类，陈列单桌，或八张，或十张不等。鄹勤十余人，每桌二人押币，童子一人，鼓乐吹打，随媒人至女家陈列客堂；从人于祖堂焚香秉烛，媒人请主人西向、宾东向，宾再拜，主人避拜，宾请主人点礼照单。点讫，主人受币告庙，续将妆奁陈列于桌，请宾点妆奁，从人照单点讫；宾受妆，童子押妆，执锁钥，随媒送至婿家点交主人。押妆者执钥复主命，主人醴宾及从者。妆奁丰俭量力备物，士庶并同。

右纳币，婚期之日。古无亲迎奠雁之仪，惟婚者，公服伫于堂中，请戚亲迎，以彩舆一乘，襜盖饰、（采）［彩］绢，垂流苏，笼烛、火把各二，鼓乐前行仪。从后，随至女门。傧者出迎至堂，女父母告庙，醮女于内堂，梳妆饰服。至父母前，北面再拜，侍者斟酒醴女饭以送嫁。父训以宜家之道，母施衿结帨，申以父命，为女加景单谷为之，名曰"女巾帕"。女识父命，不唯出门，升与鼓喧填，至婿门，陈列香烛牲醴，傧者朗诵仪文，退送柬与婿出迎女，降与男东女西向吉而立，傧者授男山盟，授女海誓。婿前女后，徐步入堂，傧者赞礼拜，告天地，婿妇交拜。讫，引谊洞房，喜烛双辉，内设壶一盏，二傧脱妇巾，合卺如仪。

右成婚。成婚之日，妇盥栉；讫，即庙见礼，执事者，设馔具，主人启椟陈主，如常祭礼，主人布席东阶，婚者在后；主妇布席西介，妇在后；各就位再拜，献香献酒馔。读告辞毕，妇进当中阶下北面再拜，兴复位，主人复位；及主妇以下行再拜。礼毕，纳主撤馔退庙见，午后妇执事者布位于堂中，婿引妇请舅姑东西就坐，均南向，妇执箅实赘与枣栗，升自西阶，北面进爵，奠于席，舅坐捡之，赐以容饰钗钏之类。妇兴降阶，执算实赘，与暇修升拜进爵，奠于席，姑坐抚之，赐以容饰一（簪）珥之属。舅姑兴入于室，全族尊者，妇见如舅姑礼；见姑之伯叔、父母与见舅姑同答以肃拜，见娣姒小姑、以夫之齿序拜，皆答拜。夫兄弟之子女受拜，答以肃揖，妇见舅姑在庙见前。成婚之次日，妇之父母具柬延，婿及女归宁，婿执贽偕妇至门，主人迎于门外，揖让升堂。执事者焚香秉奠贽，婿北面再拜，主人西向答拜，请见主妇；妇立于门内，婿立门外，再拜，主妇门内答拜。主人、主妇各赐以服饰一，主人醴以一献之。礼毕，婿告退，主人送于门外。维邑官绅士庶并全丰俭仪文差异，婿见妇父母，妇具酒馔，设七箸醮酱，行盥馈礼；舅姑坐，妇送馔入献。舅姑眠卒食，乃酌酒肴，舅姑皆再拜；舅姑卒饮兴，乃共飨。妇侍者布妇席于阼阶上，西向，具酒馔，设七箸醮酱。舅姑于堂中临之妇亲姑肴之，妇拜受亲饮，舅姑先降自西阶，妇降自阼阶，退飨。妇送者，男于外、女于内，酬以布帛。【《民国维西县志（83）·第十七·礼俗》，页281—287】

定婚不先立婚书：

媒说成就，女家发以口八字，男家即授以定物，迨男家行茶过礼时，始立婚帖，并书女庚，俗名发红八字。

本件见曲靖县民为悔婚上诉案卷。按：此项习惯，于发口八字之后未发红八字之前，当事人首悔前约，殊难证明。【《清末民国时期云南法制史料选编·民商习惯录》，云南省司法厅史志办公室1991年版，页367】[①]

娶兄弟妻为妻_{滇省一般习惯}：

兄故弟无妻者，弟可娶其嫂；弟故兄无妻者，兄亦可娶其弟妇。

事见各案卷宗。【《清末民国时期云南法制史料选编·民商习惯录》，云南省司法厅史志办公室1991年版，页369】

招夫养夫夷俗：

庸碌之夫有妻，而不能自谋生活者，可为妻招夫于其家勤苦劳动，以资赡养。【《清末民国时期云南法制史料选编·民商习惯录》，云南省司法厅史志办公室1991年版，页369】

同姓为婚：

同姓男女相悦好，或因双方父母之命，得结为婚姻，更无须问其尊卑。

按：以上关于婚姻继承各种，若异姓子为嗣，若娶兄弟妻为妻，若招夫养夫，若同姓为婚，皆习俗之最恶者。盖滇本小国，文教阻梗，夷夏杂处，相染成风，此有守土责者，所当严加取缔者也。【《清末民国时期云南法制史料选编·民商习惯录》，云南省司法厅史志办公室1991年版，页369】

重聘：

---

① 此材料是指民国时期云南著名律师丁植整理形成的当时云南民商习惯。

男女论婚，首饰、衣裳而外，女家复要索聘金或数十元或数百元不等，贫者，往往因此不能得妻，或不揣其资力，已定而不能卒妻，终致兴讼者，往往有之。

按：此种习俗，俗似有近于古之买卖亲，以女为奇货，其于礼教人道相悖甚矣。【《清末民国时期云南法制史料选编·民商习惯录》，云南省司法厅史志办公室 1991 年版，页 370】

走红昭通县：

媒说成就，男家特请乡中有声望者二人至女家，声称令媛今与某之子为配，某等特来致贺，而婚姻即成就，俗称此二人为走红人。【《清末民国时期云南法制史料选编·民商习惯录》，云南省司法厅史志办公室 1991 年版，页 370】

抢亲滇省一般习惯：

婚姻已订而未娶前，女家忽有悔婚之实情，谋与他人再婚者，男家往往邀集多人，乘女家不备，夺女而去。

按：此项习惯案卷上常见之。女家因不德，男家更属无礼，往往互相争斗，致肇讼端。论者谓此犹有近乎古部落时代之掠夺亲焉。【《清末民国时期云南法制史料选编·民商习惯录》，云南省司法厅史志办公室 1991 年版，页 370—371】

（二）20 世纪 50 年代少数民族社会历史调查资料中的婚姻习惯

在小凉山彝族的婚姻制度中，也反映了不少奴隶制的特点，这主要表现在阿加的子女没有婚权及转房制，而严格的等级内婚制也是维护黑彝等级统治的一种手段。……在彝族婚姻制度中还普遍流行着转房制，即兄或弟死了，其妻要转给弟或兄，无胞兄弟则转给亲族之兄弟；如果讨有小老婆的人死了，无兄弟可转，也可转给前妻的儿子。……于等级内婚制，小凉山彝族中也十分严格。黑彝是不能与其他等级的人通婚的，妇女与其他等级男子私自通奸都要处死，尤其是与其通奸的被统治阶级男子，……这种森严的等级内婚制，是保证黑彝贵族等级"根根"纯洁性的一种手段，也是与小凉山彝族奴隶社会等级统治的需要相适应的。【《云南小凉山彝

族社会历史调查·云南小凉山彝族的奴隶制度》，页21】①

对违犯婚姻制度的惩处：

（1）黑彝妇女与娃子通奸，勒令双方自杀，否则烧死。黑彝男子与女娃子通奸，背后被人指责耻笑，但一般不受惩处。

（2）有妻有子而讨小老婆，由家门勒令退回。

（3）同姓男女通奸，由家门逼迫双方自杀，否则烧死。

（4）兄在，弟不得与嫂发生性关系；弟在，兄不能与弟妇发生性关系。否则，男女双方处死。但兄死嫂嫂可转房给弟弟，弟死弟妇可转房给哥哥。【《云南小凉山彝族社会历史调查·宁蒗彝族自治县跑马坪乡彝族社会经济调查》，页51】

彝族实行严格的民族内婚和等级内婚，同姓不能开亲；各等级之间，黑彝绝不与其他等级通婚，曲诺②也不愿意与汉根阿加和呷西通婚。

……

彝族主要实行一夫一妻制。但妻子不能生育，或有女无子，亦可续娶，不受舆论谴责。不过一夫多妻是少数黑彝和富裕曲诺的特权，不是普遍现象。

……

彝族实行姑舅表优先婚。一般是表姐妹选择对象时，事先得征求表兄弟同意，若双方不愿开亲，方能嫁给外家；同样，表兄弟选择对象，亦须首先选择表姐妹。这样，他们认为可以"亲上加亲"。据说在婚前，表兄弟姐妹之间发生性关系，也不会受到父母和亲朋的严厉责备。但是，彝族绝对禁止姨表婚，若发生性关系，男女双方都会被家族处死。【《云南小凉山彝族社会历史调查·宁蒗彝族自治县跑马坪乡彝族社会经济调查》，页57】

一、官渡区大板桥撒梅人婚俗

撒梅人直到中华人民共和国成立前仍保存不落夫家的习俗。盛行姑舅表婚，男女到15—16岁，多到17—18岁结婚，在婚前不同村的男女盛行对歌，男女通过对歌互相认识。但订婚需经父母同意，媒人说亲。娶妻之

---

①　以下摘录于国家民委《民族问题五种丛书》之五《中国少数民族社会历史调查资料丛刊（修订本）》，民族出版社2009年版。

②　彝语音译，意为"清白人"，汉称"白彝"，属于彝族中的一个阶层。

前，男方要先付女子的身价、衣物、猪和酒等钱物。娶妻要用马送，一般用红马，由新娘的哥哥抱上马和背下马，新郎、媒人要亲赴女家迎亲，女方送亲者为新娘的兄弟姊妹。婚后回门要选双日。结婚后，男方要送给媒人一个猪头，一定数量的米和钱，作为报酬。自婚后的第8天起，新娘有权跑回娘家长住，年节、农忙和每月初一、十五再由新郎接回或新娘母亲送回，但新娘过完节或于初二、十六仍回母家长住，直到生育后才在夫家长住。婚后生第一个孩子时，女婿要到岳父母家报喜，报喜方法，生男孩用公鸡报喜，生女孩用母鸡。女方的女性亲属，择日到男家送礼祝贺，而男方要选吉日宴请送礼的女方女性亲友，表示答谢。儿女满月后，母亲要接女儿回娘家住一个月。丈夫死，可以转嫁给丈夫的弟弟，不转嫁又无子女，遗孀虽可改嫁，但要经男家同意，经媒人说亲，娶者要付给男方一定的身价金。娶寡妇要在晚上，因由婆家包办，常采取抢婚的形式。

二、官渡区子君村撒马都人婚俗

各宗族间禁止通婚，由于受汉族经济影响较深，因此封建关系较突出。在家庭生活中，父权早已占统治地位，婚姻由父母包办，又由于社会成员的贫富分化甚为明显，中华人民共和国成立前，娶妻付给姑娘的身价金，少者需花银60元、80元，多者120元、140元、160元不等。婚姻缔结的双方多是门当户对。男女订婚要合八字，结婚要选吉日。

中华人民共和国成立前，子君村彝族娶妻用花轿，轿上画有龙凤，都到昆明租借。新郎要亲自去迎亲。新娘一般由哥哥抱上轿，并由自己的兄弟扶轿送亲。新娘至男家要由男方的舅母或姨母搀出轿，新娘要怀抱铜瓶或铁瓶，称为宝瓶。宝瓶上系一串三个小线，瓶内插一根秤杆，象征祈求富有和五谷丰登。此外，新郎有抢坐床头和腿跨新娘头部的习俗，表示丈夫可以管住妻子，实为父权的反映。第二天举行完认亲仪式后，便举行回门，回门时亦乘轿往返，不过，轿要改用红、绿色。闹房可以举行两个晚上，即第一天和第二天晚上，但闹洞房仅限新郎男伙伴参加。第三天婚礼结束，在第三天，村中青年有用锅灰抹新婚夫妻脸的习俗。

撒马都人，中华人民共和国成立前已婚的儿子则继续同其父母共同生活，只有父母死后才分家。丈夫死，遗孀可以转嫁给丈夫的弟弟，如改嫁他人要经过媒人。娶寡妇的男方要偿付男方一定数量的身价金。娶寡妇的婚礼要在黑夜举行。

无子或虽有子因缺劳动力可以招女婿入赘。入赘的女婿到女家后，还要办理同女方结婚的仪式。男子入赘时，要带被盖一床和半头猪肉。入赘女婿同于一般娶妻，新娘要躲到亲友家，然后再由入赘女婿到该家接回，可见虽属男子入赘，但男子入赘后仍要同女方举行正式的婚礼。其婚礼仪式同于一般婚礼，所不同者则要求女方先到亲友家里化妆为新娘，再由入赘女婿乘轿去接回。入赘女婿要由女方家族中的老人送一个名字，一般是在自己姓前加上女方的姓。

婚后，第一年在生育子女前，男子要参加本宗族正月间的迎送五谷太子活动，祈求子女兴旺。妻子生第一个婴儿，丈夫要到岳父母家报喜。其方式是女婿带假元宝和香，元宝和香用伞遮起。防止被外人看见。女婿到岳父母家后，便将假元宝和香放在案桌上，然后向岳父母磕头，岳父见此情况便知道女儿已生小孩，岳父母要送两只活母鸡给女婿，女婿放在伞里回家给媳妇杀吃。三五天后女儿的母亲要带几斤猪肉来看女儿，表示为女儿开荤，在母亲送来猪肉前禁吃猪肉。婚后妇女生第一个孩子，自己的亲戚都要送衣物和鸡蛋，男家要选逢吉日宴请送礼的女主人，表示感谢。

三、西山区龙洞彝族婚俗

西山区龙洞村为白彝"沙聂普"聚居村，该村居住毕和吴二姓。中华人民共和国成立前龙洞村彝族都实行同姓不婚，实行民族外婚，仍保存姑舅表优先婚的习俗。婚姻缔结由父母做主，经媒人说亲，但婚前男女双方有一定的社交自由，如集体对唱和打跳。男女成年，夜晚三五结伙，居住于某家或村中闲房里，便于男女社交的活动。

该地彝族娶亲以媒人为先导，新郎及其妹妹，包括陪郎要到女家去接亲，去时请鼓乐同行。出嫁的新娘头盖红布，由舅父母和陪娘送行。至男家，在屋外举行拜天地，男家特在天井里搭松枝棚和栗枝棚。结婚新房门上要悬挂筛子、簸箕和镜子。但本村彝族的习俗，在结婚的当晚男女并不同床，新娘仍由伴娘陪住。白彝在第7天才举行回门，回门时要由新娘兄弟和母亲来接，新郎要亲自送，但新郎当天要返回来。新娘要在娘家住7天。住满7天后再由新郎接回，在夫家住7天后，娘家又派人将新娘接回，住满7天后，再由新郎接回夫家住7天。如此往返各住7天，短者持续1个月，长达两三个月才长住夫家。但岔河等村的黑彝举行回门后，新娘便开始在娘家住7天，然后回夫家住，虽常来往于娘家与婆家之间，但不像白彝那样持续时间较长。

长子结婚，在婚后要用猪头到村落的祭台处祭天。祭天时要将出生后舅父所赠送的银项圈放在祭台上，象征已长大成婚，将项圈归还给天公。

妻子死去丈夫，寡妇无自主改嫁的权利，改嫁由夫家决定。一般丈夫有弟弟，习惯上要转嫁给夫弟。如果另嫁，多由丈夫家秘密卖与他人，由男家在约定的地点，将寡妇抢走。

无子或子年岁较小，可以招婿上门，招上门女婿由姑娘到男家接。上门的女婿要改女方姓，才能继承财产。改姓要举行一种仪式，由女方家族中的男长者代为改姓，以取得女方家族的正式承认。

婚后生第一胎，要由女婿向岳父母报喜，其形式以酒一罐送给岳父母，如生男孩将酒罐放在桌上，生女孩便将酒罐放在灶台上。岳母要送鸡一只，鸡蛋若干，由女婿带回。同时，女家用此酒分别送请有关家族亲戚喝，喝此酒的女方家族亲戚，要送鸡蛋和米，男家择日投酒饭招待。白彝妇女生育满月后，还要回娘家住一个月。

四、西山区大小昭宗倮倮濮婚俗

大小昭宗的彝族虽保留氏族外婚习俗，但五代后同姓亦可通婚，认为同姓不同宗。但仍盛行姑舅表优先婚，姑母儿子享有可优先娶舅父女儿为妻的权利。婚前男女虽有一定社交的自由，但必须经父母同意，由媒人求婚，通过算命合婚后方能结婚。媒人求婚，以携带酒肉形式向女方父母求婚，酒肉以双数为吉，如2斤酒，2斤肉。女方同意便将酒肉留下，如不留下，便表示拒绝。订婚时一般委托媒人带银镯一对、银戒指一对和酒、肉、米等，招待女方的亲友。而女方要回送男方一顶帽子和一双鞋，表示已同男方订立婚约。

大小昭宗的女子身价，即礼金，中华人民共和国成立前以银币计算，一般为60元、66元、126元等，以逢六为吉，认为六象征福禄。身价要在娶亲前支付完毕。女方主要的嫁妆为衣服、被盖和两个木柜。

结婚多在农闲时期的冬腊月和正二月。先选择吉日。结婚一般举办3天。第一天用轿接亲，轿到马街等地租借。一般为两抬，去时由媒人和新郎坐，回来由新郎和新娘坐。

新娘出嫁时，要请舅母梳头，由新娘兄或弟背上轿。女方送嫁人有舅父、舅母、弟弟和妹妹等。要在男家大门外拜天地，中华人民共和国成立前还立有天地君亲师的牌位。新娘下轿前新郎要以双数银币或铜币，赠给新娘的妹妹或妹妹代表，赎买下轿权，不然妹妹有权阻拦姐姐出轿门。同时还要向新娘的弟弟赎买他手中的两柜钥匙。作为新娘嫁妆的两个木柜的钥匙，出嫁时由新娘的弟妹保管。两个木柜除去装新娘的衣物外，还装少量的米和一些甘蔗糖。米在婚后 7 天或一个月由男家煮吃，含有祈求丰衣足食之意，甘蔗糖归参加婚礼的男女青年抢吃。

拜完天地，新郎要抢先跑进洞房先坐在床头，根据父权制的观点，认为这样才可以制服新娘。

洞房要在结婚的头天晚上布置好，被子由子女双全的妇女缝，在被子的四个角，各放筷子一根，意为快生贵子。布置好床铺的当晚，新郎不能睡，要由新郎的朋友睡。新娘要踏着抬轿人的黄裹腿布进入洞房，意为黄道吉日。

婚后第二天，新娘要早起，负责打扫室内，然后由女方送亲人将新娘藏起，直到让新郎找到为止。第二天早饭后，先举行认男方的亲友礼，认亲礼主要是认男方族内和亲戚中的长辈。然后便举行回门，回门时媒人亦参加。回门实为到女家举行认亲礼。当晚回来，第三天举行复门，仅新婚夫妻去，亦当晚回来。

大小昭宗彝族对媒人的报酬，一般是送猪头一个、银币六元、红土布一件、米一升。

有女无子的家庭可以招赘，但入赘者须改女家姓，然后才享有财产继承权。妇女不生育，或生女不生子，男子有纳妾的权利，寡妇在该地彝族社会地位最低，有子女一般要守寡。如亡夫有弟弟，要转嫁给弟弟，但要经过男女双方同意。寡妇改嫁，只能在晚上举行，认为寡妇不祥。寡妇改嫁，碰上别人，要为别人在门上挂红布，送猪头，表示除秽气。

大小昭宗彝族还有一种习俗，在男子娶妻的头天晚上要祭土主庙，杀鸡一只，并请人在土主庙内举行结婚剃头仪式，祈求土主保佑。大小昭宗村的土主庙内供土主、子孙娘娘、雷公、风神、雨神、火神、谷王、牛王、马王、猪王和鸡王等。

五、西山区车家壁彝族婚俗

车家壁地处交通孔道，同外部接触较多，过去这里彝族的婚姻以包办为主，由媒人求婚。求婚先要合婚，根据男女生辰断定是否相克，如豕亥相冲、水火不容之类。合婚后还要压八字，先将女方八字放在男家的供桌上，用香炉压上，压 100 天，如平安无事，才算吉利。经过压八字后，方可选黄道吉日，男家用三斤六两酒，请女家喝，称吃小酒。经过吃小酒，再举行吃大酒，男家用酒 16 斤，请女方亲友吃，表明已正式订婚。

姑娘订婚后，要将自己头上戴的鸡冠帽的鸡头，从头后转向头前，表示已订婚。结婚多在冬腊月和正二月，结婚杀猪要先用猪头供土主。结婚用轿抬，第二天回门，新郎回门时要给岳父母家挑一挑清水。女方伙伴可利用新郎挑水的机会，向水中投放泥土、石头，进行戏塘。第三天举行拜祖坟，年轻伙伴亦可利用新婚夫妻磕头拜祖的时机，用席子包裹新婚夫妻为乐。

寡妇改嫁要在晚上举行。虽有招婿习俗，但招婿首先要取得本宗族的同意，有时要将家产分给宗族一部分。招赘的仪式很复杂，先女娶男，然后男再娶女。娶婿一般同样用轿接，但接到赘婿后，招赘的新娘自己还要乘轿绕村寨或房屋一周，又表示婿娶妻。【《昆明民族民俗和宗教调查·昆明郊区彝族的婚俗》，页25—28】

婚姻：罗武人一般是一夫一妻制的小家庭，子女成婚后即与父母分居，另组小家庭。罗武人盛行姑舅表优先联婚，并受当地白族习俗的影响，有"男子上门，女婿入赘"的习俗。在家庭中，男子占有支配经济地位的权力，即使是上门女婿，也掌管着领导生产、分配财物、外交和决定儿女婚配的职权。罗武人的婚姻一般都要经过"父母做主，请媒说合"的过程，男女双方必须通过严密的"合八字"，才能联姻。【《大理州彝族社会历史调查·云龙罗武人的习俗和经济状况》，页65】

彝族实行一夫一妻制。中华人民共和国成立前，彝族男女的婚事大多数由男女双方的父母决定。一般男女在七八岁或十岁左右，就由双方老人订了婚约，任何一方不得随意提出退婚。在婚俗上，彝族有一条禁忌，即出自同一个老祖宗的一个家支中的男女青年，无论经历了多少代，都不能成亲结为夫妻。如果哪一个要硬性结为夫妻，那么，本家族的长老就要干预这起婚事，男女双方都要遭到指责。【《大理州彝族社会历史调查·大理州部分彝族地区社会调查》，页80—81】

现今彝族婚俗，仍有原始之风，多数是相爱成亲，讲自愿。因受汉族影响，也有与汉族相似之处，但仍保持着自己的传统。在旧社会，多行一夫一妻制，亦有一夫多妻的。以姑表通婚为主，亦有因男子丧妻存子守寡，女子失夫带女独居，从而合为夫妇，所带儿女亦结为夫妇的，此种婚姻称为"一合两扇瓢"。亦有同一兄妹与同一姐弟互相对亲结婚的，但多以自愿为主。在少数地方也有父母包办的，遇有男女青年不愿意，则出现男女相约逃入深山，或逃奔他乡，直至生儿育女后方回，称为"逃婚"。

其缔结婚姻过程，可分为相好、合婚、订婚、娶亲即结婚等阶段。【《云南巍山彝族社会历史调查·巍山龙街乡社会历史调查》，页119】

龙潭村彝族实行一夫一妻制。中华人民共和国成立前，全由媒人说亲，父母包办，特别时兴"童养媳"。"童养媳"的婚姻，由双方父母交涉后，女方在六七岁时就去到男家，成年后被迫成婚。因此，双方满意的甚少，哭骂吵闹的居多，有的还会闹出人命。此外，那时抢亲、买卖、转卖婚姻等也经常发生。一般的结婚年龄，女的在十四五岁，男的在十七八岁。中华人民共和国成立后，青年男女可以自由恋爱，但还缺少不了媒人。仍有早婚的习惯，一般的结婚年龄，女的在十七八岁，男的在二十岁左右。【《云南巍山彝族社会历史调查·巍山龙潭村彝族调查》，页151】

过去，多雨村和麻秸房有早婚的习惯，子女到了七八岁，就由双方父母替他们做主订婚，称为"号房"。如今，早婚的习惯基本改变了，可是"号房"的习惯，还保留着。

"号房"一般是小伙子看中了某个姑娘，就由父母陪同到女方家中去，去时必须背上一壶酒。到女方家后，边和女方家长谈论婚事，边喝带去的酒。小伙子则可跑去和姑娘单独交谈，这叫"喝白话酒"。如男女双方及家长谈得投机，彼此满意，婚事就订了下来。若女方或父母对这桩婚事不满意，在男方告别时，就重新灌满一壶酒，让小伙子带回去，以示回绝，男方就不得再次来求婚了。所以，村寨流传着一句俗话："好男怕喝回头酒。"

喝过"白话酒"，若女方无拒绝的表示，就可以举行订婚仪式了。由男方给女方家中送一定数量的糖、茶、酒等礼品，礼品无论多少，都必须为双数。同时，还要送上用红纸包好的12元钱，叫作"割奶钱"。订婚当天，双方家长及亲友在一起高高兴兴地吃一顿饭，叫"合欢饭"，整个订婚仪式就结束了。

订婚后，逢年过节，小伙子都要带上礼物去拜望岳父、岳母。礼物一般为几斤酒，女方家中则要回赠礼品，称为"换礼"。【《云南巍山彝族社会历史调查·巍山多雨村、麻秸房赛族习俗调查》，页180】

彝族婚姻已进入稳定的对偶婚，家庭是一夫一妻制的小家庭。到中华人民共和国成立前，子女婚姻已由父母包办，一般都注意到"门当户对"。……婚姻一般通过媒妁，再由父母决定。只是在决定聘礼时，姑娘所用一切衣物首饰，由姑娘提出决定。由于婚姻由父母决定，童养媳、早婚也较普遍，有的女儿八九岁就出嫁，十二三岁结婚的就认为是迟了。婚姻中以姑舅表关系订婚的较多。

……

彝族在结亲时，还有一种"亲上加亲"的习惯。提亲时先由表兄弟姊妹开始，表亲中合不上八字，才可出嫁给外人，而姑母之女，则需先与舅家之子议亲，如舅家无子，才与其他人家议亲。姑娘一般都要嫁回舅爷家，如若不然，则舅爷家可在姑娘出嫁外人之日出来干涉阻拦，因而引起纠纷的也有。

招赘女婿，一般是女方没兄弟，招赘以接宗支。女婿入赘后，改姓妻方之姓，子孙也不还宗，可继承妻方财产。入赘仍需写"合同"，赘婿必须负责妻方父母之生养死葬等事，一切听从妻方父母之命，在经济上与亲子虽无多大差异，但在家中地位就较差了。婚姻仪式中有些已受到汉族仪式的影响，有些还保留民族的习惯。【《云南彝族社会历史调查·永仁县迤计厂彝族社会调查》，页 111—112】

中华人民共和国成立前多半是由父母做主包办的买卖封建婚姻，一般在四五岁时便订了婚。同姓可婚，只是本家才禁止结婚。姑表、姨表结婚的比较普遍。彝族家庭基本上是一夫一妻制家庭。……这里彝族有"上门"的习俗。家庭中弟兄多而生活又较贫困的人，多半有一两个男子到另外的人家上门。两三年或六七年都住在女方家里，在这几年中，上门的男子是女方家的主要劳动力，几年后有了小孩再回男方家。但这种情况是不多的。女家的本家同姓，有时怕女家的财产为上门的男子承继了，也有出来阻挠女家招赘的。【《云南彝族社会历史调查·巍山县举雄村彝族社会调查》，页 145】

彝族社会的婚姻制度是一夫一妻制，纳妾现象很少……一般除少数汉族外，民族间绝不通婚，乾彝、白彝可通婚，但不与黑彝通婚，其原因是黑彝均为地主阶级，婚姻中的阶级性很明显。同姓不同宗，姨表、姑舅表均可通婚，但过去姑舅表优先配婚，此可能是原始亚血族群婚的残余。寡妇再嫁不受社会舆论非难，间或有小叔填房、续弦、入赘等。过去彝族青年男女十六七岁就结婚，全由父母包办，媒妁议婚，有聘金、陪嫁、订亲、结婚等手续与仪式。【《云南彝族社会历史调查·宣威县三区夏立乡长房村彝族社会调查》，页 252】

过去阿细青年男女的婚姻是自由的。在十几岁以后，男女青年都要到

"闲房"里去睡，这是男女谈情说爱的地方。……中华人民共和国成立前一些地富家庭儿女嫁娶已带有包办性质，父母多选择门当户对的人家配婚。一些贫苦青年，因为家境贫苦，怕找富裕人家的女儿生活不下去，也多不敢去求娶。过去也有少数贫苦青年给女方上门，这些女家都是无继承者的人家，其儿女跟女家姓，可以继承女方的财产。【《云南彝族社会历史调查·弥勒县西山区彝族阿细支社会调查》，页314—315】

　　这里彝族实行氏族外婚，其具体形态是盛行姑舅表婚，有"河水向低流，姑娘向舅家嫁"的俗语。盛行转房制，丈夫死，妻须转嫁兄弟或丈夫的叔父、侄辈。婚礼，由媒人说好亲后，便要举行婚礼。过去订婚金为一对公母猪，一对公母鸡，一两白银锭一对。结婚前要送一对牛，一对马、羊。结婚这天，父母要给女儿一件双披毡以及衣裙，包括牛、羊、猪等。新娘的舅父最少要送母羊两只，其他亲友亦要送羊或钱。新娘出嫁的早上，要由新娘的姐夫当众宣布各家送礼的数目。接亲用马，马由男方派两个人拉来，到新娘门口时先偷偷钉个木桩，将马拴好。接亲人不能住在姑娘家里，只能睡在山上，不能被女方抓住，如抓住，要把接亲人的衣服脱光，只能用酒才能赎回衣服。【《云南民族民俗和宗教调查·云南四个地州彝族婚姻和习俗调查琐记》，页10】

　　易门诺苏支彝族在封建制度下，实行包办买卖婚姻。订婚要经过算八字合格。结婚时新郎骑马到女家去迎，远者头一天去，近者早上去，用轿或滑杆接新娘。新郎的伴郎一般为姨母的儿子。姑娘出嫁由兄弟背上轿或滑杆，姑娘出嫁，女方村寨的同辈青年要在沿途放置树刺表示阻拦，男方娶亲者要用松子、葵花子和糖一类收买，取得放行。易门草菁彝族姑娘出嫁时，女方送亲者有：女方母亲姊妹二人，女方兄弟二人，陪嫁二人女方女友伴。男方接亲者有：男方陪郎一人，为母方的表兄弟。抹锅烟在结婚后的第二天。【《云南民族民俗和宗教调查·云南四个地州彝族婚姻和习俗调查琐记》，页11】

　　五区为坝区，地近石屏城，中华人民共和国成立前封建经济较发展。该区彝族因受汉族影响较深，多半已不说彝话，通用汉语。婚姻已完全包办买卖化，并受汉族影响。婚姻由父母做主，中经媒人说合，媒人都是妇女，订婚前要算命合婚。说媒后举行订婚礼，亦称小婚。例如五区海资等村订婚男家要送彩礼半开百元，酒六斤、肉六斤。结婚前男家要送半开三四百元，或折谷。用于新娘嫁奁开支。……该地还保存不落夫家习俗，女子结婚后仍可长住母家，直到生育子女才长住夫家。在住母家期间，年节和农忙季节，男家可派人接回，过完年节和农忙，妇女仍返母家居住。……五区彝族的寡妇地位很低，虽可改嫁，但交付身价金要在村外人不见的地方，出嫁要在晚间。【《云南民族民俗和宗教调查·云南四个地州彝族婚姻和习俗调查琐记》，页17】

（一）订婚和结婚

小凉山彝族的家庭基本上是父系一夫一妻制家庭。实行氏族外婚，婚姻由父母包办，在小凉山彝族盛行的氏族外婚是舅父的儿女同姑母的儿女通婚，这种交换婚他们叫欧尼玛布板欧利亚阿扎，意思是亲上加亲。这种交错姑舅表婚不仅常由父母自幼代为包办，亦存在双方指腹为亲的现象。

……

（二）氏族外婚的等级特点

小凉山彝族社会等级的核心是血统，血统又具体化为骨头屋。彝族的等级内婚便是根据骨头或血统，特别是贵族黑彝诺，更不能与诺以下的各等级通婚。图诺、戛加和戛西等之间也禁止通婚。由于小凉山彝族社会，贵族黑彝分成许多不同的部落家支，各部落之间又由于争夺农奴、奴隶和土地等财产，经常发生战争，变成敌对部落。等级婚一般又仅限制于同一个黑彝贵族部落范围。【《云南民族民俗和宗教调查·小凉山彝族婚姻和习俗调查》，页21—22】

周城的家庭组织形式是一夫一妻制，可以同任何民族通婚。同胞姐弟或哥妹的子女可以通婚，同宗的不能通婚，同姓不同宗的可以通婚。过去实行封建包办婚姻制，现在已比较自由了。

……

这里习俗，也可招赘，男方则叫上门，招赘的条件是女方父母无子，也有的女方父母有子但年幼，必须有男人主持家事者。招赘一般是提亲时由女方提出，男方同意后，经媒人作证议定。由于是新郎到新娘家上门，因此婚礼上的大操大办在女方，男方几乎可以不付多少耗费。入赘后，要改姓换名，子女随姓。可以享受族中子侄的同等待遇，不受歧视，有财产继承权。女方死后，入赘男子也可以继娶。

青年男女社会恋爱是比较自由的。但父母之命仍然起着相当大的作用。因此，有的男女在结婚时，就常由朋友出面本人不出面偷办一桌酒席，招待未能成婚的恋爱对象，叫做"送殷情"。表示两层意思一是表示歉意，二是表示从此了结旧情。这种酒席，家里人一般闭眼不管，婚后任何一方即使知道也不追问。这种现象现在已经很少了。【《白族社会历史调查（三）·大理周城镇白族社会历史调查》，页214—217】

白族普遍实行一夫一妻制，从订婚到结婚，各地稍有不同，一般分为订婚、交礼、求媒、结婚四个阶段。挖色白族订婚交礼一次进行。婚姻以本民族内为主，有少数人与其他民族通婚。凡异姓或同姓异宗的均可通婚，盛行姑舅表婚，称为亲上加亲。婚姻由父母包办，即"父母之命，媒妁之言"。青年男女无婚姻自由，多数在七八岁时就订了婚，有的甚至在一两岁时就由父母选好了对象。岁数越小交的彩礼就越少。少数人因自由恋爱而受到家庭及社会的阻挠，经常因此而造成悲剧。

……

挖色白族与其他地区的白族一样，有入赘的习惯。入赘俗称"上门"，又称"招姑爷"。白族以男子继承祖业，无子家庭要讨养子；有女孩无男孩的要"招姑爷"。……

挖色男子入赘不得彩礼，入赘后要改姓随女方，所以挖色入赘者都有两个姓，双方家庭都承认其为直系亲属，享有财产继承权。入赘者如生有两个以上儿子，要让次子回原来家庭，以继承财产，称为"长子立嗣，次子归宗"。如果第二代不归宗，可以沿袭到第三代。……对青年寡妇的处理有转房、招夫、改嫁等几种办法，洱海东岸兄死弟可娶寡嫂，称为"叔就嫂"，这与丽江九河一带白族兄死弟不能娶寡嫂相反。【《白族社会历史调查（三）·大理挖色白族的婚丧习俗》，页327—331】

男女双方谈婚要按这样的程序：

相亲：询问男女大命是否相生相合；讨八字、合八字：男方向女方讨来姑娘八字；下订：男方预先送砂糖等礼品，并先行小订，一般送大洋银元三十六元、六十六元。到大订时则至少送三百六，多则六百六，但此时要把小订送去的三十六元、六十六元这项预付款扣回一部分，称作"衣禄钱"。请婚：男方请女方答应成亲，要请媒人吃饭，一求、二求、三求，由媒人代男方去求三次。女方许婚后男方下"针线钱"，六十六到八十六元不等。女方接到针线钱后，必须办嫁妆，从优从丰备办；个别的不要"针线钱"，嫁妆就相应减少。迎亲：古时是在夜间迎亲，由男方邀请陪郎二人骑马去负责回马，抬火把多人按照古时婚礼夜间点火把迎新娘。【《白族社会历史调查（三）·喜洲河涘城的婚俗调查》，页335】

　　再婚的情况比较复杂。女子再婚无非以下三种：一是夫妻不能和睦相处而离婚者；二是男方死亡者；三是男方病弱、瘫痪者。第三者可以另找一个男人来家，与前夫相处，叫"招夫养夫"，与后夫所生的子女亦有赡养前夫的责任；第二者，若与亡夫生有子女，可找一个男人来家，叫"招夫养子"；可以与亡夫之弟结婚，叫"叔配嫂"但不能与亡夫之兄结合。这些都是极个别的，大多数是再嫁。至于男子再娶，绝大多数又有两种：一是缺儿少女；二是妻子亡故。这种人一般都是找那些没有丈夫的妇女相配，动辄就需花销几百元钱给女方的前夫之家。结婚的仪式也不很讲究，只需随意请几桌客，也不必请多少人去迎接女方，只要找一两个亲眷配合介绍人在黄昏以后悄悄把女人领到家里就行。女方到了家里自然也要拜天地，拜祖宗，而"分拜"则男方不参加，只由亲族一人领女方向各亲眷处磕头就算认了大小。而后将拜祖用的猪头拿去煮了，供第二天清早女方前夫家来吵嚷、质问者吃。所以这一晚的仪式只叫"结蜡"。"结蜡"也成了再嫁再娶的代词，社会上常把那些曾经再嫁过的妇女叫"二婚猪头"。【《白族社会历史调查（三）·鹤庆白族婚俗调查》，页341—342】

　　女婿相好，订婚的日子决定下来，作为姑娘的父母只须准备喜糕和简单的宴席招待"新亲家"的来人就够了。结婚的日子确定，就必须动用"针线钱"来买办妆奁。大约有：喜被一套、红柜1米多的立体一对、箱子一至两个、回鞋九双以公婆、祖母、祖父计，姑娘喜爱的零碎东西若干。及其搭棚、下束等项亦如男家。不同者只有以下几点：①过礼这天，新娘须洗澡。②贺新娘时，新娘穿红着绿坐堂中左右亦设童男童女，面前摆花烛茶酒如男方，伏案哭泣，桌上没有瓜果陈设，只摆空碟若干，把女伴们带来的糖果盛在里边，与其他来客共食，然后再作招待。③当陪郎要求起轿时，由新娘的叔父或舅父将新娘背也有抱的上轿门。④回门时的花轿钱由女方自付。⑤女方接新娘回门时，须派去给新娘梳头的人，因为昨天是姑娘，今天已是婆娘了，要包头帕了。另外还得送"早饭"，但这饭不是熟的，只是活鸡一只、活鸭一只、米、肉而已。【《白族社会历史调查（三）·鹤庆白族婚俗调查》，页342】

　　下沐邑村婚姻形式是一夫一妻制。在通婚关系上，一般是同姓不婚，但同姓不同宗者可以通婚。例如，杨姓中的东杨姓和西杨姓便可通婚。此外，虽已排除了近亲通婚，仍保留有姑舅表婚的习惯，如姑家儿娶舅家女，当地叫作"亲上加亲"。

……

下沐邑村还存在抢婚的残余形式。抢婚一般发生在已婚的人中，其原因是寡妇不愿再嫁，但男方私经女方婆家同意，或由婆家私下将其卖出后，便出现了抢婚。抢婚男子也多是已婚的人。

该地还普遍盛行招赘上门的婚姻缔结形式。招赘上门的主要原因是家中无子，招一个女婿以取得后嗣；另一种是家中虽有儿女，但因家产较多，为了保持自己的私有财产，也招女婿上门。赘婿上门后所生的子女，长子为母亲的继承人，次子还可回到父亲本家。白族中有"长子入嗣，次子归宗"的说法，正是反映了这种情况。……另一种招赘形式是"媳上招赘"，即丈夫死后，寡妇留在婆家，若招婚上门时，则必须通过婆家的同意。这种情况，当地白族称为"媳上招赘"。【《白族社会历史调查（一）·剑川县下沐邑村白族社会经济调查报告》，页94—95】

白族地区的婚姻，普遍实行一夫一妻制。大多数地区除同姓同宗不婚外，同姓不同宗可以通婚，与其他民族亦可通婚，但仍以本民族内部缔结婚姻为主。在某些地区，与外民族通婚有一定的限制。如丽江东坝的白族，一般都不与外族通婚。丽江九河的白族只有少数与纳西族通婚。鹤庆的白族，除允许与汉族互相通婚外，与其他各族都互不通婚。

在缔结婚姻中，不少地区，姑舅表婚和姨表婚有优先权。例如，碧江四区龙登村，恨继奎的姐姐有个女儿，别人几次求亲都未答应，而恨继奎为儿子向姐姐说亲，姐姐马上就答应了。丽江的白族舅父的子女和外甥男女可优先婚配，叫做"亲上加亲"。特别是外甥女的婚事，舅父有较大的支配权利。在大理海东，白族人民通婚多以表姐妹为主，只有无表姐妹或男女双方不同意时，才向外娶。此外，还有一种叔伯堂兄弟姐妹通婚的。如碧江龙登村的吴马登和普继登是亲兄弟，而普继登的女儿嫁给吴马登的儿子为妻。不过这种情况仅是少数。

入赘在白族地区较为普遍，其情况以洱源西山为例。该地招赘一般有两种情况：一是独女不愿嫁出；一是独子年幼，或无力负担苛杂夫役、维持家务和办理自己的婚事。双方在缔结婚姻关系时，必须请中立约，说明双方的权利和义务。由于招赘有两种情况，故双方的权利与义务也有两种情况、两种约定：第一种入赘独女人家的男子入赘后必须改名换姓，永远不能恢复原姓，并有权继承女家的全部财产；另一种入赘到独子年幼人家的，入赘后暂时改名换姓，待幼子成年结婚后，赘婿可携妻离开，恢复原姓原名，不能继承女家财产。后一种规定，如男方违约，则罚其负担妻弟的结婚费用和女方父母的安葬费。【《白族社会历史调查（一）·白族文化习俗诸方面的调查材料》，页190—191】

西山地区男女恋爱结合比较自由，中华人民共和国成立前还保留了群婚制的遗迹，即男的可以在婚前婚后到自己心爱的女人家中去住，女的也可以在婚前婚后到自己心爱的男人家中去住，别人往往视而不见，当地话叫"讨百花"，但同姓、同村之间是禁止通婚的，男女之间自由的生活只限于非亲非故，亲故之间的交往被认为会遭雷打。男女之间的结合的基础是自由恋爱，父母包办只是外壳。赶街、劳动、婚礼都是人们谈情说爱的机会，特别是结婚场合，更是男女青年互相倾诉爱情的良辰。只要哪一个村中有喜事，男女青年就汇集在彩棚中唱歌对调，情投意合就一对对离开彩棚去谈情说爱，新郎新娘不参加对唱，老人们也另有地方喝茶聊天。对于青年男女之间的这种活动，代代相袭，至今还是如此。结过婚的女子是不能回娘家分娩的，否则认为不能发家。如果哥哥死了，弟弟可以娶嫂嫂为妻；如果哥哥没有子女，也可将幼弟、幼妹作为子女抚养。西山地区不搞买卖婚姻，通常是自行选择好配偶后再告诉父母，托媒人象征性地去撮合。……西山地区结婚的程序通常是：先讨女方的姑娘生辰八字，送上1公斤酒，讨来后，请人合八字，……迎亲的时候，新丧服丧的人是不准看热闹的，否则认为不吉利。西山地区姑娘不愿外嫁，她们说："山羊是山羊，绵羊是绵羊"，"远走见不到爹娘"。如果有人和坝区通婚，就会受到当地人的嘲笑。【《白族社会历史调查（二）·洱源县西山地区白族习俗调查》，页137—138】

中华人民共和国成立前，那马人已普遍实行一夫一妻制婚。……那马人实行家族外婚制，同姓本村的或附近村子的或同姓同宗的男女之间禁止通婚。所谓同宗，按习俗规定，五服以内的兄弟姐妹的同宗亲属彼此之间不准开亲。只有不同姓或同姓不同宗的成年男女可以通婚。……在那马人的日常生活中，流行"表姐表妹表上床"这样一句俗话。那马语叫"古格子妞，达伙祖尼"，意思是凡属表兄妹就可以同床共枕，结为夫妻。这生动地反映了那马人盛行姑舅婚和姨表婚。表兄妹开亲被认为是最满意、最理想的通婚形式，而且带有"亲上加亲"的意思。那马人盛行姑舅表优先婚。当地习俗规定，凡是姑姑的女儿长大出嫁前，一定要先征求舅舅的意见，是否将她许配给舅舅的儿子做妻子。只有当舅舅没有儿子，或儿子年龄不适合，经舅舅同意，外甥女方可外嫁。出嫁前，外甥女还要到舅舅家，向舅舅磕头致谢。……这种姑舅表优先婚是那马人婚姻习俗的重要特点。姨表兄妹可以优先婚配，但不如姑舅优先婚普遍。……

1. 订婚形式

订婚，那马话叫"阿亥"。形式有两种：一是由父母包办；二是由青年男女通过自由恋爱，自订终身。当那马人进入封建社会后，"父母之命，媒妁之言"的父母包办婚是主要的形式。……

2. 结婚仪式

订婚后，逢年过节，男方要赠送女方礼物，当孩子达到结婚年龄时，双方父母便商量筹办结婚事宜。那马人的结婚年龄一般是男 20 岁，女 18 岁。……营盘公社黄登、梅冲一带的那马人有男忌九、女忌七的习俗，即男逢 19 岁，女逢 17 岁不宜成亲，只能提前或推后一年举行婚礼。这个禁忌与碧江县勒墨人和剑川白族的习俗相同。那马人办婚事多在秋收后的农闲季节即夏历 10 月—12 月间举行，他们说，这个时期澜沧江的水清，好比新婚夫妇亲又亲。……

3. 招赘婚

中华人民共和国成立前，那马人以男娶女嫁婚为主，但男子到女家上门的招赘婚也比较普遍。这是那马人婚姻习俗中又一特点。怒江地区勒墨人与此相反，他们一般不招赘婚，男子到女家上门被认为是不光彩的事情。……

4. 抢婚

中华人民共和国成立前，那马人保留抢婚的习俗。这种习俗的存在，与婚前社交自由有密切关系。有的青年男女在接触中互相爱慕，私订终身，可是姑娘的父母不同意，姑娘又钟爱自己的情人，于是这样的情侣便商量通过抢婚的形式来达到成亲的目的。……

但是，任何人不能抢有夫之妇。抢有夫之妇，无论该妇女同意还是不同意，都叫拐骗婚。……

那马人保留的抢婚形式与古时抢婚习俗已有明显的不同，它是在封建制度下那马青年男女要求婚姻自主，反抗"父母之命、媒妁之言"的包办婚姻的一种形式。但是，抢二婚亲的情况有所不同。

5. 其他婚姻习俗

（1）离婚

结婚后，若女方不生育，或只生女孩不生男孩；夫妻感情不和，或女子同他人相好等，男子均有权提出离婚，女子只得服从。从前，离婚要打木刻，后改为立字据。……

（2）再婚

离婚或丧偶的寡妇可以再婚，在那马人的习俗中是允许的，不受社会的歧视。寡妇再婚有两种形式：一是转房。丈夫去世后，她首先要转房给丈夫的弟弟或堂弟弟。……二是改嫁。寡妇改嫁是可以的，但她不能带走丈夫的财产以及子女。年龄小的婴儿，可随母改嫁，待孩子长大后再送回生父家，继承其父的家业。……

（3）男女通奸关系的处理

青年男女在自由恋爱过程中发生性关系，只要女子不怀孕，不受社会舆论的谴责。女子一旦怀孕，首先要看男女双方是否订了婚，若男女双方尚未订婚，男子可以请媒人去提亲，送订婚礼和彩礼，在女子分娩前，明媒正娶，将姑娘接走。【《白族社会历史调查（二）·那马人风俗习惯的几个专题调查》，页3—12】

男女在婚前交往比较自由，任何人不得干涉。婚后感情不和也可离婚。如果离婚一事由男方提出，就赔七头^{指牛}七件^{指东西}，七头中必须有一头真牛，其余可用物件充抵，名为"害羞钱"。赔清钱物，男方就给女方一木刻作为凭证，并以锅盖让女的顶着回娘家，表示永不反悔。如果女的不要男的，则要加倍赔偿，要"九头九件"。九头牛中必须有一头是牛，其余可用猪、羊、鸡代替。在双方争执不休，都咬定离婚是对方提出而又无人作证的情况下，就用"缝口袋"的方法来判断是非。中证人将男女双方盖的麻毯缝成一个大口袋，然后让男女双方睡在里面，中证人派人监视，谁先撕开口袋就算谁输。如果双方发生性行为，谁先拒绝就算谁输。输的一方即为提出离婚者，这就要赔钱，方法照前。离婚以后，双方的子女全归男方抚养，女方不能带走。当地人认为，子女不归男方抚养，而让女方带走，就意味着男方无能，没有本事！以上就是怒江地区白族的原始习惯法规，它反映了前阶级社会白族乡规民约的历史概貌。【《白族社会历史调查（二）·怒江地区白族（白人）社会历史的几个专题调查》，页91】

中华人民共和国成立前，勒墨人已确立了一夫一妻制婚，其婚姻习俗分述如下。

1. 通婚界限

中华人民共和国成立前，勒墨人实行家族外婚制。他们规定本家族内部的男女成员禁止通婚，他们只能同其他家族的异性成员进行婚配。……

姑舅表交错从表婚和姨表婚是勒墨人实行家族外婚制的主要形式。姑舅表兄妹和姨表兄妹间的男娶女嫁，被认为是最好的通婚关系，具有"亲上加亲"的意思，也是勒墨人的主要通婚形式。……

勒墨人在盛行姑舅表兄妹和姨表兄妹通婚的同时，禁止同胞兄妹和同堂兄妹结婚。……

中华人民共和国成立前，勒墨人以本民族内部通婚为主，很少同周围其他民族开亲。主要原因是语言不通，宗教信仰不同，彼此生活习俗各异。如勒墨人习俗规定死了人不能杀鸭子，傈僳族则可以杀鸭子；勒墨人过年过节，祭祖送魂，要点香来祭祀这种香是一种树，勒墨语叫"梭束丢"，汉语称为香树，秋后采集晒干备用，怒族、傈僳族在祭祖、祭鬼时则不点这种香。……

2. 订婚形式

订婚，勒墨语叫"沙翁沙吉"，即记上一个标志或记号。勒墨人的订婚形式有两种：一是由父母包办，从小订婚；二是青年男女自由恋爱，私订终身。……

对唱结束后，男方客人准备回去。这时，大家要一块围着酒坛，用细竹子或芦苇秆插入酒坛内，用嘴吮吸美酒，一边喝酒一边跳舞，表示团结友好的意思，故名饮团结酒。然后，男方客人带上礼物回去。订婚仪式才结束。

3. 串姑娘

串姑娘是勒墨人订婚的另一种形式。中华人民共和国成立前，勒墨人男女青年在婚前有社交的自由。在节庆聚会、劳动之余，青年男女可以在一起玩耍，弹琵琶、吹口弦，唱调子、对情歌，谈情说爱。……

"串姑娘"的社交活动是青年男女私订终身的重要形式。我们这次调查时勒墨人已没有供青年男女进行社交活动的公房。但是，勒墨人有一个规矩：姑娘长大后，要与父母、兄弟分开单独另住。……

4. 其他婚姻习俗

正式订婚后，男女长大了，双方感情不好，或者有一方与别人相好的均可退婚。男方提出退婚或男子与其他女子相好而引起的退婚，男方无权向女方收回订婚彩礼和一头黄牛的彩礼，还要赔偿姑娘一笔"害羞费"，又叫"洗脸费"。女方要用这笔费用办一次酒席宴请本家族的老人，替姑娘恢复名誉。"洗脸费"，勒墨语叫"耍卜"。男方付给女方的"洗脸费"勒墨语叫"妞耍卜"。习惯规定要赔偿"七条七件"。七条是指七条牲畜，除要一头较大的猪或牛外，其余可用实物代替，并折合二三百元。七件是指七件家什，一件折合六个半开，共为 21 元银币。……如女子提出退婚或女子与其他男子同居，女方除如数偿还男方的订婚彩礼和一头黄牛的彩礼外，另要赔偿男方"洗脸费"，勒墨语叫"吉耍卡"习惯规定要赔"九条九件"。所以勒墨人女方提出退婚要赔偿对方数目相当可观的"洗脸费"。……【《白族社会历史调查（三）·怒江傈僳族自治州碧江县洛本卓区勒墨人（白族支系）的社会历史调查》，页 56—69】

　　寡妇没有改嫁以前，对家中财产有使用权，嫁出去后财产归家族近亲所有。寡妇如果有儿子，又不改嫁，可以继承亡夫财产。也可以出卖丈夫的财产，不过要同家族商议。如生活和生产上有困难，叔伯要予以照顾。寡妇受欺负时，她的亲兄弟、姐妹要出来干预。寡妇死时，如无儿子，由家族中较亲近的人负责埋葬。寡妇盖房或农忙时，全村或家族出人帮助，以后她不能帮助别人，也无人计较。家族打官司赔了钱，她可以不出；得了钱，她可以分到一份。对寡妇改嫁，社会上有些忌讳。娶寡妇的男方要在太阳落山时来接她，两个人要在晚上悄悄离去。杀的猪没人吃，也没人送东西。寡妇改嫁时不能带走孩子，孩子由叔伯等近亲抚养。【《白族社会历史调查（三）·怒江傈僳族自治州碧江县洛本卓区勒墨人（白族支系）的社会历史调查》，页 113】

　　耿马傣族地区的婚姻情况与西双版纳、德宏两地区都有不同，基本上是父母包办婚姻，但不如德宏地区那样严格。虽最后决定婚姻的是双方父母，但亦须视其男女双方的钟情程度，注意听子女的意见。如双方父母有一方不同意，而其子女相爱甚笃，则往他寨同居，再通知父母，此时父母即使不同意也无办法，只好又招子女返回，通过正式仪式结婚。……婚后不睦，任何一方都可提出离婚。如属招赘，则双方以后即不再有任何负担，如系聘娶，而离婚又是由女方提出，则在离婚之后再嫁时，再娶夫要负责赔偿原夫初娶时所花去的一切费用——聘金、奶水钱及请客时除收礼外的贴补部分等。如离婚系由男方提出，女方再嫁时，再娶夫则不必赔偿上述费用。

　　通婚是受阶级和民族限制的，过去水、旱傣间不通婚，接近中华人民共和国成立时，此界限已打破。土司家族则始终不与农民通婚，除了耿马、孟定土司以至与德宏地区的土司互婚外，便是土司家族内部通婚，孟定土司罕氏家族内部，兄弟姊妹间可互婚除亲兄妹外，侄可娶姑，姑可嫁侄。百姓间，除亲堂兄弟姊妹外，同姓也可互婚。亲属关系与汉族略同。【《临沧地区傣族社会历史调查·耿马地区傣族社会历史调查》，页47—48】

傣德实行一夫一妻制。中华人民共和国成立前只在本民族内部通婚，也不和傣挪通婚。只要血缘关系在三代以外，青年男女恋爱、结婚自由。……恋爱成功以后，当事者本人便可以直接商量结婚事宜，最主要的内容是男到女家，还是女到男家的问题，当事者双方都可以根据习惯和双方家庭的情况，做出适当的决定。商定后可以告诉双方父母，也可以不告诉，做父母的一般都会同意儿女的意见，如有不同意见可以提出，改变与否仍依从儿女意见。……从妻居或从夫居，是由双方家庭的条件决定的，如果女方只有年老父母或弟、妹尚幼，缺乏主要劳动力，男方相对人多、劳力多，则从妻居；相反，女的则到男家从夫居。……

中华人民共和国成立前，离婚手续比较简单，只要双方感情不和，或一方作风有问题，或身体有病，另一方就可以提出离婚。如果是从妻居的妻子主动提出离婚时，便将其夫带来的本人的衣物、被褥抱至门外，放上两支蜡条，男方如果同意，就取一只蜡条，抱起行李，回到自己家去，这就算离婚了。如果是从夫居的，女的打算离婚，抱起自己的衣物，回到自己家去，男的不去找，就算离婚了。一方提出离婚后，另一方如果不同意，可以不拿蜡条，请人调解，但一般情况是，只要一方提出离婚，另一方也会同意。【《临沧地区傣族社会历史调查·耿马县孟定区"傣德"社会习俗调查》，页121—122】

（一）恋爱和结婚

这里傣族的婚姻，主要是父母包办，请媒说合。婚前，男女青年也有一定选择对象的自由，但最后必须经过头人同意和父母的许可才能决定。一般在订婚之后一至两年结婚。结婚费用较大，贫苦农民常因此不能结婚。重男轻女观念、男性对女性的奴役现象很突出，婚后，男子可以随便串姑娘或提出离婚，女方无权干涉，而妇女却要受到严格约束。

傣族男女青年找对象，建立感情，一般是利用各种群众性的宗教节日或集体劳动的机会。……双方建立感情后，就互相交换礼物，作为定情。一般是男方送给女方半开50元，女方送给男方手巾、镯头、戒指等。互相议定，若有一方变心，须加倍赔还礼物并受到质问甚至控告。交换礼物后，由男方选择日子结婚。上层头人以及比较富裕的人家，也有请媒说亲或父母包办的。

此外，在傣族中，入赘也比较普遍。有的是家庭贫寒办不起婚礼而被迫入赘的；有的是因女方缺乏男劳动力或不愿让自己的女儿出嫁的；或者是因男女相爱很深而入赘的。入赘婚礼费用较轻，但没有继承财产的权利。

（二）离婚情况

离婚的手续与条件都很简单。婚后，男女因某些小事引起对方不满就可提出离婚。但是这主要限于男方，女方则虽有不满也很少能提出离婚。

离婚手续是：男方向女方提出离婚，送给女方一对蜡条，女方收下后，男婚女嫁就互不过问。男方不提出离婚，也可以将女方赶回娘家，另找对象，而女方则不能另嫁别人。如果女方自行出嫁，就得赔还结婚时男方付出的一切费用。因此，女方要想离婚，也不敢提出，只有跑回娘家，直至男方同意，才提出离婚。如果男方不愿离婚，女方便不能自行出嫁。

（三）婚姻习俗

（1）官家能与自己本姓通婚，但只能是大哥的儿子与弟弟之女结婚，弟弟之子不能与大哥之女结婚。

（2）官家结婚一般在傣历八月，但其他时间也都可以结婚，而百姓只能在每年傣历六月、十二月。

（3）官家可以任意娶百姓之女为妻，而百姓不能串官家小姐，更不得与之结婚。

（4）城里的男子可到城外小寨找对象结婚，城外小寨的男子则不能与城里之女子结婚。

（5）父母死后一年内不能结婚，否则认为不吉利。

（6）男行三，女行四，不能结婚，他们认为这样结婚后不能白头到老。

（7）结婚时须选龙、猪、鸡、猴日，认为这些日子结婚，婚后大吉大利。

（8）有个别女方不愿意、男方实行抢婚的。抢婚到男家三天后，如果女方仍不愿意，跑出去后也难找到对象。

（9）所谓"枇杷鬼"家庭的子女不能与别人结婚，一般认为他们会放鬼害人。

（10）祭"色"节日傣历八月十五日，要对寡妇和未婚少女摸肚子，检查是否和人发生过男女关系。有孕者，若承认是和谁发生了关系，则罚男子祭寨；若女方不承认，则罚女子祭寨。祭寨时需备鸡蛋18个、蜡条22对、鸡8只、小猪1个、肉2砣、糖粉一筛子、糖米8包、鱼18条、蠓蹦18个，祭寨后，还要送头人钱。若是寡妇只须祭"色"。男女发生关系后可结婚，若不结婚，男方要负担女方生活费用。

（11）有保护私生子的习惯。

【《临沧地区傣族社会历史调查·沧源县勐董乡傣族社会调查》，页133—135】

有非婚生子，能认出父，要罚他出一份钱。两人愿结婚，可以结婚。青年男女须经一段恋爱时间才结婚。恋爱中，互相看中了，便互相交凭记。男人给女人8元，女人给男人1个银首饰为凭。要结婚时，男女向自己父亲说，请父亲亲自到女家求婚，如果双方父母同意了就结婚。"上门"不"上门"，由双方商定。……离婚，得出钱给亲戚。数量多少看经济情况而定，最多50元，最少10元，一般的20元左右。【《傣族社会历史调查（西双版纳之八）·勐养花腰傣的风俗习惯》，页166—167】

婚姻。阶级界限极严，富家孩子可随便娶民间的姑娘，但贵族姑娘绝不嫁民家。平民的姑娘虽被土司纳为妻妾，但绝不能做"印太"土司掌印的妻子。贵族少爷们常娶几个姨太，很少一夫一妻的。一般平民多为一夫一妻。……

（1）抢婚。男女双方同意后，若请媒说合时女方父母提出种种要求，使男方无法承担，便可能采取抢婚。……

（2）赘婚。在年老无子的情况下，女家为了传宗接代，便替长女招个女婿进家。……

（3）离婚。傣族男女订婚与离婚都不需经过礼仪手续，完全由双方自己决定。男女婚后如有意见不合，发生争吵，女的会自动收拾衣物回娘家，非男家两次去接不回来。若互相发生殴打，男家三次去接不回家和好，双方便默认离婚。到女的改嫁时，男家向女方新夫索回聘礼几十元不等。但男方另娶时，女方不得干涉。有的女子怀孕后与男方离婚，孩子生下后独自抚养，不易再嫁，终生为娘家的人，经常受娘家的歧视，精神上十分痛苦。【《德宏傣族社会历史调查（一）·德宏傣族景颇族自治州傣、

景颇、傈僳、阿昌等民族的文化、宗教及习俗》，页 9—10】

由于傣族妇女的社会地位很低，他们离婚的手续和离婚的条件非常简单，有因为一些细小事情便提出离婚的，其手续大致如下：女方先向男方提出离婚，须赔偿男方结婚时给女方的婚礼费。如果结婚后，女方对男方不满，便自行跑回娘家，直至提出离婚，赔偿男方婚礼费后，方能改嫁。再嫁的婚礼费，只需按照原来赔偿男方的数额交付女方即可。若在女方跑回娘家后，男方主动提出离婚，可不赔偿婚礼费；男方不喜欢女方而提出离婚者，一般也不赔偿婚礼费，也没有什么其他限制，女嫁男婚，互不过问。此外，在傣族中入赘的情形比较普遍。家庭中若缺乏劳动力，或者人手较少，不愿把女儿出嫁便招男方入赘。入赘者没有继承财产的权利，分居后，不分田产。现无田户中入赘后分居者为数不少。很多贫苦农民，无力娶妻，被迫入赘入赘不需要婚礼费。入赘后离婚手续极其简单，只要其中一方提出离婚，即可解除婚姻关系。由于傣族的离婚手续简单，婚姻没有保障，同时妇女没有继承财产的权利，因此，傣族妇女普遍积蓄"私房"。【《德宏傣族社会历史调查（一）·潞西县傣族婚姻情况》，页 273】

德宏地区傣族青年男女社交自由，不受家庭和社会的干涉。他们可以自由选择对象，……德宏傣族的等级婚比较严格，受"门当户对"的限制，土司属官只能与土司属官通婚，劳动人民不能娶官家妇女为妻，但他们可以娶劳动人民的妇女为妾。……傣族的婚姻基本上是一夫一妻制，在劳动人民中重婚的仅是个别现象，上层人士则不同，他们中有较多的人纳妾。……总的说来，傣族青年男女在恋爱、订婚上是自由的，但对他们的婚姻是没有决定权的。【《德宏傣族社会历史调查（三）·德宏地区傣族的婚姻状况以及妇女在社会和家庭中的地位》，页111—112】

平民百姓的婚姻是比较自由的，个别也受到家庭干涉和阻挠，而造成逃婚、抢婚和拐婚的，这里的抢婚是原始抢婚的遗风，但又有阶级的内容。平民的通婚范围是不和贵族通婚，同姓不婚，所以，谈恋爱时必须知道对方的姓氏，如果同姓结婚就受到社会舆论的谴责，甚至受到族规的惩罚，被认为是狗，给他们吃草，不允许结婚。姑舅表、姨表因为都不是同姓，可以结婚，但一般认为血缘关系太近，结婚的较少。【《德宏傣族社会历史调查（三）·德宏傣族社会风俗调查》，页 126】

　　潞西傣族结婚、离婚虽受到家庭限制，但仍比较自由，但一夫一妻制的个体婚趋于稳定，离婚的比较少，习惯法规定，女的主动和男的离婚，要赔九头老母水牛，男的向女的主动提出离婚则不必赔偿什么因为结婚时，男方已付出大量彩礼。一般女的主动离婚，走了不再来就算离婚了，但要赔偿男方付出的彩礼，主要是叫再嫁丈夫负责赔偿，离婚时要由家族长和村寨头人给以帮助教育，如果有不正当的行为，则要受罚，男的错，罚男的，女的错，罚女的，离婚要办理手续，请双方家族长签字画押，举行离婚仪式那天，要把双方家族长请来，调解无效即离婚，双方财产由家族长负责分，女方带来的财物归女方，所生子女一般男孩归父亲，女孩归母亲，在离婚仪式上，要用刀刻竹筒为离婚证书，男的主动与女的离婚，则男的拿一支二尺长竹筒，刻上三刀，表示自己的决心，并作为证书，表示离婚后女方可以再嫁，男方不再干涉。离婚后女的可以再嫁，男的可以另娶，不受社会舆论谴责和干涉，也不受歧视。【《德宏傣族社会历史调查（三）·德宏傣族社会风俗调查》，页129】

　　曲作冲上下寨人民，在中华人民共和国成立前都是一夫一妻制的小家庭。通婚范围一般地只在远近的"摆依"人中开亲。即上述历数的"摆依"村寨中互相开亲，或上下两寨或本村寨中的异姓及同姓之间开亲。如阿姓与白姓或阿姓与阿姓、白姓与白姓均可开亲。特别是姑舅表之间开亲很盛行。中华人民共和国成立至今，与汉族、彝族通婚的也多了。在婚姻礼俗上与彝族相同并保留有"不落夫家"的习俗。【《云南少数民族社会历史调查资料汇编（一）·建水县曲作冲"摆依人"族称问题的调查》，页47】

　　土司及个别群众，间或有一夫多妻外，社会上最普遍、最基本的婚姻制度，是以个体经济为基础的父权一夫一妻制。但在亲属称谓上，和现行婚姻制度并不相适应。现行婚制远远超过了原先古老的亲属称谓。现行婚制，阿昌族流行着这样几句话："表姐表妹表成对，姨姐姨妹姨成双；侄女跟着娘娘走，只准淌出不淌进。"表姐表妹表成对，是单方的舅表婚；姨姐姨妹姨成双，是双方的姨表婚配；侄女跟着娘娘走，只准淌出不淌进，是单方的姑表婚。总之，母系亲属，即母亲的兄弟姐妹的女儿，可娶为妻；父系亲属，即父亲兄弟姐妹的女儿，不能娶为妻。另外，现行婚制是封建的父母包办买卖婚姻，但亲属称谓却是血缘家族的，这说明阿昌族现行婚制离原始婚姻家族并不是太遥远的历史。因此，阿昌族现行社会，还保有血缘家族的谓称，就不足为怪了。

……

有女无子者，可招赘婿，阿昌族招赘婿还比较普遍。……结婚那天，女方父母将姑娘送到别家去暂避一下，这时，父母将新衣、裤、帽等，交托给"不砭"媒人，送给赘婿穿上，迎接到姑娘家来。而后，婚赘以姑娘父母的亲生儿子姿态出现，又去迎接姑娘回来，举行结婚仪式。赘婿有继承岳家财产的权利。赘婿从妻姓，子女亦从母姓，对岳父母有养老送终之义务。显然招赘是为了养老送终，接嗣繁衍，防止私有财产外流。【《阿昌族社会历史调查·户腊撒阿昌族社会经济调查》，页36—37】

1. 婚姻制度

（1）一夫一妻制

阿昌族现行婚姻制度，最基本的是个体经济为基础的父权一夫一妻制。

……

（2）转房制度

阿昌族普遍盛行夫兄弟婚的转房制度，即兄死，弟娶其嫂，或弟死，兄承纳弟媳。这种夫兄弟婚的缔结，使原来的叔嫂关系，兄与弟媳的关系变成了夫妻关系，原先兄或弟所生子女，按其原来的关系称呼，而夫兄弟婚之后，所生子女，按父母称呼。

……

2. 配偶关系

阿昌族严禁同姓通婚，配偶关系已经突破了本民族的界限。……阿昌族的配偶原则是同姓氏严禁通婚，有一定的配偶集团或范围，有辈分等级的区分。

3. "作业勤"

阿昌族青年男女，婚前盛行"串姑娘"，阿昌话称"作业勤"串姑娘。串姑娘一般在晚上，也有在白天的。晚上，青年小伙子吹着葫芦箫，当姑娘见自己心爱的人，吹着优美动听的箫时，姑娘或其父母就出来迎接，迎到堂屋火塘边坐下。姑娘的父母、兄弟姐妹就回避了。

……

4. 舅父权

外甥女出嫁后，外甥女婿要带着肉、酒若干去舅家认亲。每逢过年之际，外甥带 2 条鱼、2 个粑粑、1 包白糖去舅家拜年。

以上习俗为母权制残余。

……

5. 达成结婚的形式

达成结婚的形式有"可龙""作业撒路"或"作业撒""南爵过士"3 种，现分别叙述。

（1）"可龙"

父母包办婚姻称为"可龙"_{父母包办}。父母按照一定聘礼，托"不砍"（媒人）到女家求婚。在求婚前，父母在阿公阿祖神位前祝告，不要听见麂子、马鹿及其他野物叫，若听见了，称为"破口"，认为不吉利，不能缔结这场婚姻，即使订了婚，也得退婚。若在求婚、订婚中，没有"破口"称为好婚姻。

……

（2）"作业撒路"或"作业撒"

小伙子爱上姑娘，姑娘也爱上了小伙子，双方要求缔结婚姻，但是父母反对，姑娘和小伙子就约定一个时间进行拉婚，阿昌话称为"作业撒"_{拉婚}。小伙子爱上姑娘，而姑娘不爱或几个小伙子同时爱上一个姑娘，其中一个小伙子就约几个人既不让姑娘知道，也不让姑娘父母知道进行抢婚，阿昌话称为"作业撒路"_{抢婚}。

拉婚或抢婚的形式、过程、婚仪、聘礼等均同于"可龙"。不同之处，只在于先把姑娘拉或抢过来藏在别人家，然后再到父母家去报信。

……

（3）"南爵过士"

青年男女，在婚前盛行"串姑娘"，双方相识后感情又很好，就要求缔结婚姻，阿昌话称为"南爵过士"。

……

6. 缔结婚姻的巨大耗费

阿昌族的买卖婚姻，索取聘礼甚巨，因结婚而倾家破产者，不乏其人。【《阿昌族社会历史调查·户腊撒阿昌族社会经济调查》，页 38—41】

阿昌族青年男子到一定的年龄便开始"串姑娘"。这种"串姑娘"不是在野外，而是在家里围着火塘，边嚼烟、唱歌、边相互倾吐衷情。男女青年在一块儿玩时，也十分规矩，只许嘴说，不许随便动手。据说小姑娘身边常带着针，若遇小伙子乱动手，便拿出针来刺他。【《阿昌族社会历史调查·潞西县高埂田乡阿昌族社会历史调查》，页76】

唱山歌习惯极盛行，男女可通过这种形式找对象，自由恋爱。而且唱山歌一般都在家里，有时竟通宵达旦，甚至连唱数日数夜。但对私生子却甚为歧视和迫害。因而当有孕后，双方即迅速结婚，否则就堕胎。若发现有私生子则村中必处罚，以罚钱等来了事。没有私生子被养大的。

女子婚后有坐娘家的习惯，称为"坐满月"。所谓"坐满月"即满一个月。但这种计算是：如初二、初三结婚，要坐到该月月终才回夫家，而二十几结婚，也只能坐到该月月终。【《阿昌族社会历史调查·潞西县高埂田乡阿昌族社会历史概况》，页95】

结婚形式，有明讨、暗讨或抢婚、逃婚等。

明讨：经过媒人说合，订婚，订婚称为整小酒，意思是给亲邻知道，所谓"一女出行，九族皆知"，然后再结婚。现在都通用这种形式。

暗讨：在男方看中女方后，在女方寨中找一个地位较高的媒人，事先不通过女方的父母，把姑娘抢回，第二天再讲礼钱。据说以前流行过这种形式，中华人民共和国成立前几年已经很少了。而中华人民共和国成立前所以进行抢婚，多半是女方的家长不同意，而男方又要娶，或是好几个男子同时想娶这个姑娘，便先下手为强——"抢"，或者是男女双方在当初相爱，家庭也同意而后来女的又爱上另一男子，而原来的男子又非要娶不可，就夜间去"抢"。

逃婚：男女双方相爱而家庭不同意，男女共同逃往别地，过一段时间，既成事实后再回来。

聘礼极重，据说过去正礼要60元半开，后来大家议定减为36两银子。此外，酒60—80盅，肉70—80大斤后来议定为66大斤，鸡7—8只，还有奶母钱、接待钱、母舅钱、送路钱等名目，加起来，有相当大的数目。【《阿昌族社会历史调查·潞西县高埂田乡阿昌族社会历史概况》，页95】

1. 制度

兰坪普米族青年男女的婚姻，完全由父母包办。有80%是在孩子刚生下来几天，便由父母决定了他们的终身配偶，有10%左右是指腹为婚，到成年时才提婚的只占10%左右。……上门的女婿要改从女家姓，承继女方家业。寡妇如果要另嫁，须先嫁其夫弟，夫弟不要才得另嫁外人。但嫁外人时，必须将其结婚时男家所付的财礼偿还给男家。寡妇另嫁并不受社会歧视，但也有青年寡妇终身守节不再另嫁的。此外，有"招夫养子"的制度，即丈夫死了留下儿子，寡妇可以另招一个丈夫，抚养前夫的儿子，承接前夫的后代，前夫的儿子姓前夫的姓，后夫的儿子姓后夫的姓，其产业由前夫之子与后夫诸子均分。……

2. 范围与限制

兰坪普米族地区严格规定：同一氏族内不能通婚。……中华人民共和国成立前，姑舅表、姨表的兄弟姊妹都可以结婚。中华人民共和国成立后，姨表仍然可以结婚，但姑舅表不能结婚。

……

结婚年龄一般男女都是十五六岁，最早的十二三岁即结婚，最迟的十八九岁到二十岁。穷困人家也有个别男人二十七八岁到三十岁以后才结婚的。中华人民共和国成立后男女至少都要到十七八岁以后才结婚。

宁蒗男女通婚范围与限制与兰坪相同，也是同一氏族不通婚。但不同的是姑舅表间可以结婚，两姨表间不能通婚。与西康左所的普米族有通婚的。与纳西族、藏族有个别通婚的，对其他民族，如彝族、傈僳族、汉族、壮族都不通婚。【《基诺族社会历史综合调查·兰坪、宁蒗两县普米族社会调查》，页104—106】

1. 一夫一妻制的单偶婚姻情况

在婚姻制度方面，托甸乡的普米族，基本上是实行一夫一妻的单偶婚制。多数家庭实行男婚女嫁，部分家庭有招赘入门的。

过去通婚范围比较窄，一般是民族内婚。在四代人前每代按25年计，约100年前，始与纳西、藏等族通婚，但不与苗、汉、壮等族通婚。同时，又实行等级内婚，即百姓不与奴隶俾子结婚，贵族不与平民通婚。

在本民族内部，禁止同姓家族间结婚，但普遍盛行姑舅表优先婚。这在某种程度上是群婚残余的反映。

青年男女虽有社交自由，但婚姻缔结都由父母做主。一般在孩提时期，就由家长包办代替，为其订婚。在男女刚满12岁，有的甚至才满周岁，就由双方父母代行订好婚约。结婚也很早，过去女子15岁，男子18岁，即已多半完婚。有少部分人甚至在男女13岁举行"穿裤子"和"穿裙子"礼时就结婚的。最迟21岁要完婚，否则会被人耻笑。

　　从订婚到结婚坐家，要举行一系列仪礼，手续繁杂，形式隆重，一般经过问八字、定亲、送彩礼三次、结婚和接媳妇坐家等过程。……

　　婚后夫妻关系比较稳固，离婚事件极少。如果婚后丈夫不幸过早去世，妻子尚年轻，则将她转嫁给亡夫的兄弟或堂兄弟，俗称"转房"。如死者兄弟有未婚者，则将嫂转与弟弟为妻。这种转嫁，仅限于"兄终弟及"这一范围。亡夫没有兄弟时，则为寡妇另招婿上门。习惯上不愿放女子回娘家或另嫁，否则女方家庭即舅舅家也认为这女子不成器，家庭声誉也会扫地。因此，多斥责和反对寡妇外嫁，他们说的"退亲无用"，就是指的这个意思。实际上普米族不让寡妇回娘家或另改嫁，主要原因她是男方花了大笔彩礼"买"来的，故多不愿使自家的"财产"受损失。

　　……由上可见，托甸地区普米族妇女没有离婚改嫁的自由。当地民间习惯法规定，假如男方提出离婚，女方不必退还聘礼；如是先由女方提出离婚，则要赔还聘礼；如双方同意的离婚，女方仍要赔偿婚礼费用的1/3。

　　由于普米族的家庭是按父系的原则建立起来的，在社会上和家庭内部只确认男子有财产继承权，由男性维系家族的发展。因此，在无子继嗣的情况下，可以续弦。续娶小妻一般是在原配妻子的同意和支持下进行的，当地称小妻为"小婆"，但地位与原配妻子平等，同样参加家庭中的主要劳动，有时还肩负管理全家生活的重担。

　　除了续娶之外，有些家庭采用为女儿招婿入赘或过继儿子的方式来维系父系家庭。招女婿上门的仪礼与结婚相同。入赘者必须是不同姓氏的男子，当他加入女方家庭后，便要改变原来的姓氏，随女方的家名而改称族名，他可以享有继承女家一切财产的权利。过继养子则不管是否同一姓氏，是否属于同一个家族的成员，均可抱养，习惯上不受任何限制。只要过继家庭与被过继家庭双方协商确定好之后，悄悄背着儿女算好八字，占卜结果理想，即可举行过继的祭祖仪式。过继养子，当地俗称"抱儿子"。过继家庭须送酒一坛三斤、猪膘三斤，在被过继儿子的家中敬祭祖灵菩萨。得到被过继的男家正式允诺，过继即正式生效。随后，由过继家庭办酒席，宴请村内亲友吃一顿晚餐，目的在于取得四邻亲友的承认。当必须宰杀猪一口，或羊一只，准备白酒、烧酒各一坛。极个别无儿女家庭，在找不到抱养男孩的情况下，也有抱养女孩的。仪式同前。但过继的女子，须为直系亲属。以后再为这个抱养女找女婿。据调查，格老、黑二甸、草坪地、巴那瓦、古鲁甸五村抱养儿子者有十三家，抱养女儿的有三家。

从男娶女嫁、寡妇转房，无子续娶和过继养子女等方面来看，这里的婚姻形态主要是一夫一妻的父系单偶婚制。以上介绍的主要是民主改革前的婚嫁情况。中华人民共和国成立后，普米族废除了封建婚姻制度，各方面都有很大的改变，男女可以自由恋爱成婚，和汉、纳西、彝、藏各族结婚者逐渐多起来，迎娶仪礼也较节约简朴，妇女结婚后即坐家。

2. "阿注"关系的婚姻情况

托甸普米族家庭婚姻说明，大部分已过渡到父系家庭婚姻的阶段，即一夫一妻制阶段。但靠近永宁地区的一些普米族村落还保存着母系家庭的原始残余形态，表现为男女不婚不嫁，过着夜晚男人女家过偶居的生活，男女自由离合，所生儿女留女家，从母姓。这种婚姻习俗是受周围摩梭人纳西族支系阿注婚姻和母系家庭影响的结果。……【《基诺族社会历史综合调查·宁蒗县永宁区托甸乡普米族社会历史综合调查报告》，页165—170】

从温泉乡的调查中，我们初步了解到普米族的阿注婚姻有以下几个特点。

（1）女子以"望门居"形式结交男阿注，男子以走婚形式拜访女阿注

实行结交阿注的男女双方，平时不在一起过共同的家庭生活，仅是晚间才偶居在一起，过单纯性生活的"朋友"阿注。次日黎明男子仍须回到母亲家庭进行生产劳动。故缔结阿注关系的双方没有必然的共同经济基础，他们分属于不同阶级和等级层次的各自母亲血统家族。不像一夫一妻制下的夫妻是组成家庭的基本成员，有共同的经济生活。上述这种"阿注异居"是结交阿注初期最盛行的普遍形式之一。

（2）男女双方结交对象所选择的地点是采取由近及远的原则……

（3）结交阿注的对象，没有严格的民族界限……

（4）结交阿注双方，不太计较年龄大小问题……

（5）掺入了物质因素的阿注关系

近代以来，阿注婚姻关系受到内外经济因素的影响和干涉越来越突出，从前那种建立在纯粹以男女性爱为基础的阿注关系已逐渐掺入了金钱物质利益的需求因素。……

（6）留母家，从母姓

阿注婚姻所生子女，留母家，从母姓，这是普米族改行阿注婚后家庭组成情况的一个新特点。前已述及，阿注关系结合自由，离异方便，只要双方感情破裂，不再互相上门拜访投宿，即算阿注婚姻的终止和解除。双方另寻新阿注；甚或在他们交往的同时，也有第三者插入，俗称"打短阿注"。各自均不互相责怪追究。【《基诺族社会历史综合调查·永宁温泉乡普米族婚丧习俗调查》，页188—190】

普米族人的婚姻是一夫一妻制。中华人民共和国成立前，兰坪、维西、丽江一带的少数本族地主，还普遍纳妾，有的甚至有两三个妻子。旧社会，普米族对通婚范围的限制是比较严格的。除了少数人与汉、纳西、白族通婚外，大都不与其他民族通婚。在普米族内实行氏族外婚制，而且实行等级内婚，一般都要门当户对，姑舅表婚优先。订婚的时间都比较早，多数人家的孩子在四五岁时就吃了订婚酒，甚至有少数指腹为婚。青年男女虽然有社交的自由，但他们没有选择配偶的权利，婚姻全由父母包办。一般结婚年龄较晚，男女都过了二十岁才结婚。订婚通常是在每年二三月份，男方请一名近亲中的长辈叔、伯做媒人，带上一坛酒到女家求亲。……普米族的夫妻一般不离婚，有矛盾时亲戚出面调解。如果年轻的丈夫死了，妻子三年以后才可改嫁。还有少数人死了兄弟，经济困难而讨不起媳妇，经与家族商量好，实行弟娶嫂或兄娶弟媳，但财产仍由前夫的子嗣继承，如果前夫没有子嗣，就由后夫的子嗣继承。【《云南少数民族社会历史调查资料汇编（五）·综述普米族的生活习俗》，页180—182】

传说普米族从前实行严格的一夫一妻婚姻制度，后来，由于受到纳西族的影响，某些家庭始出现男不娶女不嫁现象。

过去，普米族同姓不婚，盛行姑舅表婚制。婚事由父母包办。其程序是：

敬锅庄：相当于汉族的送八字订婚。届时男方请人备办礼物把男子的生辰八字送到女家，祭献女方的家神。礼物中，送舅父的那一份最多。此外，女方村子里每家一份。故舅父和全村都回敬男方一顿酒饭。

打财礼：即男方到女方家去议定付给女方的财礼。其种数数量，过去一般是布衣三件、半开数十元、茶数筒、猪膘一圈、牛一头等。

择日子：即男方请"韩歪"择定迎亲的日子，然后把择定的时间通知女方。

迎亲：即男方带人去把女方接回家。去的时候，男方送女方家牛一头、羊一只。意思是使女方家不致亏财。此外，去接的人皆带食物，由女方帮助蒸煮炒拌。因之，有"嫁姑娘不赔本，烧起锅儿等"的谚语。接走前，男女两家即议定新娘回门时间。一般情况下，如果男方人手少，活路忙，时间就晚一点。反之，女方多要求在婚后一月或半月内将新娘送回。一段时间后，男方又备办礼物把女方接回。女方同时回赠男方礼物。但女方到男家第三次后，她就必须想方设法偷跑回娘家，且时间必须在深夜，不让任何人看见。否则，路上遇着人，就认为对女方不吉利。如果女子第二次被男人接回去后，自己不跑回娘家，旁人就会议论，说这个女人没本事，没法冲破男人设置的种种防范障碍，说这个姑娘好像从来未见过男人，一接触到男人就不想走了。所以，过去有"三四九转"之说。女子经过多次的被接回，直到有了小孩，才在男家长期坐家。才结婚的夫妇，彼此间不准公开对话和传递东西，直到有了小孩后，始有所改变。

青年男女结婚后，男方不喜欢女方，只要不再去接回，双方婚约便算解除。但是，如女方不喜欢男方，要想离婚，却极为困难。据说这是因为男方娶亲时花了很多财礼。买卖婚姻的恶果在这里得到了最充分的表现。过去，本地"普米"妇女对于这种落后的婚姻制度曾采用多种手段进行反抗。如有的女子长期住在娘家，直到三四十岁还不到男家去。如有的女子不愿到男家去受折磨，就去永宁土司衙门作"叭子"。这就是一般说的"奔官"。女子"奔官"后，男家就不再要。双方就可借此解除婚约。又如有的女子不满意包办婚姻，就逃到很远很远的地方作帮工度日。据说北岔河普米族胡纳摩的母亲，就是这样一位坚强勇敢的妇女。【《基诺族社会历史综合调查·宁蒗县红桥区翠培乡普米族社会历史调查》，页200—201】

昆明地区回族婚姻的缔结有两种情况，一种是男女双方自由恋爱，一种是经过别人介绍认识。媒人大多数是家长或亲戚朋友，他们认为为青年男女婚配搭桥，是一种善行。伊斯兰教教律提倡婚姻自由，提倡尊重男女的自择权，婚娶须得当事人同意，此为构成婚姻的必要条件。昆明地区的回族也遵循着这一原则。即使是回族与非穆斯林结合，只要两人真心相爱，自愿结为夫妻，在这种情况下，无论是当事人父母或亲属，都无权干涉，只能劝说。宗教职业者——阿訇，也只有劝说的责任而无干涉权。因为伊斯兰教的原则是教民快乐幸福，《古兰经》曰："你们要互相善待不能互相憎恨",强迫的婚姻,未必就会幸福。离婚在伊斯兰教教律上是不提倡的。《圣训》曰:"回族离婚是教律上允许的,可非真主所喜",可见是不提倡离婚的。但昆明回族中离婚也还是存在的。夫妻双方感情破裂,发展到已不能相处的程度,离婚就不会遭到本族人的反对,也不会遭到宗教职业者的反对。当夫妻间有矛盾时,父母亲尽力调解、劝说,离婚是迫不得已的最消极的解决办法,在回族中既不提倡也不赞赏。综上所说,昆明地区回族的婚姻习俗,第一,结婚双方必须在自愿的原则下结合,其二,要有证婚人诵读证婚词。具备了这两点婚姻才算得到承认。【《昆明民族民俗和宗教调查·昆明回族婚俗》,页8—9】

景颇族的婚姻制度,存在着一定的阶级界限,山官必须娶官家之女,并禁止同姓、血亲之间的通婚。男女在婚前保持充分的社交自由。婚后,男子仍很自由,女方则受到一定的限制。景颇族视女子为家中财产的一部分,女儿出嫁时父母要向男方索取一定的聘礼。官家结婚,至少要几头牛,多则十几头牛。普通百姓家至少也要一头牛以及衣服等物。如牛不能立刻交付,可以欠债。排列砒的姐夫家欠他家的聘礼两头牛,直到排列砒结婚时才还清。一般结婚费用超过一家五口两年的开支详见"弄丙寨排列砒家庭情况调查"和"弄丙寨木惹家庭情况调查"两部分。【《景颇族社会历史调查(一)·潞西县遮放西山几个典型寨生产情况调查》,页57—58】

婚姻。一般是一夫一妻,为数极少的有钱人家则是一夫多妻。一个男子要娶妻子并不容易,因为,女子只消穿上她最好的衣服去男家,而男家却要准备三四头水牛山官家有时用八至十几头牛,还有象牙,三四面以至十数面锣,一把银包头的大刀,十几把大刀,送给女家。信基督教的男子按规矩也得花三四百甚至五六百卢比。由于出不起这一大笔钱,一般青年尤其是信鬼的,就采取抢婚的办法,这样,只消送头肥猪或牛给岳父母就了事了。另外,按其婚姻习俗,儿子可以娶父亲的小老婆。【《景颇族社会历史调查(一)·瑞丽县山区情况调查》,页99—100】

景颇族的婚姻有三种形式。第一种是自由恋爱。如双方喜欢,自由结合后,男方到女方家谈聘礼,如送牛几头等。第二种是父母包办。女方父母提出聘礼要求多少头牛,和对方谈好,即将女儿送至男家。第三种是抢婚。男女双方自愿而父母不同意时,男女约好时间,男方进行抢婚,婚后翌日男方再去谈聘礼,一般一两头牛即可。对于抢婚,女方家中多不满意。【《景颇族社会历史调查(一)·瑞丽县山区情况调查》,页109】

景颇族结婚有三种形式：第一种是媒人去说，然后再将聘礼送去。……第二种是男女双方在恋爱期间，女方怀了孕，男方拉一头牛到女家祭鬼后，即可将女方领回结婚。第三种是男子要结婚时，请"洞撒"来卜卦，看娶哪寨的姑娘合适。"洞撒"指示后便去那寨中找一个姑娘的东西来给"洞撒"看，问"鬼"合不合。若"鬼""认合"，便约人带一件衣服、一瓶酒到女家邻舍内居住，等那姑娘晚上出门时拉到其邻舍内，由其邻人将衣服和酒送到女家求亲。第二天，男的将女的由邻舍家拉回自己家内，在未入门时派人到女家讲聘礼，讲妥后就在门前旷地上搭一棚，棚下拴一只老母猪、几只小猪和几只小狗，男的拉女的从棚下钻过，女方亲戚来送亲，男家招待烟和酒。住一夜，男家将聘礼送到女家，女方也就回到娘家，过十多天后回婆家来住一夜再回娘家去，此后便常住娘家。新郎到晚上便到女家去住，女方直到有孕要生孩子时才回婆家。生小孩后，女方又回娘家，男方须拉一头牛到女家去祭鬼，从此女方便长住男家了。

三种婚姻形式中，以第三种为普遍，第一种、第二种比较少。

景颇族实行同姓不婚。祖先娶某姓的姑娘，子孙的婚配就只能在这一姓中选择，不能娶别姓的姑娘，若改娶其他姓氏的姑娘，则须祭鬼。景颇（大山）老百姓不能娶山官家的姑娘，山官只能与山官家通婚，但载瓦（小山）则不十分严格。【《景颇族社会历史调查（一）·陇川县三个乡生产情况及一个村寨社会情况调查》，页160】

盆都景颇族婚姻严格实行同姓不婚的氏族外婚制。景颇族的氏族外婚制的特点，是以三个氏族为基础，而以几个氏族为补充的结婚集团。他们把结婚集团分成"梅尤"和"达马"，并世代沿袭。勒西、嫩木皆和木然三个氏族构成了盆都部落的"梅尤"和"达马"的基础，以泡韦和恩孔等氏族为补充。由于与其他部落、支系居地毗邻，因而产生与载瓦、浪速支通婚的现象。

同时，在婚姻中存在等级内婚现象，但只限于世袭部落酋长。过去在景颇族的婚姻中，盛行一夫多妻，如邦角部落"度娃"先后娶过八个妻子，最典型的多妻形式是妻姊妹婚，盆都勒西氏族的麻界姊妹共嫁一夫。与此相反，还存在夫兄弟婚现象，因为父权已经确立，而对于失去丈夫的兄妻或弟媳实行转房制。根据"梅尤"和"达马"的结婚原则，"梅尤"方的女子则是"达马"方男子当然的妻室，而辈分却不十分严格，儿子对父亲的小妻有实行转房的权利。举行转房要履行一定的宗教仪式，兄弟之间进行妻子转房，生者要接受死者的刀；儿子如接受父亲的小妻作自己的妻室，要向妻家的父母送聘礼，女子若另嫁外家，女子须向夫家赔还一部分聘礼。

景颇族也存在从妻居的婚姻形式，景颇语称"远马桑"（上门），在现行的婚姻形式中"远马桑"仍占一定的比例。"远马桑"婚姻形式的存在，有现实的经济意义，它是偿付聘金的一种形式。男子为了找到结婚对象，必须支付一定数量的聘金，作为购买女子的身价，男子如无力支付女方的身价，他们也就只好到女家上门，担负起赡养女方父母及其尚未独立生活的兄弟的责任。

在景颇社会中，按照宗教观点，为了断绝女家"家鬼"的拦阻，结婚要通过抢婚的形式。在举行抢婚之前，要先通过巫师占卜是否合婚。为了抢婚，先通过占卜选出适于担任抢婚的媒人，景颇语称"呀格沙"。"呀格沙"多半是男子，他们的职责是为抢婚事先做好准备工作。当抢到女方后，要替男家向女方父母正式求婚和送聘金。景颇族青年男女在婚前就有同宿共睡的权利，当女方已经怀孕或生孩子后便正式结为夫妻，这种婚姻景颇语称"拉布楼"。"拉布楼"订婚的仪式比抢婚要简单得多，但也要举行宗教占卜，主要是为女方祭祀"家鬼"。"拉布楼"常常破坏"梅尤"和"达马"的固定通婚关系，在盆都就有两对"回头婚"，他们先有了"拉布楼"的关系，而后才正式结婚。【《景颇族社会历史调查（一）·梁河县邦角文化站邦角乡盆都景颇族社会调查》，页181—182】

景颇族盛行的"公房"和"干脱总"即串姑娘，就是群婚的一种遗俗。景颇族青年男女在婚前有充分的恋爱自由，晚上，青年男女可以到"公房"去谈情说爱，以至发生性关系，父母不加干涉。如女方怀了孕，可以"指腹认父"。通常男方应向女方杀牛献鬼，献鬼后是否结婚，主要决定于男方，可娶也可不娶。这种非婚生子，人们称为"野孩子"。男方献过鬼后，孩子由女方抚养，如系男孩，长大后父亲可以要回去抚养，如系女孩，父亲有权干涉孩子的婚姻，并收取聘礼。"干脱总"并不是杂交乱婚而是有一定限制的。凡不能通婚姓氏的青年男女，不能在一起谈情和唱情歌。由于"干脱总"有这些限制，许多同村男女青年就往往不能在一起串耍，因此一个"公房"就不够用了。所以他们约会的地点除公房外，晴天夜晚还在树林里；阴雨天则在人家的"牛栏间"。

由于婚前性生活的自由，必然伴随着的是出现私生子。人们对私生子并不歧视，私生子和婚生子一样能继承父亲的财产，在社会地位上也无差异。男子在婚后尚有性的自由，而女子则受一定的限制，但并不是很严格的。

婚后如果夫妇感情不好，可以离婚。如系女方提出，则要向男方赔偿原聘礼的一倍；如系男方提出，则不必赔偿。一般女方父母不愿赔偿，因而妇女提出离婚就比较困难。

丈夫死亡后，妻子可以在自己丈夫的家族内转房，转房不限辈分。因此有子承父妾、叔（伯）娶侄媳、侄娶婶母、兄娶弟妇、弟继兄嫂等情况。此外，有女无子的人家，可以招女婿，有的是为了"养老送终"。上门作婿可以不备任何礼物，但妻亡故后，不论其有无子女，妻之父母可以命其离开这个家庭。如妻亡故后，妻之父母也去世，亦需离开这个家庭，其家产由女方近亲占有，如系同寨子人，可酌情留一部分财产如旱地、生活用具等；如系外寨人，则不给任何东西。上门婿也可在其妻子的同意下与岳家分居，另立家业，但他仍不能分得任何财产，如夫妇感情不洽，女方可以命令丈夫带其子女走开，自己另嫁或另找丈夫。如上门婿死亡，则其兄弟可替兄上门继续作婿。

景颇族现行结婚形式很多。

1. 抢姑娘

男方属意于某一姑娘，便请本寨董萨打卦，决定本寨一人作"勒角"男家媒人，并请女方寨子一人作"强通"女家媒人。由勒角设法窃得姑娘的一件东西，用来打卦决定抢姑娘的日期，由勒角带人去抢，强通做内应。抢回后，姑娘放在勒角家，第二天举行婚礼。男方属意于某一姑娘，即扬言要抢她，女方父母闻知后如没有反应，即表示默许，可以去抢。如表示反对，男方就得考虑改变计划。女方生了私生子后，男方给她献鬼，并表示要娶她。然后决定日期，把她抢来。

2. 要姑娘

男方属意于要娶某一姑娘，但女方年龄太小，不能结婚，则先给女方送一份聘礼，这个姑娘便算被人要了，以后别人不能再去抢她。如果谁抢了这个姑娘则抢姑娘的人要赔偿一倍的聘礼，否则要引起拉事。

3. 偷姑娘

男方属意于要娶某一姑娘，但女方父母坚决不同意，并把姑娘藏起来。男方可以约定勒角、强通设法把姑娘偷来，结婚后再请"强通"通知女方父母，讨论聘礼。

4. 拉姑娘

某男如爱上了一个已婚女子，并发生了性关系，则情夫得向原夫赔偿原聘礼的一倍，否则会引起拉事。赔偿后如原夫同意，女方可以和情夫结婚。

上述各种形式中，通常以第一种形式为最多。

结婚的一般礼仪是男子到一定年龄，父母决定给他娶亲，并准备了结婚财物。以后，男方就要积极找好对象，并偷得女方身上的一件东西，请董萨打卦，请好勒角、强通，并决定日期由勒角带人抢姑娘，强通做内应。姑娘抢到后，强通携酒到女家通知女方父母，并议定聘礼。姑娘抢到寨内后，先住在勒角家，然后由男方迎接姑娘，强通持矛背箩_{箩中置刀2把、}_{谷类若干}把姑娘领到男家门前，坐在席子上，饮酒嚼烟。待董萨念过鬼后，由新郎之弟持矛背箩，右手牵着新娘，由做好的"竹木躺"上走向新郎家，走到门梯外，新郎的父母_{在多数场合是母亲}给新娘挂上项圈，引至父母的火塘处，婚礼即告完成。新婚后新娘立即回家，生育后才从夫共居。【《景颇族社会历史调查（二）·陇川县邦瓦寨景颇族调查报告》，页43—44】

一般青年男女在结婚前都参加"干脱总"_{汉语称"串姑娘"}，在干脱总中相互认识，并由此发生爱情，男方设法窃得女方任何一物如嚼烟之类回家请董萨打卦，决定后即请勒脚、强通选定日期去女方寨子将姑娘"拉"来，并通知女方父母，议定财礼，然后结婚成亲。女子往往在被"拉"时还不知道"拉"自己的是哪家，婚姻的主动权属于男方。在正常的情况下，聘礼要3—5头牛，但并不需一次付清。一般在举行婚礼后交牛1—2头、铓1面、墨丁1件，其余部分可以以后慢慢交，自己还不清，子女得代父亲还，直至母亲死时，送1头牛给外祖父家。但也有的青年男女在干脱总时就发生了关系，并怀了孕，则男方需杀1头牛、1头猪、几只鸡为女方祭鬼。祭鬼后男方如果喜欢女方，可以略加些聘礼，娶女方为妻；如果不喜欢，女的可以另嫁，子女亦随母居，并从后夫之姓；如果不要其母而要其子女，则需送女方牛1—2头、铓1面、墨丁1件，日后男孩子长大了可随父居，女孩长大了，出嫁时的聘礼归父亲。这种先串上怀了孕然后成婚的可以少出聘礼。也有的因贫穷，串上后不结婚就和女方同居的，但一般群众对这样的男子有些看不起。此外，还有"要姑娘"的方式，即先以墨丁1件、鸡蛋4个、酒若干去女家要姑娘，随后约人去女家把姑娘偷来，这种方式聘礼少，花钱也省。结婚后如夫妻不和睦，可以离婚。如系男方提出则需赔女方1头牛、1把刀和1把刀鞘；如是女方提出，则需赔出全部聘礼，还需赔裙子1条、布1件、手镯1对、铓1面。离婚后，男孩随父亲，女孩随母亲_{男方要女孩则亦归男方}，从此割断一切关系。丈夫死后，寡妇首先得在丈夫家族内转房，转给丈夫的兄弟_{或堂兄弟}、叔伯_{或堂叔伯}等，如果寡妇不愿转房而要再嫁，则需请山官、苏温、老人一起讲事，然后回娘家待嫁，原聘礼可以不退。实际上转房的情况多，再嫁的很少，因为一般人不娶寡妇为妻。

由于转房制度的存在，因此就有弟继兄嫂、兄娶弟媳、侄娶婶母、叔要侄媳、子承父妾等情形。景颇族结婚往往不论年岁，亦不管辈分，50多岁的男子能娶18岁的姑娘，四五十岁的妇女亦能嫁20多岁的青年，他们的婚姻关系主要是依据"姑爷种"和"丈人种"的关系而决定。景颇族内部早已禁止血缘婚姻，直系亲属发生性关系要受到极严厉的制裁。此外，他们认为某些姓氏间过去是由共同的祖先分出来的，相互间都是兄弟姊妹，因此也不能通婚，违反了要受到制裁_{也发现个别通婚的}。除此以外，都能自由通婚。婚姻关系一经建立起，则男方姓氏就成"姑爷种"，女方姓氏就成为"丈人种"。男子娶妻，首先应该娶舅父的女儿，如果不娶舅父的女儿而娶别姓的女子，则要给舅家送一定的礼物。这种礼物叫作"阿黑董"_{向舅父要命令}，即征得舅父同意的意思。如舅父有几个女儿，则需先娶长女，如果不娶长女而娶次女，则要出一头牛赔礼。这种舅表优先婚的习俗还是比较流行的。此外，景颇族还有明显的妻姊妹婚的迹象，如果妻子死了，在再娶时，可以优先娶亡妻的姊妹为妻，如果结婚后夫妻不睦，女的可以回娘家，另换她的某一个姊妹来，但几个姊妹同时嫁一个丈夫的情况毕竟是少见的了。

根据景颇族现行的亲属称谓来看，母亲的姊妹都称母亲，父亲的兄弟都称父亲；同样母亲姊妹的子女和父亲兄弟的子女相互间都互为兄弟姊妹，因此都不能通婚。这种亲属称谓，反映了比现有的一夫一妻制更早的普那路亚的婚姻制度。但是我们发现这种限制在某些条件下，是可以改变的，如母亲姊妹的女儿，亦是我的姊妹，按理说不能娶的，但如果母亲的姊妹的丈夫是我的丈人种，那么就可以娶母亲的姊妹的女儿为妻。此外，如果母亲死后，母亲的妹妹成为父亲的续弦，那么在父亲死后就能娶母亲的妹妹为妻，这种婚姻关系是完全按照"姑爷种"和"丈人种"的通婚关系为转移的，不管年岁、辈分的限制。景颇族的"丈人种""姑爷种"有个特点，不能娶回头亲，即能娶舅父之女，而不能娶姑母之女，因此舅表婚姻仅是单方面的，这样建立的婚姻集团至少要有 3 个以上，才能周转，否则就不能成立。事实上景颇族相互通婚的姓氏是比较多的，大山、小山、茶山、浪速等各支系间都能相互通婚，"丈人种""姑爷种"的确立，使各姓氏之间的亲属联系更为广泛而密切起来，它不受山官辖区限制，也打破了本族各支系的界限，成为团结、联系本族人民的有力的纽带。

由于干脱总普遍存在，"野孩子"就成为必然的产物，景颇族社会中野孩子特别多。这种非婚生子，与婚生子一样，在家庭中可以继承财产，在社会上可以参加各种活动，并能当苏温、董萨等，不受舆论的指责和歧视。

官民之间的通婚关系，并没有严格的限制，官家可以娶百姓的女儿为妻，同样百姓也可以娶官家的女儿，但要出很大一笔聘礼。在人们的意识中，往往认为娶官家女儿是一种荣誉，如果三代和官家联姻，就特别受人尊重。与"准"即奴隶通婚，在社会地位上是低一等的。与女准相好，需随女而居，自己也成了准；如与男准相好，则嫁给准后，自己也成为准，所生子女也是准。因此一般人不愿与准通婚。【《景颇族社会历史调查（二）·瑞丽县雷弄寨景颇族调查报告》，页 60—61】

目前景颇族是父系一夫一妻个体小家庭。某些富裕的、社会地位较高的人存在着一夫多妻的情况，但这只是个别的。

这种父系的一夫一妻制家庭，还表现在某些风俗习惯上。如景颇族比较重嗣，一个妇女如果不生男孩子，不仅会受到家庭的责怪，妇女本身似乎也认为是没有尽到责任。这就成为男子可以多妻的理由，有时其妻还要设法帮助丈夫找一个会生孩子的妇女。同时景颇社会还保留了收买养子或由近亲中过继儿子的习惯，养子和过继儿子均有继承财产的权利。一个孩子早年在父母双亡后，不论是由叔伯家或舅父家抚养长大，孩子的姓氏仍属亲生父亲。

景颇族有赘婚的习惯。入赘有两种情况：一种是丈人家有男孩，但年纪小，家里缺乏劳动力。这种招赘，待亲生男孩长大后即分居。另一种，丈人家没有男孩子，一般在岳父母在世时，留在丈人家，如岳父母过世则一般仍回本家。以上两种情况，所生孩子均随父姓。在社会道德观念上也是认为一夫一妻是合理的，如不是因为女的不生孩子而多娶，就被认为是不道德的。在一个多子的家庭中，儿子们娶了媳妇后，必须分居，父母则留住幼子家。

在景颇族的婚姻制度中，普遍存在着一种"木育—达玛"，即丈人种和姑爷种的关系。他们一般是禁止同姓通婚的。在丈人种和姑爷种的关系中，只能是姑爷种的男子娶丈人种家的女子，丈人种家男子娶姑爷种家女儿是被禁止的。这种丈人种和姑爷种的关系是不受山官辖区限制的，丈人种和姑爷种可以相隔很远而结为婚姻关系。这种丈人种和姑爷种的关系，在过去是很严格的，谁违反了要被处死。但是，现在已不太严格了，同姓各支，分隔的年代远了，就可以通婚。如木忍姓中，阿阳忍与巩沙忍可以通婚，颇夺忍与巩沙忍可以通婚。勒排姓中，陆促排与直当排也可以通婚。这些现象已经被公认为合理的了。

在丈人种、姑爷种的婚姻关系中，一个姓氏可以有好几个丈人种。也即是说，只要该姓中某一代娶了某一姓的姑娘，某姓即成了该家的丈人种。同时也已经发现倒婚的现象，如陇直陇拉是思孔的木育，但陇直陇拉的当堵弄却娶了思孔的麻宽。又如阿阳忍家是陇直陇拉的达玛，但陇直陇拉家的恩推干又倒过来娶了阿阳忍家的阿阳鲁为媳妇。这种倒婚的现象在老人们中还是认为不合理的，但在一个寨子中毕竟已经发生了两起。

这种婚姻关系反映在亲属称谓上，舅父母和岳父母同称为"阿扎"岳父或舅父"恩尼"岳母或舅母、姑父母和公公婆婆同称为"阿古"公公或姑父、"阿嬷耶"姑母或婆婆。另一种情况是：父亲的兄弟通称父亲，母亲的姊妹通称母亲，父亲兄弟和母亲姊妹的子女通称为兄弟姊妹，他们不能通婚。因此，从这种"木育—达玛"的婚姻关系和家属称谓上来看，很可能是很早以前的群婚遗迹。

在婚姻制度方面，在"贡沙"社会中还实行等级内婚，也即是山官与百姓一般不通婚。只有个别情况因山官较穷或百姓姑娘聪明、长得漂亮，在这种情况下才通婚，聘礼一般要比娶官家姑娘少一半。官家姑娘也有下嫁百姓的，但一般礼金都很高。这种情况在变为"贡龙"社会后就没有什么限制了。

群婚遗迹的另一个表现是在景颇社会中普遍盛行公房制度。未婚男女性关系较自由，怀孕后可以指腹认父，被指的男子要到女方家中献鬼，如感情好的则以后可结婚，生的孩子即算非婚生子。如男的不愿意结婚，则生下孩子后一般仍归男方，而由女方抚养长大，男方给她2头牛即可。发生这种情况，一般社会上认为是很耻辱的，以后女的也很难出嫁，因此在乌帕寨非婚生子比较少，可能这种"恩拉扁"串姑娘还在向严格的方面变化中。另外，景颇族还有一种转房的风俗，如弟死兄娶弟媳，兄死弟娶嫂嫂，也有叔伯接侄媳或侄子接婶婶的，甚至儿子可以接非亲生母亲。这种情况的存在，保证了女劳动力留在本家庭内。反之如寡妇再嫁，则聘礼要留给前夫家，这也许可以说明这种转房存在的理由。景颇族妇女还有一种婚后住家的习惯，有的住娘家竟达七八年之久；但也有婚后夫妇感情较好而即住夫家的。

景颇族的婚姻缔结过程是：男的一般是先偷几个自己认为合意的姑娘的东西，请董萨打卦决定娶哪个？女方则由父母做主。男方请媒人说亲时，男女双方认为时间说得越长久，男女双方越有面子，男方认为娶媳妇是不易获得的，女方则认为自己姑娘漂亮，轻易答应了会降低身份。因此往往有说亲达一年半载的。【《景颇族社会历史调查（三）·莲山县乌帕乡乌帕寨社会历史调查》，页15—16】

对于亲属称谓中所反映的通婚关系，主要服从于丈人种和姑爷种的关系，如母亲的姊妹的子女，与我原是兄弟姊妹的关系，不能通婚，但如果母亲的姊妹的父家是我的丈人种，则我就能与之通婚，因此通婚关系主要以丈人种、姑爷种为转移。

景颇族结婚方式大致为两种：一种是男女青年在"恩腊扁"即串姑娘时，发生了关系，女子怀孕后，指腹认亲，经男方认领结为夫妇。但亦有的男子只认子不认母，对女子来说是很大的耻辱，虽然女子依然有出嫁的权利，但出嫁比较困难。因此未婚女子对此存有戒心，不随便与男方发生关系。故非婚生子不多。另一种是"扁艾"即"要婚"男方选择若干对象后，偷得女方一些细小物件，请董萨打卦，择定对象，然后请"格沙"媒人2—4人或更多一些至女家议亲，一般女方不肯立即同意，否则认为没有体面，是羞耻的事。故1—2个月或5—6个月后始决定，有的甚至是长达数年之久，认为越长越有面子。议亲时女子本人不能做主，全由父母包办。议亲后择吉结婚。结婚时一般采取"偷婚"的形式，即伺姑娘外出把她偷来，亦有的请寨中人伴送姑娘至男家。但一般认为前一种方式姑娘身上不带鬼，后一种方式带着鬼，因此，以前一种方式为吉。此外，信教的则由于不信鬼，多采取自由恋爱方式，经媒人说合成婚。

在上述两种方式中，以后一种为普遍。尽管男女青年在婚前有充分的恋爱自由，但结婚由父母包办，并不自由，因此婚后有妇女长期留居娘家或发生逃婚的现象。

婚后妇女受到种种约束，不能再谈情说爱，需严守贞操，而男子却不受此约束，如婚后不睦，女子提出离婚，需偿还男方全部聘礼，并需征得男方同意；而男方提出离婚，则不需作任何赔偿。离婚权实际上掌握在男子手中。

丈夫死后，寡妇必须在丈夫家族内转嫁，否则寡妇必须退回亡夫结婚时全部聘礼，始得再嫁。转房的范围，兄弟、叔伯、侄子均可，甚至父妾亦可子承。但一般是往下转，长辈可转嫁晚辈，晚辈转嫁长辈者少，而以叔嫂间的转房为多，这种情况实际上反映了妇女不过是体现了一份财产在男方家族内流转而已。

对于转房来的妻子，并不视为正室，因认为她死后将仍需与前夫共处，故必须另娶正室，这也是造成景颇族多妻的原因之一。此外，亦有因妻子不育，无子嗣而再娶者，亦成为多妻的一个原因。

在存在着山官制度的地方，等级内婚制仍然存在。山官必须娶官种的女子。百姓虽然能娶官家女儿，但聘礼昂贵。在许多地方，这种等级内婚制由于山官权力的没落，已很不严格了，如孔木单山官与百姓通婚，已成通例，百姓娶官家女儿，聘礼与娶百姓女儿相同，唯富裕者需增出骑马、象牙等贵重礼金。在已经取消了山官制度的地方，等级内婚制已不存在，如乌帕即是。

总的说来，景颇族已形成了比较稳固的一夫一妻制，个体家庭便是社会的经济单位，而私有制是这种家庭和婚姻制度赖以建立的基础。但随着私有制的发展和社会制度的变化，存在于家庭和婚姻制度方面的落后形态，也已逐步发生了变化，如偷婚抢婚已很少具有真实意义，已成为一种仪式和手段；议亲的普遍流行，实质上已成为买卖婚姻。妇女不过是体现了某种财产而已，而转房制度的盛行，又进一步巩固了这种私有财产。【《景颇族社会历史调查（三）·德宏州景颇族三个点的调查总结》，页41—42】

在结婚的形式中，抢婚和偷婚已大大减少。绝大多数都是由男方请媒人到女方家中定亲，议定该付的礼钱，然后择日举行婚礼。订婚大都由父母包办决定，不征求子女意见。礼钱比较重，百姓家一般要5—6头牛，山官家要20—30头牛；此外，还要各种布、锃锣等价值1—3头牛礼品。

女子婚后即在夫家劳动居住，从母方居住的习惯已被废除。婚后8—10天，女子回娘家2—4天，然后即永远在夫家居住。只有个别对婚姻极为不满的，才逃婚不来夫家。

"丈人种"和"姑父种"的界限已不十分严格，回头婚的现象较多。普遍反映，要严格按照老规矩办，那么3个弟兄的人家就没有老婆讨了。原来，这里的木图家世世代代都是真统家的"丈人种"，但现在木图家也都讨真统家的姑娘了。冲雷家过去也是真统家的"丈人种"，现在也反过来讨真统家的姑娘了。

等级内婚制，据说过去也很严格，官家只能讨官种家的女儿。但现在也已经打破，广片山官家就讨了百姓冲雷家的姑娘。【《景颇族社会历史调查（三）·瑞丽县勐典寨社会历史调查》，页95】

这就形成了姑舅表优先婚配，姑家之女不嫁舅家之子。反之，舅家之子不娶姑家之女。形成单方面的姑舅表优先婚配姑家之子娶舅家之女。

······

有女无子者，可招赘婿。该寨荣纳崩在双坡招来一个赘婿。招赘婿的原因，多半是为了养老送终。赘婿不改姓，有权继承岳家财产。赘婿在社会上受舆论鄙视，人们认为入赘是无能之人。【《景颇族社会历史调查（三）·盈江县大幕文乡砳汤寨（宝石岭岗）景颇族（茶山支）社会历史调查》，页121】

该寨现阶段的婚姻，是父权一夫一妻制，子女从父姓，家庭世系按父系计算。但是，与一夫一妻制并存的，还有早期社会群婚的遗留及母系向父系过渡的遗留。

1. 早期社会群婚的遗留

群婚的遗留，就"干脱总"这个问题探讨一下。该寨青年男女，婚前性关系比较自由。目前，寨中"格陆"荣姓有3户、张姓1户，还保有"牙帐"青年男女干脱总之用，全寨青年男女同姓男女青年除外都在这个"牙帐"里谈情说爱，发生性关系。男女青年谈情说爱并不遭到父母多大干涉，这种婚前男女性关系的自由，称为"干脱总"。

……青年男女婚前性关系自由，但有一个严格的界限，即同姓的男女青年不能恋爱，否则要受到严厉的惩罚。

2. 母系向父系过渡的遗留

（1）父子连名制

父子连名制是母系向父系社会过渡时期的产物，母系社会妇女社会地位高于男子。但是随着生产力的发展，私有制发展了，男子地位提高，并占据了统治地位，为了继承自己财产，男子就以父子连名制来确定自己的亲生子。

（2）舅父权

外甥不先娶舅父之女而另欲他娶，必须向舅父商榷取得同意方可，还要送舅父 1 瓶酒、1 个铓、1 块花布 "帕拉经"，这些礼品均统称 "抛皮则" 意即抵钱的东西，或者送 1 头牛，称为 "抛堂皮落" 意即最后的礼钱。母死出殡、建坟、铲坟埂等均得请舅父亲临料理，外甥女出嫁要送给舅父 1 头牛，称 "门省诺" 意即 "根底牛" 该寨荣腊筹的外甥女 1930 年出嫁，就收了她 1 头牛。母亲和妻亡，需给舅父 1 头牛；杀牛和猪，给舅父 1 腿肉；吃新谷时，给舅父 2 包饭、干老鼠、干巴和姜 1 笠。从上面几点看来，舅父权是比较大的。

（3）婚俗

婚后女方坐娘家的风俗。婚后坐娘家比较盛行，来来往往有二三年的，有一年的。其时间多寡，依据 "丈人种" 家缺乏劳动力情况而定。

转房制度

转房有子承父妾、侄娶寡婶、叔娶寡嫂等。转房，首先在本家族内转，新夫要给 "丈人种" 家 1 头牛，称 "出管落"，意即留寡牛。若寡妇不愿留于亡夫家族内而另欲他嫁，必须得山官、"思音"、亡夫家族同意方可，不同意则无效。

妻姊妹婚

男子亡妻之后，可续娶亡妻的姊妹，如亡妻的姊妹尚未出嫁，她们就有义务嫁给自己的姐夫或妹夫。娶亡妻姊妹的聘礼必须给 "岳家" 1 头牛和奶钱若干，给的牛称 "抛干落"，意即礼钱牛。若不给奶钱，只给 1 头牛，那就必须再给岳家 2.5 斤肉及 20—30 盅酒以代奶钱，才能娶亡妻之姊妹。

婚配注重长幼序列

岳父家若有好几个女儿，在娶妻时必须依长幼顺序娶，欲娶幼妹为妻，需给未嫁的大姐 1 头牛，表示向姐姐赔礼道歉。

结婚形式

景颇族茶山支同载瓦支一样，有"迷奔"、"考确"载瓦语称迷确、"迷路"、"迷董"、"迷考"、"蕊迷" 6 种。"迷奔"意即送来的妻子；"考确"意拉婚；"迷路"意抢妻子；"迷董"意要妻子；"迷考"意偷妻子；"蕊迷"意自由恋爱。这 6 种形式中，以"迷奔"和"蕊迷"比较普遍。该寨婚姻缔结方式，不能笼统地说是"抢婚"。事实上，即使是"抢婚"，也不是无条件的，仍要支付结婚聘礼，不管是"偷婚"和"抢婚"，都必须遵守世代相传的"丈人种"和"姑爷种"的通婚界限。男女青年婚前性关系比较自由，但婚姻仍是父母包办。因此，不少青年男女反对父母包办，女子父母接受了对方聘礼，而女子反对父母包办，亲自把聘礼送回男家去的，初步统计有十几个。【《景颇族社会历史调查（三）·盈江县大幕文乡碨汤寨（宝石岭岗）景颇族（茶山支）社会历史调查》，页 122—123】

婚姻。多为一夫一妻制。间有多妻者，父死后除生母外，皆转嫁于长子。子先死则媳转嫁于父。否则即被认为有意破坏亲戚关系。景颇族婚姻自由，先同居后结婚。有些有多方恋爱关系的女子，同谁结婚往往要待其所养子女的面貌与谁相似才做最后决定，故有"携子认父"和"先养子后结婚"之说，叫"认亲"。【《德宏傣族社会历史调查（一）·德宏傣族景颇族自治州傣、景颇、傈僳、阿昌等民族的文化、宗教及习俗》，页 12】

本寨实行一夫一妻制，多半是丈夫娶妻回家，无子人家都招赘婿。本寨有 4 户上门婿，据说没有聘礼才上门的，其地位一般较低于妻，因此被社会舆论所轻。赘婿仍姓自己的姓，但可以管理、继承岳家的财产。赘婿可由姑娘自己挑选，经姑娘父母同意即可。本寨景颇族还未见有一夫多妻情况。但据说一夫两妻是有的，原因是：一是没有孩子，该族十分重视子嗣，特别是男孩，认为越多越好；二是原妻手脚不灵巧，需再娶一妻帮助料理家务，增加劳动力；三是有钱财者。这种情况属少数。有人因穷困连一个妻子也讨不起，如董道美的两个哥哥，一辈子打光棍。

1. 转房风俗

本寨有转房的风俗，即丈夫死后妻子转嫁丈夫的兄或弟，如真康家丈夫死后夫弟就接其嫂同居。侄媳还可转给伯父和叔公，叔伯之妻也可转给侄儿。如孔榜福的叔父死后，其婶就嫁给了他。但父妾不能转给儿子，公公也不能和儿媳在一起。寡妇如不愿转房欲另嫁他人，则要征得夫家的同意，并赔还聘礼、铓和牛。妻子死后，丈夫可再娶妻之姐或妹，礼钱可以比原妻少一些。与转房制度相应的，有夫兄弟婚和妻姊妹婚的习俗。

2. 配偶关系

本寨遵行同姓不婚，不管民族类别，只要是同姓就不能通婚。以金姓为例，据说金姓的祖先曾有很多，同从北方浪速地迁下来，一路上路过汉族寨就到汉族家上门，路过傣寨就到傣族家上门，因此汉族和傣族才有姓金的。其他姓氏也一样。据说浪速曾有70种姓同时南下。

婚姻关系一经缔结，就成了丈人种和姑爷种的关系，世代相袭。但近年来已有倒婚现象，据石二说："我们石家世代都娶金家的姑娘，因为我们是姑爷种，他们是丈人种。我的妻子就是遮放金家的姑娘，而现在金家却来讨石家的姑娘，我的女儿嫁到了金家寨。"另据石董萨说，其父辈已开始有倒婚现象。对此，目前社会上也无舆论谴责。过去姨表不婚，但今如姨夫家和外甥家不同姓也可通婚。总之，通婚范围是很广的。

婚嫁重视长幼秩序，如姐未嫁而要娶妹，男方要给其姐1头牛。兄弟之间亦然。如弟先娶，兄会生气，所以父母一般都先为长子娶。

舅表妹优先嫁其表兄，要由卜卦来决定。对于舅家，婚前一两天要送糯米饭和酒去通知说："外甥长大了，要婚娶了。"舅家得知后要送1床被。另如外甥女结婚，则外甥女婿要送1头牛给舅家，舅家也要送外甥女1个铁三脚架和1口小锅。本寨百姓和官家可通婚，但娶官家女彩礼要得多，如牛需10头_{据说过去官种间通婚有陪嫁奴隶及用奴隶作聘金的}。人们对奴隶是鄙视的，姑娘如要嫁给某家养子，需详细询究，如属被用钱买来的，则谁也不愿嫁他。本寨石家原为奴隶出身，但石头寨严禁人们说他是奴隶出身，因此石家有女嫁给了中寨官家_{即孔二官之妻}。

3. 缔结婚姻的方式

姑娘长到一定年龄就等待别人来聘娶。小伙子到了一定年龄，其父母则喂肥猪、筹集聘金等，准备婚娶的一切。本寨特别重视礼钱。金扬宝的母亲说："我把姑娘一把尿一把屎抱大，花了很多心血，长大后成了别家的人，一点彩礼也不得，我可不干。"由于注重彩礼，所以子女婚姻一般由父母包办。

缔结婚姻的方式一般可分为3种：偷娶、讨娶、串姑娘怀孕后再娶。

【《景颇族社会历史调查（三）·梁河县芒东区邦歪寨社会历史调查》，页166—167】

在浪速尚未与景颇族其他各支系以及外民族接触之前，只是内部通婚，但同姓不婚，有"姑爷种"和"丈人种"的规定。在南枪邦时，就和大山、小山通婚了该地的大山、小山是从"及培及嘿"搬去的。据他们说，不与傣族、汉族通婚的原因是因为风俗习惯不同、语言不同，而且傣族和汉族也不愿和他们通婚，但不是不能通婚，只要互相同意是可以的。如南京里勒刀的叔父娶的就是傣族姑娘。

官家之间的通婚，要互相赠送奴隶，男家送丈人家两个奴隶，丈人送女婿家一个女奴隶，作为服侍姑娘的丫头。

百姓也可以娶官家的女儿，只是聘礼高些，这与大山、小山相同。

【《景颇族社会历史调查（四）·瑞丽县南京里景颇族浪速支情况》，页50】

（2）招赘

有女乏男嗣的人家，可以为女儿招婿。招婿的目的是为了养老送终。招婿是习见的事。如邦瓦下寨的梅普忙老而无子，就给自己的女儿梅普啥荣招了卡弄寨的江么拉为婿。下寨的各仁果招了同寨的龙刀堵为婿。上门婿对女方可以不付任何身价钱。上述两个例子中，男方都是空手上门的。

上门婿和岳父家庭的具体关系如下：

①赘婿上门后，中途丧妻，而他又和岳父母处得不好，岳父母可以随时命令他离开。有子女的，可以带着子女走。

②如果上门婿中途亡故，他的兄弟可以继他作上门婿。

③上门婿在其妻的同意下，可以和岳父母分居，这样，便无权获得岳父母的任何财产了。

④上门后夫妻感情不和而不能继续夫妻生活者，不论有无子女，女方有权令其丈夫离开她的家庭。子女在父母解除夫妻关系后全归父方，年龄太小的幼儿由母方抚养。这些子女和他们的父亲一样，不能获取母亲家中的任何财产。解除关系的双方，可以自由婚嫁。

⑤如果岳父母和妻子均亡故，而岳方之近亲如叔伯等又提出要继承死者的家产时，他必须携带子女他往。若是外寨人更得这样。假如是本寨人或者和岳方的近亲关系处得还好，也可以获得岳家的全部财产，或者部分水田和其他财产。【《景颇族社会历史调查（四）·潞西县弄丙寨、陇川县

邦瓦寨家族婚姻生活习俗情况》，页 85】

实行一夫一妻制，纳妾者极少。男子普遍入赘，上门一定时间后即可分居，相处较好不分居者有之，女方无父母或征得女方父母同意后要回本家亦可，但这种情况极少，一般都须上门三年，至少一月，否则即谓"心不好"。

男女恋爱，婚姻自由，父母可以干预，但不能决定，父母一般顺从子女之意。……

亲兄弟姊妹或从兄弟姊妹及再从兄弟姊妹间，均严禁婚姻关系，同姓间须隔五代始能通婚，否则即触犯习惯法。

夫死可以转房，一般是兄死弟娶嫂为妻，极少弟死兄娶弟媳为妻者，不转房寡妇可以改嫁，子女及前夫财产均留给前夫之弟兄或族人。

结婚后双方不睦可以离婚，习惯是：没有子女时离婚，男方提出须出银子 6 两半开 9 元，女方提出须出银子 3 两半开 4.5 元；已有子女则男方提出须出银 1 斤半开 24 元，女方提出须出银半斤半开 12 元，子女亦分归双方，男孩归父亲，女孩归母亲。离婚或寡妇改嫁都必须请卡些主持方属有效。离婚中一方所出之钱，对方只能得到三分之一，其余卡些得 1 元，一部分买烟茶请参与之寨人吃，一部分留寨公用。离婚后男女双方均可婚嫁，互不干涉。【《拉祜族社会历史调查（一）·澜沧县糯福区糯福寨拉祜族社会调查》，页 31—32】

拉祜族在过去和现在都是一夫一妻制。同姓可通婚。拉祜族在婚姻上是自由的，双方可以自由选择，多数父母是同意自己儿女的意见，极个别父母也有不同意的。夫妻不合可以离婚，只要理由正当，为社会所支持。寡妇可以再嫁，为社会所允许，不受任何干涉。转房制现象存在，但转嫁给夫之兄弟的不多。舅父权没有发现。上门之风盛行。

……

经过双方谈好后，就由男方父母找一媒人去女方家说媒，同意后就进行订婚。经济条件较好者，男方给女方镯头一个、耳环一对、包头布一块、酒一碗，经济条件差的就不给什么了。订婚后，不久就可结婚。

拉祜族结婚年龄没有严格规定，一般来说是早婚，十五六岁结婚的很多。结婚仪式较简单，婚礼一般在晚上举行白天参加生产。首先是男的到女方家里，男女双方先向神桌叩头，此时寨内的亲友及寨内头目来到女方家喝酒；男女双方又来到男方家里，分别向房神及男方父母叩头；礼毕，夫妇重又回到女方家里，并由男方背来米、盐巴和豆子，次日晨做早饭请亲友及头目来吃。婚后男的要在女家上门三年，帮助女方家里进行生产，三年期满，双方才一同回到男方家。中华人民共和国成立后这种上门期限已逐渐减少，不过最低也要上门三天，而后才能回到男方家。结婚后，若夫妻感情不和睦，可以离婚。哪一方提出离婚，就要给对方及头目一块半开，还需杀一头猪或牛请全寨人吃，目的在于公布此事并作见证。

夫死后，在自愿的原则下，可以转嫁给夫之弟，也可以再嫁别人，不退还订婚的礼物，社会不加干涉和限制。【《拉祜族社会历史调查（一）·澜沧县东河区拉巴寨拉祜族社会调查》，页96】

拉祜族婚姻为一夫一妻制，现未发现一夫多妻。

……

婚姻系男人上门，父母不死，姑娘不得出嫁。如芒美中寨共20对夫妇，有13对夫妇是男人上门的。该寨男人讨妻的，都是女方父母死了的。中华人民共和国成立前未发生父母在世时外嫁的，中华人民共和国成立后开始改变这个习惯，才有两个妇女是父母在世时外嫁的。【《拉祜族社会历史调查（一）·耿马县孟定区芒美中寨拉祜族社会经济调查》，页104】

祖传不能与佤族、傣族结婚，直系血统不能结婚。表亲可以结婚。在春节打歌、串亲戚和劳动过程中，恋爱而结婚，不受旁人干涉，也有父母包办的。青年男女互相恋爱，如父母不同意，双方逃跑，出外多时，再回来备酒、茶向家长村老认错，亦允许结为夫妇。结婚时视家庭情况，由男方给女方40—50碗酒，12坨 每坨折3市斤至几十坨肉，1—5担米作女方请客用，给女子包头布1丈，衣服1套，腰带1条，鞋1双，作彩礼。

夫妻双方不和，也可离婚，基本上有两种。如弄抗寨双方不睦，请寨中老人来，用茶水一杯，男女牵线各拉一头，由老人用剪刀剪断，将茶水泼地，算宣布离婚；唐山林地区则要请村寨内老人到神树下祭神吃饭，才准离婚；办伙食的费用，谁提出离婚由谁负担，双方同意离婚，由双方负担。由于多系恋爱成婚，故离婚的很少。【《拉祜族社会历史调查（一）·耿马县拉祜族社会经济调查》，页117—118】

（一）孟马区帕良乡情况：……在中华人民共和国成立前，帕良拉祜族男子到妻家结婚，至少到妻父母家劳动3年才能分家独立，女儿留家抚养父母，直到现在仍存在这种现象。后来还产生妻到夫父母家生活3年的习俗，大概是对夫到妻父母家生活3年的偿还。……

结婚仪式，仅煮茶一铁锅，招待亲友和全寨群众。不过随着私有制发展和女子出嫁的产生，出现杀猪、杀鸡现象，但直到解放初期，拉夫3寨仍保持煮一铁锅茶招待亲友和全寨群众的习俗。帕良等寨夫妻离婚亦很简单，男女双方同意，男女各出半开5元，一半归寨子头人分，一半归寨子集体所有，如系一方提出，则出半开15元，一半分给村寨头人，一半分给不愿意离婚的一方。分子女的原则是女儿归母，儿子归父，或由子女自行选择。夫妻共同劳动所积累的财产实行平分。

……

（二）南雅区拉祜族家庭形态：大完楼、楼梅和阿乌巴等寨的拉祜族习俗是男子外出结婚，女子留家。……

大完楼男女离婚极易，如夫妻同意，各出半开3元，一半归村寨，一半归村寨头人分。如女方主动则出银6两6钱，银归男方，反之，如男方主动则出银6两6钱，银归女方。

在南雅拉祜族社会里，至今还有女儿留家结婚，或者已婚的兄弟姊妹共同生活的现象。例如：大完楼扎普家，扎普有女儿那斯、那海、那木、谢友等和儿子扎斯、扎提、楼普等。那斯、那海留家结婚，扎梯、扎石已经娶妻，他们仍共同生活。再如厚布寨那若家有那透、那努、那皆、那克四个女儿和扎波、扎娃两个儿子，他们都已结婚，还共同生活在一起。

南雅那卡的情况：那卡拉祜族的通婚范围，是第三代兄弟姊妹间可以通婚，可以同母亲兄弟的女儿的女儿通婚，即禁止同父母的姊妹兄弟的子女通婚。还保持妻姊妹，夫兄弟的婚姻特点，妻死可以妻其妹，兄死可以妻其嫂。【《拉祜族社会历史调查（二）·孟连沧源两县拉祜族家庭婚姻概况》，页38—39】

中华人民共和国成立前，拉祜族实行严格的一夫一妻的单偶婚制，严禁多妻。拉祜族男女青年婚姻很自由，可自行选择对象，决定终身大事，父母对子女的婚姻不能包办。通婚范围比较严格，如前所述，在亲兄弟姊妹和从兄弟姊妹、再从兄弟姊妹之间均严格禁止缔结婚姻关系，即同一屋吉内不能通婚，姨表不婚，但行姑舅表单方面婚兄弟之女可嫁与姊妹之子，反之不行，普遍盛行妻方居住婚。

……

结婚后，夫妻不和睦，经过反复规劝，毫无效果者，可以离婚。按习惯法规定，有了子女要离婚，如是男方提出，须给女方银子15两；如是女方提出，则只给男方银子 5 两。离婚时，要请卡些_{或老叭}、召曼主持，族亲长者也参加，双方同执一对蜡条，用剪子从中剪断，表示解除了婚姻关系。子女则分别由双方抚养，一般男孩归父亲，女孩归母亲。……

寡妇再嫁，为社会所允许。但无转房制和妻姊妹婚现象。

拉祜族社会中，严禁纳妾多妻，也不许婚外发生性关系，违者被查出后即赶出寨子。【《拉祜族社会历史调查（二）·勐海县巴卡囡贺开两寨拉祜族社会历史调查》，页 67—69】

拉祜西实行一夫一妻制，按照氏族外婚原则，每一个氏族都比较固定地与一两个氏族通婚，而组成一个婚姻团体。一般在一个村社里，便是两三个通婚的氏族居住在一起。姑舅表婚是这里氏族外婚的基本形式，原则上禁止姨表婚；也有妻姊妹婚，在翁当乡牛塘仍有三对妻姊妹婚。男子结婚时，必须履行 5—10 年从妻居的义务，男子到妻父母家劳动数年则是男子用劳动支付妻子身价的原始形式。近来已有男子用增加聘金的方法，废除从妻居的义务。拉祜西男女青年缔结婚约则根据男女双方的意志。……

离婚，如是女方主动，则偿付男方半开 5 元、小猪 1 口、酒 1 瓶；如果是男方主动提出，则偿付女方半开 30 元、肥猪 1 口、酒若干，这反映了男女在经济上的不平等。

丈夫死，妻可改嫁，但新夫要付给原夫家 6—8 元的身价。如有孩子，仍归亡父家，年幼的可以跟母亲去。【《拉祜族社会历史调查(二)·金平县三区翁当乡拉祜西调查》，页 84—85】

婚前若男女发生性关系致受孕者，则男方要遭到人们舆论的谴责，并且必须与女方结婚，其他不受什么处罚，但若男方不愿娶女方为妻，则应赔偿女方半开_{银圆} 30 元，猪 1 口和酒若干。离婚处理是，男方提出离婚要付给女方半开 30 元、猪 1 口、酒若干，女方提出离婚要付给男方半开 5 元、小猪 1 口、酒 1 瓶。【《拉祜族社会历史调查（二）·金平县三区翁当乡新安寨黄苦聪（拉祜西）人社会调查》，页 100】

曼兴竜地区男女的婚姻是比较自由的。青年男女互相爱慕时，男的去女家串门，两人互相熟悉后，男女双方约定时间、地点约会。如果在约定期间，有一方不到就表示一方不愿意，爱情即不能再发展下去。如果在约定时间男女双方都如约到达，即表示双方愿意。男子此时就请一个老人到女方说亲，由老人带去一包烟、一包盐、一包茶送给女方父母，女方父母如同意即请其亲友和头人来吃草烟、吃茶，如果女方父母不同意即不请老人亲友来吃草烟、吃茶，并向老人说"以后再来谈这个婚姻"。隔几月之后男方再请老人去说亲，如女方父母仍推辞，婚姻就没望了。在这种情况下，如男女青年都真心相爱仍愿结婚时，就相约逃婚，隔一两年回来，女方父母亦无其他意见了。请媒说亲一般只是一个形式。

如果男女情投意合，双方父母也同意他们结婚，即约定时间，由男青年的朋友晚上送新郎至女家，男方带鸡两只、草烟一包以及盐米等请女方亲友吃饭，此后男子即可在女家与女子同居，隔两三年有了孩子，或没有孩子感情仍然很好，才举行正式婚礼。

在未举行正式婚礼前的两三年中，男的晚上在女家住宿，白天仍回自己家中生产。

结婚时，要杀猪宴请双方亲戚和寨上老人，寨上的每户还可分得二三两重的一块猪肉，婚礼的花费由男方负担60%，女方负担40%，杀猪的大小根据双方经济情况决定。

结婚时，除请头人吃饭外，男方要送给头人半开1元，送给召曼铜币15枚，送给媒人半开15元。

离婚如系男方提出，男方应把女方打扮成年轻时的模样，赔偿女方的一些损失和一些衣服；如是女方提出离婚，则要给男方一头牛。但现在离婚已不照古礼，是谁提出离婚，谁就出3—9元半开给对方。如已有孩子，女孩归女方，男孩归男方。

寡妇可再嫁，讨寡妇时，要请老人来杀鸡拴线，给老人杀鸡礼钱1元。

堂兄弟姐妹、姨表、姑表都不能通婚，界限较严格。未婚生子的要被罚猪一只，若生子后不结婚，女方每月要罚半开1元，至结婚时为止。【《布朗族社会历史调查（一）·勐海县布朗山曼兴竜社会调查》，页14】

1. 结婚

实行一夫一妻制。青年男女都经过自由恋爱，男女双方同意后，由男子告诉自己父母，请媒人带上1包茶叶、1包草烟去女方说婚，取得女方父母同意后，请5人主要是头人、老人给男女双方拴线。男方出米30斤、盐3斤、半开1.5元，女方出米20斤、盐2斤、半开5角，请5个拴线人吃饭，所出之钱交召曼保管，作为今后庄稼发生自然灾害时请人灭灾的开支，这是订婚阶段。结婚时，用水1壶，蜡条1对，到佛寺请大佛爷滴水，这天男方出肉 2 斤，女方出 1 斤请客人吃饭。嫁妆要看经济情况如何而定，富者有垫单 1 床、裙 1 条、包头巾 1 条、被子 1 床、垫褥 1 块、衣服 1 件、罗锅 1 口。穷人就没有这么齐全。婚龄在 15 岁以上，一般是男大于女，否则认为婚后要死去一个。

2. 离婚

若男方提出离婚，女子不愿时，由男方出 25 元半开，1/3 交头人，2/3 给女方。如女方提出，而男子不愿时，由女方出 48 元，1/3 给头人，2/3 给男方。如果双方都愿离婚则不出钱。

男子婚后如与其他妇女通奸，有了孩子，则罚男子 28 元，分作 3 份，女方 1 份，小孩 1 份，另 1 份买酒肉请讲理的人吃，吃不完归头人。

家族不内婚，不与哈尼族、拉祜族通婚。【《布朗族社会历史调查（一）·布朗山新曼峨寨社会经济情况》，页 28—29】

布朗族的婚姻是严格的一夫一妻制，头人也不例外。婚姻一般都较自由，男子到结婚年龄就去串姑娘。如男女双方都愿意即赠送鲜花，以后一般都能结婚，但也逐渐产生父母干涉的现象。若男女双方有感情而父母不同意时，男女便一起逃到他寨，隔一两年后再回来，父母即不再提出异议了。男女恋爱的条件主要看劳动好不好，其次相貌也是一个重要条件。布朗族盛行从妻居，男女双方达成协议之后，男子要先到女家住几年_{一般三}年，有了感情，生了孩子，然后才到男方居住或单独立户。

结婚费用。由男女双方负担，男方要多用些，结婚一次至少花费 250 元，其中包括送头人的礼费。结婚那天，全寨居家闲一天，请亲戚朋友来吃酒，还要请头人来吃三顿饭。结婚不举行什么仪式。离婚也非常简单，不必经过父母头人认可，只要认为不合意，口头上说一说，各自回家就算离婚了。再娶再嫁都很容易，招赘婿的情况也有。【《布朗族社会历史调查（一）·勐海县巴达区曼瓦寨布朗族社会情况》，页 49—50】

由于布朗族社会中的氏族组织以及处于氏族与个体家庭之间的空或折赛已相继解体为个体家庭，一夫一妻制家庭便自然成为布朗族社会的基本细胞。布朗族实行氏族_{卡滚}外婚，但布朗族的氏族外婚，不仅排斥姨表兄弟姊妹之间婚配，并且也排斥姑舅表兄弟姊妹之间婚姻。他们认为同胞兄弟姊妹是血缘近亲，因此他们的子孙间不能婚配，将姑舅表和姨表婚譬作猪狗。即使同氏族，姑舅表和姨表兄弟姊妹间事先发生关系，双方一定要结婚，也需要在室外的空地上举行一种带侮辱性的木槽或竹槽吃饭仪式，类似猪吃食，求得宽恕。举行这种仪式，亲属都不参加。正因为这种仪式具有侮辱性，限制了同氏族姑舅表和姨表婚的发生，仅有个别事例发生。

布朗族成员除了要严格遵守上述禁例外，男女社交却十分自由，十五六岁的少女，晚上就在家里接待来访的男青少年。在男女双方互相爱慕、自愿结合的基础上，由男方请媒人向女方父母求婚。布朗族的婚姻从缔结到最后完结，分为甘伯订婚，甘内木结婚和甘教特由从妻居过渡为从夫居三大阶段。甘伯和甘内木阶段，是男子履行访问妻方的望门居阶段；甘教特是夫方将妻方及其子女接到男家从夫居的阶段。

……布朗族男女结合根据自愿，男女离异也非常自由。适应布朗族缔结婚姻关系的三个阶段，解除婚约的规定，也就因他们的婚姻生活所处的不同阶段而异。如仅是订婚，男女双方都不想维持婚约，彼此互送一串槟榔即算结束。但已正式举行婚礼，如解除婚姻关系，男方主动提出，要赔女方 1 头黄牛；女方主动提出，要赔男方 1 头水牛。女方从夫居未满 3 年，女方有权将原来的财物全部带回；已满 3 年，财物实行平分。子女一般归母亲。由于男女离婚简便，在布朗族社会离婚率也就相当高。根据章加寨不完全的调查，离婚次数有多达七次的，引起离婚的原因多半是从夫居后婆媳不和，或者继父对其妻所带来的前夫子女不好。因为男女离合随便，男女再婚率也就较高，在章加寨结过两次以上婚的男女竟有三十余人。这种现象都属于对偶婚残余特征。【《布朗族社会历史调查（一）·勐海县布朗族村社调查》，页 56—57】

布朗族实行严格的一夫一妻制，无多妻现象。青年男女恋爱比较自由，但也有受到父母干涉者，遇有这种情况，有的屈服于父母之命，有的暂时远逃他方，受一点罚，亦可以成为夫妇，但绝大多数父母是不予干涉的。

过去曾经有过同姓通婚，以后则不允许了，认为这样不好，同姓之人都感到羞愧。如果同姓发生了性关系，一定要处罚，罚后还是不能结婚。

谈爱的方式，是通过"串姑娘"。在更深人静时，男青年弹起弦子三弦去到女方门前，女方如果不愿，可以不理，如愿意则开门相迎。在火塘旁边，姑娘招待吃烟、茶、粑粑等物，男方介绍自己的家底和诉说自己对姑娘爱慕之意，如果女方同意就告成功。选择对象的条件主要是劳动好、身体无病、互相爱慕，金钱与仪表则是微不足道的。

双方同意以后，男女双方互送一点芭蕉、糖或烟等东西，这就算是订婚了。订婚后，双方有互助的义务，如耕种田地、借贷粮食等。

布朗族一般是成年后才结婚，早婚的不多。结婚这天，男方买一篓芭蕉或甘蔗分送给寨中各户，各户带点米分别来到结婚双方之家里煮稀饭加上肉和盐大家吃，先在女家煮吃。男方出聘礼是谷子 4 斗没有者可少，杀猪 2 头或 1 头，送二分之一给女方，女方用以招待客人。另外男方还要出"奶母钱"，一般是铜钱 200 文、1 块肉、1 碗酒、1 碗饭。有的女方家庭给女儿一些衣服，没有者也就作罢。结婚那天双方去给竜头叩头，竜头即为他们念咒，大意是祝他们生活好过，一切吉祥如意等。

结婚后，女子住在男子家中过夫妻生活，双方一定守贞操，否则受罚。离婚现象很少。

"舅父权"并不突出。姑表、姨表都可通婚，但为数不多。夫妇如果已分居，男方先娶，可无纠葛，若有人欲讨其妻，可以向夫方商议补一些钱或不补。如果是妻子丢弃丈夫，新夫一定补钱给原夫，其数由十几元到五十元不等。但都要补奶母钱一份，而且给竜头一份钱比奶母钱多一些。无论是已婚或未婚，男女通奸，则处罚男方。寡妇可以另嫁或转房，转房只限于原夫之弟或堂弟，但要自愿，叔叔不敢强留寡嫂，怕她自杀。寡嫂外嫁后，其新夫一定给她亡夫的弟弟一些钱，但为数不多。如弟死，兄不能娶弟媳，她出嫁了也不能向其新夫要钱。寡妇再嫁可带走其子女，但田产不能再占有，她的社会地位与一般妇女同。

招赘婿多是因女方无劳动力。结婚后，赘婿去女方家居住，一直生活劳动下去，女方父母死后，他可以继承财产，不改自己姓名。其子女与父同姓。【《布朗族社会历史调查（一）·双江县邦驮乡布朗族社会调查》，页 92】

基本上是一夫一妻制，一夫多妻的情况不多见。恋爱婚姻基本上是自由的，但也有一定的包办成分。男女双方可以自由选择配偶，但须通过父母或媒婆，有时还受着聘礼的限制。婚后不和可以离婚。寡妇再嫁为社会所允许，不受干涉。夫死可转嫁给夫之兄弟，但必须出于自愿，不能强迫。【《布朗族社会历史调查（一）·镇康县第二区大送归寨布朗族社会调查》，页 102—103】

邦六乡各寨布朗族是一夫一妻制，但也有极个别的多妻现象。离婚或寡妇改嫁为社会允许，不受限制。但若离婚后女方再嫁时，继娶之男方须根据经济条件给离婚之男方一定数量的赔偿费用，按习惯最多给 100 元半开，一般给 70—80 元，最少也需付 40—50 元。有转房现象，但要出于女方自愿，如愿另嫁也可以，但继娶之男方须给前一男方迎娶时所付之礼钱及银饰。招赘的现象也存在，但不普遍。在同姓之间、异民族之间以及姑表兄弟姊妹皆可通婚。总之，邦六乡各寨布朗族在婚姻制度上受当地汉族影响较深。【《布朗族社会历史调查（一）·云县二区邦六乡布朗族社会调查》，页 115—116】

在芒人的社会里，个体家庭是基本的组织形式，以一夫一妻为主，少数实行一夫多妻。婚姻关系还是根据男女自愿缔结，男女青年有公开进行社交的自由。男女社交的主要形式是男青年主动到女家寻找姑娘，姑娘看中了男青年，可以直接招待和留住。白天带着男青年同自己的父母去生产劳动，彼此进行了解。双方如果已产生爱情，便由男方主动请媒人，背着二三十斤米，带着两束松鼠干，一束七个，一束八个，到女家正式求婚。女家请同样数目的媒人，与男方共同商量订婚条件。议定订婚的内容是男子是否准备尽从妻居的义务、几年、什么时候开始、礼银多少。女方父母若同意便举行订婚仪式，女方不同意，男方则将带去的礼品背回来。

在芒人的婚姻中，虽有舅表和姨表婚两种形式，但以舅表婚为多，姨表婚极少。基于父权，允许男子多妻，但必须先取得大妻的同意。【《布朗族社会历史调查（一）·金平县三区普角乡芒人社会调查》，页 124】

严禁嘎滚内部通婚，实行族外婚制。婚后丈夫必须在妻方居住 3 年，才能将妻子娶回男家。男子不准娶妾。【《布朗族社会历史调查（二）·勐海县布朗山章加寨布朗族社会调查》，页 21】

在严格的家族外婚制之下，布朗族实行严格的一夫一妻制，如果同时有两个妻子，将被逐出村寨。中华人民共和国成立前夕，头人如岩波坦、岩少中等已纳妾，由于他们与国民党有来往，群众对此敢怒而不敢言。

但是，作为一夫多妻和一妻多夫的另一种变相形态，便是布朗族结婚自由、离婚自由。在婚前男女性关系极为放任，因此，私生子较普遍，社会上对私生子并不歧视。【《布朗族社会历史调查（二）·勐海县布朗山章加寨布朗族社会调查》，页 31】

布朗族离婚较自由，夫妻之间只要发生一些口角，即可离异。离婚手续极为简便，只要男方给女的 1 对蜡条，即表示离婚。如果女方不愿，亦可邀请亲友出面调解。在调解无效时，才能离婚。离婚时亦不请中证人，女方接了男方的蜡条，即可自行离开男家。如果女子从夫方居住未满三年者，则女方原来带去的嫁妆要全部取回；如已满三年则双方平分，平分时请一个亲友主持。小孩子一般跟随母亲，大孩子如愿意跟随父亲亦可，否则仍归母亲。【《布朗族社会历史调查（二）·勐海县布朗山章加寨布朗族社会调查》，页32】

布朗族实行严格的家族外婚及父系一夫一妻制小家庭婚姻。嘎滚内不准通婚，姑舅表、姨表之间也不准婚配，这就排斥了同胞兄弟姊妹的子女、孙辈及曾孙间的婚姻关系。但也可以看到一些母系氏族的残余，如母子连名等。随着历史的发展，父系一夫一妻制小家庭已日益巩固了。

严格实行嘎滚外婚的原则，……

姻亲间有互相帮助的义务。借贷付利息或利息较低，换工不计较劳动力强弱。岳父母生病，女婿可无条件帮助劳动。出嫁姑娘一般无财产继承权，但可以分得一部分茶叶和竹蓬。【《布朗族社会历史调查（二）·勐海县布朗山老曼峨布朗族社会历史调查》，页87—89】

帕勒人实行一夫一妻制，而且同氏族的人只需两代以后即可通婚。除亲兄妹、堂兄妹以外的从兄弟姐妹间都可通婚。中华人民共和国成立前，寨内通婚的多，与外寨通婚的少只10%左右。恋爱、结婚、离婚都比较自由。离婚事件比较多，从帕勒寨来看，结婚后白头到老的只占1/3，结婚二三次以上的占2/3其中结婚次数最多的有五次，有二人。【《布朗族社会历史调查（三）·勐海县巴达区帕勒寨调查》，页6】

布朗族实行一大一妻制。恋爱婚姻都比较自由，但结婚也要经过双方家长的同意，并举行一定的仪式。曼卖兑人的婚姻正处于从妻居向从夫居过渡的阶段。总的看来，妇女从夫居的多些，男子从妻居的少些，但不管是从妻居或从夫居，在他们结婚前都要事先商定。除亲兄妹外，堂兄弟姐妹也可以通婚，但是已经有所限制，这表现在人们对于近亲通婚者要给予必要的处罚。【《布朗族社会历史调查（三）·勐海县巴达区帕勒寨调查》，页13】

曼果布朗人实行氏族外婚制，即同一氏族的人不准婚配。氏族之间婚姻也不能对流，即，当甲氏族的男子娶了乙氏族的姑娘后，则甲氏族的女子就不能嫁给乙氏族的人了。在人们的意识里，认为近亲通婚会遭雷打，遭虎豹咬。……

在曼果寨，有不少人是终身只举行过第一次婚礼的，这样的男子则终身随妻方居住，不能加入自己父亲的氏族。

两个亲兄弟可以分别娶两个亲姐妹为妻。一男子娶了某家的长女为妻，若长女死，此男子又可娶其次女为妻，这样可省去一次婚礼。

布朗人的婚姻是自由的，只要男女相爱，父母一般都不加干涉。如有父母不同意儿女结婚，也不能起决定性作用，最后还得依从儿女的意志。【《布朗族社会历史调查（三）·勐海县打洛区曼夕寨调查》，页28—30】

夫妇有了孩子，又与女家成员不和睦，一般是生活四五年后，夫妇及其子女即搬到男家居住或另立新的小家庭，不再举办酒席。若夫妇离了婚又复婚时，还要举办一次小型酒席。

布朗族离婚比较自由。离婚时，各自带走自己的东西就行了。若是夫妻已独立组成小家庭，在他们离婚时，就将二人劳动所得平均分配。如果双方都愿意离婚，女的还要舀一瓢清水帮男的洗净指头，并送给他一对蜡条，表示离婚。若女的要求离婚而男的不同意时，男的就不伸手让她洗指头，也不接受她的蜡条。反之，男的要求离而女的不同意，她就不舀水去帮男的洗指头，也不送给蜡条。离婚后，孩子由双方分养。【《布朗族社会历史调查（三）·勐海县巴达区曼瓦寨补充调查》，页36—37】

糯福布朗族中还保存着一些比较原始的婚姻形态。在同一氏族内，除兄弟姐妹不能通婚外，堂兄弟姐妹、表兄弟姐妹间普遍可以通婚。青年男女恋爱自由，父母干涉的情况不多。……

人们对私生子不加歧视。私生子仍然可以当佛爷，可当高夏滚，但不能当伴郎。

夫妇离婚的不多。如果男子主动提出离婚，则由男子赔出办酒席时的一半价钱；如果女子主动提出离婚，她也要赔出办酒席时的一半价钱；若双方都愿意离婚，彼此都不需再赔了，各人拿走自己的东西了事。【《布朗族社会历史调查（三）·澜沧县糯福区布朗族调查》，页41—42】

布朗族的婚姻基本上是一夫一妻制，还保留有群婚的残余影响。……

结婚年龄一般在十六七岁左右。女方的嫁妆根据经济情况而定，富裕户是挑箩一对，统裙一条，包头巾一张，被子、褥子各一床，衣服一件，锣锅一口，贫困户则没有这样齐全。

离婚时，若是男方提出，男方应赔偿女方的一些损失；若是女方提出离婚，女方也要给男方赔偿一些损失。寡妇再嫁不受歧视，但娶寡妇须请老人来拴线。

布朗族与国外布朗族、汉族、傣族都通婚，但不和哈尼族、拉祜族通

婚。【《布朗族社会历史调查（三）·西双版纳傣族自治州布朗族社会概况（摘要）》，页50—51】

蒲满人严禁氏族内通婚，即同姓不婚。实行转房制，兄死弟可娶其妻，弟死兄可娶弟媳为妻。

蒲满青年男女的婚姻，全由家族和父母包办，听媒妁之言，子女无选择对象的自由。青年男女也有通过生产劳动或在节日打歌场中建立感情后，男子通过父母，委托媒人向女方父母提亲的，但这是少数。【《布朗族社会历史调查（三）·施甸蒲满人（布朗族）社会文化调查》，页57】

永德蒲满人，实行一夫一妻制，同姓不婚。青年男女有恋爱自由，但婚姻最终要由父母做主。妻从夫居，并行转房制，妻死，夫可娶其姊妹，夫死，妻可转嫁夫之兄弟，但不能转嫁父辈。【《布朗族社会历史调查（三）·永德蒲满人（布朗族）社会文化调查》，页75】

中华人民共和国成立前，实行一夫一妻的父系小家庭制。婚姻的缔结主要由父母包办，如是娶妻，即由男方家长根据门户、人品等各方面的条件，去选择儿媳；如是招赘，多由女方家长主动去选择女婿。子女到一定年龄，父母即考虑为其婚配。若男方家长看中某家女儿，双方条件亦相当，便带上一包茶叶去女家闲谈，向女方家长探听口气，如有希望，第二次去时就带上酒、糖，如女方家长也乐意许配女儿的话，便把酒倒出来喝，把糖收下，随后男方家长即请媒人去要八字，他们习惯上并不找算命先生合婚，主要看属相是否相冲，如鼠马、牛羊、虎猴、鸡兔、龙狗、蛇猪都是相冲的，凡属相相冲者都不能结为夫妻，也有的子女属相相冲，但双方家长舍不得就此了事，又上街去找算命先生合婚，如果算得上等婚或中等婚，仍可以缔结婚姻关系，若算得下等婚，那只好打消这个念头另结姻缘。【《布朗族社会历史调查（三）·施甸县本人（布朗族）社会历史调查报告》，页85—86】

克木人实行一夫一妻的氏族内婚制。勐腊克木人除和克米人 2 寨，500 余人通婚外，景洪的克木人除和曼米习惯称曼缅，5 寨，600 余人及曼歪 1 寨，250 人人通婚外，不和其他民族通婚。

……

姓氏按性别递延，即子随父，女随母，世代相传，因此，反映在婚姻上，同姓氏不能通婚，哥与弟、姐与妹的子女不能通婚。兄弟的儿子与姐妹的姑娘虽不同姓，也不能通婚，因视为兄弟姐妹关系，为近亲；而兄弟的姑娘与姐妹的儿子则视为远亲，可通婚。

若违反以上规矩，不听劝阻而通婚者，被视为猪、狗，认为要遭雷打，不得好死，还会受到子女畸形、聋哑或成为傻子等惩罚。违禁通婚要举行特殊的仪式：一是要杀羊祭寨神，乞求消灾免难，即在寨外的竜林里祭，要全寨已婚者去吃，吃不完就倒掉，不能带进寨子；二是新郎、新娘要四肢落地，学猪哼着爬向猪槽吃糠，由老人口中念咒语，用斧头劈向两人之间，并将槽内谷糠分成两半，以解雷劈等灾。五十年前，勐满曼端养的扎罕勒与玉囡结婚，因属堂兄妹关系，就是先举行此仪式后才办婚礼的。【《布朗族社会历史调查（三）·克木人的历史传说与习俗》，页103—104】

克木人是一夫一妻小家庭制。青年男女恋爱结婚比较自由。……

克木人普遍盛行从妻居住婚，按照习俗，男子一般先要上门从妻居住三四年，最少一年，如妻家人少无劳力，也可终身住妻家。多数是从妻居三年，期满再把妻子接到夫家。……

按照克木人同氏族不婚的原则，姐妹的女孩不能和兄弟的男孩通婚，其解释是女孩跟母亲同一氏族，如果兄弟的男孩娶姐妹的女孩为妻，就等于兄弟去娶他的姐妹为妻，所以不行；但是兄弟的女孩却可以和姐妹的男孩结婚，这是克木人最喜欢不过的事，理由是兄弟的女孩不与其父同氏族，而姐妹的男孩又不与其母同氏族，所以不是近亲，可以结婚。如果兄弟的女孩不爱姐妹的男孩就要付给姐妹一些钱，反之，如果姐妹的男孩不爱兄弟的女孩同样要付给兄弟一些钱。他们解释说，如果兄弟的女孩不嫁给姐妹的男孩而去找外人，那么一家人的历史就忘记了，无人继承了。这是一种奇特的婚制。

叔伯的兄弟和姐妹虽属不同的姓，但仍不能通婚。【《布朗族社会历史调查（三）·勐腊、景洪两县、市克木人社会调查》，页120—121】

婚姻是一夫一妻制，一般是从妻居住三四年再接到男家居住或另立家庭。实行长子留家，幼子分居制。没有三代同堂的大家庭。堂兄弟姐妹、表兄弟姐妹都不婚配。【《布朗族社会历史调查（三）·勐腊、景洪两县、市克木人社会调查》，页126】

家庭一般都是一夫一妻制。男女恋爱婚姻比较自由。儿女婚事都要通过父母，但父母不同意而男女青年仍坚持，最后父母仍只好同意。寡妇可以再嫁。比较突出的是，克木人中盛行从妻居制。【《布朗族社会历史调

查（三）·勐腊、景洪两县、市克木人社会调查》，页127】

　　克木人近亲间不能通婚，堂兄弟姐妹间亦禁止通婚，一般要三代以后才能结婚，同氏族又在一个寨子居住的人，三代以外也还不能通婚，但去到外寨以后也就很难说了。据说蚌索寨过去有一对堂兄妹要结婚，大家劝说他们不听，硬要结婚，结果让他们结婚了，但条件是要他们穿上短裤，爬着走路，同吃一槽糠。意思是近亲通婚有如猪狗一般，以此告诫后人。

　　缔结婚姻的形式有两种：一种是由父母出面说合。双方父母通过各种渠道了解对方情况后，彼此交换意见，然后由双方父母分别向自己子女介绍情况，儿女都表示同意了，就由男方父母先去女家，征求女方父母的意见，如亦表示同意，而且也去问过其他亲戚，大多数人都表示同意，于是二人的婚事就算定了，男青年即送给姑娘一点东西如镯头作为凭证。

　　第二种是由青年男女自由选择，双方都满意了，才征求父母的意见，一般父母对儿女选择的婚姻都是表示同意的；如果父母不同意，而他们自己却坚持己见，则仍让他们结婚，但办婚事就比较简便些，给的东西也少些。【《布朗族社会历史调查（三）·勐腊、景洪两县、市克木人社会调查》，页131】

　　克木人实行一夫一妻制，从妻居住的年份没有一定，要根据双方情况，如女家无劳动人手，男子就可以一辈子长住女家，如男家无劳动人手，也可缩短从妻居的年限提前到男家居住。【《布朗族社会历史调查（三）·勐腊、景洪两县、市克木人社会调查》，页132】

　　据调查，直至21世纪50年代前，基诺族仍存在以下血缘婚遗俗。

　　其一，婚礼中的泼水仪式。……

　　其二，不能成婚的同氏族的"巴什"恋人互赠誓死成双的信物。……

　　其三，在传统观念中，氏族内恋人死后有一个相互等待的圣地——九条岔路口。这一地点，情歌、故事中提到它，隆重的宗教活动的祭词和送魂、招魂仪式中也提到它，所以，这一死别的等待处就有许多动人的传说，为人们所神往，带有浓厚的传统和宗教的色彩。……

　　其四，存在死后要与自幼相爱的"巴什"恋人"成双"的葬俗观念。在人们的传统观念中，"巴什"恋人因禁止氏族内婚而在人间不能成家虽然遗憾终生，世人也表同情，但可以告慰的是，他们死后仍可在另一世界——"祖先鬼魂"居住的地方去结婚。……

其五，在亚诺旧称龙帕寨，还存在着借认干爹的办法达到氏族内婚目的的习俗。凡氏族内经过恋爱愿誓同终生的青年，要逾越禁止氏族内婚的障碍而达到结婚目的，只需女子备一定礼物拜认另一氏族的一个长者为父亲——当地汉语叫干爹，便标志该女子已成为干爹氏族的成员，因而习惯法即不再限制其事实上的氏族内婚。这种以改变表面名称的办法来打破禁止氏族内婚的习惯法，从而达到氏族内婚目的的事例，不能不是氏族外婚取代血缘婚过程中道路反复曲折的又一种表现。

其六，需要在此着重介绍的，是巴朵寨只有一个氏族，而且实行氏族内婚的实例。

巴朵寨一个氏族共居一寨，同一氏族隔代可以通婚的状况，是血缘家庭存在于基诺族的重要实例。巴朵寨居于基诺山的腹地，是最古老的寨子之一，所以它在基诺族中的古老的全称是"从女祖寨的瓜蒂上落下来的老祖母寨"，就是说，这个古寨的建寨人也是一个女老祖。基诺族称巴朵为"阿查欧各老各作买纳阿妈"。这个远祖之后不知在巴朵传了多少代，但这个血缘村落至今仍将氏族内最年长的妇女尊为"阿嬷"——全寨人之母，她在重大节日仪式里享有很高的地位。过去前半山十余村寨集体杀牛、杀猪祭祖时，祭肉中必有她特殊的一份。由于汉族、傣族封建统治者的影响，近200年来巴朵寨的父系氏族公社已经发生，为了打破这古老的血缘村落的体制，外力曾对它施加了许多推动力，如在前半山各寨的祭祀中，也曾叫到巴朵寨卓生即第二个氏族长老的称号，但无人答应。据老人记忆，古时也曾请过一家卓生，但是后代不蕃，所以绝嗣。直到21世纪50年代，这个村寨仍然只有一个血缘氏族，而且仍不禁止血缘氏族的内婚制。在对其所能记忆的近四代的通婚关系的调查中发现，他们有的已与外寨的别的氏族通婚，而且也发现了血缘近亲结婚人口不蕃的道理，所以亲兄弟姊妹间的婚姻已经被排除，但一个氏族内的通婚仍没有被制止。结果，这里不仅存在着堂兄弟姊妹间结婚的事例，而且还存在着超辈分的叔叔与侄女之间通婚的事例。【《基诺族社会历史综合调查·基诺族普米族社会历史综合调查》，页17—19】

基诺族婚礼的内容丰富，背景复杂，功能多样。在这里可以看到许多浓厚的前父系制的特色，如男女的自由恋爱求婚，恋爱和婚姻中女子与男子具有同等的自由决定权，证婚人宣布的关于男女离婚自由的平等权利；新娘拥有足够维持新婚家庭生活的陪嫁物的财产所有权，加上妇女在生产生活中的重要地位，及其在男家的同等的财产所有权，都说明基诺族女子的出嫁与文明时代的买卖婚姻根本不同。值得重视的是，作为婚礼过程不可逾越的步骤——认舅舅和请舅舅放姑娘，表明新娘的人身不是由其父亲放给新郎而是由舅舅放，所以新郎迎亲时要给舅舅放人费。舅舅送的陪嫁物在新娘带到新郎家的私人财产中不仅占有相当的分量，而且具有深刻的意义，其中最引人注目的是舅舅赠的由新郎迎亲时手提的竹篾凳。新娘至新郎家首先坐于此凳，新娘一胎分娩后也要坐于此凳。舅舅在婚礼致词中也直言不讳地这样说："新娘眉目端正完好，身体四肢无缺，如婚后受虐待被伤、被残致死，即使皮肉腐烂了我会找到骨头，我定要找你清算，你必须还给我人。"等等。这一切显然都是舅舅在外甥女婚礼中代表着母系血缘根基的明证。但即使如此，巴亚寨婚礼的全部过程都表明，父系的一夫一妻制形态已在基诺族中占据了主导地位。不管双方的父母如何尊重子女的恋爱婚姻自由，也不管舅权遗风在婚礼仪式中表现得多么明显，但新娘总是放到了新郎的家，只要双方遵循惯例，女子就将终老于男家。长老的预示吉祥的说梦和赐福，也是为女子从夫居家庭描绘的美好憧憬。作为首席证婚人的祭司，以及由村社头面人物担任的第二证婚人，他们不仅以人间的代表为这新婚的父系制家庭主婚作证，而且把这一婚姻通报鬼神。对于无文字的原始村社的人们来说，这些确立父系制婚姻的法规习俗可谓周到齐备的了。因此可以说，即使基诺族婚礼仪式中有浓厚的前父系制的遗风或具有过渡性色彩，但婚礼中一系列仪式的主要目的或意义，皆在于维护从夫居一夫一妻制家庭的主导地位。【《基诺族社会历史综合调查·基诺族普米族社会历史综合调查》，页 69】

　　攸乐人的婚姻自由，不受外人干涉。两人结识之后，有了爱情便同居，生了第一个小孩后，女方又怀第二个小孩时才正式结婚。结婚仪式很简单，男到女家，或女到男家，杀一口猪祭竜。祭后分给老菩萨、老伙头 4 条腿、1 个头，给老鲊 3 根肋骨，给父亲 4 根肋骨，其余的全寨一齐吃掉，主人家不许吃。晚上，全寨来欢唱跳舞，以示庆贺。一般的不是娶媳妇，而是男的上门。【《傣族社会历史调查（西双版纳之一）·车里攸乐人（基诺族）》，页 45】

　　傈僳族人民的婚姻，在中华人民共和国成立前尚保留着族内婚的残余，且早婚早育，多由父母包办。当男女双方只有十一二岁时，父母就请媒人说亲，十三四岁就结婚成亲。礼俗一般是男方父母先议定，然后要来女方的八字，杀一只羊，烧羊膀对八字，如八字对合，男方父母就正式请两个媒人拿着两斤酒、一斤茶、几斤糖去女家说亲，女家如收下东西，就表示答应了亲事。到准备结婚时，媒人又去女家，这次是去商定过礼的多少和结婚日子。到结婚时，媒人带着娶亲队伍来到女家，送来商定的礼物，礼物一般是：肉50斤、酒20斤、草烟几斤、布2件，其他就是送给新娘的衣服首饰，如套头、上衣一二件，耳环一对，不送裙子、裤子和鞋子。新娘家里也不陪送多少嫁妆，只送新娘一条裙子，这条裙子是姑娘婚前精心绣制的。至于鞋子，新娘走时穿去也行，不穿也行，有的新娘就赤着脚去新郎家。中华人民共和国成立后，父母包办、早婚早育的婚事少了，同时打破了不与外族通婚的界限，开始与汉族、彝族通婚。【《云南少数民族社会历史调查资料汇编(五)·大理州傈僳族》，页381】

傈僳族：婚姻。大都为一夫一妻制，但夫死妻嫁，妻死夫娶，很少鳏、寡。婚姻形式可分为三种类型：（1）接近汉族区域的，受汉族影响，多为父母包办，其他仪式也多仿照汉族。新娘嫁妆由媒人背至男家。（2）信耶稣教的男女，恋爱后须经牧师同意，教徒须与教友结婚。不需彩礼，只做几套衣服。（3）普遍的还是自由恋爱，先得到女方同意，再请媒说亲。【《德宏傣族社会历史调查（一）·德宏傣族景颇族自治州傣、景颇、傈僳、阿昌等民族的文化、宗教及习俗》，页13】

阿昌族：婚姻。系一夫一妻制，大多经过恋爱，征得父母同意。【《德宏傣族社会历史调查（一）·德宏傣族景颇族自治州傣、景颇、傈僳、阿昌等民族的文化、宗教及习俗》，页13】

由对偶婚、多妻到一夫一妻制

独龙人的婚姻制度，也正如他们的社会性质一样，是在不久以前才由对偶婚转为不稳定的一夫一妻制的。作为一定经济制度所反映的上层建筑来说，独龙人的婚姻制度，也代表着由原始的对偶婚到一夫多妻和一夫一妻制几种复杂的形态，它反映了独龙人，随着父家长式家庭公社的发展，而出现了一夫多妻；又随着个体小家庭的分离，而出现了一夫一妻制。

与对偶婚、一夫多妻及一夫一妻制存在的同时，独龙人还盛行家族外婚及非等辈婚。独龙人的家族外婚，是氏族外婚的继续，即血缘相近的家族，或姑妈的女儿是不能成婚的，他们只与母系舅家开亲，并形成较为固定的婚姻集团，这种婚姻集团，一直要持续到若干代，只在对方已经绝人的情况下，才停止互通婚姻。在这种情况下，由男方另外选择一个婚姻集团，这种婚姻集团的特点是：男方固定地娶对方的女子为妻，而男方的女子，不得嫁给妻方的家族为妻，这条界线是分得十分清楚的。【《独龙族社会历史调查（一）·贡山县四区三村孔当、丙当、学哇当独龙族社会经济调查》，页43】

独龙族通婚关系的基本特点是：

第一，男成员到母亲出生的"克恩"里去讨妻，女成员嫁给姑母曾嫁给的"克恩"里的男成员。即是男子娶舅父的女儿为妻，舅父的女儿嫁给姑母的儿子。这种通婚原则，他们叫做"安克安拉"。……

第二，在独龙族的社会中一部分男子实行多妻，男子有权将妻的姊妹先后娶来为妻，这正由母系氏族的群婚，过渡到父系氏族制度后的一种合理现象。……

适应男方妻姊妹的需要，存在一种叫做"迪玛"的习俗。"迪玛"是订预备妻，如自己的妻妹尚小还不能结婚，但自己有权事先用牛或猪与妻妹订婚，等待妻妹长大后再娶来。

妻姊妹还表现在转房方面，如兄死弟娶其嫂，弟死兄娶其媳，甚至转给亡夫的父亲或叔父。……女子死去丈夫，唯有亡夫的家庭内部无人继承，或因少数女子坚决反对转房，才被同意外嫁。但女子外嫁，必须偿还亡夫娶自己时所支付的聘礼的一半，作为外嫁的条件。【《独龙族社会历史调查（一）·贡山县四区四村独龙族原始共产制残余调查》，页103】

独龙族的婚姻制度，基本上是一夫一妻制，但有固定的婚姻集团及妻姊妹婚、夫兄弟婚、转房制度等许多特点。一个家族之内，严格禁止通婚。而且各家族之间的嫁娶也是固定的，如甲家族的姑娘嫁给乙家族，而世世代代都是单方面的嫁娶关系，乙家族的姑娘则不能嫁给甲家族而只能嫁给丙家族或其他家庭。甲家族只能娶另一家族的姑娘，而所生的姑娘则不嫁给对方。【《独龙族社会历史调查（二）·第三行政村解放前独龙族社会组织调查》，页116】

一夫多妻现象虽有，但较少。形成一夫多妻的原因是：①先婚妻子无子女，丈夫为求子女而娶二妻。②家中劳动力缺乏，为买劳力而娶二妻。③家庭经济比较富裕者。④兄弟死后，按照独龙族的习惯，把妻转房给近亲的兄弟，即夫兄弟婚。多妻家庭，一般能和睦相处，所生子女，双妻视如亲生。

调查中，没有发现一妻多夫和离婚现象。

寡妇有改嫁的自由，不受公婆的限制，没有守寡年限，坚决守寡而不改嫁的也有，这在社会上不受轻视。丈夫死后，寡妇可转房给丈夫较近亲的兄弟，已故丈夫的兄弟有这种权利，寡妇也有义务这样做。这样，男人就可不另出彩礼而获得二妻。

外嫁者，若嫁到原氏族以外去，须通过本氏族成员的同意，此种情况，彩礼比较少，寡妇不得返回本氏族。【《独龙族社会历史调查（二）·第四行政村独龙族社会历史情况》，页145】

一般地说，独龙族是盛行家族外婚制的。但也有一种习惯，就是过三四代后，氏族或家族内部可以通婚，而严禁表舅婚。两个亲姐妹可以共嫁一夫，或两个亲兄弟，兄死，弟可娶其嫂。

……这里离婚的现象极少，若要离婚，要由男方提出，女方则把婚前收到的彩礼退回一半即算了事。若是由女方提出，女方则要把彩礼全部退回男家。这样，双方可以自由地另找配偶。

寡妇有改嫁的自由。丈夫死后，按照独龙族的习惯，妻子应该转房给兄弟，若妻不愿，在退还彩礼的原则下，寡妇可以嫁到别的家族去。而男方只出一半的彩礼。寡妇改嫁，社会上没有反对的舆论。【《独龙族社会历史调查（二）·第四行政村独龙族社会历史情况》，页154】

碧约支人婚俗

碧溪区卧龙寨的碧约人，实行氏族外婚，盛行姑舅表婚。舅父儿子有优先娶姑母女儿的习俗，至少，如舅父有儿子，姑母要将自己的一个女儿嫁给舅父的儿子。在不违反氏族外婚原则的情况下，表兄弟姊妹间可以互相通婚。婚姻多半是从夫居，在选定的结婚日期，女方负责将新娘送到男家，男方不派人去接。送时由新娘的哥哥将妹妹背出或拉出房内，新娘的父亲直接参加送亲。在举行婚礼后，新娘可以返回母家里长住，少则一两个月，再由新娘的母亲送回男家，叫作小送，第一次叫大送。……

卡多支人婚俗

卡多人实行氏族外婚，婚姻盛行姑舅表，舅父儿子有娶姑母女儿的优先权；至少，按照习惯，姑母要把自己的一个女儿嫁给舅父的儿子，即使第二个女儿嫁给外家，还要付给舅父一种特殊的舅父钱。舅父死，外甥女、外甥婿要牵牛、羊，请吹鼓手去祭奠志哀。……草坝卡多人多数是男子娶妻，从妻居是少数；在从妻居中，多数是无儿子或儿子年幼。从妻居有两种形式，一种立即同床，一种是先劳动半年、一年，再举行同床仪式。

布都支人婚俗

墨江县布都支人婚姻多实行包办买卖，通常娶妻以半开计算身份。
【《哈尼族社会历史调查·墨江县哈尼族婚俗》，页100—101】

哈尼族婚姻为一夫一妻制，认为"多讨了老婆不合哈尼族的规矩"。现在有两个妻子者是被罚过钱的。若大女人不生小孩则不罚钱，若生女孩则罚一半；要是大女人已生有男孩还娶小老婆，在小勐宋要罚45元半开，在格朗和罚14元。这笔钱由有关村寨的头人及龙巴头分用2/3，其余的留在寨内，还要给大女人的娘家银子5两、大猪1口，表示道歉。

……要离婚很容易，哪方提出就由哪方出半开8元给寨子，由头人收，就解决了问题，以后男婚女嫁各不相干：（1）永远互相不再说话。（2）过路见面时不能相望，头要各扭在一边走过去。（3）遇到别人家请客时，有一人去了，另一人就不能再去。离婚后，女方概不扶养子女，即使在怀孕期间离婚的，待生下小孩三个月后，也要交由男方照管。

同姓不婚，在西定坝丙老寨五代后可结婚，违犯者被开除本姓。
【《哈尼族社会历史调查·西双版纳哈尼族社会历史调查》，页105—106】

男女青年在婚前的社交活动是自由的，晚上串姑娘可以在仓房里或是寡妇家进行，老人均不干涉。婚姻是建立在青年男女自由恋爱的基础上，老人并不包办，可是订婚和结婚要经父母的同意。聘礼不重，如果女方父母同意婚事，男方父母送去礼银18元半开，另外再送给女方村寨头人1元半开，就算完成了订婚仪式。结婚要择定吉日。结婚那天，男方派去最亲近的老人前去迎亲，并随两个姑娘作为伴娘将新娘领回。新娘到婆家后，男方要先杀一只鸡，然后再杀一口猪，请全村寨的老小前来吃喝。青年男女这时聚在一起饮酒对歌，并向新郎、新娘表示祝贺。第二天，女方父母要到男方家来吃饭，受到盛情款待。几天之后，新郎要携其妻子去岳父家回拜，还要杀一只鸡。结婚后的女子一般不在娘家住，要回到婆家来。寡妇再嫁，在社会上不受歧视。姑表、姨表亲和一个宗谱的近亲则严格禁止通婚。【《哈尼族社会历史调查·景洪县南林山哈尼族社会调查》，页114】

一般用牛作彩礼，多的9头，少的2头。姑娘出嫁，父母陪送铁三脚、锅、鸡、镰刀等物，生小孩后，再送一些东西。订婚、结婚迟早看家庭情况，一般在18岁左右，男方穷则结婚迟，富则结婚早。结婚后，三天不同床。结婚时杀牛1头、猪4头，请客吃饭、吃酒。订婚后，不论男女哪一方要退婚，要把牛退还男方。……【《傈僳族怒族勒墨人（白族支系）社会历史调查·福贡县二区一乡拉马鹿自然村调查》，页99】

傈僳族的婚姻基本上是一夫一妻制。男女都参加生产上的主要劳动，但男女在家庭中的地位不平等的。青年男女有社交自由，但实行包办婚姻，从小就由父母订婚。从其结婚的程序和形式如男女群送群接看来，仍保持有群婚制的原始残余。①人口较集中的村寨都有公房基督教徒多的地方已没有。……②他们的婚姻仅禁止亲兄妹之间的通婚，就是同一祖父的兄弟姊妹间都可以通婚。……③婚姻的程序。……④退婚及离婚。在过去订婚以后，除与人私奔逃婚外，没有退婚的情况傈僳族中有一首"逃婚调"，流传很广，讲述一对情人对婚姻不满而逃婚的经过。中华人民共和国成立前离婚的也很少中华人民共和国成立后渐多。如男方提出离婚，则财礼作罢，并送一头牛给女方"肖崩"遮羞。如女方提出离婚事先要征得娘家同意，则财礼要加倍赔偿，并送一头牛给丈夫遮羞。事实上由于妇女在家庭中完全处于被支配的地位，毫无经济地位，除非是娘家很富裕，同意赔出财礼，才有可能提出离婚。如果是娘家及丈夫都不同意离婚，而自己又坚决要求离婚，是要用吊打、火烧等刑法来制服。离婚后家庭财产全归男方。小孩一般是女孩跟母亲，男孩跟父亲。⑤重婚纳妾。傈僳族的婚姻基本上是一夫一妻制。如妻不生男孩，可以纳妾，但必须经妻子同意，并且要送一件布给她"遮羞"，同时还要送一口锅、一只猪或一头牛给岳父家。所以纳妾一般都是家庭较富裕的人，据了解最多的有娶三个妻子的。前妻和后妻一般是分别居住，单独生活，在社会观念上没有妻妾之分。⑥转房。傈僳族有转房的习俗，转房须经女的同意，并且转房只限于平辈之间，如兄死弟娶其嫂，弟媳也可转给哥哥无论哥哥或弟弟已结婚否，但婶母不能转给侄子，儿媳也不能转给公公。如家族之间主要是指近亲没有适合的人转房，寡妇可以再嫁，青年寡妇在丈夫死后数月，即归娘家待嫁，但财礼仍归已故的丈夫家。寡妇的财礼视年龄大小及才干决定，最多的五头牛，有些年老寡妇出嫁，财礼有只送一口锅的。年老有子有孙了，亦可寻找老伴共同生活，子孙不得阻挠。有"子孙贤不如夫妇亲"的谚语，因此，寡妇鳏夫很少。⑦抢婚。抢婚仅限于寡妇，抢回家后，即将女的和男的关在一间房子里，让两人慢慢协商，如女的同意，即可请人到她丈夫家商议财礼，结为夫妇。如女的不同意嫁给他，放回去就无事，不负什么责任。另一种情况是先与寡妇的夫家讲

好，议定财礼，然后请几个小伙子在路上抢回不能到家里去抢。【《傈僳族社会历史调查·傈僳族社会概况》，页 9—10】

婚姻具有买卖和父母包办的性质。男方娶妻必须偿付女方父兄财礼，女方父母认为享受财礼是抚养女儿的劳动报酬。男方一旦付完财礼，将姑娘娶来便视为自己买来的物品，因此父母代儿子订婚偿付财礼，订婚者双方所请的媒人其职责便是商量财礼多寡。财礼在中华人民共和国成立前多以牛计算（附表 8）（表略），一般为四头牛，中华人民共和国成立后改用钱计算，约半开 80—120 元。无论牛、钱均可用猪、羊和布等折算。【《傈僳族社会历史调查·碧江县五区色德乡德一登村傈僳族社会经济调查》，页 60】

福贡二区第一二乡为傈僳族、怒族、勒黑白族支系杂居区，根据初步了解，各族之间的婚姻关系大体相同，已形成个体婚，但其中也还存在一些原始婚姻残余，其婚姻有如下情况。买卖婚：适应私有制的发展，妇女当作商品买卖，以牛作为婚价。一个姑娘在中华人民共和国成立前婚价一般少的为 5 条牛，多则 10 至 20 条牛。中华人民共和国成立后一般多则五六条牛，少到 1 条牛。父母将自己的姑娘卖到哪里，姑娘只能听从，不得有违，还有把妇女带到各村寨出卖的。抢婚：在中华人民共和国成立前较多，中华人民共和国成立以来，已经根绝，而抢婚婚价又高于买婚婚价，一般的都在 10 条到 15 条牛左右。……男女结婚后，不论男女任何一方提出离婚，女方的父母都要将全部婚价退回男方。【《傈僳族社会历史调查·福贡县二区鹿马登与阿塔四都两乡傈僳族婚姻情况调查》，页 132】

在婚姻方面有以下特点：1. 男女青年婚前有充分的社交自由。无论男女，年满十四五岁便可离开父母到"公房"睡觉，他们在公房里谈情说爱，但男女必须分开居住。社会公认这是祖辈遗存的风俗。2. 女子婚前生孩子，只要能指出谁是孩子的父亲，如果这男子又没有结婚，他就必须娶这个女子，若男子已婚，则必须抚养小孩。非婚生子女与婚生子女社会地位相同，母亲的社会地位也并不受任何影响。3. 有少数女子出嫁后终身留在娘家，并在娘家生育子女，等孩子满四五岁才由男方领回去抚养。不管是否确为其亲生后代，丈夫必须承认其为自己的子女。4. 结婚以后，男女双方与第三者发生性关系，既不受社会舆论和法律的约束，一般也不会伤害夫妻感情。5. 舅权极大，流行"天上雷公，地下母舅"的说法，正是舅父权的鲜明反映。根据关金村的调查，外甥和外甥女有权继承舅父财产，但外甥及外甥女的婚事舅父也有权干涉。6. 白地纳西族残存男子出嫁、女子娶夫的习俗。男子出嫁与女子出嫁相同，由女方邀媒人至男方说合，同意后，照样履行订婚、结婚仪式，但结婚时，由女方到男方迎娶，男子出嫁同女子出嫁一样需哭泣。7. 同一村寨同姓同宗族间通婚者较多。【《纳西族社会历史调查（一）·中甸、维西纳西族婚丧习俗》，页 56】

维西的纳西族，虽然建立起一夫一妻的父系家庭，但青年男女婚前性生活比较自由。青年男女时常在一起唱山歌、跳锅庄、互相逗情戏塘，甚至发生了性关系也不受社会斥责。但婚姻却由父母包办，儿女毫无自主权利。结婚仪式与汉族略有不同。如在结婚那天有抢房的风俗，即新娘新郎争先跑进新房，谁先进，将表示将来谁可以挟制对方。结婚当晚，同村青年男女皆聚集于新人家里，在天井内歌舞通宵以示庆贺。回门时向新郎新娘身上撒麦面，认为这样才吉利。维西土司实行严格的阶级内婚制，土司只能与土司通婚。土司女儿结婚时，该辖区群众必须送礼，土司常借嫁女及娶媳妇等机会敛取钱财。【《纳西族社会历史调查（一）·中甸、维西纳西族婚丧习俗》，页 58】

丽江纳西族的婚姻实行一夫一妻制，一夫多妻极少，多妻者主要是有权有势的地主官僚以及无子嗣者。妻妾以姊妹相称，家中一般以原配主事，少数也有以能干、有钱或受宠的妾为主妇。单系姑舅表婚较为普遍，舅家的儿子优先娶姑母的女儿为妻，反之，如姑母的儿子娶舅父的女儿，他们认为"不和睦"，纳西族谚语说："麂子、獐子头上净是骨头不长肉，姑妈和阿舅的女儿成婆媳不会亲。"同姓可以通婚，但在祖先牌位和家谱上"和"写成"禾"，"木"写成"沐"。同姓不同宗也可通婚，而同宗的则禁止通婚，有些地区习惯上三代以上亦可通婚。有兄终弟及的转房习俗，一般是兄死，弟娶其嫂，而兄娶弟媳的情况极少。离婚情况很少，如感情破裂，女方回娘家即可，不退财礼，一般也不办理离婚手续。离婚后再嫁的也极为少见，而男子可再娶。寡妇不管有无孩子均可再嫁，社会舆论一般不轻视，但年轻守寡者极受社会尊敬。有的寡妇虽不愿再嫁，但公婆为贪图财礼往往会逼其改嫁，实为变相出卖。【《纳西族社会历史调查（一）·丽江县纳西族婚丧礼俗调查》，页 60—61】

男女婚姻实行包办婚，盛行姑舅姨表婚，同村同宗族间通婚亦较普遍。为此，时而也有殉情事件出现，多发生在已婚男女中，但尚未形成一种社会风气。笔者此次搜集到的白地流行之《游悲》，唱到要去情死的原因时，男的说是受到岳父虐待："叫男去引水，已把水引了，说不会理沟，鼓眼又瞪眼，踢腿又板脚，指责着男呀，叫人多痛心。"女的也诉说受到婆婆虐待："叫女去割麦，已经割好了，偏说不会捆，踢腿又踩脚，还要吐唾沫，就是在说女，叫人多痛心。"但总的说来，婚后亦有一定程度的自由，情死只是个别现象。【《纳西族社会历史调查（三）·中甸县三坝区白地乡纳西族阮可人生活习俗和民间文学情况调查》，页11】

在订婚、结婚仪式上，回族有自己的习惯，不同于白族。回族结婚一般多是民族内通婚，经过亲友介绍，男方到女方提亲，双方认识、同意，后经父母同意后，才选择主麻日为吉，举行订婚称纳手或押糖。男方村阿訇、介绍人、家里老人和男青年去女方家，送4盒大糖、茶叶2斤、衣服1套、耳环1对等，在女方家两村伍梭念《古兰经》，即完成订婚仪式。结婚时除了到区上进行结婚登记，领结婚证外，送衣被等与白族相同。晚上请阿訇念喜经称尼卡哈，撒喜果，即算正式结婚了。【《云南回族社会历史调查（三）·洱源县士庞村回族调查》，页61】

一、求婚选择对象

按照伊斯兰教教规，回族穆斯林婚配必须具备如下几个条件：第一，双方皆信仰伊斯兰教；第二，双方当事人同意；第三，双方家长同意。另外，还要有媒妁介绍。若自己认识，须征得双方家长的同意，而双方家长在子女选择对象时，一般不强迫服从自己的意志，只注重双方是否"隔教"，是否"同族"，因为它涉及婚后的生活及习俗。然而，由于昆明地区经济、文化、交通运输的发展，由于回族人口因素以及与汉族的杂居，使青年选择对象的门路越来越窄，因而出现了许多"回汉通婚"的问题，昆明伊斯兰教阿訇、回族穆斯林通过"随教方式"使这一问题得到部分解决。

二、随教改变生活习俗

大家知道，"回汉通婚"是一个历史现象，伊斯兰教本身虽不主张这种通婚，但并不严格禁止。《古兰经》规定："你们不要娶以物配主不信教的妇女，直到他们信道。"这就是说，伊斯兰教最基本的信条是信仰真主，只要信仰真主，任何种族、民族都可通婚、结成家庭。因此，无论汉男娶回女或汉女嫁回男，只要皈依伊斯兰教，尊重回族生活习俗均可通婚。当然，这必须通过一定的仪式才能被承认。

这种仪式，昆明回族俗称"随教"。随教一方须作沐浴洗大净，即洗手、漱口、净鼻、冲洗全身，然后，家长把阿訇请到家中或清真寺内为男方或女方举行随教仪式。首先，阿訇教念清真言："万物非主，唯有真主，穆罕默德是主的奴仆和差使。"并讲解伊斯兰教道理，为随教青年男女取经名伊斯兰教先贤、圣人的名字，他要求随教一方要有"伊玛尼"信仰，不仅口头招认即念清真言，还要心中诚信，身体力行，要遵守伊斯兰教教规、遵守回族生活习惯。具体讲就是要改变他们原来的生活习俗，不要乱吃禁食如猪肉、不要信佛、卜卦、抽签、算命，做一些伤害"伊玛尼"的事情，随教后的心要像用清水冲洗过那样洁净。【《云南回族社会历史调查（四）·昆明回族的婚姻》，页167—168】

苗族基本上是一夫一妻制，纳妾和四五代人不分家的大家庭也有。……苗族有转房的习俗，此习俗一直保存到民主改革前夕。马关县夹寒箐红苗盛行转房，兄弟死，其妻，哥哥和弟弟都有资格要。死者的亲兄弟不要，可以转给堂兄弟。如堂兄弟也不要，外家才能娶。兄弟继承死去兄弟的妻子是一种权利，死者的遗孀嫁给亡夫的兄弟是一种义务。转房极简单，仅问家族中的年长成员磕头，便取得合法的权利。在金平县锣锅塘的花苗，也有类似的转房习俗，兄死，弟弟有权妻其嫂，即使已婚。如果无弟或弟不妻其嫂，村中其他男子包括已婚男子有权要寡妇为妻。占有寡妇的办法是使用一把雨伞插在女方中堂后墙上，被用雨伞号占的寡妇只要准备嫁人一定要嫁给该男子。如果被两个男子号下，该女子有权决定自己嫁给谁。不过上述的转房习俗，中华人民共和国成立后已经逐步开始改变。【《云南民族民俗和宗教调查·文山红河两州苗族婚俗》，页43—45】

基诺族实行严格的氏族外婚制度，男女双方相爱结婚要先由巫师牟培占卜，选择结婚吉日。在基诺族社会里禁忌很多，父母死亡之日都是忌日，此日要停止一切娱乐活动，基诺语叫"瓦奔"，禁止请客，禁止将竹子和树木抬到家，甚至禁止哭、笑和吵架。因此男女双方家中，有一家逢父母逝世日期都不能举行结婚。此外，女子年逢十七，男子年逢十九都为禁忌，严禁在此日举行结婚。【《云南民族民俗和宗教调查·景洪县巴雅、巴夺村基诺族宗教调查》，页180—181】

壮族各支系在婚姻制度方面是相同的。一夫一妻制是基本的婚姻制，但地主阶级和个别农民中无后嗣者亦有多妻现象。凡同姓不同宗或同宗已隔四代以外"布傣"是三代以外都可通婚。异姓通婚的较多。"侬"人、"沙"

人中姨表舅表可婚、姑表则不婚但文山县"土佬"中姑表亦可婚。兄死弟可娶寡嫂，弟死兄亦可娶弟媳。一夫娶两姊妹的"夫姊妹婚"仅是个别存在。"侬"人与"沙""天保""黑衣""隆安"等都可通婚。文山一带的"土佬"仅在内部通婚而不与"侬""沙"通婚。壮族各支有个别与汉族通婚，但与苗、瑶、彝各民族都不通婚。【《云南少数民族社会历史调查资料汇编（一）·文山州壮族风俗习惯初步调查》，页20】

　　婚姻一种是由父母包办的，另一种是男女青年相爱后再请父母托媒说亲的。男方托媒带酒、糖等礼物去女家说亲，一般要去三五次，待女方家长同意了就算订婚父母包办者，有的人三岁就订婚了。订婚后就可称未来的岳父母为爹妈，此后岳家有什么婚丧大事，均要按已婚的礼节前去恭贺、相帮或吊孝。……夫妻不和，先在寨内调解，若调解无效可离婚，但主动要求离婚的一方必须赔偿对方一些损失。布依族中传说："烧米迈闲道，冒米迈闲登。"意即女的不要男的，要赔还全部费用，男的不要女的，要加倍赔给女方。没有发现两兄弟娶两姊妹的，但有一男娶两姊妹的如螺蛳上寨的王礼贵。【《云南少数民族社会历史调查资料汇编（一）·罗平县八达河区多衣寨布依族社会调查》，页30—31】

　　男女青年的婚姻由父母包办和媒妁之言的情况比较普遍。孩子长到五岁以上就有人提亲了。一般是男家请媒人带礼物去女家四五次之后才开口说明来意。女家在最初总要说自己的姑娘怎么不行，经过媒人巧言美语后，才表示同意，但还不算订婚。下次媒人带去20斤酒、30斤肉并给女家"插毛香"之后才把婚姻关系确定下来。……这里的布依族实行姑表婚和姨表婚的较多。两兄弟娶两姊妹的和两姊妹嫁一夫的也有。【《云南少数民族社会历史调查资料汇编（一）·罗平县板桥区布依族社会调查》，页38—39】

　　富源布依族的新媳妇"坐家"即婚后长住娘家的是少数，多数不"坐家"。新娘接到了男家，先要举行拜堂仪式，即拜天地，拜祖宗，拜亲友以及拜相帮的众人。叩拜完备，新郎新娘向大家敬酒，然后进入洞房。拜堂时受拜者不给拜钱，新娘不顶盖头。三天或七天后夫妻回娘家，叫"回门"，路远的住上一夜，路近的当天即返男家，此后新媳妇一般就在夫家生活了。"坐家"的风俗少见。结婚期间由女家和男家各办两次酒席，男家要给女家送去50—60斤酒和肉作为办酒席之用。结婚后没有后嗣的就会被人瞧不起，故无后嗣的男人要讨个小老婆。兄死，弟弟可以娶嫂为妻，目的是继承兄的家产，但有的家庭也让寡嫂外嫁。两兄弟娶两姊妹为妻的不曾见。布依族实行一夫一妻的小家庭制，同宗者不能通婚。【《云南少数民族社会历史调查资料汇编（一）·富源县黄泥河地区小营脚寨布依族调查》，页43】

招赘的有下列两种情况：

一是独女不愿嫁出，必须在家赡养父母。这种人家由父母或亲人出面，向男家求亲，征得男方同意之后，即可成婚。

二是长女弟妹年幼，先招女婿上门，待弟妹长大成亲后，再回男家居住，俗叫"明招暗嫁"。

本镇上门的女婿，到女家后，必须改名换姓，永远不准恢复原姓，但其社会地位均受到亲朋邻里的尊重，除了在女家继承财产外，还可以在男家得到一份财产，以后如果有几个儿子，那么第二个儿子可以恢复原姓，去继承这份财产，即"二子归宗"。

不论上门或招姑爷，双方关系经父母确定之后，就可以结婚，男方一般不备办酒席，隆重的婚礼均由女方承担，其热闹程度与娶亲相同。

婚后女方长辈将入赘之婿视为家中之子，同辈称兄道弟。所生儿女一律随母姓，但第二个儿子例外。出生的孩子无"舅"可言，只以"叔父""伯父"相称。

中华人民共和国成立以来，出现了因儿子爱上某个独生姑娘，早就上门去了，所以又招了个女婿的，这就是常说的"打发儿子招姑爷"了。

"上门"的男子或招进的"姑爷"，不论在家里或社会上，都受人尊重，享有和其他男子一样的同等地位，本人有家产继承权。婚后如果妻子去世，还可另娶。【《云南少数民族社会历史调查资料汇编（一）·洱源县凤羽区凤翔镇白族风俗调查》，页103—104】

苗族是一夫一妻的个体婚制。普遍有早婚习惯，男女至十一二岁，至十六七岁便结婚。婚姻皆由父母包办。实行早婚的原因，一是"怕姑娘年纪大了嫁不掉"；二是"怕被人家把姑娘拐跑掉，得不到财礼"。……

苗族除有个别与汉族通婚外，一般不与外族通婚，就是在苗族内部，由于服饰的不同和方言的差异，白苗、花苗和偏苗就很少有通婚情形。

姨表通婚，姑舅表通婚皆不限制，同姓不同宗的也可通婚同宗不婚，偏苗则同姓同宗也可通婚。多数苗族，妇女婚后就住在丈夫家里，但偏苗妇女有"长住娘家"之俗。……

　　婚姻既是父母包办，因自由恋爱而成亲者极少。但在偏苗地区，偏苗男女婚前婚后都有频繁的"游方"即"摇马郎"活动，不少是男女互相认识，情投意合，再禀告父母央媒成亲的。

　　婚姻中存在着"夫兄弟婚"的情况，苗族的寡妇多数嫁给已故丈夫的兄弟。在西畴，多是弟妇嫁给长兄，而在广南，则多是弟弟要嫂嫂，尤其在偏苗中是如此。……

　　苗族婚姻"上门"于女家者很少，因为女婿没有财产继承权。苗族俗语说："抱养儿子淘气，招姑爷如唱戏。"即反映了这种情形。由于父母包办和离婚时要退还财礼，故离婚现象很少。【《云南少数民族社会历史调查资料汇编（一）·文山州苗族风俗习惯初步调查》，页158—159】

　　阿昌族男女青年长到十五六岁即开始找对象，他们的习俗允许恋爱自由，盛行"作涅勤"，即"串姑娘"，但发展到结婚阶段，则必须得到父母的认可。【《云南少数民族社会历史调查资料汇编（四）·阿昌族补充调查资料》，页22】

　　拉祜族的婚姻范围，仅限于本民族，严禁与外民族和外地人通婚。后来，由于历史上经过无数次的大迁徙，这种禁锢已被突破。在婚姻的缔结上，同姓不婚，严禁同父母的兄弟姊妹的子女通婚，即姨表兄弟姊妹，堂兄弟姊妹不能通婚。但在部分地区，姑舅、姨表的子女却可以通婚，认为是"亲上加亲"。

　　拉祜族奉行一夫一妻制，一夫多妻要受到社会舆论的谴责。他们认为天和地、山和水都是一对，唱情歌也应该是一对。离婚现象极少，寡妇再嫁不受歧视，夫死可以转嫁，但不能嫁给夫之兄，只能嫁夫之弟。

　　青年男女之间有充分的社交自由，婚姻自主，父母不得包办。【《云南少数民族社会历史调查资料汇编（四）·澜沧县拉祜族社会文化调查》，页52】

　　洛旺苗族实行族外婚，凡属不同姓或同姓不同家族的男女都可通婚，禁止在同姓同家族中通婚。……洛旺苗族至今仍有姑舅表优先婚的现象，姑姑的女儿要优先嫁给舅舅的儿子为妻，中华人民共和国成立前很盛行。该地区一方面实行姑舅表优先婚，另一方面又禁止姨表兄弟姐妹间的婚配。当地习惯认为，两姐妹的丈夫照汉族称谓是连襟，他们之间以兄弟相称，并按女方的年龄来论两婿的大小，即姐姐的丈夫不论其年龄大小，一概称兄，妹妹的丈夫不论其年龄大小皆称弟。其子女则分别称他们为

"伯父"或"叔父"，称他们的配偶为"伯母"或"叔母"。这样，他们的子女便由姨表兄弟姐妹的亲属称谓变成了从兄弟姐妹的亲属称谓。这反映出在苗族社会中母系制残余在婚姻关系上还不同程度地存在。【《云南少数民族社会历史调查资料汇编（五）·彝良县洛旺区苗族调查》，页9—10】

婚姻已实行一夫一妻制，但还保留有不同程度的原始社会婚姻形态残余。姨表兄妹和姑表兄妹皆可通婚，并且比较普遍。姑舅表优先婚的情况在天池等地还比较突出，凡是舅舅家提出要娶姑母家的女儿做儿媳，其他人就不能再去提亲，只有在双方都不愿意的情况下，女方才能与其他人谈恋爱。……离婚与再婚：威信县苗区的群众认为夫妻离异、家庭拆散是一件很不吉利的事，所以在苗区很少有离异的现象生发。若是矛盾十分尖锐非离不可时，便请寨老和家族中有威望的人出面判处，剖开竹子各执一半，作为凭证。在旧社会，苗族人民由于生活贫困、缺医少药，夫妻一方早故的现象，时有发生，遗下的一方既要抚养子女，又要承担山地劳动，负担很重，需要重新组织家庭，因而，再婚现象不少。

转房：丈夫去世后，只要亡夫的兄或弟没有妻子，寡妇可以转房，但必须经双方同意。如果亡夫的兄或弟都是有妇之夫，寡妇可自由改嫁。转房的情况虽有，但为数很少。

改嫁：丈夫死后，寡妇年轻又没有子女的可自行改嫁，但亡夫家中的财产只能带走一般的劳动工具，如锄头、镰刀、背箩之类。寡妇改嫁的婚礼很简单，不办酒席，不合八字，找上几位寨中老人参加就行了。【《云南少数民族社会历史调查资料汇编（五）·威信县苗族调查》，页20—22】

1. 通婚的界线

姑租碑苗族实行家族外婚，禁止同姓家族内部通婚。中华人民共和国成立前通婚的范围很狭窄，限于在本民族本支系中择偶，随着历史的发展，通婚范围逐步扩大，不但在本民族的其他支系中可以通婚，和其他民族也可通婚，不过这种情况不多。中华人民共和国成立前，姑租碑苗族姑舅表亲优先婚的情况较多，姑妈家的女儿要许配给其他青年小伙子，必须征得舅舅家的同意，只有在舅舅家表示不娶的情况下，姑妈家的女儿方可嫁别人；如果舅舅家要外甥女做儿媳，姑妈家不得借故推辞。

……

2. 抢婚

在苗族社会中，无论是过去还是现在，"抢婚"这一习俗还较普遍地存在。苗族的"抢婚"多数是在彼此相爱的基础上进行的，若男女双方没有恋爱的基础，即使抢到家里，女方不愿，男方仍须将其送回家。

3. 再婚

姑租碑的苗族，无论男女，失去配偶后，都可以再婚，其形式有：

（1）转房

丈夫去世后，只要亡夫兄弟没有妻子，寡妇可以转房与亡夫的兄弟结合，但是，必须征得双方的同意，如果其中一方持反对意见，寡妇可以自行改嫁。再婚的礼仪比初婚从简。

（2）续弦

年轻或中年男子丧偶，不论有无子女都可再婚。如果其家庭条件好、人年轻而又无子女，可以通过踩花山和其他社交活动同未婚姑娘结亲，婚姻过程与初婚相似。【《云南少数民族社会历史调查资料汇编（五）·屏边苗族自治县姑租碑苗族社会历史调查》，页33—35】

对乱搞男女关系的处理。①同姓男女不许婚配，违者开除出家族，赶到别的地方居住。②未婚姑娘生孩子，要男方到女方村寨洗寨子，并罚款。最早的习惯法则要将双方活活烧死。③非同姓男女，辈分不同者不许婚配。硬行成婚者，如男方为长辈、女方为晚辈，则要男方把双方的长辈请到家，当着女方的长辈承认错误，并且要当众降低自己的辈分，这种处理办法苗族叫下楼梯。④婚后，如果女方不要男方，女方要付给男方一定的损失费，男方用这笔赔偿费另行娶亲。⑤如果男方不要女方，男方什么都不付，女方另行改嫁，男方不得干涉。【《云南少数民族社会历史调查资料汇编（五）·屏边苗族自治县姑租碑苗族社会历史调查》，页36】

禁婚界线与通婚范围

该区苗族实行族外婚，严禁与同一祖先的后裔开亲，但有姑舅表优先婚的习惯。随着历史的发展，优先婚的习惯在发生变化。若外甥女不愿嫁到舅舅家，和他人相爱。男方家要给女方舅家一笔"舅公钱"。【《云南少数民族社会历史调查资料汇编（五）·马关县金厂区苗族社会调查》，页44】

苗族结婚时间的选择与汉族相同，都是在腊月和正月间。婚姻多数是自主婚姻，很少包办。苗族的婚姻有许多限制：一是同宗不同婚，即同一个祖先的后代，不能相互开亲，这是原始氏族外婚制的遗留；二是姨表兄弟不婚，姐妹的丈夫以兄弟相称，他们的子女也相互以兄弟姐妹称，严禁通婚；三是本村寨的一般不通婚，都是到外寨找对象，所以，苗族往往是远嫁。例如：嵩明、寻甸等地的姑娘多嫁到西山区，本区的姑娘又远嫁他乡；四是同姓不结婚；五是不同民族不通婚。【《云南少数民族社会历史调查资料汇编（五）·昆明市西山区苗族经济、文化调查》，页82】

该地蓝靛瑶一般不与其他民族通婚，甚至不与瑶族其他支系通婚。婚姻过去大多由父母包办，近年来出现自由恋爱、婚姻自主的情况，但仍要告诉父母并请媒人去当中间人。同姓可以结婚，但须不同宗。……瑶族除了娶媳妇外，男子也可入赘女家，一般是女家没有儿子，缺乏劳动力，经双方老人同意，即可上门。上门男子一般不带什么，结婚花费全部由女家负担，也有的是男女家各出一半。瑶族寡妇改嫁不受歧视，可自己决定，离婚亦自由。【《云南少数民族社会历史调查资料汇编（五）·富宁县团堡蓝靛瑶经济、文化综合调查》，页120—121】

双江佤族是一夫一妻制。通婚范围，各寨不同。大勐峨寨除近亲外的同姓可婚，禁止姑表、舅表、姨表通婚。布京寨同姓、姑表、姨表不婚；舅表可婚，且有优先权，若女方父母不同意，舅家还可用逼嫁或抢婚的方式达到成婚的目的。……寡妇再嫁不受歧视。寡妇再嫁时可带走自己的全部嫁妆，如有小孩则留亡夫家。若亡夫家无其他亲属，还可带走亡夫家的全部财产和小孩。小孩随父姓。夫死也可转房给夫之兄弟、堂兄弟、叔、侄等，但须自愿。招赘较普遍。若姑爷家无亲属，可将全部财产带去上门。【《佤族社会历史调查（三）·双江县佤族社会经济调查》，页100—101】

同姓不同祖的可以结婚。入赘的，不交“被子钱”。寡妇可再嫁，也可转房，全由女方自愿。新寨系一夫一妻制的小家庭。一夫多妻的也有几家，但均为上层家庭中“转房”所形成的。家庭中有兄弟多人的，结婚后即另立门户。【《佤族社会历史调查（三）·耿马县四排山区东波乡新寨社会经济调查》，页109】

二　家庭习惯

（一）历代史志文献所见家庭习惯

尾濮①：俗又噉其老者。唯识母而不识父。其俗，有宾客，贷老以供厨。故宾婚有日，老者必泣。【（唐）杜佑：《通典》卷一百八十七，"边防三·南蛮上"，中华书局 1988 年版，页 5065】

苗人，古三苗之裔也……其种甚伙，散处山间，聚而成村者曰寨。其人有名无姓，有族属，无君长……生苗多而熟苗寡，其俗各以其党自相沿袭……喜则人，怒则兽，睚眦之隙，遂至杀人。被杀之家，举族为仇，必报，当而后已。【（明）田汝成撰：《行边纪闻》，《国立北平图书馆善本丛书》（第一辑），页 85】

至于嗜利可心焉为之二岁，其俗益败。故家富则子壮出分，家贫则子壮出赘；甚之，借父耰耡虑有德色，母取箕蒂立而诮语，抱哺其子，与公并倨，妇姑不相谊，则善以相稽怪异。至此，乃兴习相忘，酿成大患。【《康熙通海县志（27）·卷之第二·风俗》，页 25】

摆夷：性懦，气栗，畏寒，喜浴；女人挑担，男人抱儿、炊爨。【《康熙嵩峨县志（32）·风俗（附种人）》，页 378】

黑倮倮：相见亦有尊卑长幼之礼。【《康熙嵩峨县志（32）·风俗（附种人）》，页 378】

黑彝：即黑倮倮……相见，亦有尊卑、上下之礼。【《康熙元谋县志（61）·卷之二·风俗》，页 137】

罗舞：②亦山居，颇知伦理，有华风，富者周贫。【《雍正云龙州志

---

① 濮人的他称，今布朗族先民。

② 今彝族。

（82）·卷无·风俗（附种人）》，页147】

海彝①：其习与诸彝近，然德化所感，皆知保父母、妻子，以为顺民，渐且革心向义，用夏变夷，骎骎乎有文物、衣冠之盛矣。【《乾隆霑益州志（17）·卷之二·风俗》，页34】

狃鸡②：性狠恶，虽父子、兄弟，怒则相攻。蒙自昔受其害，今阿迷亦有之，然其恶亦渐化矣。【《嘉庆阿迷州志（14）·卷之六·风俗（种人附）》，页549—550】

《旧志》土人有三种：一曰"俅俅"……相见亦有尊卑、上下之礼。【《嘉庆楚雄县志（59）·卷之一·天文地理志》，页28】

俗尚无子有女者，以婿为后，此大乱宗，宜禁革。【《光绪呈贡县志（3）·卷之五·风俗》，页123】

夷俗附：俅俅……生子长成，父母以家事属长子，众子不敢预。【《光绪镇雄州志（8）·风俗》，页79】

小伯夷③者，惟长幼无序，是则礼教之有未及耳。【《光绪腾越乡土志（35）·人类》，页587】

爨蛮④不认子女，好山畏家，健走如兽。【《光绪腾越乡土志(35)·人类》，页591】

摆夷⑤：性畏寒，喜浴，别有书字；女人挑担，男子抱儿杵臼造米，不食凤粮。此种，元谋为多。【《光绪武定直隶州志（62）·卷之四·风俗》，页275】

寿礼：或家族亲长，或乡邻亲长，年在花甲上下，幼辈必承冠拜之。若拜本身父母寿，又不得以花甲论。至送礼不送礼，均随其便。【《宣统楚雄县志（一）（59）·卷之二·风俗》，页345】

三朝周岁礼：新妇初生子女，母家三朝送鸡酒，满月送布帛，周岁送

---

①　今彝族。

②　今彝族。

③　今傣族。

④　三国、晋、南北朝时期由南中占统治地位的建宁（今云南曲靖地区）大姓爨氏集团演变而来。晋、南朝至隋唐时，分成东爨、西爨两部。均在今云南东部，大约以曲靖市至建水县为界，范围不断变化。唐朝东爨为乌蛮，西爨为白蛮。元代称乌蛮为黑爨，白蛮为白爨。明朝后"爨"专指"倮倮"。

⑤　今傣族。

衣帽、手饰等物，富者容易，贫者艰难。【《宣统楚雄县志（一）（59）·卷之二·风俗》，页345—346】

土佬①：土佬乃滇南原有之种族也，有土语，无土文，女勤男惰，服色尚青黑，分花、白二种。家设神堂香火。耕种为生，妻以子名加"老不"二字呼其夫，如子名小云，则呼夫为"老不云"，名南则呼为"老不南"，土佬之命名或缘此耶。【《民国马龙县志（一）（45）·卷二·风俗志》，页226—227】

苗人之家庭，不设神堂，亦无内室，屋内设一火塘，爇以大木，未烬则复添以木，自谓"人可死，火不可死"。入夜，阖家休工，共围火塘席地坐，火光熊熊。苗语啾唶，无奢欲，无猜忌，其乐融融。迨精神既疲，各就火旁放倒身驱，一觉黑甜。东方既白，各事其事矣。苗人最嗜酒，其饮不必有肴，辄举数觥如饮茶。然遇宴会则必尽醉方休。【《民国马龙县志（一）（45）·卷二·风俗志》，页236—237】

族居：地居习俗素尚孝友，能数代同居者，乡党间赠以"五世同堂"，或"四世同堂"之匾额。其析居者，往往因迫于家计，不能不早为分析，以便各营生业。然亦间有兄弟不睦，妯娌不和，因而分居者。其因房舍逼窄居多，盖因地狭人众使然也。【《民国盐丰县志（69）·卷之三·地方志·风俗》，页315—316】

礼乐：

汉、回礼乐与内地同。

藏族，最重阶级，故但有尊卑贵贱之礼制，而无平等支祭之仪文。凡卑贱谒见尊贵，先于室外脱帽解发，然后双手平捧哈达启簧鞠躬而入，横铺哈达于尊贵者之座前，后退三步合掌礼拜，与伏三叩始鞠躬。白事而尊贵者则昂然不动，所事既毕，亦必退后三步，而后出门。若值尊贵者于途，必脱帽解发，礨舌仰掌，注目鞠躬，必俟尊贵者经过，乃敢复帽挽发，缩舌垂手，赓续进行；其脱帽解发，注目鞠躬，自属表示恭敬之意。惟"礨舌"系表示警惧，"仰掌"系表示白手无他；而尊贵者则不过以额首报之。其阶之严如此。"哈达"译，皆系一幅薄绢或绵纱，其色尚白与粉蓝，长者丈余，短者三尺，多自成都或苏州、杭州转贩而来，为藏族极尊贵之礼品。其贽见馈赠，或道歉赔礼以几色礼为最大，一哈达、二马、

① 今壮族。

三虎皮或豹皮、四氆氇、五酥油，其次即青稞、大麦、小麦、豌豆，其第四色以下可以易为他物；惟哈达与马与虎、豹皮三品不能变更，甚至向官府递一报告，或向尊贵者寄一函牍，亦必缠一哈达，以示恭敬。此藏族礼俗之大凡也。至若音乐，除喇嘛所用之鼓号、梭喃、法螺、铛鼓鼗、鼓铃镈等法器外，民间音乐仅有胡琴一种，其音节极为悲壮，凡跳舞唱歌时用之，惟调谱甚鲜。

摩些族，见尊长或年节时，多行叩头礼，其余无甚礼节，又除东跋[①]所用之鼗鼓、铃铛外，社会家庭全无音乐。

倮倮族，见任何尊长或祭祀念经均不跪拜，亦无任何礼节。惟近则学汉、藏，每见官长必磕头，而双膝仍不落地。乐器但有木萨喇。

力些族礼节仍重磕头，其乐有胡芦笙、横笛、四方四弦之琵琶、锁喃，其笙有五管者，在年节喜庆时吹奏，八管者用于丧葬。

苗族，礼节仍重磕头，其乐有胡芦笙、锁喃、横笛。【《民国中甸县志稿（83）·下卷·风俗》，页49】

抱大子迤南：

富厚之家抚养异姓之子使任劳力，而教养婚配则如己出，但约有定期，期满返宗，其主人必酌予财产，如遇故主家有急难事出，则必竭力以趋救之，俗名抱大子，亦名养大子。

按：此项习惯，自其定期返宗，不生承继，关系□言之，则与养子异，教养而加以婚配，劳动而终给财产，则与畜奴又异，贫寒之子，往往借此以营生，于律虽有不符，而于人道情理两不相悖，则不能谓为习惯之恶者。【《清末民国时期云南法制史料选编·民商习惯录》，云南省司法厅史志办公室1991年版，页365—366】

赘婿冠女家之姓：

无子而有女者，招婿赘于其家，婿于本姓上冠以女家之姓。如张甲赘入李家，即名李张甲，女即名李李氏是。

本件见各案卷宗。【《清末民国时期云南法制史料选编·民商习惯录》，云南省司法厅史志办公室1991年版，页367】

招夫从前夫之姓_{滇省一般习惯}：

妇人夫死子幼或无子，而有财者，别招男子赘于其家，俗名招夫，即

---

① 即"东巴"，纳西族的传统宗教人士。

以妇人前夫之姓为姓。

事见各案卷宗。按：此种习惯，甚为普通，不独滇省为然也。【《清末民国时期云南法制史料选编·民商习惯录》，云南省司法厅史志办公室1991年版，页367—368】

（二）20世纪50年代少数民族社会历史调查资料中的家庭习惯

彝族实行一夫一妻的小家庭制，三世同堂者极少，四世同堂者更未发现，一般是儿子结婚后即建房分居，自立门户；女儿成年后出嫁，随夫方居住。

父母有抚养教育儿女的义务，儿子有赡养父母的责任。一般是，独子和幼子结婚分居后有的不另建房子仍与父母同食，供养父母；若有数个儿子，父母则由诸子共同供养。【《云南小凉山彝族社会历史调查·宁蒗彝族自治县跑马坪乡彝族社会经济调查》，页56】

大理喜洲十六村的宗族制度是非常严格的。追溯它的历史根源，可能从"洱河蛮"大姓的时代就产生了，一直延续到如今。喜洲白族每一个同宗同姓的都建有宗祠，遍布喜洲各街巷和村落。……每一姓都有宗祠。每一个家族，都有族长一人，族长必须选择在族中辈分最高或年龄最高、社会地位最高所谓"年高德重"以及能力最强的人担任。族长有很大的权力，凡族内纠纷，甚至民事、刑事诉讼，族长有调解的权力；对族内一切人等和子弟，有管教、责罚、打骂、罚跪的权限，如违反族规家法的行为，族长命人把当事人叫去宗祠审问责罚。【《白族社会历史调查(三)·大理喜洲十六村的白族家庭和宗族调查》，页347】

（1）实行家族外婚制的通婚原则：父系血缘纽带是维系父系家庭公社赖以生存的基础。同属一个父系家庭公社内部的男女成员，都是出自共同男性祖先的后裔。勒墨人认为，他们的血是相同的，故彼此间是禁止通婚的……一个家庭的男女成员只能同另一个家庭公社的异性成员结婚……因自然环境的制约，村子相距较远，道路又艰险，从外村找对象十分不容易时，才开始允许本家庭公社内部五服以上的兄妹可以通婚。

（2）血缘村寨向亚血缘寨，乃至地缘村寨的演变：凡属由一个父系家庭公社成员居住的村寨叫血缘村寨……凡属由同一个氏族中二至三个不同家庭公社共居的村寨，叫亚血缘寨。它有两种形式：一是由同属一个"昭乌"的几个家庭公社共居的亚血缘村寨……二是由同属一个氏族，血缘关系较远的几个家庭公社共居的亚血缘村寨。

（3）家庭公社的名称与家族长：每一个父系家庭公社都有自己的家族名称……多数家族名称往往以最早的从氏族或原始家族中分离出来的男性祖先的名字来命名。【《白族社会历史调查（三）·怒江傈僳族自治州碧江县洛本卓区勒墨人（白族支系）的社会历史调查》，页50】

每一个同姓家族都有一位家族长，由辈分高、年龄大、熟悉族规的老人担任。家族长由本家族成员推举。每一个家族在村子中通常有自己较为固定的居住区域，并有自己的家族墓地。本家族的成员正常死亡后，可以葬入本家族的公共墓地，不能葬在其他家族的墓地里，错葬会引起家族间的纠纷。

……

那马人的同姓家族还保留了一些原始互助的习俗。如：在婚姻、丧葬、祭鬼、建房等方面，同姓家族要在人力、物力、财力上给予帮助。在生产上彼此可以换工，人工换人工，人工换牛工。集体狩猎时，保留了"见人有份"的原始分配方法。猎到较大的猎物时，猎手只能得猎物的头、皮以及诸如麝香、熊胆之类的东西，其余的兽肉由大家平均分配。分配猎物时，碰见在山上砍柴、放牧的人以及过往行人，按习俗要分给他们一份肉。分到猎物带回家后，要煮熟，备酒请亲友们吃。

同姓家族的族长只负责调解本家族内部的纠纷。同村各家族间或各村子间的纠纷则由伙头来调解。从前，恩琪村归兔峨罗土司管辖。伙头是土司行政管理制度中的一级组织，管辖一村或数村，替土司征收租税，征派劳役。当时恩琪村的伙头由白姓家族世袭。据说周姓家族依附丽江木土司，故不能担任伙头之职。到1935年废除伙头制度，建立了保甲制度。

伙头是世袭的，由父传子，兄传弟，因此伙头不一定是富裕人家，土地也不一定很多，因为这职位是由祖辈传下来的。村子里有人偷盗财物被抓获后，交给伙头来处理。处罚的方式可以捆吊起来抽打，也可以勒令其赔款，赔不起的由他的家族亲友帮助赔。村子发生纠纷时也由伙头召集各家族的族长来共同调解。1926年还保留有以刻木记事来调解的原始习俗。调解时，伙头拿一块1尺5寸长〔相当于0.5米〕、1寸宽〔相当于0.3厘米〕的竹片，竹片两侧各代表原告与被告。当他们申诉一个理由时，则在竹片各自的一侧上刻一个口子，等双方申诉完毕，由伙头来数竹片两侧的口子，口子多的一方，则表明他理由充分，口子少的一方，则表明他理亏，以此来判断是非。另外，也有用黄豆、石头来调解的。谁说出了一个理由，便在他的面前放一粒黄豆或一块石子，然后根据各人的黄豆、石子多少来判断是非。

　　……

　　有女无子的人家，一般让女儿招女婿上门。赘婿要改从妻方姓氏，对岳父母尽养老送终的义务，可以继承岳父母的财产。无儿无女的人家，多从本家族或外家族中抱一个三四岁的男孩来继嗣。过继外姓家族的男孩，要改从养父的姓，并承担对养父母的养老送终的义务，可以继承养父的财产。【《白族社会历史调查（二）·那马人风俗习惯的几个专题调查》，页13—14】

　　个体家庭增多以后，几家人，一二十家聚居一处，形成一个个以血缘为主要纽带的称"昭"的村寨，白语称"村"为"油河"，含有同一血缘的村落之意。称同一地方的人为"阿几尼"。白族的村寨，中华人民共和国成立前绝大多数由同一家族或称同一个"耻"的个体家庭组成。每一个村寨都有一个族长，他不是世袭，也不是选举产生，也无任何特权，是大家公认的，他对内对外都具有很高的威信和权力，白语叫"黄特"，即蜂王之意。怒江地区白族的家庭财产，一般由幼子继承，长子婚后即分居出去，自立门户，白语叫"亏"。土地共耕，按份分配收成，父母与幼子同住，房子和牲畜及一切用具，统归幼子继承。如果没有儿子，有的在征得家族的同意后，可以买一个养子，即使是最亲的家族成员，也必须通过买，而且要砍木刻，才能继承产业。女儿都要出嫁，不能招女婿上门，也没有青年男子愿意入赘到女家的。这与洱海地区有女无子可以招赘上门承继家产的风俗不一样。幼子继承制，在剑川白族社会中也还有残存，那里一般是正房、厨房包括一切做饭用具归幼子所有，长子只能分偏房，而且要另立新灶，做饭用具由其岳家送来。剑川流传着这样一句话："色子翁倒毫，倒子翁歹伍"，意为"幼子住正房，长子住猪圈"。直到今天，如遇着两兄弟"亏"的时候，也是按这个老规矩办。【《白族社会历史调查（二）·怒江地区白族（白人）社会历史的几个专题调查》，页71】

　　中华人民共和国成立前，勒墨人已普遍实行一夫一妻制婚，建立了由一对配偶及其子女组成的一夫一妻制父系家庭，勒墨语叫"蒿"，多数由父子两代人组成，每户平均有五六人。它成为勒墨社会中独立的生产和生活单位。由三五户多至二十来户父系家庭构成的父系家庭公社，勒墨语叫"乌"。在父系家庭中父亲或丈夫是一家之长，家长只能由男性长辈担任。家长有权掌管家庭的经济，安排生产，计划开支，主持各种宗教祭祀活动，办理各项社交事务，决定儿女的婚姻大事。他在家庭生活中居于支配地位，妻子儿女都要服从他的管理。勒墨人的婚姻已具有买卖婚的性质。所以，妻子是丈夫花钱买来的，其责任是替丈夫生儿育女，料理家务，侍候丈夫，在家庭生活中处于被支配的地位。

重男轻女的思想在勒墨人的头脑里已经形成，男子不仅是家庭中的主要劳力，更是传宗接代的继嗣人。所以，人们盼望多生男孩，对于只生女孩不生男孩的妻子，丈夫可以遗弃她或者再娶一个老婆，已为社会道德所允许。当儿子长大后，由父母包办替他成亲安家，分给他一些土地或者不分土地，由他自己在氏族或家族公有地上去开荒、牲畜、农具、家具等，经济条件好的人家再替他盖一幢小房子，让他们分居单过，建立新的父系家庭。除幼子外，其他儿子长大成亲后均须离开父母另立家庭。父母一般同幼子一块生活，由幼子来尽对父母的养老送终的义务。勒墨人的家庭结构多数是由父子两代人组成的核心家庭，由幼子同父母一块生活的祖孙三代同居的中等家庭为数不多，四世同堂的大家庭尚未发现。【《白族社会历史调查（三）·怒江傈僳族自治州碧江县洛本卓区勒墨人（白族支系）的社会历史调查》，页69—70】

本氏族内死了人，必须在人力、物力、财力上给予帮助，带上一定数量的食物去吊唁，帮助送葬，共同办好丧事。否则，会受到社会舆论的指责。本家族与外族打官司输了钱，或者家族内有人犯了罪，需要赔偿或出钱赎罪，本家族内各户都必须出一部分钱财。家族中有人出了事需要进行械斗，事主必须事先杀猪或牛请客，通知本家族的人，本家族所有的成年男子都必须参加械斗。如需赔偿命金，家族内所有的人家都必须出钱。若得了一笔命金，除大部分为死者家属所得外，其余部分本家族所有各户均可分得一份。氏族、家庭公有的土地，本氏族、家族的人可以去开垦、耕种，所开垦的土地可留传给后代，但不得典当、买卖。对不遵守家族规矩的人，如对偷鸡摸狗、抽大烟、偷卖公有地的人，本家族有权惩罚他，可以不承认他是本家族的人，个别的还可逐出本家族。【《白族社会历史调查（三）·怒江傈僳族自治州碧江县洛本卓区勒墨人（白族支系）的社会

历史调查》，页 110】

人重病时，整个家族都有帮助的义务。有人送鸡、鸡蛋，有人帮助砍柴。种庄稼、薅包谷季节有人病倒，村里人要约好一个时间，一起帮他种好、薅完。死了人，家族、氏族内的人要送较多的钱、酒、包谷，有的要送猪，还要去帮忙。外氏族的人也要送东西。盖房子时全村人都主动来帮忙；拆房子时，家族内较亲的人也要来帮忙。有人出了事要赔款，家族、氏族中的人也都主动出钱帮忙。【《白族社会历史调查（三）·怒江傈僳族自治州碧江县洛本卓区勒墨人（白族支系）的社会历史调查》，页 113】

每个家庭内部，一般由成年男子中有能力的人担任家长。家长负责安排全家每年农副业生产；与外面缔结借贷、典当、抵押契约合同关系……但在普米族的社会中，有尊敬长房的习俗，不管男人、妇女或年轻一辈的家长，都必须时时向他们请教，重大事情更需要征求他们的意见，共同协商做出最后的决定，在大家庭内部共同执行完成。

普米族家庭内部，实行集体生产，劳动中有一定的组织和分工制度……家庭共同财产有房屋、份地、耕畜、农具等，这是全家财产的主体核心部分，实行集体占有使用，一般做到按人头平均分配。……

妇女在经济上没有财产继承权，表现在家庭和社会上的地位是低于男子。这种男尊女卑是封建社会伦理道德的实质反映。【《基诺族普米族社会历史综合调查·宁蒗县永宁区托甸乡普米族社会历史综合调查报告》，页 164—165】

"若若"人还保存着明显的家族组织……但各个家族基本上仍聚居在一个村寨里，同一家族的成员在生产、生活、祭祀等方面都有共同联系。各个家族都有族长。他们利用血缘亲属关系，通过政治和经济上的优势，直接控制着家族成员。

个体家庭已是生产、生活的基本单位。大多数农民是一夫一妻制小家庭，这种小家庭仅包括父母及其子女两代人。但是也还保存着大家庭制度，这种大家庭一般是包括祖父母、父母、子女和孙子等三代至四代人……虽然财产已属私有，但还保存着某些原始公有制残余和共耕制残余。这种大家庭可以看作是由原始共产制和私有制过渡中由于受领主经济的影响而变了形的一种特殊家庭组织形式。大家庭中有一个家长，家长一般都是辈分大的男子担任，家长的权力很大，整个家庭中的生产、生活、婚嫁、祭祀等事宜均由家长负责。在遇到重大事件时，家长按习惯召开家

庭会议解决，这又体现了某种程度的原始民主色彩。【《怒族社会历史调查·兰坪县兔峨区若若人调查》，页115—116】

在独龙族的社会中一部分男子实行多妻，男子有权将妻的姐妹先后娶过来为妻，这是由母系氏族的群婚，过渡到父系氏族制度后的一种合理现象。【《独龙族社会历史调查（一）·贡山县四区四村独龙族原始共产制残余调查》，页103】

社会组织：木戛区大班利寨通行父系小家庭制。儿子长大成家后，分居度日。在家庭生活中，一般男女地位平等，共同持家，但有自然形成的分工。男人多开田、种地、修建房屋。女人主管家务……社会生活中，男子的地位偏高，可以读书、做官……男子可任意交际。女子却无读书做官的权利。【《拉祜族社会历史调查（一）·澜沧县木戛区大班利寨拉祜族社会历史调查》，页46】

景颇族社会已经是基于地缘联系的共同体，各个支系景颇、载瓦、茶山、浪速同居的家族或家庭单位虽有大小的差异，但已经融合为一体……构成景颇族社会的最小单位是以个体经济为基础的一夫一妻制的父系家庭……这种以父系为中心的一夫一妻制小家庭，决定了家庭中成员彼此间的关系：父亲为家长，子女从父姓，家庭或家族世系按父姓计算，夫妻在家中的地位一般是平等的，互相有继承财产的权利。【《景颇族社会历史调查（二）·景颇族五个点（寨）调查综合报告》，页174】

布朗族由一夫一妻制组成小家庭。一般是子女结婚后即分居出去另立门户……儿子结婚后多数是分火塘住或另建新房居住。最小的儿子随父居。【《布朗族社会历史调查（三）·西双版纳傣族自治州布朗族社会概况（摘要）》，页51】

苗族是个体小家庭，一个家庭包括二三代成员。幼子有责侍养父母，因此财产由幼子继承，如果父母早死由兄长抚养弟妹，财产便要实行平分。担任家长是男子。【《云南苗族瑶族社会历史调查·金平县二、七两区苗族社会调查》，页33】

克木人的家庭中，男子管生产大事、对外交涉和猪牛的买卖；妇女管钱和粮食的开支，鸡鸭等小家禽的处理。看来权力已主要掌握在男子手中。【《布朗族社会历史调查（三）·勐腊、景洪两县、市克木人社会调查》，页121】

婚姻是一夫一妻制，一般是从妻居住三四年再接到男家居住或另立家庭。实行长子留家，幼子分居制。没有三代同堂的大家庭。堂兄弟姐妹、表兄弟姐妹都不婚配。【《布朗族社会历史调查（三）·勐腊、景洪两县、市克木人社会调查》，页126】

构成阿昌族社会的最小单位，是以个体经济为基础的父权一夫一妻制小家庭。这种小家庭一般是父子两代，少数为三代，也有发展为四代的个别例子。如户撒万明寨曩正发家便是四代同堂。家庭成员关系，父亲为一家之长，子女从父姓，家庭和家庭世系按父系计算。夫妻地位一般是平等的，有事共同商议处决，相互承继财产，共同抚养子女，年老无子互不抛弃。子女对父母有养老送终的义务。但是，事实上妇女的地位仍低于男子，妇女不能参加政治活动和公共事务的处理。这种男女不平等，显然是父权制对妇女的压抑。【《阿昌族社会历史调查·户腊撒阿昌族社会经济调查》，页36】

无嗣之家，可以招收养子。招收养子首先得在本家族内招，还得先考虑招收近亲，若无近亲，方能在家族其他支系中去招。家族内无养子可招，经家族同意后，方可在异姓中招收。如腊撒拿期寨，雷old贞无子，也无女儿，招收本家族内即她的侄儿雷老舍为养子。养子和亲生儿子一样，有承继父母财产的权利。对父母有养老送终的义务。养子在社会上一般不受舆论非议。招收养子的目的，与招赘的原因是一样的，主要是为了维护私有财产所有权和养老送终。【《阿昌族社会历史调查·户腊撒阿昌族社会经济调查》，页38】

阿昌族有赵、郎梁、曩、凤、王石、曹、张、孙、杨、李、马、们、萧、范等姓，比较大的姓都有家会的组织，而且比较大的家会都联系到汉族。以赵家家会为例，赵家有一个总的大家会，设在腾冲，这个家会包括汉、阿昌等民族的赵姓。其下阿昌族赵家又组成一个小家会，以小厂附近的"黑脑子"为中心，在这个家会下面，又有横路和芒展的赵家比较更亲近些，因而又组成一个小家会。另外，丙盖、丙岗和曹家寨的赵家也组成一个小家会，在芒展和横路的小家会中，赵启贵一支的16户又组织了一个清明会，实际上也是一种小家会。

家会的组织有两种情况：一种是组织比较严密的，如丙盖家会设有正副族长、总务、管事、纠察、财务、文化、监察、文书等，而且还有成文的家会会章，共10章43条，其中包括定名、宗旨、会员、职员、会员大会之职权，职员职权及各股职务，会员之权利与义务、会议、家规、改造、附信条等。另一种是不很严密的，如芒展、横路的家会只有管事两人，管理会内钱财，没有正式选举的族长，也无成文的会章。但事实上，有相当于族长的人在各种事务中起着决定作用，虽无成文会章，……但有严格的家规。

家会都制定有比较严格的家规，如"族内子弟有忤逆不孝者，其家中来报家会时，由家会罚大板四十"，对于违犯家规和损坏家会名誉者也都有较严重的处分。

家会有定期的会议，会议内容：一是对字牌，一是解决族内纠纷和其他问题。清明会，也就是小家会，于每年清明节全家支人聚集一起扫墓，并借此解决各种事情。据说过去梁河阿昌族赵家，曾好几次去腾冲参加赵姓的大家会。

……

财产继承权，只有男子才能继承财产。在一家内，弟兄们都具有同样的权利，儿子长大娶亲后，一般都要分家。分家时，留下父母的一份养老田，此外均由弟兄们平分，并由父母指定诸弟兄的一人留守老家，侍奉老人，并耕管父母的养老田。绝嗣之家的财产归近亲兄弟或叔伯继承，但社会舆论对赘婿多耻笑，认为赘婿是去服侍人家的老人，故入赘现象不多。此外，绝嗣者也可领养子来继承财产。

【《阿昌族社会历史调查·梁河县丙盖乡芒展村阿昌族社会历史调查》，页61—62】

家庭组织是以父系小家庭为单位。婚后即分家，幼子继祖房，供奉祖先牌位，分出的家庭可另立祖先牌位，供三代至十余代不等。诸子平分财产，请族人主持，父母在世亦分一份。女子无财产继承权，不招赘，不收养子，可由侄子过继。五代以内无宗亲的，可以由女儿继承。纳西族发展到父系继承，夫权占统治地位，有父子连名制："以祖名末一字父名末一字，加一字为名递承而下，以志亲疏。"【《纳西族社会历史调查（二）·解放前纳西族概况》，页3】

纳西族的家庭，绝大多数由三四代人组成，五世同堂的大家庭极少。血统以父系计算，子女从父姓，财产由男子继承。纳西俗语说"若的阿爸主"，意为长子是父亲的助手（伴）。所以，父亲年迈或去世时，长子自然成为家长，或协助父亲管事，或掌握家中大权。他有教育抚养兄弟姐妹的义务，而这些人也要把他视为兄长来服从。如果兄弟多、结婚后婆媳或妯娌之间不和，调解无效，即分家另居。分家一般由父母主持，或请族中长者做主，家中的财产，包括田地、房屋、大牲畜等由诸子均分，但幼子可以优先挑选。分房子时一般遵从传统习惯，"若敬金美该"，即"幼子占祖房"，并奉祀祖先牌位；长男分南房，次男分北房，可准备停当后迁出。如果分家前另盖了新屋，幼子也是占祖房，并可照顾给些小家具。若幼子未婚，分家时应留出其所需费用。父母健在，分家时或留一块地，由诸子代种代收，或由诸子分担食用。如子媳不尽赡养父母义务，受人谴责，亲族也可以出面干预。父母一般与幼子同居，故其财物也可由幼子继承。有女无子或无子女者，可过继兄弟之子续嗣，在经兄弟们同意后，也可以招赘。无后嗣者之财产由族中近亲继承。【《纳西族社会历史调查（二）·丽江纳西族的文化习俗和宗教信仰》，页31—32】

　　拉祜语称私有财产为"欧米欧喀"。在拉祜族家庭内部，每个成员都有自己的个人财产，男女成员特别是在结婚后，便开始积蓄个人财产。首先是儿女，女儿及其丈夫都各自购买铁锄、铁刀，分别饲养猪、鸡。生产工具归个人使用和保管，作为家庭这个集体，仅负责购置大的生产工具，饲养耕畜。个人饲养的猪、鸡，如果出售，其收入便属于个人所有。即便还保持"共产制"的大家庭，家长则代表家庭对外进行交换；而每个成员也单独进行交换，交换所得归个人所有。家庭生活所需的盐则由夫妻、父母和已婚的子女轮流购买。属于全家出售的粮食和猪等所得的货币收入都要进行平均分配。这就造成了家庭中已婚的儿女有自己的财产。【《拉祜族社会历史调查（二）·耿马县福荣区芒美乡拉祜族社会和家庭》，页28】

　　伴随着私有制的出现，"瓦刷"这一特殊的耕作制度在傈僳族的社会内部发展起来了。"瓦刷"按傈僳语即"收工"之意，就是说把劳动力收拢来。早期"瓦刷"本来是一种原始的互助性质的临时劳动组织，即某户生产任务忙或建盖房屋时，便以"瓦刷"的方式邀请家族内部亲戚或同村居民来帮助劳动一日或数日，邀请人必须预备包谷饭、肉、酒等招待被邀请者。由于私有制的发展，这一原始互助的劳动习惯已被富裕户利用来对农民进行剥削。贫苦农民占有生产资料较少，劳动力较强，因而不需要通过"瓦刷"来生产，同时也由于生活较贫困，没有力量煮酒杀鸡招待被邀请者。因此，贫苦农民一般不实行"瓦刷"。这样，"瓦刷"就在传统的原始协作里掺入了剥削的因素。除了在生产上实行"瓦刷"以外，本村傈僳人在建造房屋时也以"瓦刷"的方式进行。【《傈僳族社会历史

调查·泸水县四排拉底村傈僳族社会经济调查》，页105】

　　分家之时，财产在儿子之间平均分配。出嫁姑娘，只有陪嫁，不分财产。但上门赘婿，有享受平分财产的权利。一般在上门时，事先预定上门时间，若终身至女家，不仅享有分家权利，如果女家无男嗣，还可继承全部财产。但是如果上门只是数年，则无继承财产权利，只可以分到一部分财产。这种上门赘婿，在家也可以分得财产，并可允许带至女家，但一俟上门期满，则又带回。分家以后，老人多跟幼子，故幼子往往多分一些财产。一家有马匹，则随父母至幼子家。若牛一头，亦是如此。但牛产仔后，小牛仍平均分配。小猪一般平分，大猪多宰杀分吃。……

　　夫妻离婚，财产一般要平分，但也有不分给女方的，这要视女方"品行"而定。离婚以后若有两个小孩，夫妻各领一个，女方若是不愿，也不勉强。但一般有了小孩再离婚的现象极少，离婚也是极困难，社会是不允许的。寡妇带子改嫁，原夫财产由其子继承，若没有儿子，财产由夫家兄弟平分，本人则不能继承，但可带走个人饰物及"私房钱"。此外，若新夫家有水旱田，则原夫家之水旱田不能带走，反之可以带走。【《云南苗族瑶族社会历史调查·屏边瑶山瑶族自治区社会历史调查》，页116—117】

　　家长是男子，家长在家庭内有最高的权限，凡属于家内外大事一般由家长决定。建立个体家庭是由男子结婚后开始。财产由男子继承，在兄弟间实行平分，父母在，父母则与儿子同样分得一份。没有什么严格的长子继承制或幼子继承制。父母可以根据自己的意志选择某一个儿子作养老送终，而父母所分得这份财产便交与孩子。【《云南苗族瑶族社会历史调查·金平县一区平安寨瑶族社会调查》，页140】

　　家庭一般是祖孙三代同堂，长子婚后即与父母分居，另组建个体家庭。男子在家庭中占有一定地位，一切家庭中的劳动安排、生产季节的种植和财产继承都由家长分配。财产只能由男子继承，女子无继承权，如果招入女婿，亦可由女儿继承。【《德昂族社会历史调查·澜沧县上允德昂族经济文化调查》，页149】

　　崩龙族的子女成长后另组建个体家庭时，对家产的分配和处理要请头人和族长帮助解决。一般习惯法是凡粮食、土地和竹蓬按人口多寡来平均分配，炊具如铁三角、铁锅等各分一口，老竹楼留给父母及幼子居住，分居之子可出外另建新竹楼。【《德昂族社会历史调查·潞西县邦外德昂族文化调查》，页40】

三　继承习惯

（一）历代史志文献所见继承习惯

正妻曰耐德，非耐德所生，不得继父之位。若耐德无子，或有子未及娶而死者，则为娶妻，诸人皆得乱，有所生，则为已死之男女。酋长无继嗣，则立妻女为酋长。妇女无女侍，惟男子十数奉左右，皆私之。【（元）李京撰，王叔武辑校：《大理行记校注 云南志略辑校》，云南民族出版社1986年版，页90】

金齿百夷……酋长死，非其子孙自立者，众共击之。【（元）李京撰，王叔武辑校：《大理行记校注 云南志略辑校》，"诸夷风俗"，云南民族出版社1986年版，页91】

者乐甸，与景东接壤……酋长死，非其子孙别立者，众共击之。【（明）谢肇淛：《滇略》卷九，"夷略"，页26—27】

二三百户、或百余户、或数十户一头目。建设时，地大户繁者为土千总、把总、头人，次为乡约，次为火头，皆各子其民，子继弟及，世守莫易，称为"木瓜"。犹华言官也；对之称为"那哈"，犹华言主也。【（清）余庆远撰，李汝春校注：《维西见闻纪》，维西傈僳族自治县志编委会办公室编印1994年版，页38】

曲靖府：其部长正妻曰"耐德"，非所生不得继父职。若"耐德"无子，或有子早夭，始及庶出者，无嗣则立其妻女。【（清）刘慰三撰：《滇南志略》卷三，方国瑜主编：《云南史料丛刊》卷十三，云南人民出版社1998年版，页158】

麽些：今则渐染华风，服食渐同汉制，相传其先有哥来秋者，生四子，分束、叶、买、禾四支，束、叶二氏，居府治，即木氏之前为土司，名叶古年者是也。买、禾二氏多居山外、江边。明洪武初，赐土官姓

"木"，后惟承袭及同堂舍人木姓；三世以降姓"阿"，五世以降姓"和"，即流寓入籍者必改姓"和"。故今里民，和姓居多。【《乾隆丽江府志略（41）·官师略·种人附》，页178—179】

窝泥，或曰"斡泥"……食无筋，以手抟饭，勤生啬用，积蓄多用窖，死则嘱其子曰："我平生积若干窖，汝可取某处，余留为来生用。"【《嘉庆阿迷州志（14）·卷之六·风俗（附种人）》，页549】

云南府：土人为官，谓之土官，世世相传，谓之世袭，亦曰世守。云南自蒙、段①窃据僻陋，在夷执事之官皆其部内之土人，元定其地，始由选授而来，然土官亦参其间。【（清）王崧著，杜允中注：《道光云南志钞》卷七，"土司志上"，云南省社会科学院文献研究所1995年版，页301】

永北直隶厅：自是，土官死而子幼，妻妾及女皆可代理，遂成故事。然女人为官，古固有之。【（清）王崧著，杜允中注：《道光云南志钞》卷七，"土司志上"，云南省社会科学院文献研究所1995年版，页366】

黑夷，原系土州支属，土司家法，除以长子代袭外，余子皆曰"黑夷"，为贵种。【《民国宣威县志稿（二）（13）·卷八之四·民族志·民族》，页229】

继承：县属自来同为一父母之儿女，除女子无继承权外，凡属男子均有继承权，惟父母之丧，系以长子扎指刺血点主，长孙抱送凉浆罐。至分居析产时，须先提出遗产若干作为长子、长孙田，然后就弟兄人数均分之。但长子若忤逆不孝，经族人证明，亦可剥夺其继承权，不得受相当之遗产，而以长子以下之子扎指刺血点主，享受点主继承之权利。

……

女子之地位：今女子虽有继承权，然对于所生父母及翁姑之丧，仍与男子同服斩衰三年，其余均视男子降一等，与古制同。在其丧期，处孝帏则男居枢左，女居枢右，行礼送丧，则男前女后。【《民国嵩明县志（二）（16）·卷之十九·礼俗·丧礼》，页116—121】

继承：死者乏嗣，由其同胞兄弟之子承祧；若无同胞兄弟，或同胞兄弟无子，又由其宗族支派中择最近亲属之适合者承祧。至死者，有女乏子，而赘婿入家者亦多，但须得亲族之同意。故凡承祧或赘婿，均得享受

---

① 此处"蒙段"是特指南诏国和大理国，因为两个王朝的皇族分别是蒙氏和段氏。

遗产。【《民国顺宁县志初稿（二）（37）·卷九·礼俗》，凤凰出版社2009 年版，页 219】

以女婿为嗣滇省一般习惯：

无子者，有女得为女招夫同居，即以为嗣，但此有须得族中同意者，有否者。

事见各案卷宗。【《清末民国时期云南法制史料选编·民商习惯录》，云南省司法厅史志办公室 1991 年版，页 368】

以异姓子为嗣滇省一般习惯：

无子者，不愿以宗族之子承继或无可承继者，得随其所钟爱，择立异姓子为嗣。

事见各案卷宗。【《清末民国时期云南法制史料选编·民商习惯录》，云南省司法厅史志办公室 1991 年版，页 368】

妇再醮而不脱离前夫之财产关系：

夫死子幼，妇不能守，而再醮者，对于前夫之财产，仍得继续使用，而不遽脱离关系，外县因此涉讼者，往往而然也。

事见案卷。闻此亦滇省最普通之习惯，妇而再醮，犹得觊觎前夫之财产，则失所以保护前子之利益也。【《清末民国时期云南法制史料选编·民商习惯录》，云南省司法厅史志办公室 1991 年版，页 369—370】

（二）20 世纪 50 年代少数民族社会历史调查资料中的继承习惯

在财产继承方面，主子对曲诺有"吃绝业"彝语称为"厄古吉"的权利。曲诺死后，只有儿子才能继承财产；无子，其财产归主子所得包括土地、娃子、牲畜、农具及其他生活资料。曲诺死后若有妻子、养子，他们一般能得到当年的粮食和少许的生活资料，若是未出嫁的女儿和赘婿，他们则只能得到更少的生活用具。如下跑马坪村曲诺勒耳牛牛，是勒耳依吉的养子，依吉死后，牛牛仅得到一点生活用品。该村曲诺金古德鲁死后，其妻也仅得到一部分粮食和小农具，其余均被主子占去。【《云南小凉山彝族社会历史调查·宁蒗彝族自治县跑马坪乡彝族社会经济调查》页 35】

父母死后，财产平分给几个儿子，但最小的儿子除分得田地财产外，一般还多分得父母住过的房子。上门入赘的女婿也可分得同样的一份财

产。【《云南彝族社会历史调查·巍山县举雄村彝族社会调查》，页145】

中华人民共和国成立前，洛旺地区苗族家庭财产一般有旱地和少量的梯田、山林、菜地、简易房屋及生产工具，一部分人家饲养有耕牛。家庭财产实行父系继承制，由父传子，女儿无财产继承权。如果家中没有儿子，只有女儿，可招女婿上门，但须征得本家族的同意，女儿方可继承父母的财产，同时尽对岳父母养老送终的义务。如果无儿无女，可以过继养子续嗣，但养子要首先从本房族中挑选，若本家族中没有合适的，方可过继外姓的孩子。后者要改随继父姓。

绝嗣户的财产，首先由他的兄弟或兄弟之子继承，若没有，则由本房族中近亲的男姓成员继承。继承者要负责死者的安葬费用。如果死者是外地搬来的，在此地没有兄弟又无房族，由村里将其财产变卖，作为死者的安葬费用。

寡妇不改嫁可继承丈夫的财产，家里的土地可由丈夫的兄弟和侄子耕种，给她生活费用。如寡妇有儿子，待儿子长大成人后再继承亡父的财产。如果无儿无女，寡妇死后，财产由亡夫的兄弟或侄子继承，死者的后事亦由继承财产者承担。寡妇在世时，如生活上有困难，经过本家族同意，可变卖自己的一部分财产，但变卖的东西要先由本族过目并表示不愿买后方可卖给别人。

寡妇改嫁不能带走亡夫的固定资产，只能带走少量的动产，如鸡、猪或锄头、镰刀、背篮等。【《云南少数民族社会历史调查资料汇编(五)·彝良县洛旺区苗族调查》，页9】

女子无财产继承权，最多在出嫁时分得一部分生活资料。占有娃子的人家，可得到陪嫁一至数个丫头黑彝嫁女，陪嫁丫头有多达10余人者。分家时，财产一般由诸子平分，但幼子稍有优先权，除得与诸兄同样一份财产外，可另得父母的正房和其他生活资料。【《云南小凉山彝族社会历史调查·宁蒗彝族自治县跑马坪乡彝族社会经济调查》，页56—57】

家庭的财产主要是男子继承，女子无继承权。在白族中流行着一句"男子得田产，女子得肚皮"的俗话，即只有男子才有分得财产的权利，而女子只是由家庭养大，给嫁妆，出嫁就完事。女子之所以不能享有财产继承权，主要是认为女子出嫁以后，其财产便带往夫家，这样财产便从本家而流向外家去了。在家庭中，凡是男子都有财产继承权，分家时，家庭的全部财产，除留给父母一份养老田外，所有土地包括水田、旱地、墓地、房屋，以及各种生产工具和生活资料都一律由几个儿子平分。因此，平均分配财产便成为该地白族财产分配的主要形式。但是在财产分配中，长子仍占有一定的优势，如分配房屋时，往往分给大儿子一幢正房，有长孙的，还专门配给长孙一份"长孙田"。这主要是认为长子居大，有了长孙便有了继承财产的人了。白族有一句俗话："先得一长孙，好似先种一坵田。"又有"长子立嗣，次子归祖"的习惯。由此可见，长子的地位要比其他诸子高。

家庭在分配财产时，往往要请到本族中的老人，与之商量，征得其同意。分配时要写清单，各子均存一份。大家庭分居时的财产分配，有子者由子继承，无子时便将财产分给近亲，无近亲时给远亲。有的家中无嗣，还有养义子的习惯。养子当地称为"抚子"。养子可娶媳妇，传家接代，继立后嗣，为财产的继承者。收养子时，除给养子取名外，还要请客，给养子缝一套衣服，并写文据，从而确立养子取得财产继承权。【《白族社会历史调查（一）·剑川县下沐邑村白族社会经济调查报告》，页 93—94】

家庭中财产的继承关系，历来只能是男子有继承权；女子招赘后才可继承。分家时，首先须经过家长_{父母、祖父母}和弟兄们的同意，再请族内亲友证明，或当地老人作证。在财产分配上，长子一般具有优先权，可选择较好的田地、房屋，或多分得一些。有些地区还普遍存在着"长孙田"，即长孙在分家时也可得到一份财产。大理海东一带，长子虽有优先权，若弟妹尚未结婚，长兄也有责任帮助他们成家立业。在洱源西山，情形却又相反，而是幼子稍有特权，分家时必须给他最好的房子。如果分家时幼子尚未结婚，诸兄还要共同负担其结婚费用。对于老人，一般都留有"养老田"，哪个儿子供养老人，即负责种植"养老田"。老人死后，弟兄均分"养老田"，并共同负担安葬费。【《白族社会历史调查（一）·白族文化习俗诸方面的调查材料》，页 190】

遗产一般为儿子继承，但有个特点是小儿子可以分住主房或大房。俗语"皇帝爱长子，百姓爱幺儿"。女子无继承权，所谓"嫁出去的女，泼出去的水"。但是无子有女时，可招上门婿，有继承权。夫死无子，妻可继承财产。如夫死公婆尚在，则往往逼寡妇再嫁，但一般由寡妇自己决定。多数则由公婆或其兄弟等，偷偷地把她许给某某人，接受了银钱彩礼后，约定日期时间地点，由男方约人在女方协助下，把寡妇哄骗或强抢而去。寡妇没有选择对象的自由了，只好认命。在这种情况下往往造成老夫少妻或蠢夫娇妻的错配悲剧。还有一种情况，夫死而无子女者，公婆或寡妇本人可以另行招夫，所谓"招夫养子"，可以照上门女婿继承财产。家中兄弟二人以上分家时，除父母留有"养老田"或"养老钱"外，财产平分。但长孙和诸伯叔同等得一份，外还得一丘"长孙田"。分家时，如长子已死，则长孙亦具有此权利，因而具有长子继承的特点。分家时，必须请族长、族内亲老及乡老作证人，并写分家契约。族长和较亲的长辈或堂兄弟子侄为主要证人，签字盖章认可。【《白族社会历史调查（三）·大理喜洲十六村的白族家庭和宗族调查》，页347】

勒墨人的财产可分动产和不动产两大类：动产主要有农具、牲畜、家具、粮食、装饰品等，这些财产先于不动产成为勒墨人的私有财产，构成家庭财产的主要部分。不动产主要是土地、住宅。土地私有化是在100多年前开始出现的，随着土地私有化的发展，它在家庭财产中的地位日益加强。但是，在氏族或家族公有地大量存在的条件下，人们可以在公有地上开荒，解决无地和少地的困难，这又妨碍了土地在家庭财产中日益重要的地位。勒墨人的家庭财产实行父系继承制，由父传子继承。诸子可以同时继承父母的财产，但幼子可以享有优先继承权，如可以独占父母居住的祖屋及周围的宅园地，可以析分数量较多、质量较好的土地、农具、牲畜、家具等。女儿除了出嫁时由父母陪送数目不等的嫁妆，如家具、衣服、装饰品等外，不能继承父母的其他财产。她本身在婚姻关系中已成为人们买卖的对象，能为父母索取更多的彩礼。

享有财产优先继承权的幼子，必须承担对父母的义务。若他不赡养或虐待父母时，他不仅会遭到社会舆论的指责，而且随时有被剥夺对家庭财产继承权的可能。父母可在其他诸子中另选一个儿子来继承祖业，并由他承担对父母的义务。有女无儿的人家财产应由他兄弟或侄儿继承，但后者要承担对前者养老送终、代还债务的义务。少数人家征得本家族同意，可以让女儿招女婿上门。入赘女婿在保证赡养岳父母的前提下，可继承岳父母的财产。无儿无女的人家经本家族同意，可以通过从本家族或其他家族中抱一个男孩来做过继养子的办法来立嗣。过继养子的人家要向被过继子的人家赠送一份厚礼，带有买子的性质。他还要杀一头猪，备一些酒、饭等，先祭一下三角架，告诉祖先家里增加了一个新人，请祖先保佑他。同时宴请双方家族老人，当众宣布过继养子这件事，以得到双方家族的承认。从此这个男孩才算是本氏族本家族的成员，以后他有什么困难本家族的人要尽力帮助。养子要赡养养父养母从而有权继承他们的财产。勒墨人没有必须从本家族中过继养子的规定。【《白族社会历史调查（三）·怒江傈僳族自治州碧江县洛本卓区勒墨人（白族支系）的社会历史调查》，页70】

勒墨人的财产实行幼子继承制。家庭财产主要由幼子继承，其余诸子也可分得少许。如本人无后代，财产由兄弟之子继承。如兄弟也无后代，财产由家族或氏族中较亲近的人，即由近亲继承。无子女的人家可以过继养子，有女无儿的人家可以招女婿上门。养子、入赘女婿对养父母、岳父母尽了养老送终的义务，可以继承养父、岳父的遗产，也可以继承养父、岳父兄弟的遗产如养父、岳父兄弟无后代。若丈夫去世，其妻不改嫁时，可以继承其夫的财产。外甥无权继承舅父的遗产。财产继承人有承担处理死者遗留问题的义务，如偿还债务、招待亲戚等。【《白族社会历史调查（三）·怒江傈僳族自治州碧江县洛本卓区勒墨人（白族支系）的社会历史调查》，页110】

弟兄间继承也有差别：家族各户内部继承土地通常是父亲在时就"当家"代父亲当家的，父亲死时在身前抬头接气的或最先分出立户的大儿子，都享有较多的土地，其余，都是平分，未成年的子女一般都不分土地。如城子岩书家弟兄三人，大哥最先分出立户得30亩，本人因为既"当家"又"抬头接气"，分家也得30亩地，而他的弟弟只得16亩。

绝户土地及抽补问题：一代弟兄中长子绝户，土地由次子继承，次子绝户，由长子继承，若完全死亡，则土地由族内无田少地户分配。至于抽多补少，据说城子无此陈规，曼蚌寨过去由于土地传递不均，在特殊情形下，经族内商量同意时，可由老户或长子抽出一部分。【《傣族社会历史调查（西双版纳之五）·勐海曼回宫寨调查》，页105】

无论水、旱傣的家庭都已是个体家庭。家庭内以父系男性为主，家内诸事均由男主人决定，女子只有提出建议的权利而无决定权。在财产继承上，唯男子有继承权，嫁出的女子不能分财产，如是无子多女户，财产也可由女子继承。凡兄弟数人之家庭，长子、次子婚后，需要析居要视其家内有无劳动力，若幼子长大，家里已有全劳动力，则可析居分出，留幼子与父母同居。财产除私房首饰银钱外，其他耕牛、农具等，一小部分由分出者均分，大部分留给父母与幼子。分出者另向伙头要求分给土地。无子者，长女招赘，其余嫁出，子幼、女长者，也是先招赘长女，待子长大后，随其婿另行分居，财产也视情况分给一部分。【《临沧地区傣族社会历史调查·耿马地区傣族社会历史调查》，页47】

儿女都有继承父母财产的权利，但如果兄妹多人，父母财产并不是平均继承，而是由父母选择其中最满意的一个儿女。继承者负责赡养父母，并为父母养老送终。兄妹关系如果比较好，继承者可以把父母的财产分给非继承的兄妹一部分，这要根据继承者的意愿，不分给其他兄妹也视为正常，不会有意见。迁居外寨的，不能分给。分家而未继承父母财产者，作为新立户，在村社帮助下开垦土地，建家立业。傣族老人认为，姑娘比儿子更能体贴老人，孝敬老人，不嫌老人事多，不嫌老人脏，因此往往选择姑娘做自己继承人的比选择儿子的多。据统计，曼榜寨19个已经失去劳动能力的老人中，13人选择姑娘为自己的继承人，占68%；选择儿子为继承人的只有6人，占32%。【《临沧地区傣族社会历史调查·耿马县孟定区"傣德"社会习俗调查》，页123】

财产的继承和处理

父母的财产土地除外儿女都可继承。若父母死，将所有财产先抽出一份，作为给死者享受，可由儿女中一人经营；经营这份财产的，要保证完纳封建负担，在一定时期给死者做"赕"，超度"亡魂"。弟兄分财产，若有父母者，则须首先提给父母一份，一般是大儿子要多得一些，小儿子少得一些；若是上门的姑爷，又要比亲生儿子更少些。

若无人继承，则全部交给寨上，由头人召集群众公议处理。不愿在本寨者，仍须得到头人允许、群众同意才能离开。其财产土地交归寨上，房子不能卖，留给寨子，其余财产可全部带走。寨上的人说："外迁户的财产，谁也不愿要，因为搬出去的人，总是在寨上住着不顺气的人才外迁的。"【《傣族社会历史调查（西双版纳之五）·勐海曼真寨调查》，页42—43】

分家时，父母都随幼子，父母如仍有劳动能力，要分给他们和诸子同等的田地。无劳动能力时，可多给幼子一些田地。诸子每年须供给父母若干粮食。如果有未成年的妹妹同随父母生活时，则要多分一些财产，作为未嫁妹妹将来的陪嫁物。这份陪嫁物一般只有牛羊、衣服，只有地主人家才给女儿房屋、土地作陪嫁。虽然没有儿子，但如果弟兄中有侄子或叔伯侄子，则产业必须给这些侄儿，而不能给女儿。如果想招赘女婿上门，必须征得族中的侄儿同意才可以。没有儿子的，都可以由其兄或弟的儿子中任选一侄作自己的养子，其兄或弟除非只有一子，否则不许不给。同一氏族中只要家谱上能够查出，即使远至十五六代也不能互相通婚；遇有婚丧事情，或其他特别需要时，要互相帮助，有事借给钱不许收利。彼此间有纠纷时，要请同氏族老人来排解，非经族中老人调解不能告至官府。【《基诺族普米族社会历史综合调查·兰坪、宁蒗两县普米族社会调查》，页 102—103】

财产由男子继承，男子一旦结婚便要建立新家庭，但家中财产要归幼子继承。女儿无继承权，如无子而招上门女婿者例外。未婚的子女可以拥有自己的个人财产，其财产包括牛、猪、鸡、粮谷和衣服等，女子结婚可将其财产带至夫家。【《景颇族社会历史调查（一）·梁河县邦角文化站邦角乡盆都景颇族社会调查》，页 181】

在财产继承关系上，子女均有继承父母财产的权利，一般是大部分财产为幼子所继承。长子婚后就分居，分居时可以分得一些生活用具如三脚架、铁锅等，某些较富裕的家庭，还能分得一些生产工具，如 1 把刀、1 把锄或 1 把斧。至于重要的生产资料如水田、耕畜则不能分得富裕户也有分的。如无子，女儿也能继承父母的财产。【《景颇族社会历史调查(二)·陇川县邦瓦寨景颇族调查报告》，页 42】

景颇族的家庭，一般都是包括 2—3 代直系亲属的小家庭。家庭的世系以男性计算，财产承继亦从男性，并特别重视幼子继承。在通常情况下，长子结婚后即从老家分出，分家时可根据家庭经济情况分得部分生产资料和生活资料，父母和幼子在一起生活，家业由幼子继承，不论父母在否，幼子所得财产总是多于长子。如果自幼父母双亡，则长兄有责任抚育幼弟，并为他娶妻成家，然后依次分出。分家一般均由父母决定，不请中人，亦无争夺财产的情况。如果有女无子，可以招婿，上门婿不能继承岳家的财产。这种财产继承关系，是与他的家庭、婚姻制度密切联系着的。【《景颇族社会历史调查（二）·瑞丽县雷弄寨景颇族调查报告》，页 60】

景颇族重视幼子继承，幼子称为"乌麻"有如下权利：

幼子守老家，继承父母的一切财产；而兄长们一般是结婚后即分出居住。

分财产时幼子要多得一些。如财产多时，则兄长各分一份，将多的一份及留给父母的一份传给幼子；如财产很少，则全部留给幼子。

幼子家有事，哥哥们都要回来帮助。如幼子闯了祸，哥哥们还要帮助赔款。

分出居住的哥哥在开始几年必须回老家祭鬼，如分"木代"鬼时也需先在幼弟家"木脑"几次后才能分出去。分出时还要给幼弟送一定礼物。

分出居住的哥哥家祭鬼时，要以最大的肉包送给幼弟家，祭鬼剩下一条牛腿时，要同幼弟家共同分吃。

分出居住的哥哥不管幼弟多么不能干，都要尊重，不能对他有任何欺侮和歧视。

如是大家庭，当幼弟的年龄达到能当事时，则过去主持家务的父亲或哥哥们必须把家务交给幼弟当家。

山官家里，继承权主要也是幼子。如供有"拾滴鬼"的官家，也只能由幼子继承。如兄长们要来分"拾滴鬼"时，必须出一份厚礼给幼弟。也有个别兄长们特别能干，经协商后，留老家当官的。

这种与老家的关系一层层分下来，越往下关系越密切。但如在一个寨子里有若干老家，则以最老的老家威望最高。如本寨公推家是娃卡、娃卡美和娃卡直卡家最老的老家，在寨中威信也最高。

"老家"景颇语称"恩大格把"，在"贡沙"社会中，是最被重视的；在"贡龙"社会中虽已不严格，但还是一直被人记述的。他们不仅能说出本家的老家，而且能说出江心坡下来各个地方的老家。如鼎仁寨木丝家的老家在三零布以后迁往克弄、罗孔、昔董，最后到支丹山。又如我们的翻译李明光同志此次到鼎仁寨，他能说出几代前的老家在鼎仁寨，因此鼎仁寨的景颇族就非常厚待他。据说过去在江心坡一带，要是旅客不能说出自己或"木育—打玛"家几代历史，很有可能被抓去当奴隶。可见他们对此重视的程度了。这也许是他们记述历史和联系团结本寨民族的一个重要方法。

这种以老家为核心的分支分姓，现在还在不断分裂繁衍中。……【《景颇族社会历史调查（三）·莲山县乌帕乡乌帕寨社会历史调查》，页16—17】

在财产的继承关系上，也反映了幼子的家庭地位。如果老家的财产较少，兄弟关系不睦，则长兄空手出门，分不到财产；如果老家比较富裕，兄弟情感笃厚，长兄可分到部分田地耕畜，但大部分需留给幼弟。此外长兄分居时，如欲分得"木代"鬼，必须举行隆重祭典，并向幼弟送一定的礼品，在道义上长兄有尊敬老家，帮助幼弟解决困难的责任。

在山官家庭里，官位的继承权属于幼子。长子分居后，如去他寨当官而向幼子分"拾滴鬼"时，要出一份厚礼。

这种幼子继承制，在"贡沙"社会中特别受到重视，在革命后的"贡龙"社会中如现在的乌帕寨则比较淡薄了。在孔木单，幼子继承制已很不严格。分家时除家庭特别清寒，长子不分财产外，一般是父母和诸子平均各得一份，幼子留守老家赡养父母，则父母的一份也为幼子所得；如幼子不愿留守老家，则也如其他诸兄一样分得一份，并无特殊权利。

女子一般没有继承财产的权利。富裕者女子出嫁时，兄长赠以牛或其他礼品。若父母无子，而女儿未嫁者，父母死后女儿可以继承家产；或虽嫁而为父母安葬、埋魂者，亦能继承父母财产，否则归代为安葬、埋魂的近亲所得。女子招婿，亦有继承财产的权利。

景颇族称老家为"恩达格巴"，老家具有很高的威信。他们往往从一个老家分出若干户，以老家为核心，形成具有血缘联系的小集团。即使在迁徙后，老家的所在地犹记忆不忘。这种血缘联系随着地域联系的日益广泛，其意义也日益减弱了。如乌帕寨近四五十年来在幼子家举行重大的祭典——"木脑"已很少了，对老家尊敬的意识也日渐淡薄。

幼子继承制和对老家血缘联系的衰落，在一定程度上反映了景颇社会一夫一妻制的日臻稳固，它是私有制进一步发展和地域联系不断加强的结果。【《景颇族社会历史调查（三）·德宏州景颇族三个点的调查总结》，页 40】

幼子继承权不严格。只在人们思想意识上，重视幼子继承权。如荣贵昌有 4 子，长子荣达邦留守老家，其他 3 子均分居。又如荣可英与荣可江两兄弟，大哥荣可英留守老家，荣可江分居。分出去的儿子，生活用具可分得三脚架、铁锅等；生产工具可分得铁锄、长刀等；重要生产资料如水田、耕畜也可分得少部分。总之，分居时获得财产多寡，以家庭经济条件好坏而异。留老家之子分得财产要多些，因为他要奉养父母。

……

寡妇有继承丈夫的产业权，可以招收丈夫和养子，但是，必须首先在本家族内招。招夫或改嫁，必须同山官、"思音"讲，并要取得亡夫家同意方可，否则无效。【《景颇族社会历史调查（三）·盈江县大幕文乡硪汤

寨（宝石岭岗）景颇族（茶山支）社会历史调查》，页121】

财产继承权　儿子们可以平分家财，幼子继承已不严格，只有些残余，如做母亲的偏爱，就多分一些给幼子，女儿们则无权分得。年轻无子的寡妇如外嫁，其亡夫家有叔伯兄弟等人在，则不能继承亡夫之财产；如夫家死绝，则可任意处置，别人不得干涉。绝嗣者可以招赘婿或领养子来继承，否则死后由埋葬者继承。非婚生子长大后仍可找其生父分得家财，如母他嫁而跟去，则与后父之子同等。山官视哪个儿子乖灵，就定哪个儿子为当权山官。【《景颇族社会历史调查（三）·梁河县芒东区邦歪寨社会历史调查》，页166】

无论官家和百姓，一般是父亲当家，父亲死后，母亲有能力就由母亲当家，若母亲无能力或父母均死，则由幼子继承家业。若父母双死而子年幼不能当家对，则由寨头代管，等幼子长大后，再交幼子自行掌管。山官亦是由幼子袭职。【《景颇族社会历史调查（四）·瑞丽县南京里景颇族浪速支情况》，页50】

财产继承权

一般是长子结婚后，即分居另立门户，幼子留居老家，只有少数由于幼子因为父母不喜欢，才将他分离出去。分居时，财产由各子平均分配，不能平分的则采取折价的办法。如有牛1头，兄弟俩都争着要它，那么，父母将牛折成100元，谁要谁就折付50元给另一兄弟。分居时，房子一般不分给出去的儿子，归留守老家的儿子所有，但是若父母无力给分居的儿子建房，或家中尚有多余之屋，可酌情分给一小部分。分居的儿子，所建房屋费用由全家负担。对于父母的给养，在平分父母财产时，将最好的田抽一两箩面积出来，由留守老家的儿子耕种，这份田专供父母养老之用，称为"供应田"。父母之需，不够则由留居老家的儿子负责。

……

绝嗣户财产的处理

迁出之户，或绝嗣户的财产，全部归其近亲所有，若无近亲则归其家族，若无家族则归村寨公有。如腊撒海朗寨许老抱迁去缅甸，全部财产由堂兄许心德承继；同寨熊田寿、熊民弟两家死绝后，其财产全部归其近亲熊老熊所有；再如腊撒蛮东寨全家死绝的腾老买，其财产全部归其堂兄弟腾必芳、腾翁版所有。出卖土地，要经家族同意。在出卖时，首先考虑出卖给本家族内；若家族内无人购买，方可出售给本村寨其他异姓而异姓又无人购买，才能卖给外寨。另外，出卖土地不能一下子卖光，要留有余地。土地出卖后，若卖主不赎回，其家族有权赎回；若家族无人赎回，经家族同意，本寨其他异姓方能赎买。由此可见，家族在现行社会中，还存在着一些残余的约束力。【《阿昌族社会历史调查·户腊撒阿昌族社会经济调查》，页 37】

家长死亡由其长子或幼子继承，女的不能做家长，即使幼子只有四五岁也要当家长，其他兄弟须服从。某些人家因幼子软弱，找一个有力的姑爷来代理家长职务。代理者只管各家庭公务，家长所享有的包耕或送礼谷还是由家长继承人享受。代行家长职务的姑爷死后职务交还其妻方兄弟，如要姑爷继承，则必须由"给闷"长老、"着八"同意后方能成为家长，但必须另换家神神位。

当家人死后，其财产由继承家长之子继承不动产和一部分动产，其余一部分动产由其他亲生儿子分享。非亲生子和姑爷只能拣点家具什物用。

各"估"之家长死后，财产由儿子继承。若是大家庭当家人之血亲无子女，其妻由其兄弟娶为妾，继承财产。【《拉祜族社会历史调查（一）·澜沧县糯福区拉祜西（黄拉祜）社会经济调查》，页 11】

在财产继承上，不论男女，供养父母的，多得一份，别的兄弟去上门，女人在家，不供养父母都得平均分。【《拉祜族社会历史调查（一）·耿马县孟定区芒美中寨拉祜族社会经济调查》，页 104】

这里拉祜族实行一夫一妻的小家庭制。关于历史上大家族问题，在这次调查中，尚未发现。财产的继承方面，男女均有继承权，分家出去的男子和出嫁的女子，以及尚未分家出去的男子和未出嫁的女子，在分配财产时一视同仁。但男子在入赘期间，所分得的财产一律不许带走，均留在家中，待上门期满回来，另立门户时方可带走。另外，同父母在一起过日子的儿女，分配财产时多分一份，因他负有养老人的责任，这份财产在未分配财产之前就已经提出。父母死后，这份财产则由这个儿子继承。若生前无子，死后财产由女儿和女婿继承。若子女均无，死后则由兄弟继承。【《拉祜族社会历史调查（一）·孟连县南抗乡荫山寨拉祜族社会经济调查》，页 145】

（一）孟马区帕良乡情况：……儿女均有财产继承权，但负责抚养父母分 2 份，分出者分 1 份，因此幼女常多分。

（二）南雅区拉祜族家庭形态：……父母多由幼女扶养，其他子女有在妻方父母家劳动3年，然后在夫方父母家劳动3年的习俗，然后分居另建家庭。留家的幼女一般继承两份财产，其他兄弟姊妹各继承一份。【《拉祜族社会历史调查（二）·孟连沧源两县拉祜族家庭婚姻概况》，页38—39】

贺勐的拉祜族，其财产多半由在家负责扶养父母的女儿和女婿继承，女儿和女婿要分出去独立时，根据家庭经济条件，分给土地、耕畜、生产工具和家畜等。例如：①中贺勐的扎波同班奈寨的那米结婚，扎波在那米父母家劳动3年，分出时，那米父母分给牛1头，以及犁铧、锄头和镰刀等部分生产工具。②扎透有3女1子，长女那米和扎提结婚，那米和扎提负责抚养扎透和母亲，那米继承房屋、牛3头、步枪和铜炮枪各1支。次女与本寨扎波结婚，未分给任何财产，三女与本寨扎波结婚，仅分给水田1亩。儿子小扎透和那波结婚，分给牛1头，那波父亲扎若也分给那波1头牛。③扎波外出结婚，扎波父母由妹妹那俄和那俄丈夫扎够抚养，扎波父母的2亩水田和1头牛由那俄和扎够继承。【《拉祜族社会历史调查（二）·孟连沧源两县拉祜族家庭婚姻概况》，页41】

财产的继承是这样：有几个弟兄的家庭分财产时，留家的那个应多分得一些，原因是他在家有供养老人的责任，其他儿子则少分些。女儿也同样有分得家产的权利，但只能分得银首饰、银子、生产工具、槟榔盒之类，不能分得私有土地。若无子女，可以收养子，养子同样可继承家产，不受社会舆论的任何干涉。若一家人死绝了，其财产则归考公公有。布朗族的某些亲属称谓，各寨略有差异，这主要是寨子分散，往来不多，以致称谓上发生了音变。【《布朗族社会历史调查（一）·勐海县巴达区曼瓦寨布朗族社会情况》，页47】

头人的选举是实行"族内继承制"，即是说当老岗被免任了，只能由该老岗氏族内的成员继任，召曼被免任了，也只能由该召曼氏族内的成员继任。所以还没有完全脱离氏族脐带，村寨头人往往也是氏族内的氏族长或氏族内的头人。【《布朗族社会历史调查（一）·勐海县巴达区曼瓦寨布朗族社会情况》，页48】

结婚后，若母家绝嗣，女儿不能继承财产。婚后家中一切财产由妻保管处置，有疑难与其夫商量，在劳动中女的也是主要劳动者，所以她的地位并不很低下。但是妻不能继承财产，且再嫁时亦不能享有田地之权，而从赘婿之子女随父姓，由此也可看出，妇女的地位在日趋下降。【《布朗

族社会历史调查（一）·双江县邦驮乡布朗族社会调查》，页93】

房舍、用具等财产一般均传给赡养父母的儿子或由赡养父母者优先继承。儿子婚后与父母分居时，可获得少量财产。无子或儿子已死者，财产可传给女儿继承。【《布朗族社会历史调查（二）·勐海县布朗山章加寨布朗族社会调查》，页21】

男女均可继承家庭财产，老大可多分得一些，姑娘嫁到外寨的，可以分得一些动产，土地、茶园、竹篷一概不赔嫁，但她们有权回本寨砍竹子和摘茶叶。若有某户外迁，其财产土地、茶园、竹篷等不动产可赠送给本寨的亲戚，其他动产和物品可以带走。【《布朗族社会历史调查（三）·勐海县打洛区曼夕寨调查》，页23】

子女结婚后，只留一子照料父母，其他子女则与父母分居，另组建个体家庭。儿子有继承父母财产之权，女儿无继承权，若招女婿上门，女婿可以继承岳父母的家产。【《布朗族社会历史调查（三）·施甸蒲满人（布朗族）社会文化调查》，页57】

一个家庭的财产继承权一般由男子来继承；如果没有男孩，女孩子可以招赘，入赘的女婿能像儿子一样对待岳父母，这样的女婿可以继承女方的财产，不受舆论的歧视。【《哈尼族社会历史调查·景洪县南林山哈尼族社会调查》，页113】

中华人民共和国成立前该区苗族家庭财产一般只有草房、牲畜、农具、粮食及生活用具，耕种的土地都是外族地主的。家庭财产实行父系继承制，女儿无财产继承权。没有儿子的人家，如果姑娘已出嫁，便不能继承父母的财产，在这种情况下，父母的财产由父亲的哥哥或弟弟继承。若有未出嫁的女儿，可招女婿上门，征得本房族同意，姑娘和女婿可以继承父母的财产。

没有女儿的人家，可以过继养子续嗣，但是，过继的养子先要在自己本房族中挑选，没有合适的方可向外族过继，后者须改从继父姓氏，方有财产继承权。

绝嗣户的财产，首先由自己的同胞兄弟或者同胞兄弟的儿子继承，若无同胞兄弟及侄儿，则由本房族中近亲的男性成员继承。继承财产者应负责办理被继承人的安葬事宜并负担费用。如果绝嗣户系外地迁来，没有自己的本房族亲人，则由本村将其财产变卖作为其安葬费用。寡妇不改嫁可以继承丈夫的财产，年老后，其土地可由亡夫的兄弟或者兄弟之子耕种，供给她生活费用，如果有儿子，待儿子长大成人后再继承亡父的财产。如果寡妇没有儿子，她死后，财产由亡夫的兄弟或者兄弟之子继承。

寡妇改嫁不能带走亡夫的家产，只能带走自己的衣服等生活用品和劳动工具等。【《云南少数民族社会历史调查资料汇编（五）·屏边苗族自治县姑租碑苗族社会历史调查》，页33】

该区苗族的财产实行父系继承制，一般情况女儿没有继承财产的权利。如果父母无子、只有女儿，未出嫁的女儿可招女婿，负责老人的生养死葬，在这种情况下，女儿有财产继承权。无儿无女户的财产由本族中的近亲继承，生养死葬亦由继承财产者负责。【《云南少数民族社会历史调查资料汇编（五）·马关县金厂区苗族社会调查》，页44】

财产是长子继承制，并带有一种宗法的色彩。父母的财产由长子继承，然后由长子再分给兄弟们，当然不是平均分配，而是根据长子的需要和情况从父母遗产中分给兄弟们一部分，分给多少由长子决定。个别的甚至一点也不分给兄弟们，这不为社会所非议。这是由于长子负有赡养父母的主要责任。父亲死后长子即为家长，兄弟们尊之若"小父亲"。长子早死则由次子继承。若无儿子，财产由近亲继承。女儿没有任何继承财产的权利。【《佤族社会历史调查（三）·沧源县班洪寨社会调查》，页13】

四 物产及不动产习惯

（一）历代史志文献所见物产及不动产习惯

南广郡……土地无稻田、蚕桑，多蛇、蛭、虎、狼。【常璩：《华阳国志》卷四，"南中志"，齐鲁书社 2000 年版，页 55—56】

其西有裸蛮，亦曰野蛮，漫散山中，无君长，作槛舍以居。男少女多，无田农，以木皮蔽形。【（宋）欧阳修：《新唐书》卷二二二上，"南蛮上·南诏上"，中华书局 1975 年版，页 6271】

东谢蛮……土宜五谷，不以牛耕，但为畬田，每岁易。【（后晋）刘昫《旧唐书》卷一九七，中华书局 1975 年版，页 5274】

牂牁蛮，地多雨潦，俗好巫鬼禁忌，寡畜产，又无蚕桑，故其郡最贫。句町县有桄榔木，可以为面，百姓资之……又云土气郁热，多霖雨，稻粟再熟。无徭役，惟征战之时，乃相屯聚。【（宋）王若钦等编撰，周勋初等校订：《册府元龟（11 册）》卷九百六十，"外臣部（五）土风门二"，凤凰出版社 2006 年版，页 11120】

牂牁蛮①，在辰州西千五百里，以耕植为生，而无城郭聚落，有所攻击，则相屯聚。【（宋）欧阳修：《新五代史》卷七十四，"四夷附录第三"，中华书局 1974 年版，页 921】

土僚蛮②：山田薄少，刀耕火种。所收稻谷，悬于竹棚之下，日旋捣而食。常以采荔枝、贩茶为业云。【（元）李京撰，王叔武辑校：《大理行记校注 云南志略辑校》，"诸夷风俗"，云南民族出版社 1986 年版，页

---

① 隋唐、五代时，因居住在古牂牁（今贵州的大部分及广西、云南部分地区）故地而得名，是贵州地区古代民族的泛称。

② 今壮族。清朝时称为土僚、花土僚、黑土僚的皆是壮族。

95】

广南府：侬人沙人①，男女同事犁锄，构楼为居。【（明）刘文征撰，古永继校点：（天启）《滇志》卷之三，"地理志第一之三·风俗"，云南教育出版社 1991 年版，页 111】

顺宁府：境内男耕女织，鲜习文字。【（明）刘文征撰，古永继校点：（天启）《滇志卷之三·地理志第一之三·风俗》，云南教育出版社 1991 年版，页 111】

镇沅府：郡多僰夷……妇勤耕蚕无少暇，产子浴于江。《旧志》。【（明）刘文征撰，古永继校点：（天启）《滇志》卷之三，"地理志第一之三·风俗"，云南教育出版社 1991 年版，页 112】

黑倮倮……其在曲靖者，居深山，虽高冈硗陇，亦力耕之，种甜、苦二荞，善畜马。器皿用竹筐、木盘。【（清）倪蜕：《滇小记》，"滇云夷种"，《云南丛书》第九册，中华书局 2009 年版，页 4643—4644】

罗缅②，禄劝有之。耕种山田，肩挑背负，采薪拣菌贸易盐米。【（清）倪蜕：《滇小记》，"滇云夷种"，《云南丛书》第九册，中华书局 2009 年版，页 4651】

栗粟，近城四山、康普、弓笼、奔子栏皆有之……男女常跣，喜居悬崖绝顶。垦山而种，地瘠则去之，迁徙不常。【（清）余庆远撰，李汝春校注：《维西见闻纪》，维西傈僳族自治县志编委会办公室编印 1994 年版，页 51—52】

宜良县：所属夷民有倮倮，僰人数种，撒弥。倮倮，男挽发如鬏，长衣短裤，妇短衫短裳，拙于治生，不敢为盗贼。居山者贩薪于市，住水者举家捕鱼，仅能自给。僰人风俗略与倮倮同，各安耕凿，不事悍强，与山箐负隅者异。【（清）刘慰三撰：《滇南志略》卷一，方国瑜主编：《云南史料丛刊》卷十三，云南人民出版社 1998 年版，页 51—53】

昆阳州：通属汉、夷杂处，地薄民朴，士民耕读，各乐其业。居家俭约，畏法少争，惟彝人言语、服饰、婚姻、丧祭，不无稍异于汉人。所辖无土司，无盐井、铜、铅矿厂。各村寨若干，民数若干，场集若干。【（清）刘慰三撰：《滇南志略》卷一，方国瑜主编：《云南史料丛刊》卷

---

① 今壮族。

② 今哈尼族。

十三，云南人民出版社 1998 年版，页 70—72】

赵州：昆弥岭有南北之分，而土风亦因之以异，岭北田少人多，虽皆力稼而鲜恒产；岭南土满人稀，荒芜者众。上十八村善良务本，学文畏法，下十八村耕读贸易，汉、僰相兼。弥渡市五方杂处，习尚稍殊，下川汉、夷相杂，务学重农，白崖耕织相兼，回汉杂处。余与各属同。【（清）刘慰三撰：《滇南志略》卷二，方国瑜主编：《云南史料丛刊》卷十三，云南人民出版社 1998 年版，页 82—85】

宾川州：种人有阿者、倮倮、东僰、乌蛮之苗裔……种杂粮，计田输税。性好迁徙，居盘江外，服食似黑倮倮，其性平易，无争斗之习，广西州亦有之。境内无盐井、铜铅矿厂。【（清）刘慰三撰：《滇南志略》卷二，方国瑜主编：《云南史料丛刊》卷十三，云南人民出版社 1998 年版，页 95—97】

临安府：窝泥……耕山牧豕，纳粮赋，与齐民杂处村寨……拇鸡，居多负险，以竹为屋，迁徙无常，俗好斗，性愚而诈，佩刀负弩。捕生物即食。有占卜，用鸡骨。耕山种荞，输税。【（清）刘慰三撰：《滇南志略》卷二，方国瑜主编：《云南史料丛刊》卷十三，云南人民出版社 1998 年版，页 101—107】

鹤庆州：种人有怒人①、麽些、古倧②、俅人③，惟黑倮倮最贵，凡土官营长，皆其族类也，又号海西子……耕缉樵牧为生，石灸火炮为食。【（清）刘慰三撰：《滇南志略》卷三，方国瑜主编：《云南史料丛刊》卷十三，云南人民出版社 1998 年版，页 184—186】

开化府：所属夷人三十余种。喇乌，多居边地，性愚劣，自为耕织，男女蓬头跣足，面黧黑而身短小。议婚先订礼银数两，耕牛一条，嫁无妆奁……白拇鸡，朴直小心，不能受屈，种旱稻、杂粮、棉花等物，居瘴地，衣服自为织染，饮食更属淡薄。【（清）刘慰三撰：《滇南志略》卷四，方国瑜主编：《云南史料丛刊》卷十三，云南人民出版社 1998 年版，页 228—232】

云南府：耕织、贸易各安其俗。【《康熙云南府志·卷二（1）·地理

---

① 今怒族。

② 今藏族。

③ 今独龙族。

志之七·风俗》，页57】

晋宁州：农急于耕，女勤于织。【《康熙云南府志·卷二（1）·地理志之七·风俗》，页57】

宜良县：男务耕读、女勤织绩，邑有弦歌，士尚气节；至彝民虽有倮倮、僰人数种，各安耕凿，不事强悍，与山箐负隅者异。【《康熙云南府志·卷二（1）·地理志之七·风俗》，页57】

罗次县：民生朴素，不善商贾，士安诵读，农务耕耘，而外安分省事，少奢华之风。【《康熙云南府志·卷二（1）·地理志之七·风俗》，页57】

禄丰县：士敦礼仪，民畏法度，言语、服饰尤为淳朴，土人散处乡村，虽椎髻皂衣，皆安耕凿，咸听吏治焉。【《康熙云南府志·卷二（1）·地理志之七·风俗》，页58】

易门县：彝多民少，性健好争，山处高深，地半荒瘠，迩来沐浴圣化，士亦知书，农安耕读，略无旧习，稍有淳风矣。【《康熙云南府志·卷二（1）·地理志之七·风俗》，页58】

《周礼·三农》谓"山农、泽农、平地农"也；注：山农，南方之刀耕火种，邑蜀滇南之雷鸣田也；泽农，江南之葑田、广东之海籓，谚所谓："屏水插秧、撑船割稻者"也；若平地农，只可以言中原，不可该边甸也。平彝绝无平原亩，若阶梯山地无水，种荞麦豆粱之类。大约种稻者，皆曰"田"；种杂粮者，皆曰"地"。【《康熙平彝县志（10）·卷之三·地理志·风俗（附种人）》，页332—333】

滇俗潴水处，皆称"海子"；高山峻岭谓之"坡"；呼云为"云彩"；初生月曰"月牙"；画角为"画晓"；松茸为"松明"；高田为"雷鸣田"，谓雷鸣雨沛始得播种也。【《康熙平彝县志（10）·卷之三·地理志·风俗（附种人）》，页333】

黑倮倮：……各营长妇，皆细衣短襜，青布套头，居深山，虽高冈硗陇，亦力耕之，种甜、苦二荞，自赡善蓄马牧养蕃息，器皿用竹筐、木盘。【《康熙平彝县志（10）·卷之三·地理志·风俗（附种人）》，页333—335】

仲彝：①习俗俭约，男女皆事犁锄。【《康熙平彝县志（10）·卷之

---

① 今彝族。

三·地理志·风俗（附种人）》，页337】

沙人①，一号"仲家"，习俗同侬人，喜楼居，务耕织。【《康熙罗平州志（19）·卷之二·风俗志》，页190】

妇女尚纺绩。兵燹多年，城与乡无所称殷实家者，人虽至贫，为善不敢怠，返朴还淳，大有其机。【《康熙通海县志（27）·卷之第二·风俗》，页25】

山苏：潜居深山，板片为屋，种荞、稗为食。【《康熙嶍峨县志（32）·风俗（附种人）》，页378】

凡田主往来，或过往行商，另有客房一座，饮食、草料毕备去，不取值；生宿则备酒馔。有公田，各村多寡不等，取租以供客。此上古淳风，特为详之。【《康熙元谋县志（61）·卷之二·风俗》，页135】

种人：摆夷：性畏寒，喜浴，别有书字；女人挑担，男子抱儿杵曰造米，不食夙粮。此种，县属最多。

俅苏：潜居深山，板片为屋，种荞稗为食，又名"俅俅"。

俅伽：② 多耕种山田，肩担背负，采薪、拣菌，贸易盐、米。【《康熙元谋县志（61）·卷之二·风俗》，页135—136】

蒙化川原夷坦，山谷幽深，气暖风和，民淳士朴，男安耕读而惮经商，女乐织纺而薄脂粉，语言质实，不事浮夸，服食淡泊，不趋侈靡，乡党勉于忠厚，士夫耻尚奔趋。【《康熙蒙化府志（79）·卷之一·风俗志》，页46】

一曰俅俅：土著之乌爨也，为哀牢九族之一，多依山谷，聚族而居，甘淡泊，习勤苦，喜射猪，善牧畜，衣则毯袭、麻布，食则火种刀耕。【《康熙蒙化府志（79）·卷之一·风俗志》，页48】

一曰僰人：即"白人"也，编入里甲，有粮差者，谓之"土著"，此蒙诏时从大理属民，以实蒙化者，耕种为业，俗近汉人。至不入里甲，无粮差者，谓之"寄任"。纺织为业，转移无常，富则落业，贫则迁移矣。【《康熙蒙化府志（79）·卷之一·风俗志》，页48】

备乐乡：冠、婚、丧、祭、吉、凶、宾、嘉，一遵《家礼》；尚节俭，勤耕读，朴直坦易，犹多古风；重名节，承先志，耕读相半，不事商

---

① 今壮族。

② "俅苏""俅伽"都是现在的彝族。

贾。【《康熙宁州郡志·风俗》，梁耀武主编：《康熙玉溪地区地方志五种》，云南人民出版社 1993 年版，页 46】

路居乡：地狭民稠，男如朴素，俗重耕耘，朝出暮归；多崇俭，耻浮华；士以科贡开，沿海以捕鱼为生，不事商，实重儒术。【《康熙宁州郡志·风俗》，梁耀武主编：《康熙玉溪地区地方志五种》，云南人民出版社 1993 年版，页 46】

虚于乡：善酿酒，重商贾，重儒，文以士显，武亦继起，耕读各半。【《康熙宁州郡志·风俗》，梁耀武主编：《康熙玉溪地区地方志五种》，云南人民出版社 1993 年版，页 46】

易富乡：多诵读，山尚火耕，文以科目显，武以骑射长。彝人近习礼，重儒术。【《康熙宁州郡志·风俗》，梁耀武主编：《康熙玉溪地区地方志五种》，云南人民出版社 1993 年版，页 46】

婆兮乡：风气渐开，颇尚儒术，近深王化，习尚礼义，勤耕种。【《康熙宁州郡志·风俗》，梁耀武主编：《康熙玉溪地区地方志五种》，云南人民出版社 1993 年版，页 47】

曲江乡：耕读相半，俗近建水，隶宁者俗近通海，四屯风尚，各因地俗。【《康熙宁州郡志·风俗》，梁耀武主编：《康熙玉溪地区地方志五种》，云南人民出版社 1993 年版，页 47】

沙人有黑、白二种，所居架木为楼，四垂檐瓦，男妇共处一室，祖堂、厨灶、卧处备焉，牛宫、豕栅、鸡埘、羊圈、马厩俱列楼下，臭秽□也，□□服饰似汉人，亦雉头，间有戴帽、履袜者。以争占田土为事，多依山箐，出入必携刀枪，酗酒仇杀，其性也。【《雍正师宗州志(18)·卷之下·九考》，页 622】

罗武俣俣：种苦荞熟麦秞，多用弩槟榔。洞六庆里、豆温乡有之。【《雍正师宗州志（18）·卷之下·九考》，页 622—623】

白俣俣性懦、勤耕、稍守法，衣麻，妇短裙，种植与各俣俣同，瓜蕨为食。落竜、芦柴冲、恩谷等寨多有。【《雍正师宗州志(18)·卷之下·九考》，页 623】

阿昌俣俣，① 树皮为屋，掘硐作篱，身披羊皮，种植谷荞、野麻，不知尊卑长幼。阿宁乡、戈必矣、能慕衣有之。【《雍正师宗州志（18）·卷

---

① 今彝族的一个支系。

之下·九考》，页624】

依人齿黑面黄，男女服饰亦似沙人，语言不通，稇危坡绝壁下，临水乃居，种植糯谷，好割犬祭祀，妇种棉纺织。时带环刀、标枪，常以蛊毒害人，形性真如犬羊。五罗河、鲁克丁、利坝陵、蚌别、坟节等处多有。【《雍正师宗州志（18）·卷之下·九考》，页624】

风俗：宾川土燥水少，故炎暑视他州县为独烈，秋成亦视别处为最早。治东负山地乏原泉，不可田而耕也，惟西隅近河，素称沃土，然昔年有赔荒之累，死、徙者十之五六。土著之民终岁勤动，输正供之外，无赢余也……海东、鲁川俗皆白人，今亦多汉文，乐耕读，士风称盛，民俗谨朴。宾居牛井，类皆汉人婚丧，奢靡多至荡产，今亦渐崇节俭，淳厚可观矣。【《雍正宾川县志（76）·卷十一·风俗》，页571—572】

风俗：州为彝壤，自设流迁治后，汉人慕煎煮之利，多寓焉。久之，亦为土著秀者，户诵家弦。朴者刀耕火种，率皆务本节用，各安厥分，盗贼稀少，夜户不闭。岁时伏腊、婚丧祭祀，大略与内郡同。村落狃于夷俗，猝难更易，今已薰陶而渐化焉。【《雍正云龙州志（82）·卷五·风俗（附种人）》，页142】

种人：阿昌①俱以"喇"为姓，性驯，受土官约束……以畜收、耕种为业。【《雍正云龙州志（82）·卷五·风俗（附种人）》，页147】

罗舞：亦山居，颇知伦理，有华风，富者周贫。耕者助力饶荞稗、牲畜。岁春烹宰牛羊，召亲戚会食，歌笑为乐。腊则宰豚，登山顶以祀神。暇则射猎，凡蔓菁笋蕨之属，干而储之，以备荒。披羊皮毛毡，秽气不可近。语非重译不能通。【《雍正云龙州志（82）·卷五·风俗（附种人）》，页147—148】

栗粟：于诸彝中最悍，不栉不沐，语亦与诸彝别，处兰州、连云龙，依山负谷。射猎为生，利刃毒矢，日夜不离身，弋兽即生食。间事耕种惟荞稗，祭赛则张松棚、燃炬，剥獐鹿诸兽骨月。有隙辄相仇杀。散游于棘子寨、瓦窑场、马椒甸、鸡踪洞之间，不特伺隙劫掠行旅，抱夺牛羊，大为归化、师顺之患。康熙五十三年，知州王符通详上宪着落兰州土舍拏解法究后，始知治纪，近今敛迹。【《雍正云龙州志（82）·卷五·风俗（附

---

① 自称因地区而异，有"蒙撒""蒙撒掸""衬撒""汉撒""峨昌"等，汉文史籍中称"峨昌""莪昌""阿昌"，属于现在的阿昌族先民。

种人）》，页148—149】

白倮倮①之种二，而男耕女织，习尚俭朴，衣冠、礼仪一如汉人，惟彝语尚未尽改。居山者，男子裹头跣足，以草束腰，女彝耳带铜环、披羊皮，事耕凿。于诸彝中向化最先，盖其质性原与汉人不相远也。【《乾隆霑益州志（17）·卷之二·风俗》，页33】

干倮倮：于夷人中最贱苦……虽高（冈）［岗］硗陇，亦力耕及之，种惟荞菽燕麦，四时勤苦仅足食，懒农及衣棉者众讲罚之。茅草、（版）［板］片、树皮为矮屋，中设火炊，男女两列坐宿，四时日夜火不断。【《乾隆霑益州志（17）·卷之二·风俗》，页33】

土沃民淳，旺俗富庶，男勤稼穑，女习纺织，俭朴是敦，经营是务，士鳌于学，矜功名好，以文刺讥。贵人、君子循礼义，小人习浮嚣。【《乾隆新兴州志（26）·卷之三·地理·风俗（附种人）》，页449】

《云南杂志》曰"彝耕田三人使二牛，前牵中压后驱，犁一日为一双。其法：以二乏为已，二已为角，四角为双"，注云：约有中原四亩地。乏者遍也。犁二遍曰"已"，已即乏也；乏与已皆竭尽之义，但角为双，不知何义。二乏为已，则二已当是四遍，四角当是十六遍，总二已共是二十遍也，一曰耕四亩二十遍谓之双；一双计四亩，四十双则百六十亩也。王廷筠诗招客，先开四十双用此也按大理风俗至今犹以四亩为双。【《乾隆新兴州志（26）·卷之三·地理·风俗（附种人）》，页451】

麽娑：即《唐书》所称麽娑蛮，性轻捷柔懦，儇慧相高，俗不类泽，语带鸟音，安分畏法，务耕种，畜牛羊，善劲弩骑射，勤俭治生，饮食疏薄。虽馈遗，不过麦酒、束脯。【《乾隆丽江府志略（41）·官师略（附种人）》，页178】

西番：一名"巴苴"，② 喜居高山，性暴悍狡黠，蓬头跣足，善用弩箭，种荞稗，牧牛羊为生，织褐为衣。【《乾隆丽江府志略（41）·官师略（附种人）》，页179】

倮倮：散处荒山，刀耕火种，皆鹤庆、海西子种，性暴戾鸷悍，诸夷鲜与往来。【《乾隆丽江府志略（41）·官师略（附种人）》，页180】

僰人：寄居村寨，代人力作，习俗俭啬，男女皆事犁锄。【《乾隆丽

---

① 彝族中的平民阶层。
② 今普米族。首见于清初余庆远的《维西见闻纪》。

江府志略（41）·官师略（附种人）》，页180】

夷民不习纺织，男女皆刀耕火种，力作最苦，耕用二牛，前挽中压后驱。平地种豆、麦，山地种荞稗，弃地种蔓菁，服食俭约，俗尚古朴。【《乾隆丽江府志略（41）·礼俗略·风俗》，页250】

民风尚朴俭，勤稼穑，市无奇巧之货，人鲜奢靡之行，惟不知纺织贸布，他郡价值高昂，谋食之外，又必谋衣，治生之道良苦焉。【《乾隆永北府志（42）·卷六·风俗》，页25】

邑人呼村落为"寨"，亦谓之"庄"；州泽谓之"海"，平街谓之"坝"。田以分计，"一分"者犹言"一区"，不论多寡；水田收谷多以"尔"计，一尔当斗量二斗，五升谓之"甬"，四甬谓之"尔"。【《乾隆蒙自县志（48）·卷之二·风俗》，页156】

大理府属：大理四州三县，山川各异，而风俗则大略相同……然居民务农耕，妇女勤织纺，须用之货皆自外来。明时……田四亩为一双，土性坚，故耕用双牛。【《乾隆大理府志（一）（71）·卷十二·风俗》，页298】

太和县①：太和附郭，独钟苍洱②之秀，故人文甲于它州县，而民亦称饶明。弘治年，割海东田土属宾川，而太和所辖仅两关以内地，地狭人繁，民力用困，然风气适和，冬至于凉，夏至于温而止，又水自高，下注酾水为碓，激水为磴，而灌溉田亩，无事枯槔之劳。故民之力作独逸焉。力田之余，负贩而出，则子妇勤织纺，贸布匹，家无靡费，市无惰民。族多白人，俗与汉人等，其自外来而长子孙者，今亦为土著。【《乾隆大理府志（一）（71）·卷十二·风俗》，页299】

赵州：赵州昆弥岭③有南、北之分，而土风亦因之以异：岭北田少人多，虽皆力穑而鲜恒产者，则往往深入夸阻，以侥幸于一旦之利，然其俗则朴也。岭之南，土满人稀，荒芜者众，白崖冲道，疲于奔命迷渡④，百货丛集，流民杂处，力田者利归商人，而土著日贫，经商者尚刁诈，而狱讼繁兴，民风由此，其敝也然。士大夫崇经术，鄙浮薄，即妇人、女子亦

---

① 今大理市。

② 即苍山、洱海的略写。

③ 今称为"定西岭"。

④ 今写作"弥渡"。

率以节义自矢。至于耕凿之民，犹慕诸葛武侯之德，去山林，徙平地，耳目不迁，力业有恒。虽以南山僰人，其朴野之气犹有古风，且知礼教，然则赵民固淳，而五方奸宄之徒杂出而浇之，不痛驱除，风可长乎？【《乾隆大理府志（一）（71）·卷十二·风俗》，页300—301】

浪穹县：浪俗之旧，民多务农，士无横议，敦悫谨饬，号称"仁里"……菽粟之外，别无他产。三江水患亦与邓川等。但邓川患在奔流，其功宜密于堤防，浪邑患在逆流，其功宜勤于疏浚。害去则利兴，民富则俗厚矣。【《乾隆大理府志（一）（71）·卷十二·风俗》，页303】

宾川州：宾川土燥少水，故炎暑视它州县为独烈，即秋成亦视别处为较早。治东负山地乏泉源，不可田而耕也，惟西隅近河，素称沃土，然比年有赔荒之累。死徙者十之五六，土著之民终岁勤动，输正供之外，无赢余也。追呼急，则称贷，而商贾以此重权。其子母则菽粟之利尽归之，故其地曰"宝居"。赤石崖百贼平以来，其种皆僰僰，椎朴而善耕，急则鬻身于汉人，汉人往往鱼肉之。【《乾隆大理府志（一）（71）·卷十二·风俗》，页303】

僰僰①：亦俱山居，然颇知伦理，有华风。富者周贫，耕者助力饶荞稗、牲畜。岁春烹宰牛羊，召亲戚会食，歌笑为乐；腊则宰豚，登山顶以祀天神。暇则射猎。凡蔓菁、笋蕨之属，悉干而储之，以备荒；牛羊皮毡被，秽恶不可近。语非重译，不能通。【《乾隆大理府志（一）（71）·卷十二·风俗》，页304—305】

栗粟，于诸彝中最悍……亦事耕种，饶黍稷荞稗，骨肉有隙辄相仇杀，颇为行旅患，近稍向化矣。【《乾隆大理府志（一）（71）·卷十二·风俗》，页305】

卢鹿：土著，乌爨之后，俗讹为"逻罗"，九隆五旌牟苴笃之裔，多居西南山，刀耕火种，鬻薪为业，善畜牧，喜射猎。【《乾隆赵州志（77）·第一卷·民俗》，页33】

风俗附：气运之盛衰，风俗实为之，故一郡一邑之风俗，亦足觇天下。天下者，郡邑之所积也。蒙郡处滇末地僻而俗俭，《旧志》②称"气暖风和，民纯士朴，男安耕读而惮经商，女乐纺织而薄脂粉，语言质实，

---

① 又写作"罗婺"。
② 指《云南图经志书》。

不事浮夸，服食淡泊，不趋奢靡，乡党勉于忠厚，士夫耻尚奔趋；凡婚丧（燕）［宴］祭，一准乎礼"，尚矣。【《乾隆续修蒙化直隶厅志（79）·第十六卷·人和部·人类志（附风俗）》，页637—638】

国本在农，货不弃于地，则壤定赋，民不困于征。县境风高地瘠，力薄土绵，山阿泽畔，火种刀耕。计田制赋，虽数十县，不敌中州之一也，然输将有定限，粮税分夏、秋，伍所为军，里甲为民，按籍而稽，纤悉不遗矣。若夫垦荒芜为田，充裕国用，登民数以献，招徕逋逃，摊丁归赋。沐圣朝之雨露，生齿日繁矣。志田赋。【《乾隆云南县志（80）·卷三·田赋》，页651】

县境土田瘠薄，民以织纺为生。地属冲要，民苦供亿匮乏，军民错处，俗尚稍异。耕织之外，恒多货易于夷方之花、茶二山。① 子弟后者，俱各勤于诵读，志在科民。【《乾隆云南县志（80）·卷三·民俗》，页661】

卢鹿一种，又名"倮倮"，多居山谷，火种刀耕，善畜牧，衣多毡裘、羊皮。【《乾隆云南县志（80）·卷三·民俗》，页662】

石屏，旧为荒服，居民多倮夷。自元时，内附风气渐开。明初，置州牧布政教以化导之，复添石屏、宝秀二屯，屯军皆江南北人，与土著之民错杂而居。由是，习俗日变，文物冠裳，彬彬与中州侔矣。士喜向学，讲习维勤，妇人习女红、勤纺织，每深夜犹闻机杼之声。田多瘠薄，农夫耕用两牛，前挽后驱，胼手胝足，终岁勤劳不休。【《乾隆石屏州志(51)·卷之一·地理志·风俗》，页28—29】

种人：倮倮，言语多与汉人相同，山居力耕。【《嘉庆阿迷州志（14）·卷之六·风俗（附种人）》，页548】

土僚，本在蜀、黔、粤西之交，流入滇阿迷亦有之……泽居水耕，气质椎鲁。【《嘉庆阿迷州志（14）·卷之六·风俗（附种人）》，页549】

狙鸡：耕山食荞，暇则射猎，捕食猿狙，佩利刀，负强弩毒矢，伺隙剽窃。【《嘉庆阿迷州志（14）·卷之六·风俗（附种人）》，页550】

---

① "夷方"在清朝民国时期不同地区略有不同含义。对于现在的南华县人来说，"夷方"是指现在的西双版纳、思茅、德宏，以及缅甸、泰国北部地区；对于保山、临沧地区的人，"夷方"是指缅甸。"茶山"是指普洱茶产地，即现在西双版纳产茶地区；"花山"是指缅甸的北部，特别是腊戌一带。

农：终岁力作，苦于土瘠，又农器不精，作法亦拙，故无盖藏，贫者皆佃人田，除纳租外，所余亦仅［为生］；且水利尚少，属有小旱，即不免嗷嗷，然不久去其乡，亦质悍之一验。邑虽山多田少，每有蒙泉，无论高原下湿俱可大兴水利，乃贫民既苦于捐敛，有司竟不为引策。一年之栽种，惟视甘雨之早迟，暖沃之地幸获丰收，冷瘠之区，每叹歉薄。今方修旧坝工一二，曾勘数处，尚未及筑，且就城近示疏秧法二圻。后有贤良，吾知必尽化为膏腴也。【《嘉庆楚雄县志（59）·卷之一·天文地理志》，页26】

范史称滇有盐池田渔之饶，金银产畜之富，人俗豪汰。居官者，皆富及累业，何古与今之远不相及，若斯也。然士多秀颖，素重名义，民性淳良，不好争讼，昔名太祖之谕。沐英曰："气厚风和，君子行道之所前"，《志》曰："野安耕凿，户习诗书，民无告讦之风，士有干谒之耻"，岂过言哉。

吾滇人重去乡，昆明为尤甚，县中自士大夫之服官于外，惟乡举赴礼部试，乃出里门，否则井田桑麻，以终老田间为乐也。其他牵车牛远服贾者，百不一二，见以故淳朴之气，较他处为优。然碍以见闻，辄失之室，漆园叟之所谓拘于墟者，信乎！【《道光昆明县志（2）·卷第三·风土志第三》，页25】

农务耕桑，淳朴之风于古为近焉。【《道光昆阳州志（3）·卷之五·地理志·风俗》，页309】

黑倮倮：多处州境西南内甸，重山复箐，地多燠少寒，秋稻七月即收。其人或有终身不入城者。【《道光昆阳州志（3）·卷之五·地理志·风俗志（附种人）》，页310】

晋宁风俗：民勤农业兼及工商，女工织纺。【《道光晋宁州志（6）·卷之三·地理志·风俗》，页289—290】

宣威风俗大约与各处相同而稍相异者，其土瘠薄，故其俗勤俭。民间终岁劳苦，岁晚不得稍休。八月，于茅索绚蓄而藏之，谓之"草绕"；十月，场稼甫毕，取松枝及他木之还杨者束以草绕，名曰"枝子"；及春，运之于田，置枝子于下，覆以块，燎以火，名曰"烧田"，古称"刀耕火种"者即此。春三月，折栎树之繁枝厚叶者，负而散之于田，以代蒈，名曰"壅青"，厥功不备，欲禾苗秀，实难也。又山多田少，七、八月间垦地之久不毛者，至来春以火燎之，如治田法名曰"累地"。其地种久者，硗薄难以长盛，则用粪灰之属与土灰之属。土灰出山中，其色不一，而脂膏殊，与常土异。至二、三月间，或粪灰，或土灰和办荞种，播之于地，名曰“点荞”。迨六、七月可登场，郡人仰为半岁之资。宣威所产谷类虽多，大要稻、荞二种为重，他如黍、麦之属间有，艺之者亦不甚茂也。惟土瘠，故不尚侈靡，不崇奇巧，不暇蚕纺。语云“瘠土之民，莫不尚义”，将于此邦是征矣。【《道光宣威州志（12）·卷之二·风俗》，页34】

滇南旧俗，士勤学、农务本，室无踰间之言，道有履霜之葛……地瘠而贫，桑麻既尠，盐铁不殖，土物所生仅是民用，无一可供天府之需。古云耕田而食，凿井而饮，澄之为俗，如是而已。【《道光澄江府志（26）·卷十·风俗》，页165】

澄江府属：士知尚学，科第不乏；民务耕织，勤生力本《旧志》。士以劲特相慕效，耻为委蛇，庶几铁中之铮铮有《滇志》。民安于业，其性质实《元志》。不事逐末、远商。明成化间布政使周正按澄有联云：“文风不让中原盛，民俗还如太古醇。”【《道光澄江府志（26）·卷十·风俗》，页165】

河阳县：河阳附郭，独钟金运玉荀之盛，故人文甲于他州县，士知自爱坦白，醇谨无浇奇刻覆之，行服官者，以名节自励，多功业可纪。民勤稼穑，习织纺，朴实易治，但地狭土瘠，无他物产，商贾舟车不通，官师多，粮赋重。而习俗相沿，尚神佛，社会游戏吉凶，礼仪渐逐奢靡，不亟转移变化，风可长乎！【《道光澄江府志（26）·卷十·风俗》，页165】

江川县：江川乌临元孔道，邑小土瘠，户少役重，士安耕读，女勤织纺，偶趋末务，不事浮华，间有名族，实少素封。【《道光澄江府志（26）·卷十·风俗》，页165】

新兴州：新兴山水明秀，地广土沃，甿俗富庶，男勤稼穑，女习织纺，俭朴是敦，经营是务。士慕于学，重风裁；服官者以清白自期；致仕者恂恂如里意。但今民或游惰，俗渐于漓，示俭示礼不可缓。【《道光澄江府志（26）·卷十·风俗》，页165】

路南州：路南山水幽邃，士重诗书而敦道谊，农安耕凿而鄙逐末，女效纺绩，俗尚勤俭。【《道光澄江府志（26）·卷十·风俗》，页165】

风俗：颇务耕桑……城内士民，男耕读、女纺织……新化古有彝种，男子少治业，妇人耕种……承平百年，陋习渐远，然土地瘠薄，谋生匪易，是以鄙朴之俗多，慷慨之风少，愚者犷悍而忘其身家，知者委靡而绝少振作。【《道光新平县志（30）·卷之二·风俗》，页109—110】

农：山多田少，有力苦于无用，兼之平衍者只一二分，高阜者已八九分。水源短缩，全仰雨泽，岁丰歉即因之。至于井民，全赖煎熬，户置一灶，称世业焉。

树艺稻菽而外，勤于种蔬，山地则种杂粮，近亦学种棉花，惟地多桑柘，不知养蚕，有待劝谕。

谨录，黄太守《劝民养蚕禀稿》一篇于后：

织，前之官于斯者，曾以纺织劝民，或苦买花无本，或畏初学之难，或嫌获利之微，故习业者寡寥，而布价昂贵。惟望郡中诸君子协力兴作，俾有成效，则万世之利也。【《道光威远厅志（35）·卷之三·风俗》，页88】

夷俗：摆夷……多近水结草楼居之，男女皆浴于江河。男种田、捕鱼，女工织纺。【《道光威远厅志（35）·卷之三·风俗》，页91】

黑窝夷：在思茅者，采茶为生；在宁洱者，刀耕火种，妇女虽行负戴，亦攒线勤苦食力；在威远、他郎者，男勤耕耘，女务织纺。【《道光威远厅志（35）·卷之三·风俗》，页92】

白窝夷：性情愚鲁，服饰尚白，身挂海虮，耳坠大环。所居上楼下屋，人住楼上，牲畜置楼下，名曰"掌子房"。以耕种为生，土产花猪，家多蓄养之。【《道光威远厅志（35）·卷之三·风俗》，页92】

白倮倮：刀耕火种，并好游猎。【《道光威远厅志（35）·卷之三·风俗》，页92】

蒲蛮：又名"蒲人"，古称"百濮"……散处山林，居有定址，若易置他处，即不能居耕种为业。剥蕉心煮食，以当菜蔬。【《道光威远厅志（35）·卷之三·风俗》，页92】

苦葱①：性情淳良，居山崖，种荞稗。近亦颇知礼义……耕种之外，男多烧炭，女多织草为排，负鬻于市。【《道光威远厅志（35）·卷之三·风俗》，页92】

苗倮杂居，性缓力弱，病不服药，专祷鬼神，喜食诸虫，刻木为契《通志》。人尽力耕，不治末业，山多硗确，岁少丰收。沙侬蠢朴无能，习

———————

① 今拉祜族的一支系。

俗宽柔易使《通志》。【《道光广南府志（43）·卷二·风俗（附种人）》，页 176】

村寨皆夷民，耕织相兼，男子懦而性惰，女健而力勤。地无杂产，人鲜逐末。【《道光广南府志（43）·卷二·风俗（附种人）》，页 180】

侬，智高遗种，性狡，好奢侈，男女勤耕织，惯挑棉锦。【《道光广南府志（43）·卷二·风俗（附种人）》，页 185】

白土僚：性狡诈，重农力穑，卜居近水，以便耕作。【《道光广南府志（43）·卷二·风俗（附种人）》，页 187】

黑沙人：散处溪河，性情狡悍，素好仇杀。居处不论山岭，悉以木片盖屋。男女俱耕种，亦知贸易。又一种，性情暴戾贪利，散居深山及近河渠之所，耕种为业，不事生理惟土富州①有此。【《道光广南府志（43）·卷二·风俗（附种人）》，页 187】

白沙人：散居四乡，性情梗顽多疑，每于暇日，男女俱往河内捞鱼。时当耕种，彼此辛勤。至于农隙之时，亦有贸易为生者。【《道光广南府志（43）·卷二·风俗（附种人）》，页 188】

白㑇㑇：散处四乡，性情刚蛮，凛畏法度，刀耕火耨。男子耕种为生，妇人绩麻为衣。【《道光广南府志（43）·卷二·风俗（附种人）》，页 188】

黑㑇㑇：赋性横悍，耕种为业。婚姻丧葬亦知称家有无。每逢收获，勤于背负……暇日，男女多负柴薪，以供耕种之用惟土富州有此。【《道光广南府志（43）·卷二·风俗（附种人）》，页 189】

黑僕喇：② 一名"普腊"……刀耕火种，常数易其土，以为养地力焉。【《道光广南府志（43）·卷二·风俗（附种人）》，189—190】

白僕喇③：性最朴，多住山坡，种菽麦杂粮、火麻之类。【《道光广南府志（43）·卷二·风俗（附种人）》，页 190】

瑶人：性犷悍，自谓槃瓠之后，自耕而食，少（人）［入］城市。【《道光广南府志（43）·卷二·风俗（附种人）》，页 191】

㑇夷：本名"僰夷"，又称曰"白衣"，盖声以相近而伪也。男女杂

---

① 今文山州富宁县。

② 今彝族。

③ 今彝族。

处，不事末业，惟耕种以为生涯。【《道光广南府志（43）·卷二·风俗（附种人）》，页192】

土族与齐民同，尚勤俭，未有不耕之家，无富商大贾及田连阡陌之豪，亦鲜地无立锥，抛弃乡井而营生于外者。【《道光大姚县志（一）（63）·卷二·地理志下·风俗》，页525—526】

耕用双牛，然土薄而瘠，易生茶蓼，栽插一工而薅芸之工倍之。且却十六里耕用一牛，秋收较丰，亦较早；东北界之大芦头、滥泥田、迤什寺等处，十六里之大田、仁和街等处秋收尤早。余则秋末冬初，刈获方毕，谷多稻麦。南界村屯，夏秋易受水灾，所恃惟麦；冬春种者尤多。山地种（苞）［包］谷、黄豆，虽雨泽稍迟，亦有收成。【《道光大姚县志（一）（63）·卷二·地理志下·风俗》，页531—532】

风俗：蛮种繁处，淳悍不同，缘箐而居，尚巫信鬼；设流以后，风气渐开《图经》。稍知礼义，颇务耕桑，摆夷柔懦而无能，蛮猓凶顽而难治《通志》。

城内士民，男耕读，女纺织，俗尚淳朴，不事奢华，语言、衣服、饮食与中州同；冠、婚、丧、祭互相佽助。村庄彝种，俗尚不同，风俗亦异。新化古有彝种，男子少治业，妇人耕种；后在城居者多客籍，自裁州后，习俗渐远，与古全不相符，其语言多用彝话，犹有数儒士堪为荒城式效《旧志》。

承平百年，陋习渐远，然土地瘠薄，谋生匪易，是以鄙朴之俗多，慷慨之风少，愚者犷悍而忘其身家，知者委靡而绝少振作。【《道光新平县志（30）·卷之二·风俗》，页109—110】

苗类镇四境皆有好山居，男女任力，刀耕火种，以供食用。【《光绪镇雄州志（8）·风俗》，页80】

白猓猓之种二，而男耕女织，习尚俭朴，衣冠、礼仪一如汉人，惟彝语尚未尽改。居山者，男子裹头跣足，以草束腰。女彝耳带铜环，披羊皮，事耕凿。于诸彝中向化最先，盖其质性原与汉人不相远也。【《光绪霑益州志（17）》，页348—349】

干猓猓：于夷人中最贱苦，绩麻、捻火草为布之。男衣至膝，女衣不开领，缘中穿一孔从头下之，名"套头"。虽高冈硗陇，亦力耕及之，种惟荞菽燕麦，四时勤苦，仅足食，懒农及衣棉者，众讲罚之，茅草、（版）［板］片、树皮为矮屋，中设火炕，男女两列坐宿，四时日夜火不

断。【《光绪霑益州志（17）》，页349】

《明通志》：男耕女织，鲜习文字，九种杂居，改流之后，渐化汉俗。《古今图书集成》：……又顺郡俱丛山深涧，土瘠水寒，耕获倍苦，又牲畜无几，积粪维艰。农人治秧亩，先堆梨块如窑塔状，中空之插薪举火，土因以焦，引水沃之。爰加犁耙土，乃滑腻，气乃苏畅方可布种。倘烧（梨）〔犁〕少，不尽善，而或失时，则秧未可问矣。土脉薄水，迟仲夏乃得插禾，田高下不一，其形如梯级，如冰裂，其垞如初月，如断核，尖凹曲折如曲蚓，非直方易治者。以故培胜补罅，役工尤钜。禾插后，雨畅时若则可，不则蝥害顿生，秋实因以遂耗获。正值秋尽，霮雨方殷，未芟者黄落满畦；既芟者，粉芽在穗，仓箱之望，将何慰之，农之病有如此。又山谷向阳者，可荞、可稗、可麦、可菽，彝民以之为天，然非茂草丰林，则硗确无获，刈之于冬，焚之于春，继之以犁、以锄，视力田尤倍，种后少雨多霁则庶几矣。若遇霪雨，俱归乌有，幸而及熟，又有野兽所耗，则（徙）〔徒〕家就之。种费获微，竟同傭者，取值怠哉，山农洵目击而心伤矣。又郡农器颇轻于他郡，以土浅故也。农人刈稻毕，晒穗于畦，胜及田间用大斗，可容数石，名曰"海簸"。四人环立持穗而击，稻遂落于簸中，人日可得石余。远村亦晒穗于田，以簌笆铺于地上，推穗于笆，以足揉之，稻随以落，日亦揉获石余。山间彝人打荞、稗，以一木长三尺，其端如钩，两手持木反覆击之。其江外困思龙山，间微产铁矿，彝人入山，日一往还，得之少许，煎而成铁，只堪铸犁，造制器物则裂绽罔成，盖土燥气薄致然。惟是煎矿之炉，风箱用水力，大抵以水之去来为箱，悍之出入亦小慧之可观者。又郡中彝多汉少，大抵种荞、不种栗，栽麻、不栽桑，造碓不造碨，畜牛不畜马，非民之惰，亦土之宜习之便也。……《顺宁旧志》：士多浑朴，人敦古道，民守分惧法，美劣相半，俗尚节俭。婚嫁称家为礼，野无游民，恒产不失以上皆旧《云南通志》。新《云南通志》：顺宁士多浑朴，人敦古道，俗尚节俭，守分畏法顺宁县附郭。旧《云南通志》：云州自开辟以来，陆续寄居汉人渐多，俱各省及他郡来入籍者。其习业、服食、器用俱相仿佛于中州同，士子习于诗书，女红勤于纺织。农事犁锄，商行贾易，市无游手好闲之徒，野有刀耕火种之叟。虽则边远之区，渐为移居之俗，谓汉夷杂处，而久道化成有其训焉。【《光绪续顺宁府志稿（35）·卷之五·地理志三·风俗（夷俗附）》，页211—212】

农业：郡境在丛山深箐间，厥田下、中，土瘠性坚，耕获者先犁土作块，而后积薪加火，引水再沃之，乃用犁耙以耪、以耘，秋成可望。若山谷向阳处可菽、可麦、可稗、可荞，此民彝仰赖之天。较田事力，加数倍垂成计，日尤防积雨为洇烂，虑野兽为残食。故携老挈幼如徙宅者，然以待毕事。而后归或取此种，彼终岁不敢少休。

近城居民，男妇颇工织布，然长不过三寻，广不逾尺，细密不及永昌、蒙化之作。间有三二家习染皂靛绿布，亦不能出色见奇，才足供郡人衣著而已。

山城多构树，土人因解造纸，惟绵料本色作单抄，双抄大者长六尺、广三尺，小者可备文书、糊裱之用，坚细稍逊榆产，然无厚利，亦未闻行远发客。【《光绪续顺宁府志稿（35）·卷之五·地理志三·风俗（夷俗附）》，页214】

小伯夷[①]者，熟夷也……耕而食，织而衣，生性驯谨，风俗古朴。【《光绪腾越乡土志（35）·人类》，页587】

大伯夷者[②]……男子安于无事，妇女身自勤劳、纺织不辍。【《光绪腾越乡土志（35）·人类》，页587—588】

蒲人，即古之"伯濮"[③]也……苦事耕锄，勤力耐劳，所种皆苦荞、棉花、黑豆，其言皆方言，然亦能汉语。【《光绪腾越乡土志（35）·人类》，页588】

阿昌，亦名"娥昌"，耐寒畏暑，喜燥恶湿，所居喜在崇山，其人皆刀耕火种。【《光绪腾越乡土志（35）·人类》，页588】

妙保保，《府志》一种，无姓氏……开山挖地，资重荞麦，不知盥漱，鲜通礼义……又一种风俗敦朴，男以帕包头，麻布衣服及藤；女以青布束发，背负羊皮。耕种易食，绩麻营生。【《光绪腾越乡土志（35）·人类》，页592】

戛喇[④]，永昌、腾越内外境俱有之，其人皆刀耕火种，形状与保摆相同，凶悍成性，乐于斗狠。妇女斜缠锦于腰。居山巅，户不正出，迎山开

---

① 今傣族。

② 今傣族

③ 又写作"百濮"。

④ 今佤族。

门，迁徙无常，不留余粟。【《光绪腾越乡土志（35）·人类》，页594—595】

永昌府属：永昌两厅两县，风俗大略相同。《通志》云：……士勤诵读，女务绩纺，商贾贸易是营，农民耕凿是务。耻邪僻、恶斗狠，所以市无游手，野无惰民，恂恂然民淳讼简。安土重迁，无大故不肯轻去其乡。城中服色如常，百里以外虽皆蛮彝，衣服、语言亦不甚异。田五亩为一双，土性坚耕，用两牛。岁时，伏腊、享祀、馈遗，与他郡无异。【《光绪永昌府志（38）·地理志·卷之八·风俗》，页44】

腾越厅：民多务耕织，崇礼让，士知自重，简而实。农业而外，皆各事生理，有游惰者辄见斥于乡党。近郊之内，沃壤无几，八关之外，即为土司。大抵狡悍残刻，轻性命，尚气寻仇，夷俗本然耳。其地土多平衍，然土燥而泉深，亦无他产，夷民日困，土司亦日蹙矣。此不独土司之忧也。夫土司，实我藩篱，未有藩篱不固而门户得无虞者，于此而抑其狡悍，抚其流离，庶几固圉之道乎！【《光绪永昌府志（38）·地理志·卷之八·风俗》，页44—45】

士知诗书，科第相承，耕耘纺织，民敦本业，衣冠文物，风土人情并称永昌，此腾风俗之大致也。【《光绪腾越厅志稿（39）·卷之三·地舆志下·风俗》，页264】

罗次民风浑朴，逐末者少，耕凿而外，别无他业，仰事俯育，俱取给田间。【《光绪罗次县志（62）·卷一·风俗》，页25】

僰人，系土著……别有乡谈，性纯谨，务农。元明间，有举贡生员出其中，朔望不容乞火。【《光绪武定直隶州志（62）·卷之四·风俗》，页275】

倮苏：潜居深山，板片为屋，种荞稗为食。

倮㑩：耕种山田，肩挑背负，采薪、拣菌贸易盐、米。【《光绪武定直隶州志（62）·卷之四·风俗》，页276】

职业：城市农末相兼……乡界专务耕耘，惟南界土薄水浅，人好远行，十月稼收，即结伴数百入缅甸、阿瓦、茶山等处贸易，至次年三四月间始归，而遭瘴发疮死者甚多，故俗谣云"男走夷方，妇多居孀"，生还发疮死弃道旁，然死者虽多，往者尚众，盖地瘴使然耳。【《光绪镇南州志略（62）·卷二·风俗》，页407】

风俗总：《元欧阳元陞州为路记》：崇山修谷，平畴广川，饶麋鹿、鱼鳖之利，其土宜黍麦谷稻，其民尚美俗，乐善事。《明一统志》：勇悍好斗。《明通志》：尽力畎亩，家有常给，习气既迁，人文渐盛。《云南通志》：土瘠民贫，服食俭朴。《明少詹事雷跃龙知府孔公重修儒学记》：弦诵相闻，风声朴茂，为西迤文献邦。《教授陈生重修姚安府儒学记》：里闬弦诵，穷谷揖让，与中土等盛。《土同知高奣映问愚录》：姚人乐善事，盖南中崇阿育王之教，多信佛事，而渐摩性成之，所贻也。（又）土瘠民贫，汉夷杂处，居民不知贸易，惟以耕种为业，尽力畎亩，家有常给。建学以来，习气既迁，士人务文，科第日盛。节令、祭葬、服食、货贝与列郡同。（又）彝种有八：居近城郭，与僰杂处者，为"撒摩都"①，后皆向化，衣服、饮食与汉僰同，诚彝种之善变者。在州四界山中者，为"白倮倮"，常入城为市，以竹木、野蔬易盐、米，性驯而愚；至远处万山穷谷中者，火耕刀种，性怯多疑，虽受人辱，至死亦且甘之，则"黑倮倮"也；迁徙无常，居住铁索箐内外者，为"倮倮"，性强悍，斗则交刃，技善弩，经年以射猎为事，常出为盗。今奉法不犯者将十余年矣，益征无有不化之人，盖调制何如耳；此外，则化外野彝，不听教化矣；铁索箐之稍近白井者，渐知居处，多以树皮障风雨，刈荞毕便徙去，取鱼则垂藤，人附以入江，最贫苦，畜牛一二头即称极富，饥亦远去劫掠，先世屡劫之，以恃地险，汉人至则避迹无影，盖因地在蜀之极边，与西番联姻戚，故习遂难遽革；附近苴却彝，曰罗婺②，类倮倮而顽亦甚贫苦，畏法多疑，遇事则鼠首。居近江为"摆夷"，楼栖河浴，智虽愚短，心实狡黠。"嫚且"一种，南中诸志纪所遗也，以丑为正月，好饮，性犷荡，男妇作欢，鸣叶吹新，弹篾弄枯，则皆音节流畅，合彝曲，而杂和之，其声暗然咿然，亦可听。饮竟月而忘返，不知节用，过此则终岁饥寒，惟寻野菜充腹，而已性亦疑畏，百十里之外，足迹多罕至者。【《光绪姚州志（63）·第一卷·地理志·风俗》，页33—34】

职业：按州俗勤俭，士习诗书，农务耕稼，百工各习其业，商贾颇能居奇，游惰之民极少，惟妇女不知织纺布，自川省来，道远价昂，故谋衣艰于谋食。【《光绪姚州志（63）·第一卷·地理志·风俗》，页35】

古初俗：种类不同，俗尚亦异本郡人有四类：一曰汉人，即二所军也；一曰僰

---

①　今彝族的一部分。

②　滇中及滇东北地区的彝族支系。

人，其初亦中土人，但世远俗移，非华非夷，自成一类，迄今丕变，文物与中州等；一曰俘落，分黑、白二种；一曰伯彝①，姓耐岚瘴，迁徙无常……民务勤俭，吉凶近礼，施报尚平，犁用三夫犂田用二牛三夫，前夫挽牛、中夫压犁、后夫扶耕。【《光绪鹤庆州志（80）·舆地志·卷之五·风俗》，页320】

府志：山鲜崭削，地多平衍，谚云"云南熟，大理足"，然则邑固沃土也。民初至朴，自兴卫军杂处，俗用滋漓，今其风渐靡，急宜远朴。《旧志》：土旷民贫，俗尚勤俭，咸以耕织为生，民无游惰，士争气节，声音正中，语气清直，城乡好义，尤多五川较质朴，弗事矜华；荞和俫三甸今作"荞禾米甸"，汉僰相兼，务简约，城乡内外皆畏法崇文，急公奉上……有赘川民为婿者，风气较前移差，而男耕女纺，士奋诗书，尚兴盛，时无异。【《光绪云南县志（8）·卷二·地理志·风俗》，页77—78】

备乐乡士民安乐，风俗纯厚《旧志》；卢于乡，苦读勤耕，率直尚简《旧志》；路居乡，地狭民稠，力业崇俭；又贵填乡，汉少夷多，有耕希读；又易富乡，汉夷杂处，耕读各半；又婆兮乡，四方杂处，农未相兼；又士人知读书、能文章。农夫佃田而耕，家无宿粮，山中夷人力作如马牛，俭岁杂食草木、根皮。工匠不能作淫巧，商贾无素封家。【《宣统宁州志（32）·风俗》，页20】

宁州所有者……水居，以渔为耕，余皆杂处山谷中，耕耘樵苏，男女共之。所居处皆同为寨，寨计三百有六十，其初皆禄氏。有之变产之令既下，始不一姓矣。其人类皆小心恭顺，畏见人，见官如见王，见田主如见官，见汉人如父兄，见胥徒如鬼神。衣不掩形，食不充腹，室庐不蔽风雨。间有能畜牛羊者，其族类即称为"大户"。寨无大小，必有一人为之率，名曰"火头"②。无贫富，皆责令畜鸡藏酒，置火把以待胥徒；胥徒至则火头输派杀鸡置酒，作饮食；醉而后归，则秉火炬送之。而市井之望门投宿者，亦时假胥徒之名，得饮食焉，或乘令。明季之令未之改也。【《宣统宁州志（32）·种人》，页232】

县之西南，江外鸡街、倘甸多水田，东南水田、干地相间，新安所一带，五谷菜果俱出，因地狭人多，故称"农上"；西北县坝多干地，特种杂粮，各处农功，因地而异。【《宣统续蒙自县志（49）·卷三·社会

---

①　又写作"僰彝""僰夷"等。
②　云南少数民族中的村寨头人。

志·风俗、彝俗》，页292】

夷族：为当地土著，其人勤于耕织，性强体壮，文化习俗与汉族同。【《民国巧家县志稿（二）（9）·卷八·氏族》，页366】

苗族：性懦而善治田，每为大地主服劳役，生活简单，知识低下，人口甚少。【《民国巧家县志稿（二）（9）·卷八·氏族》，页366】

干夷：性强悍，善捕猎，种荞以自赡，轻迁徙，不耐骚扰，稍有不如意，即合寨逃往外境。【《民国宣威县志稿（二）（13）·卷八之四·民族志·礼俗》，页261】

农佃：县属农佃，无一定制度，惟于习惯分两种办法：一为租种佃户，向地主租种田地时须先立租约，书明种田地若干工亩，每年上纳租米若干，先纳压头银若干；若不能照数上纳，地主将压头钱扣除，另行掉佃，其纳租多少，视田地之肥瘠而异，大致上则田每工①须年纳租米三升半至四、五升，下则田每工年纳二升至三升每升米重十二斤。一为分谷佃户，于谷熟时请地主验明得谷若干，或四六份分：佃户分获六成、地主分获四成，或均分。由佃户向地主佃种时，以言约定，不必立契约。【《民国嵩明县志（二）（16）·卷之十九·礼俗·习尚》，页141】

按：《云南府志》云：宜良风俗，男务耕读，女勤纺织，邑有弦歌，士尚气节；至彝民，虽有保保、僰人数种，各安耕凿，不事强悍，与山箐负嵎者异。【《民国宜良县志（一）（23）·卷二·地理志·风俗》，页155】

自曲靖府至滇池，人水耕田，五亩为一双唐《唐南蛮传》，《云南杂志》曰："夸耕田三人使二牛，前牵中压后驱，犁一日为一双。其法：以二乏为已，二已为角，四角为双。"注云：约有中原四亩地，乏者遍也，犁二遍曰"已"，已即乏也；乏与已皆竭尽之义，但角为双，不知何义。二乏为已，则二已当是四遍，四角当是十六遍，总二已，其是二十遍也，一曰耕四亩二十遍谓之双；一双计四亩，四十双则百六十亩也。王廷筠诗《招客》，先开四十双用此《新兴州志》。【《民国续修马龙县志（25）·卷之三·地理·风俗（附种人）》，页160—161】

农会之始末，《案册》：民国元年冬，知州廖维熊任内，奉实业司，令发章程、图记，集农界组织农务分会。公推农民李开先、江济昌为总协

---

① 云南计量田地面积的单位。

理，成立农务分会，设庶务、文牍、书记各一人，会董十人，暂假旧中军署为会所。未几，是署改为城立女子小学校，农会地点遂无定所。旋奉令改分会为元江农会，改正、副总理为正、副会长，已拟定章程呈奉民政长立案；又呈准抽收梨花行捐，每年五十元作常年费。民国六年，知事包映庚令饬取（销犁）[消梨]花行捐，随即停收。款既缺乏，应办事件亦未进行。不过仅有农会名目而已，民国九年，知事黄元直以振兴农业非设农会不足以资提倡，乃召集城乡士绅，改选正、副会长，重新组织成立并修正章程；呈报省署备案。新选正会长为杨业桂，副会长为何起相。其修正章程列后：

《修正元江县农会章程》

第一条　本会遵照农林部颁《农会暂行规程》办理，定名曰"云南元江县农会"。

第二条　本会以开通农民知识，振兴农务，改良农业，发达农产为宗旨。

第三条　本会事务所地点择县城文庙内空房修葺为之，标额曰"元江县农会事务所"。

第四条　本会会员除遵照部颁规程第六条规定办理外，凡热心农务之绅、商、学界以及各乡村、市镇具有公民资格之普通农民均得随时自由入会，为本会会员；入会后，对于本会均有议决权、选举权及被选举权。

第五条　本会会员入会时，须缴纳入会捐一元；入会后，得捐助经常费及特别费，但多寡听便，不能强制。

第六条　本会会员出会如左之规定：

（甲）本人有他项事故不能到会时，得随时宣告出会，但须将出会缘由具单送由会长或副会长查明核准，将会薄姓名注销；

（乙）本人有违背本会章程或行为不正有害公益者，本会得公议除名。

第七条　本会设会长一人、副会长一人、评议员十人，调查员二人，庶务兼会计一人，文牍一人，书记一人。

第八条　本会会长、副会长及评议、调查各员均由会员投票选举或公推选定后，须将姓名、籍贯、年岁、选任年月呈报县知事，转报省长查核。

第九条　本会会长、副会长均以二年为任满之期，如任满又复被选者，仍得继续留任，但不得连任至三任以上。

第十条　本会职员职务、权限遵照农会规程第十五条办理，规定如左：

（一）会长总理全会事务，代表农会，副会长协同会长办理会务，会长有故不能到会时，得代行其职权；

（二）评议员答复会长之咨问及评议会中一切进行事件，并监督会务执行之状况；

（三）调查员承会长之指挥，调查农务一切状况；

（四）庶务兼会计员承会长之指挥，办理会中普通事务及财产收入、支出一切事件；

（五）文牍员承会长之指挥，办理会中所有一切文件；

（六）书记员承庶务、文牍各员之指挥，专缮写一切文件及掌管一切存档案件。

第十一条　本会会长、副会长暨评议、调查各员均为名誉职员，不支薪水，但视事务之繁简，得酌给津贴。

第十二条　本会庶务、会计、书记及应用司事杂役，量给薪工。

第十三条　本会遵照部定规程施行细则第二条呈由县知事，转请省长发给图记一颗，归会长收掌，启用以昭信守。

第十四条　本会会长、副会长暨各职员本人有他项事故不能当职，得声请辞退，报由县知事召集会员，另行改选。

第十五条　本会每逢三、逢八号，本日午前十一、十二点钟开职员会一次，会长、副会长暨各职员均应到会，会员来否听便；每三月开例会一次，会员均宜到会，若有特别事件或由会长、副会长召集，或由会员及农民多数之请求，则开临时会。

第十六条　本会会务条目揭要如左：

（一）关于农产事件；

（二）关于森林、蚕桑事件；

（三）关于沟洫、水利事件；

（四）关于垦殖事件；

（五）关于水害、旱荒、灾歉事件；

（六）关于畜牧及水族渔业、狩猎事件；

（七）关于保护农民事件；

（八）关于农务旧有及临时发生，凡应兴应革之种种事件。

以上各事件如经县知事发交议决时，本会则议决答复之；如系本会自行议决之件，亦须呈由县知事核准，方能实行。

第十七条　本会由实业所年补助银四十元及收入会金作经常会费；其余不敷，再为妥筹的款，或呈请官署给予补助金，以资办公。

第十八条　本会凡有公议筹款事项，必报由县知事核准，方得实行收入。

第十九条　本会应置总、分各簿籍，所有会中一切财产收支各款概应随时记注登录誊载，并按月分款总结一次，以便会员检查。

第二十条　本会除置财产总、分簿外，并应置会员履历簿、会议纪事簿、会员捐款收入薄三种，随时分别记载，永久保存，以备查考。

第二十一条　本会事业年度暂行遵照农会规程第十七条办理，俟会计年度改定即按照会计年度实行。

第二十二条　本会经费之预算及会费之收入法议决后，除按每年度两月前报由县知事转呈省长公署查核外，并应按月缮造收支书表具报。

第二十三条　本会会章得因时度势增加更改，但增加更改时必须报由县知事转呈省长公署查核。

第二十四条　本会解散如左之规定：

（甲）如因各项问题、困难不能立会时，得由会长召集全体会员议决解散；

（乙）如奉主管官命令解散，应即解散。

第二十五条　本会照前条之规定解散时，所有应呈报原由应清理账目，均应遵照农会暂行规程第二十七条、二十九条、三十条办理。

第二十六条　本会应遵照农会暂行规程第二十四条筹款，设立冬期学校，或补习学校于冬期农隙时，召集附近农民，讲授农学大意。

第二十七条　本会应设农产陈列所，搜集各种农产物品陈列所中，以供参观。

第二十八条　农会暂行规程及施行细则规定之事宜，未经本章程援据者，本会悉遵守之。

第二十九条　本会于每年应将实行办理本会章内规定之事务及办理临

时发生农事上之事务，并本会区域内农业状况，报由县知事转呈省长公署查核。

第三十条　本章程以农会暂行规程及施行细则为依据，设将来法规变更时，本章程照变更。

第三十一条　本章程自呈奉核准之日实行。【《民国元江志稿（一）（28）·卷五·自治志·农会》，页295—306】

《案册》：民国九年，知事黄元直以元属农事试验场久未成立，依照《云南各属农事试验场章程》拟定本属农事试验场办事细则，呈准立案，并委实业员长潘瑜兼任场长，实业员李世芬充任场员，经费暂由实业所补助。其办事细则列后：

《元江县农事试验场办事细则》

第一条　县属为谋农事上之改良，提倡设置农事试验场以增进农艺、农产，有利民生为宗旨。

第二条　本场由实业所筹办，受县知事之指挥、监督。

第三条　本场暂设于文庙内，其试验分为三部：第一部就文庙内隙地为之试验桑、茶、林木、果树等苗种；第二部就东城外，你选村官有荒地为之试验棉种；第三部就西城外官有荒地为之试验禾、麻、菽、麦、黍、稷、瓜、蔬、烟草各种。其地亩均由县署拨定，呈请立案。

第四条　本场与省立农事试验场暨各属农事试验场随时互通消息，（掉）［调］换籽种，并研商进行方法。

第五条　本场各种试验及一切办法悉遵《云南各属农事试验场暂行章程》第七条至十三条之规定。

第六条　本场应置左列各项人员：

（一）场长：综理全场事务，由县知事委实业员长兼任之；

（二）场员：暂设一员，禀承场长办理场内各种试验及制报告，暨办理讲演等事项，由场长遴选相当人员，呈请县知事加委或请委实业员兼任之；

（三）应用工役人数，由场长酌量场务之繁简定之，或由实业所工役拨充，或另行雇佣。

第七条　本场经费就实业所补助款及本场收款支用，如有不敷，得呈请县署筹拨。

第八条　本场入出经费均按月由实业所汇造书表、单据，呈由县署核销；仍每六个月汇列职员经费及成绩表，分报省长公署暨实业厅查核。

第九条　场长、场员任事勤劳，确有成效者，得由县知事呈请予以相当奖勋，藉昭激劝其办事；敷衍虚糜款项者，亦呈请予以相当惩处，以示儆戒。

第十条　本细则呈奉核准之日实行。

第十一条　《云南各属农事试验场暂行章程》如有变更，本细则亦同时变更。【《民国元江志稿（一）（28）·卷五·自治志·实业机构·农事试验所》，页312—315】

《旧州志》：性俭朴，勤耕织……与《旧州志》所谓俭朴、勤耕作者，大有今昔之殊，又有黑、白二种。《景东厅志》：……男亦务耕作，女织纺葛布，只堪为袋；性嗜酒，食犬肉，呼父为"颇"，呼母为"么"。【《民国元江志稿（一）（29）·卷二十·种人·窝泥》，页153—154】

《采访》：曾务耕作，但嗜酒好逸，其名"卡惰"者，即以此矣。【《民国元江志稿（一）（29）·卷二十·种人·卡惰》，页157】

《旧州志》：居山岭，用木片覆屋，种荞麦，皮履布衣，器以木摆锡为饰，又名"扯苏"。《旧云南通志》：潜居深山，板片为屋，种荞稗为食，能制竹器，入市易米，出常持弩射禽炙食，种麻为衣，男子披发跣足，妇人绾髻蒙头。诸夷惟此种最苦。《清职贡图》：扯苏，爨蛮部落之别种，朴陋似黑倮倮，而性较强悍，其归顺，亦与黑倮倮同。今楚雄、普洱二府有此种，其居处多结板屋于山岭岩石间，男子束发裹头，著短衣，披羊皮，耕山输税；妇女短衣长裙跣足，颇知纺绩；俗以羊毛占晴雨。【《民国元江志稿（一）（29）·卷二十·种人·山苏》，页165】

《师宗州志》：择危坡绝壁处，下临水乃居，种植糯谷，好割犬祭祀，妇种棉纺织。时带环刀、标枪，常以蛊毒害人，形性真如犬羊。《广南府志》：性好奢侈，女勤耕织，惯挑棉锦。【《民国元江志稿（一）（29）·卷二十·种人·侬人》，页169】

《清职贡图》：其居多在高山深箐，名曰"掌房"，寝无衾枕，坐牛皮中，拥火达日。以耕渔射猎为生……《师宗县志》：所居架木为楼，四垂檐瓦，男、妇共处一室，祖宗、厨灶、卧处备焉。牛牢、豕栏、鸡埘、羊

关、马厩俱列楼，人臭秽自若也。【《民国元江志稿（一）（29）·卷二十·种人·沙人》，页173】

《清职贡图》：扑喇……耕山种木棉，取禽鸟为生；妇青布裹头，青布长衣，常负瓜蔬入市贸易。其在王弄山者，又名"马喇"①，即其种类。《阿迷州志》：……山居火耕，迁徙靡，常衣麻，披羊皮。【《民国元江志稿（一）（29）·卷二十·种人·扑喇》，页177】

《旧州志》：居无定处，缘箐而居，衣粗食淡，故以"苦"名。刀耕火种，常食荞麦，衣服多与窝泥同……土宜禾稻，岁输粮赋。【《民国元江志稿（一）（29）·卷二十·种人·苦葱》，页185】

农谣：若要百病全消除，大年初一挖一锄。云走东有雨变成风，云走西骑马披蓑衣。三月下大雨，四月晒河底。【《民国续修新平县志（二）（31）·第十七·礼俗》，页332】

明初，原隰多僰夷，山居多僳僳，是为土著，性尚驯朴；自设卫后，卫所官兵皆江左人，并江右、川、陕、两湖各省贸是地者多众焉。于是，人烟稠密，田地开辟，大抵山居，多种杂粮，平川多种杭柚。士敦礼让，家习诗书，风气俗情，日蒸月化矣《旧志》。【《民国景东县志稿（一）（32）·卷之二·地理志·风俗》，页640—641】

事业：……农夫耕田用一牛，后驱手胼足胝，终岁勤劳。【《民国景东县志稿（一）（32）·卷之二·地理志·风俗》，页651】

龙陵风俗纯厚，由来旧矣，男务耕读，高尚气节，女勤纺绩、谨慎闺闱，浑浑噩噩，有太古风，初无凉薄习也。及世风日下，不免踵事增华，渐失浑朴气象，斯亦运会使然耳。然有未可厚非者，婚姻论门第，丧葬称有无，富者好礼，慷慨乐施；贫者固穷，廉隅自励，尊师重道，革薄崇忠，妇女不尚艳妆，亲操井臼，即士大夫家鲜用奴仆。虽人多田少，不敷种植，而为工、为商，罔不各勤本业，以故市无游手，野无惰民。任兵燹屡经，其风俗未尝改易也，语曰"美俗可以救秕政"，龙其庶几乎？【《民国龙陵县（40）·卷之三·地舆志下·风俗》，页98—99】

吾国计地积之法以亩，云南则以（弓）【工】亩，以六十方丈为准，十之一为分，百之一为厘，数以十进，便于计算也。广南为夷地，夷俗未泯，汉民之来自川、楚者，多无学，流民往往泯其本性，同俗于夷，对于

---

① 今白族，清朝文山地区称为马喇、阿夏、阿系、阿度的皆为白族。

数字知长而不知积亩分之名。十年前无知有之者，及禁烟以亩分计，令各乡照亩计积，四乡人民乃略有地积观念。既不知履亩计积，致成特殊之田地制度，为任何地方所未有。通常计田以丘，不言面积若干，亦不言纵横若干_{如买卖田地时，皆云大小几丘，或地大小几块，大小既无标准，往往发生盗窃主佃；因此涉讼者甚多，若遇田主人势单弱，而田又与佃户之田为邻，佃户则将一丘变为二丘、三丘，以欺田主田之丘数。虽在大小，已迥非昔比。故广南主、佃关系不取租谷制度，年年到田分谷二分，均分主、佃各一；所以取分谷制者，田主年年至田，欲盗窃而不能也。}丘无一定之积，可大可小，大小无凭，往往涉讼，此外略与亩积相近，不以丘而以里计者_{如买卖田土时，为粮田则契约，上书为粮田若干里，大小若干丘，里以计面积，坵里以计块数。}里之下为寻，寻之下为丫，四丫为寻；四寻为里，里有大、小，面积殊无一定：大者谓之大里，小者谓之小里，里大寻丫亦大，里小寻丫亦小。一里纵横各若干丈，无实在数字可以依据，里之大小随地不同，故一里相当若干亩，实无法计算，虽欲约略估计，亦不可得考。此制之来源，或出于夷人，夷人对于数之观念甚属幼稚。万数以上知者甚少。当汉民初至广南，无识者多数之计，莫以夷俗为依据，行之既久，自然同化于夷俗_{汉民之同化夷俗者，不一言语；风俗、饮食皆富有夷风，如言语之麻昆俗之能，暮食之怕项，皆夷俗也。}田亩之里、寻、丫制，其原因恐亦如此。【《民国广南县志（44）·卷三·农政志·田制》，页320—322】

广南自改土归流，而后田地未经丈量实数若干，茫无依据。今照《通志》所载亩数，其数字虽不足据，而舍此之外，无法知其确数也。

广南府_{富州未归流以前，广南府与宝宁县疆域同}：原额夷地六十五顷八亩四分五厘，系清康熙三十年旧志额数内，尚无荒芜，于垦复科征之年，归入成熟数内。新增垦复夷地三顷七十六亩分分零，内成熟地已经归入实征项下，其近年报垦；俟限满科征之年，归入成熟数内，实在清雍正十年成熟夷地六十一顷二十八亩四分零，内成熟夷地三顷九十二亩，成熟夷田五十七顷三十六亩四分四厘零。

清道光七年成熟民田六十一顷四十二亩二分零，内成熟地三顷九十二亩，成熟田五十七顷五十亩二分八厘零。清光绪十年，实在成熟田六十顷十一亩二分八厘六毫，荒芜田一顷一亩零。

按上列田地亩数，自清康熙三十年至光绪十年，全府田地最多不过六十余顷，较之大理府之一万余顷，澄江府之五千余顷，相差何止数十倍。揆厥原因，改土归流之初，土司之势仍存，流官不过备位；又从未丈量田地，实有若干。不惟流官不知，即土司亦未必知及，征收田赋由土司任意分配，呈报流官。当时，流官之势力未及夷民，即据土司之数以为科则。年复一年，遂以广南府田地之亩数止六十余顷，而实不足据以为确数也。

又按广南田地有所谓私田者，私田不纳粮，与粮田异。私田之数多粮田倍，许其来源幽远，大约起于改土归流时，当时土司以某田为粮田，则世世代代纳粮，非然者，即谓之私田。直至今日，仍粮田、私田并称；又土司管理夷民，尚属原始制度，其所属布苏、布斗等职，不给薪俸，概分封土地，给以田亩，甚至拉狗有田土司出猎时，牵猎狗者，夷语谓之妈透，折松毛有田新年折松毛至土司署者，大小职务无一不有田，兵亦给兵田，为世代常备兵。有"时事"调入行陈，无事归耕于农，共旗十五，每旗兵五十名，共兵七百五十名；每兵给田一份约可养活一夫一妻二子，共兵田七百五十分；再加以布苏、布斗等田，实不下田数千分。

民国初，元众议以旗丁已多年不调，与其养无用之兵，不如收归公有办理教育。当时估计兵目、布斗等田，其数实可惊人，乃呈经政府核准，作为教育经费，而土司素无册籍。田数若干，土司茫然不晓，经多次之清查，约得田二百余分，年约收谷三千余挑；其余年深代远，私相买卖者有之，伪造契约作为私产者有之，清获之数不过十之一二。至于土司私产，亦在无粮之列，其有转卖与民间者，即为私田之一部分。综合兵目、布斗等公田及土司私产，民间之私田，实居田亩之大部分，其余升科纳粮者，田地中之最小部分耳。【《民国广南县志（44）·卷八·财政志·田亩》，页612—615】

观音会：……三、六两月，逢鼠、马日，乡民祀灶于郊，整顿乡规，宰牲设宴，按户敛资办理。自是日起，凡耕作、樵采一体休息，谓之"忌工"。忌工日期之多寡，由卦之吉凶而规定，有敢违约，处罚不贷。【《民国马龙县志（一）（45）·卷二·风俗志》，页201—202】

夷族琐记：侬人，按：侬人系出獞人，来自邕州，宋时侬志高据邕作叛，狄青讨平之，志高部众多溃入滇边，遂聚族居焉。"侬人"之名，此其开始。水泽膏腴之地所占最多。数百年来，生殖繁衍，人口较他夷族为盛。【《民国马龙县志（一）（45）·卷二·风俗志》，页217】

瑶人：或谓其先出自槃瓠，其自称为尧帝后裔，盖以"瑶"为"尧"音相似，而实非也。其种有二：一名顶板，一名蓝靛。刀耕火种，逐山箐以为家。性疑胆（却）[怯]，窜徙无定，生计不良，种类已微，其是否为云南固有人种，未可考矣。

瑶人之风俗：瑶性野而多怯，不轻入城市，刀耕火种，故足迹所至，林箐难存，箐伐尽则他徙，不置田产，拙于谋生，善于打猎，男惰女勤。俗瑶好洁，客至家必与妇女纵情憨嬉，主人乃乐，否则反谓客人傲慢轻视彼族也。有书，父子自相传习，看其行列，笔画似为汉人所著，但流传既久，转抄讹谬，字体、文义殊难索解，彼复宝而秘之，不轻示人，愈不可纠正矣。好猎，善火枪，能制弩、药，以杀猛兽。【《民国马龙县志（一）（45）·卷二·风俗志》，页221—222】

土佬：① 土佬乃滇南原有之种族也……耕种为生。【《民国马龙县志（一）（45）·卷二·风俗志》，页226】

摆夷：本名"僰夷"，或又称"白衣"……有水、旱二种……水种居水边，种棉花、甘蔗。【《民国马龙县志（一）（45）·卷二·风俗志》，页229】

夷族②女子虽较男子为勤劳，但不得架牛耕犁，风习各种皆同。【《民国马龙县志（一）（45）·卷二·风俗志》，页242】

农用，先食民生在勤饔飧具，而筋力疲，粒米盈而脂膏竭，此其可为恻然者也。临安地虽广袤，而山多田少，鲜有肥腴，时雨偶愆，龟坼之形随见焉。水田种稻，始之渍种布谷，继之殖秧薅草，以逮刈蒿登场，次第不相悬也，而功须数倍，山地种荞麦春荞种于冬月，冬荞麦种于夏月，秫豆黄稗薯蓣之属，或一易或再易或三四易，而始获有收，村庄作苦之家资是以供朝夕，稻食惟好有卒岁不敷数尝者，生计之艰，难不已甚乎，然而服劳思善，习实为常，所谓瘠土之民，莫不向义也，是以男妇操作，旦晚勤劬，苦雨凄风，不暇宁息，间有一二淫心舍力，流荡惰游之辈，辄公相诮让，不能为容。《通志》称"民专稼穑，尽力田畴"，岂虚语也哉。而前《明一统志》乃谓"习俗质直，采猎为业"。窃尝迹而求之质直率乎！天性因自昔已然，至于重谷力农，职思正业，虽在往代，盖亦如兹，以采猎之徒概之，则诬矣。【《民国续修建水县志稿（56）·卷之二·风俗》，页164—165】

习尚：县属地广人稀，山形旷野，故居民多好畜牧牛马，往来好带枪

---

① 今壮族。
② 历史上对少数民族的一种统称。

刀，尤好猎取野兽，衣服尚短，饮食尚酒与生肉，职业尚农，工商不甚发达。故此地之输出品鸦片之外，犹以茶叶为大宗焉。【《民国镇康县志初稿（58）·第十七·礼俗》，页285】

田产卖后之请求加添

田产活卖契约完成后，或数年或数十年，该田产价值骤然增高，卖主得向买主请求为一次或二次之加添。

事见维西县民上诉于高审厅案卷。后以此询之本省乡老，谓此不独卖契然，即典契亦然，不独维西县然，即滇省一般皆然也。【《清末民国时期云南省法制史料选编·民商习惯录》，云南省司法厅史志办公室1991年版，页364】

永久租佃之权限

有永佃权者，得随意使用处分其田亩。除杜卖外，或典或卖，只须佃户不少租，买者不少税，原业主不得无故夺佃。

本件见嵩峨县民上诉于高审厅案卷。

按：此种物权，既系永久设置，若许佃主有处分之权，则代远年湮变故多端，原业主未免有损失之虑，殊非所以保护原业主之利益也。【《清末民国时期云南省法制史料选编·民商习惯录》，云南省司法厅史志办公室1991年版，页365】

租三典五滇省一般习惯

田产出租后不满三年，业主不能夺佃；典则非满五年不能取赎，故有租三典五之称。

本件见各案卷宗。按：此项习惯，对于租典限以最短期限，俾种植斯地者得尽力地利，颇合经济原理。若旋租、旋夺、旋典、旋赎，则租者、典者常成恐慌之心，何忍耗费资本为他人造幸福乎？其结果适足以荒芜其田畴而已，若此种习惯可免悬弊，洵称良善。【《清末民国时期云南省法制史料选编·民商习惯录》，云南省司法厅史志办公室1991年版，页365】

田亩计算之方法滇省一般习惯

民间田亩以弓计算，其常也，而其最特别者则以人工计算是也，其法每人每日力能栽种之地，即为一亩。

按：此种习惯，因时日有短长，人力有强殊，难得确当之标准，非田亩计算之良法也。【《清末民国时期云南省法制史料选编·民商习惯录》，

云南省司法厅史志办公室 1991 年版, 页 366】

业主收租之习惯_{以东}

佃户纳租以谷, 其常也, 迤东各属田产出租后, 则由佃户经营种植, 间有由业主酌给籽种牛力者, 迨至成熟期间, 双方各出劳力以收之, 而平均分配其收获所得。【《清末民国时期云南省法制史料选编·民商习惯录》, 云南省司法厅史志办公室 1991 年版, 页 366】

画字银

买卖田, 买主于买价外, 另给卖主银若干, 谓之画字银。

按: 此种习惯, 不独滇省可然, 中国各省亦往往有之。【《清末民国时期云南省法制史料选编·民商习惯录》, 云南省司法厅史志办公室 1991 年版, 页 367】

包粮

典买田产, 以拨粮为常。间有仅于契约内载明带粮若干, 洎至完粮。期间, 典买者照约付银于原业主俾代为完纳, 谓之包粮。【《清末民国时期云南省法制史料选编·民商习惯录》, 云南省司法厅史志办公室 1991 年版, 页 373】

拦典不拦卖_{滇省一般习惯}

业主将田亩出典于甲, 当未赎前复欲典于乙, 则甲可主张权利出而阻止之, 若出卖于乙, 则甲只得请求给付典价, 解除典之关系。【《清末民国时期云南省法制史料选编·民商习惯录》, 云南省司法厅史志办公室 1991 年版, 页 373】

引水灌田之习惯_{澄江县}

澄江县属沿河居民, 筑设石坝, 蓄水灌田, 租沿定例, 上满下流, 听其自然, 虽有旱年, 必由上流居民使用, 所余始放谐下流, 断不能由下流之人强决上坝, 以资灌溉也。

事见澄江县民上诉案卷。【《清末民国时期云南省法制史料选编·民商习惯录》, 云南省司法厅史志办公室 1991 年版, 页 373】

转典

甲以田产出典于乙, 乙以之典于丙, 丙以之典于丁, 辗转相移, 原业主甲不能主张异议, 且其转典间有以原典契约相互授受者, 固为理之常有。不以原典契约相授受, 而典价又互异者, 则原业主甲欲取赎时, 只得向乙求赎, 乙以之求丙, 丙以之求丁, 而甲不能直接向丁求赎也。

事见各案卷宗。此种转典漫无限制，纠葛甚多，洵非良善。【《清末民国时期云南省法制史料选编·民商习惯录》，云南省司法厅史志办公室1991年版，页374】

杜产不拨粮之习惯

杜产以拨粮为常，间有不拨粮者，其粮仍由卖主完纳，而买主则暗中帮费，以资补偿，是亦特别习惯也。

事见案卷。【《清末民国时期云南省法制史料选编·民商习惯录》，云南省司法厅史志办公室1991年版，页374】

租地盖房

订立租约，议定期限，押租行租等项，限期以内双方不得解除契约，限满，地主对于租借人所建之房屋，有收买之特权，其价值凭中酌定，各有遵守之义务。

本件见大理上诉案件。【《清末民国时期云南省法制史料选编·民商习惯录》，云南省司法厅史志办公室1991年版，页374】

（二）20世纪50年代少数民族社会历史调查资料中的物产及不动产习惯

（1）黑彝不仅是整个彝族社会里占有奴隶最多的等级，同时也是集中土地最多的等级。曲诺等级由于人身隶属于黑彝，在土地关系上也不能不依附于黑彝，遭受黑彝的地租剥削。但是只要交清地租后，即享有一定的自由，并有积累自己财富的条件。少数富裕曲诺，还通过出租和转租土地剥削穷困曲诺和阿加，反映出曲诺等级内部已有分化。阿加和呷西等级，人身完全隶属于主子，绝大部分或全部时间为主子服劳役，因而除一部分阿加佃耕主子土地以外，其余几乎是一无所有。

（2）在黑彝住地的周围或在黑彝的势力范围内，主要为黑彝占有的曲诺和阿加居住。因此，在这些村寨，租地者曲诺或阿加与土地出租者黑彝的人身隶属关系和租佃关系，基本上是统一的。

（3）地租和押金，在1930年以后均有上涨。这与彝族地区此时开始大量种植鸦片有一定关系，也是同彝族社会经济的变化相一致的。

（4）买卖土地和转租土地的事例很少，典当土地尚未发现，这与彝族社会属于自给自足的自然经济有关；同本乡属于小凉山彝族聚居的中心地区，交通更为闭塞，黑彝的统治更为牢固有关。

（5）在奴隶占有制的社会里，黑彝对各被压迫等级基于人身占有关系而享有的特权，也往往反映在租佃关系之中。【《云南小凉山彝族社会历史调查·宁蒗彝族自治县跑马坪乡彝族社会经济调查》，页 46】

在出租土地时，有押金，当地谓之"顶手钱"。据了解，押金并不普遍，大部分佃户无钱，都没有押金。……

从全县来看，彝族黑彝、白彝地主等出租土地，一般都要押金，大都系现款，种类有红顶、黑顶两种：所谓红顶者即上一次，不租可退，但往往退还时，由于按照押时现款数，当时货币贬值，故吃亏的是佃户，地主阶级的恶毒，此又是一例；黑顶是每年都要上，不租田时也不退。红顶 3 倍于黑顶价，黑顶又相当于租地产量的 1/10。【《云南彝族社会历史调查·镇雄县塘房区凉水井乡和平沟下寨彝族社会调查》，页 220】

在西山地区，虽然为土地私有制，但由于广种薄收，对土地占有的欲望并不强烈，还有农村公社的痕迹。如果你要向别人租种土地，只要给对方送上一壶酒约 1—1.5 公斤，即可获得一片坡地，土地名义上属于对方所有，但生产的谷物是全部归耕者。山地肥力不足，多为轮歇耕种的生荒或熟荒地，相互之间可以互相借种，对所有权并不十分重视。【《白族社会历史调查（二）·洱源县西山地区白族习俗调查》，页 135】

在喜洲一带，买卖土地非常普遍，买卖时一般都要请中人作证，并书立契约汉文。农村中出卖田地，一般先问同姓宗友各户，如同宗有人要买，则卖给同宗。在出卖时，宗族长等有直接干涉的权利。如果买卖双方已经谈妥，成交时，各请双方族长及地方士绅作证。在这种情况下，中证人的报酬较低。若买主请托中人代觅对象，报酬就要高一些。【《白族社会历史调查（一）·大理县喜洲白族社会经济调查报告》，页 34】

（一）共耕形式

土地共耕，傈僳话叫"哈米奔咧伙"直译为"打伙种地"，就是两户或三户共同占有一份土地，地权属于共同所有，并共同伙种，平均分配所产粮食。根据永拉干村情况调查，有以下两种形式：

1. 合力共耕：整个生产过程所需要的各种劳力及其生产成本，都按户平均分配负担，所产粮食按户平分。……

2. 轮种共耕：几户共占有一份土地，地权共同所有。共耕的方法是将土地按户数平均分开，各户负责耕种一份，全部生产过程、所需劳力成本各户分别包干经营，但不是每年都定死包干一份，而是各户按年轮种分开的份地。每年等到粮食成熟时，将各户所收粮食并拢，不分你我按户平分。……

（二）共耕的来源

1. 共开：合伙把荒山改成耕地，或把地变成水田，共同伙种，形成共耕，最早的与最多的就是这一类。远在二三代人以前，就共同开荒共耕到现在。因为单独一户人，如要把荒坡或地变成良田良地，人少，力量小，工具不够，所以必须几户合伙干。开成田地后，若要分开，不够经营，也没有力量经营，因而就共耕。

2. 合买：合伙同买一份土地，或将一份土地卖一半留下一半，不便或不够分开就共耕。这类共耕年代不远。

3. 陪嫁的土地或亲朋相互赠送土地者：一份土地不全部给人，只给一半或一小部分，因而不便把土地割开耕种，就共耕。……

4. 合租：几户同向一户佃一份土地共耕，所产粮除上租外，其余平分，此类共耕年代近而且少。【《傈僳族怒族勒墨人（白族支系）社会历史调查·贡山县永拉干村社会经济调查》，页 73—74】

其伙种形式有下列三种：

（1）分家伙种。全村分家伙种的最多，而且也是伙种形式最早的一种。兄弟分家，由于土地少分不开，就进行伙种，如唷阿南与其弟唷阿黑伙种牛犁地 3 架，步阿利与其弟约阿迪伙种手挖地 2 架。

（2）合买伙种。中华人民共和国成立前有极少数的土地买卖，一般为几户合买或二户合买，合买就伙种，共同平均分配产品。

（3）共同开荒伙种。此种形式过去较多，现在已很少。【《傈僳族怒族勒墨人（白族支系）社会历史调查·福贡县二区二乡双米底村社会经济调查》，页 104】

（一）土地买卖

在中华人民共和国成立前后土地买卖很普遍，其形式分为典当、卖死两种。……

土地"卖死"是在成交的这一天，由买主杀一头猪，煮一罐水酒，请一个中人"割木刻"因没文字用割木刻契约，给中人 1 元半开中华人民共和国成立后给人民币 5 角，共同吃顿饭，即为"卖死"。土地典当则不需在成交之日杀猪、煮酒和割木刻，以后有钱，随时可以赎回。"卖死"与典当的价格都是一样。……

（二）租佃关系

本村无地主，但租佃关系已出现，其租额是活租（平分）。……在租佃上，佃户没有地面权，也没任何租佃证据，地主可以随时取回土地，转租给别人。中农出租土地中，有的也出少量劳动力，与佃户共同耕种，与富农出租土地有所差别。【《傈僳族怒族勒墨人（白族支系）社会历史调查·福贡县二区二乡鹿马登村社会调查》，页115—116】

勒墨人的私有地有两种形式：一种是由一户父系家庭占有的土地，叫私人地，勒墨语叫"色拉基"；另一种是由两三户父系家庭共同占有的土地叫伙有地，勒墨语叫"绍古基"。伙有地实际上是由几户父系家庭共同占有的私人地。它是土地由公有向私有转变过程中出现的过渡形式。伙有地的产生可能先于私人地。其形成的原因主要有下列几点：

第一，兄弟、叔侄、堂兄弟共同继承祖先留下来的土地。因其数量少，优劣不同，分家时，无法析分，或者析分后剩下最后一块土地无法再析分，只好由他们共同占有，形成伙有地。……

第二，几户人家，包括兄弟、亲戚或近邻共同购买一块土地，实行伙有。因土地有优劣，坡度有大小不同，难以分割。出卖土地的人家只好整块出卖。由于经济落后，一户人家无力单独购买这一块土地，只好联合两三户人家共同购买，实行伙有。……

另有一种情况是出卖土地的人家，只愿出售土地的一部分，而保留另一部分，因土地无法分割，只好由买卖双方来共同占有这一块土地。有的出卖土地的人只是暂时出卖这一块土地，希望以后有机会能赎回来。所以，他只出卖该土地的一部分，而保留另一部分，实行伙有。

第三，男方因无黄牛或其他礼物支付女方父母的彩礼，只好用一块土地的一部分去抵押，而保留这块土地的另一部分。到期后，若男方无能力赎回被抵押的土地，那么，这部分土地的所有权就归女方父母所有，形成翁婿双方伙有这块土地。……

第四，由双方祖辈共同开垦一块公有地，长期实行公有共耕，后来这块土地变成他们伙有的私有地。

实行土地伙有的双方的人际关系，首先是本家族的血亲亲属，如兄弟、叔侄、堂兄弟。其次是姻亲亲属，如姑侄、姨甥、舅甥以及翁婿等，再次是近邻中关系较好的朋友。

伙有地的伙有关系是不牢固的，因为伙有双方可以单方面处理归自己所有的那一部分土地，对方无权干预。按习俗规定，任何一方出卖伙有地，首先要转让给伙有对方，使伙有地转化为私有地。如对方不要，方可卖给别人，使伙有地变换伙有关系。或者双方析分伙有地，使之变成私有地。所以，伙有地随时都会转变成私人地。但是，私人地也可以转化为伙有地，如前所述，诸子孙共同继承祖辈一块私人地，几户人家共买一块私人地，或者出卖土地者只卖一部分，保留另一部分私人地等，都可使私人地变成伙有地。所以，私人地和伙有地经常处于变动之中，其数量难以精确估计。

……

私有地不同于公有地的地方，在于土地的主人对所属的土地不仅有使用权，而且有所有权，可以自由转让、抵押、出卖，并由子孙世代继承。人们为确保土地不被他人侵占，开始在私有地四周垒石头和栽树为界，任何人不得越界侵占土地。土地不敷耕种的人家，可以向占地较多的人家，主要是亲戚借地使用。土地已成为勒墨人家庭中的重要财产。习俗规定，土地只能由诸子继承，幼子有优先继承权。出嫁的女儿对土地没有继承权。由于私有地多数是由家族或氏族公有地演变而来的。按照土地必须保留在家族内的原则，出卖私有地要先征求本家族的意见，要优先卖给本家族的人。当他们不要时，方可卖给别人，伙有地虽有优先卖给对方的规定，但是，伙有双方大多数是本家族的亲戚，与上述原则的矛盾并不大。【《白族社会历史调查（三）·怒江傈僳族自治州碧江县洛本卓区勒墨人（白族支系）的社会历史调查》，页18—19】

全区土地由宣慰最高领有，分封给各勐土司实际领有，傣语称为"南召领召"水和土是领主的。农民被牢固的束缚在土地上，人格依附于领主。过去或至今在少数地区，农民猎获野兽必须把倒在地面的一半兽身献给领主，死后要用钱向领主"买土盖脸"；未达负担年龄的少年或不种田的流浪汉死后没有"鬼魂"，不得用棺埋葬；有的甚至保存"死手权"，即领主有权继承农奴死后的全部或部分遗产。【《傣族社会历史调查（西双版纳之二）·思茅地委关于西双版纳傣族自治州傣族地区采取和平协商方式进行土地改革的意见》，页70】

第二类是"寨田""纳曼"占全部耕地58%。系领主以奴役性条件交给各村寨农民集体承袭占用的土地，故又称为"负担田""纳倘"。这种土地虽在群众中有"大家的田""纳当来"的观念，但本质上是领主所有。农民在村寨界限内自己开垦的土地，满3年交地租，5年后并入"寨田"。凡"寨田"均由村寨头人管理分配，以"份地"方式按户或按一对夫妻分给农民使用，1年或数年分配1次。目前多数地区土地使用权已渐趋稳定，一般仅在原耕基础上进行抽、补调整，少数地区也有打乱平分的。丧失村寨成员身份或迁出外寨时，必须将"份地"交还村寨头人，不能买卖或转赠。可见这种村社分配土地制度是为了完纳封建义务并以平分地租为其前提的。农民对土地占用的不稳定性也造成了生产上的不安定。【《傣族社会历史调查（西双版纳之二）·思茅地委关于西双版纳傣族自治州傣族地区采取和平协商方式进行土地改革的意见》，页70—71】

　　私会田又可叫弟兄会田。私会田起因是寨内六七人性情相投，大家凑几文钱，买一点田，出租出去，把收得之租谷，到他们共同信仰拜佛之日期，约聚于庙，大吃两天。每个私会一年只收一两次。但每个私会朝会日期不一致，大体全年做会日期共8次，正月十三"关圣会"，正月十五"上元会"，三月十五"财神会"，七月二十三"孔明会"，八月十五"太阴会"，九月十三"关圣会"，十月十五"太阳会"。私会田共有2.9石，1931年被抽了一部分当学田，1948年全部变为学田，而私会田的会友，死的死，搬的搬，已没有几个了。【《傣族社会历史调查（西双版纳之九）·易武曼洒街庙田、学田、私会田的调查报告》，页65】

　　1. 租佃关系：土司拥有大量土地，分布在三区和二区，当地农民佃耕其土地者占绝大部分，其次则是租种麻子"帕戛"或"帕戛"乌降等的土地。中华人民共和国成立初期，土司制度已废除，佃户不再上官租，但对耕种私人土地，如"帕戛"乌降的，则照常交租，对逃跑的地主则不交租。

　　2. 领田：从前一般为属官占有，但日子一久，已渐分散各阶层，占有领田者不上官租，耕种不完则出租，这种领田占全村2%。【《德宏傣族社会历史调查（一）·盈江二区遮木寨情况》，页50】

　　十二版纳是宣慰使的封邑，全部土地属宣慰使所有。"百姓是土司的子民，百姓只有使用土地权，任何头人或百姓不得买卖，无论坝子或山上的百姓皆须向土司交纳定额的官租"，作为土司和头人的薪俸。土地占有和分配使用有三种不同情况：

（1）宣慰使和各勐土司均直接占有大量土地，作为私田，不调整变动，世袭继承，但自己不经营耕种，指定由数寨组成的某一"火西"或某一寨百姓为其代耕，收获全部归土司所有。有个别土司是以大批家奴为自己经营耕种，也有出租给百姓的，租率约在10%—30%之间。

（2）宣慰使议事庭的头人及各勐头人这些贵族官员，大都有薪俸田，但不得世袭，官员撤换其薪俸田也随之转移。宣慰议事庭的大头人皆有大量的薪俸田，如橄榄坝景哈寨，就有宣慰议事庭庭长召景哈的薪俸田，年收租谷600挑。各勐头人的田都比百姓多，一般均出租给百姓或雇长工种，租率一般在15%—30%。此外，贵族头人还多占有鱼塘、园林等，且发现有买卖的。"召火西"以上的头人，多数均不劳而食。

（3）村寨"公有"分配使用的土地。除了若干村寨的田地全部或大部为土司和贵族官员的薪俸田外，其余田地则属各村寨"公有"，由召火西、老叭等村寨头人掌握分配给本寨百姓使用。据说，从前是按照劳动力和人口的多寡平均分配，遇到人口迁移、死亡等，每年都重新分配或局部调整一次。但目前各勐各寨一般都是头人占有的较多，且不调整；百姓占有使用的田，在必要时才作局部调整，有些寨则根本不调整，实际已成不准买卖的"私有"了。据调查，户与户占有也不平衡，头人占有的田数目多、土质肥，鳏寡孤独户则占有较少或无田，某些寨已有土地集中于少数头人，而贫民完全丧失土地。【《傣族社会历史调查（西双版纳之一）·车里县情况》，页4】

在土司的辖区内，土地、牧场、森林、河流都是土司的，耕地分给作为社会经济单位的每个农户占有使用。不过，从土地分配形式和使用上看，还存在着村社残余。

这里已经形成了以生产资料为基础的个体经济，其社会内部阶级正在分化。

从土地类型上来看，根据景洪戛东、戛洒两个行政村17个寨子的调查，主要有下述4种土地。

1. 寨公田。是属于全寨公有的田地。这种田地并不是各寨都有，而是"傣勐"意为即"早来的人"寨才有。因此，据说在有"寨公田"的寨子内，也不是所有的人家都可以分到这份田种，而是属于"傣勐"户才有权分种，此种田不收官租，由本寨头人管理分配。

2. 波郎田。"波郎"即官府的头人，"波郎田"就是他们的"薪俸田", 这种田实质上是宣慰、土司所有, 分赐给官员收租以作"薪俸", 不能世袭。此种田由"波郎"以寨为单位, 分配给各寨耕种, 每年定额收租一般租额占产量的10%左右, "波郎"除收租外, 其他不管, 田地支配使用权完全属于种田的寨子, 由村寨头人管理, "波郎"实质上"只认租, 不认田"。

3. 头人田。是指村寨中头人的"薪俸田"。这种田很多寨都有, 仅是多少不同而已。它和"波郎田"不同的地方, 则是同等职的头人, 不一定有同样薪水, 因为"头人田"是在村寨占有土地, 包括"波郎田""寨公田"在内, 分配后留下的一部分田地, 因此, 富寨子就留得多, 穷寨子就留得少, 而且不固定。如村寨中户数增加, 田地不够分配时, 还可减少此种田的面积, 当然不是年年变动。就其管理的性质来看, 还带有一定的群众性。就每个头人占有数看, 一般的都不超过群众占有数的 1 倍。

4. "私人田"。是群众自己开的田。本来照土司的法律, 土地不能私有, 开荒只能享有 3 年不交官租的"优待"。但有的人在开荒之后, 没有向司署报告, 土司也无法知道。故此种田不交官租, 不纳税, 也不调整变更。群众自称为"私田"。

以上 4 种田的占有形式, 除"私人田"和"头人田"外, 不论"寨公田""波郎田", 这两种田在有的寨子已混在一起, 有田数而无田界了。共同特点是: 都是以寨子为单位, 不论人口多少, 按户平均使用。因此, 按户占有田地的数量, 形式上是平均的, 若按人口则不平均, 如以寨为单位, 从每户平均量看, 又相差不多, 据说这是因为"纳"面积的大小系根据田的好坏和远近而定的, 故其产量相差不大。总的方面是"波郎田"和"寨公田"的比例差距不大。如以寨为单位来看, "波郎田"的面积较"寨公田"的面积大, 而且基本上是集中在没有"寨公田"或"寨公田"少的村寨中。但如以占有大量"波郎田"如曼广龙或占有大量"寨公田"曼火勐与占有"寨公田""波郎田"相差不多的寨子如曼弄坎寨相比, 其平均数则相差不多。由此, 可以看出, 这里迫切需要解决土地问题的是那些不占有田地或占有田地很少的村寨即占有"波郎田"多的村寨, 需解决土地问题。中华人民共和国成立后由于负担减轻了, 分家分地种的也就增加了, 有些人反映: "解放前是愁地分不出去, 现在又愁地不够分了。"特别是开荒田私人田已大大增加, 这可见群众对土地的要求是迫切的。【《傣族社会历史调查(西双版纳之一)·西双版纳傣族自治区(州)农业生产

情况》，页75—76】

在西双版纳，凡是"召片领"领地以内的"人民"，都是"火丁给马兵卡闷松板卡召，烹总喝先信兵瓦兔召纳信"，意即每个人"头脚落地是召的奴隶，亿万根头发都是召的财产"，农奴一生必须在领主土地上劳动。勐阿的领主还有权继承农奴死后遗留下来的财产。对领主提供负担是每个人的天职和作为"人"的条件。所以凡是15岁以下未达负担年龄的少年，被视为没有取得"人"的条件，他们死后"也没有鬼魂"，不能用棺装殓，村上也不帮助抬埋。所有这些，均真实地反映了封建领主土地所有制的实质。

与封建领主经济相照应，最简单的适合于早期封建制的地租形态，主要是以份地制为基础的劳役地租。中华人民共和国成立前严格的自然经济统治，农业与手工业紧密结合，使农奴紧紧束缚于土地，加强了对土地所有者的人格依赖，形成生产技术的停滞和落后。

在份地制下，领主庄园的土地，被分为领主直属土地与农民占有和使用的份地两部分。领主强迫农奴用他们自己的工具去耕种领主的土地，并提供各种家内劳役：如挑水、煮饭，侍候领主：如打伞、扇扇以及为贵族妇女提筒裙、绣鞋等，各种专业劳役：如养大象、抬枪矛、放炮、吹号等。农民份地实质上是一种"实物工资"，而以份地的形式分给他们的。农民在自己份地上生产所得，是领主经济的条件，其目的不是给农民保证生活资料，而是为了给领主保证"劳动人手"。因之，这种封建领主所有制是和对拥有自己独立经济的依附农奴实行剥削相联系的，领主所需要的不是一无所有的农奴，而是需要握有牲畜和农具的农奴。没有份地，没有耕牛，没有财产的农奴，作为封建领主要榨取的对象，是不适用的。封建领主所需要的是束缚在土地上的小所有主，只有这种小所有主，才能紧紧地束缚在土地上。直接生产者跟生产条件密切联系在一起，是领主榨取农奴剩余劳动的特征。在西双版纳，每个村寨内的农民占有土地大体平衡，中农比重较大，真实反映了封建领主经济的这个特点。

西双版纳的封建领主经济，是建立在长期保存在封建政权内部的农村公社的基础之上的。从历史发展和现实情况看，封建领主利用农村公社的形式对农奴进行劳动编组，利用农村公社分配土地的成规来分配封建地租。

封建领主的大土地所有制和农村公社的结合过程，主要表现在个人对于村社及其"土地财产"的关系，构成了农奴关系的基础。【《傣族社会历史调查（西双版纳之二）·西双版纳傣族社会经济调查总结报告》，页1—2】

各寨分田的方式不尽相同：或由头人指定，或由大家评议，或者抽签拈阄儿。

本寨形式上采用第二种方法，实质上仍是第一种。评议当中有争吵，老叭的话就是最后的结论。前年分田时，鲊竜曾经分给他的姑爷一份好田，群众不满意。照理本寨已经掌握一份集体出租的机动田，调整时不应有太大的变动，但就老五所谈的具体情况看，并不如此在这次调查中，为什么扯到旧头人鲊竜告，也还摸不清底。又据波板告反映，本寨有十三四户的"份地"常常在调动，他们多半是外来户或本寨中与头人关系疏远的穷苦户。分田时就没有得到好田，提出调换的要求，只能在这十三四户的"份地"中及部分机动田中打圈子，结果是分来分去依然如故。

"份地"分配后，种田户在某种限度内，有自由使用权，如把它出租，甚至典当。目前，出租全部或部分"份地"的有 22 户，共租出 1300 纳，典当全部或部分"份地"的有 4 户，共典出 245 纳。

但此种典当仅具雏形，即出若干钱，典种 3 年至 5 年，到期不必还本，无条件收回，等于预收地租。至于买卖关系，则为其法律及习惯所不许。【《傣族社会历史调查（西双版纳之四）·版纳景洪曼暖典寨土地关系初步调查》，页 4—5】

寨公田和私田在处理继承上是不同的。弟兄分家，寨公田一般是不分的，谁继承其父的负担谁承受这份田，而不继承负担的由寨上另分给一份。私田在兄弟分家时是可以分的，一般说法："长者还可多分一些，年幼者（弟）少分一些。"因为"年幼的还能劳动"。据说可以分私田是不很久远的事；本寨波岩保之父在 28 年前和其兄弟分家才分了私田。

私田的私有性是极有限的，除上面说过不准典当、买卖、带走的限制外，寨上一般群众还说："纳辛号纳乃曼"，意思是说：私田也是全寨的田。所谓私田，只是说确属是我们这代或我们祖辈开的。这种说法当然片面；但是私田在傣勐寨确是限制大，与"领囡""孟麻"等寨的可买卖的私田有区别，与"召庄"可任意买卖的甚至可以超越村寨界线进行买卖的私田，就更不同了。

第二关于开荒。本寨私田的来源是开荒。开荒须向头人提出请求；头人召开群众大会，指定荒地再去开。

头人和老户早把熟荒陆续开完了，所以新户开的荒多是生荒，费工大，这样一来有能力开荒的也就不多了。中华人民共和国成立后开荒的人家增多，鲊丙勐、老叭都曾请傻尼人开过，户户都想开。据说："为它惹起纠纷，索性把荒地都分了。"但分得荒地的多半仍是老户，分得多的是头人。【《傣族社会历史调查（西双版纳之五）·勐海曼真寨调查》，页45】

发生土地典当与买卖的原因，是由于家族田占有使用不平衡，长期不做调整；加之国民党进入后负担加重以及外来社会经济的影响而引起，往往因典当逾期而变成"死卖"。典当和买卖的方式很多，通常的几种是：

1. 典当土地时须立书面契约，并请一两个头人作证明，若出当户超过规定时间不赎，便算"死契"，但也可保留取赎权；

2. 买卖土地不立书面契约，只转告群众和头人，土地权就算固定；

3. 由典当转为"卖死"时，要将出典户手中的书面文约抽回表示不能取赎。【《傣族社会历史调查（西双版纳之五）·勐混曼蚌寨调查》，页126】

分配调整土地的陈规

"吃田就要背负担"这是陈规，为了平分寨内负担而平均分田。各寨一般都是将寨田分为若干"火"，1个"火"是1个门户的意思，接受1"火"就为1个负担户。如果两户分担1"火"者，负担也各出一半。田是按户分配不按人口，就是不论人多人少，1户只能承担1"火"，不能分2"火"田。有的寨子头人利用掌握分配土地的特权，占有两"火"，仍被视为不合道理。

……

凡有下述情况之一，就可以在寨内提出请求调整土地：

（1）新立户和外来户，愿意抬负担，寨上没有机动田分予时；

（2）已经承担负担的新立户或外来户种的田土质太差，产量太低；

（3）因自然灾害，如水灾、兽灾，使产量锐减；

（4）寨上剩余的机动田多，长时间无新户；

每年傣历7、8月备耕前，照例由头人主持开会调整土地。调整分配的办法有：

（1）一份抵1户：在傣勐老寨大都1户抵1户，分与负担田，负担田每一份是多少田，早就分好，作为寨公田机动田时也不打乱，1 户或几户来承租，需要分与新立户时，就一份一份的抽回来。

（2）"并抬"，新立户在下述两种情况：①寨上无田；②新立户劳动力不多，原有负担户中也有劳动力少的人家。于是新立户愿意和另一户"并抬"一份田，各负担一半，曼倒、曼允、曼领都有类似情况。

（3）田往一边挤：寨内土地少，新户与另一负担户分抬一份田也不够种，于是采取田往一边挤的办法挤到另一端，挤出一块分给新立户。如曼岗在中华人民共和国成立后新分 4 户，就是这样分的。

（4）并地：是从几户相连的田中各划一点并出一块田，分配给新户。

如果提出请求调整的是头人的亲戚和亲信，就会很快地得到解决；否则即或调整，也只能分得一些瘦田。

户与户之间的负担田，在寨内允许自由交换，不必通过头人也不受干涉，自己有权处理，但不能买卖。【《傣族社会历史调查（西双版纳之六）·勐往傣族社会经济情况调查》，页 166—167】

寨子凡有新立户要求种田，就由寨子的老人商量后，再召集全寨的人，从占有子种多的人家抽出一点，凑为一份分给。接受田后就要出负担。

凡开荒的田，不作为自己的私田，也暂不并入寨田，不做调整。规定生荒 5 年内不出负担，5 年以后才出，要并入寨田调整；如果遇特殊情况，不足 5 年就调整。

在寨内相互还可以进行调换土地，这是比较普遍的，条件就是双方自愿，有的是自己的田较近，劳动力较多，就和劳动力少的、田远的调换。【《傣族社会历史调查（西双版纳之七）·勐很曼磨寨调查》，页 72】

60 年前，土司为了要农民更好地为他提供负担，将全勐的土地作了一次分配，坝区的傣族寨，一个寨子为一个大"脚马"，大"脚马"内又分为若干小"脚马"，土地就按"脚马"进行分配。

（1）"脚马"之间的土地界线。

自土地按"脚马"分配后，土地再不像以前那样各自占用了。而是按"脚马"分种，种田就必须向领主缴纳负担，其他"脚马"的人未经许可不能种田，"脚马"从表面上看好像是行政区划，实际上是负担的单位。为了负担，新立户和外来户都必须通过"脚马"才能分到田种，"脚马"之间的土地界线比较严格，土地不能买卖，但可以互相进行租佃、典当和抵押。典当是比较多的，在办法上是"银到田归"的办法，如城子刀尖宰因父亲死，向曼帕老叭_{叭坎糯}借了一头小牛，将自己种的田5斗籽种_{11亩}当给他，1953年才归还了一半，余数尚未归还。

（2）分配份地办法

分配份地的办法，如一个寨总的为一个大"脚马"，寨里又分为若干个小"脚马"，自己属于哪一个"脚马"的人，就种哪一个"脚马"的土地，如果种上其他"脚马"的土地，就变成其他"脚马"的人了。调整的办法有2种：一种是从"脚马"内占有土地多的单户中抽出一些，凑成一块，再另划给一块荒田；另一种是自己"脚马"内有了绝户，绝户的田不作分配，由大家共同耕种，如遇有新立户和外来户，就将这份田分给他们，新立户和外来户分到的土地数量较少，质量较差。【《傣族社会历史调查（西双版纳之七）·勐旺傣族社会经济情况调查》，页88—89】

很早以前，土地是各自占有，只要向土司缴纳官租和一切杂派，就可以种田。后来相互间悬殊大了，土司就将田重新作了一次分配，一份土地为一个"脚马"，由本"脚马"的人共种，谁种谁收；"脚马"与"脚马"、村寨与村寨的界线就比较明显了。土地不能买卖，如买卖就破坏了"脚马"的规定。可以互相进行租佃，可以典当抵押，但要以保证向领主缴纳负担作为前提，否则是不允许的。

分配土地的办法：凡寨上有了新立户，就由寨内"脚马"分给一份土地，若干不等，由原有种田户抽出来凑成一份，另外再分给一部分荒田，由新立户或外来户自去开荒。种上田后，就要承担一切负担。【《傣族社会历史调查（西双版纳之七）·勐旺曼扫寨调查》，页110】

无论是孟定土司或耿马土司统治的区域内，土地的所有权都是属于土司的，由土司分配给各个村寨所占有，人民对土地只有使用权。

村寨的土地界线是严格的，一般不能超越村寨去开荒，但如得寨头人允许，也可以以租佃的形式越村寨开荒，三年之内不交租，三年后则向占有该田的村寨交租。

土司对土地的分配和使用并不直接干涉，而是由其所委派的村寨头人陶孟、伙头等来分配给农民使用。农民在离开所在村寨而迁往他寨时，必须将全部土地交还所在村寨的头人，至其他寨时再重新要求分给一份土地，谚语谓之"来时修，去时丢"。

　　除了自己开荒的土地，在不迁离本寨的条件下可以世袭地使用外，一般土地都进行定期或不定期的调整，有的是在原耕的基础上每年抽补调整一次，有的则是每隔两三年重新打乱平分一次。前者如遮哈寨，后者如弄养寨。调整的原因可归纳为以下几点：①有人新迁入，要求分田。②按习惯制度，分家不分田，分家后新立户要求分给田耕种。③以往不愿种田，而后又要求种田。④分到坏田的人，不愿意继续耕种而要求重分。遮哈每年调整一次耕田的原因是前三者，而弄养寨则为第四种情况。调整时间一般是在傣历八月阴历五月，公历6月尚未犁田而又行将春耕时。方法是由伙头通知大家集中在缅寺或伙头家里讨论，傣语谓："马发木干"，即集中，形式上是经过大家讨论分配，实权却操在伙头手中，所以，伙头及其亲戚常常分到较好的田地。分配时，一般有寨公田的寨子是将寨公田先行分给无田者耕种，不足，再从各家所耕种的田中抽出一部分；无寨公田的寨子则从各家所耕种的土地中抽出一部分来，分给新来或新立户耕种；弄养则是每隔两三年即将全寨所有的田按全寨户数平均分配，由各户来拈阄，抽到哪一份便种哪一份。

　　总的说来，土地属土司所有，村寨占有，不准越过村寨界线开荒，农民对于土地的使用是"来时修，去时丢"。在全孟定区的各寨中都是一致的，但在具体分配办法和数量上各寨情况有所不同。在贺海寨，他们认为土地都是自己开出来的，所以，除了迁离本寨外，可以世袭使用，不调整给别人。贺海新寨的伙头说："河那边的水田指孟定镇这边是先有田后有人，河这边的田是先有人后有田。"意思就是说，贺海新寨的土地全部都是各家自行开种的私田。不过，贺海寨的田地在迁离本寨时仍要交给伙头，若又返回原寨，仍可向伙头要回耕种，但不一定要到自己亲手开出来的那块，只要数量一致就可以了。从外寨迁入本寨的新户，如向伙头要田耕种时，伙头可让本寨占田多的户，抽出部分来给新来户作开荒的"本子"，待其开足水田之后，再交给伙头，由伙头交还原主，在其耕种抽补田期间，要向原田主按年交纳田租，每担种交租谷4担。【《临沧地区傣族社会历史调查·耿马县孟定区傣族社会历史调查》，页52—53】

　　这里的土地所有权全属领主所有，农民仅有使用权和临时占有权。旱地：在本圈范围内荒芜的土地上，可以自由开垦耕种，不交任何租额领主负担不在内。在种植年限内为耕种者占有，如丢了不种，收归寨公有。水田：领田门户田，薪俸田不在内尚保存着完整的封建领主制度，每三年或一年分田一次，带有强制性，全寨按户平均分配。其分配手续为：每年农历正月初一至初五日，由领主代理人伙头和白找带领各户一人，到各家田边，先把田划好，每户一份。分好后，将原耕种户的姓名，用傣文写在纸上，卷起来，放在一个筒子里，然后由伙头主持，每户在筒子里拿一个纸条，拿着哪家名字，就种哪家原种的田。好田和坏田一样一半，搭配成一份，按户平均分配，对领主及国民党的各种苛捐杂派也平均负担。因该寨处于坝区，田多靠河边，河流没有河道，一遇雨季洪水泛滥，常被河水冲去很多。如 1954 年就冲去 40 多亩，因被冲坏田的户需要抽补，加上寨内新立户或迁入户，户口有变动，因此需要经常调配，封建领主就是通过这种分田制保持领主土地制度的完整性。【《临沧地区傣族社会历史调查·耿马县勐撒区炳令寨社会经济调查》，页 91】

（1）份田：凡新立户只要承担负担，每户都可以得一份。伙头田则是"认职不认人"，谁当伙头谁种，不出负担、不当伙头不得耕种。

（2）寡妇户的土地有两种处理办法：一是失去主要劳动力后，把份田交还给头人；一是有儿子，但尚年幼，不能劳动，可保留其份田，待儿子长大后耕种。其余户父死儿子可以继承。份田交还头人后，有的被头人占用，有的作为公田。

（3）人搬走，份田不能带走，须交还头人。

（4）分家分田问题，有两种情况：①分家时由原家庭分给田，长子有多分之权。蛮那、蛮腊两寨都是这样做的。②分家时，由原家庭分给一部分，又由头人从寨公田或经协商抽补一部分。如蛮暖寨贺丙，分家由家庭分给 6.6 亩，村中分给 6.6 亩。

（5）人死后，土地的处理是：①蛮那寨由直系亲属继承或由亲属保留使用，一无亲人，则送还头人；②亲属不能继承，须交还村寨头人，如蛮蚌、蛮腊等寨就是这样做的。

（6）由外寨搬来的，经头人许可入寨后，须送两包茶——包送给头人，一包送给群众，向头人讨田，有寨公田即分给他作为份田耕种，无寨公田则协商抽补。如蛮那寨汉井母亲死，大家要他在占有的 50 亩田中抽出一点给无田户，他不答应，就不能强迫。又如蛮腊寨则还保持着"抽着了不给，没有理"的传统习惯，一般都愿意把自己多余的田抽给无田户。

（7）在出负担的前提下，自己占有、使用的份田，可以出租、典当，但出租、典当后，负担仍归自己。

（8）坝区开荒不分村寨，允许佤族下坝开荒，坝尾广连、蛮腊等寨更突出。开生荒五年后，熟荒三年后出负担或将田交还原主。

（9）蛮那寨过去所开的私田，虽在土司的领地上，但不属份田，不出负担，可以自由买卖。【《临沧地区傣族社会历史调查·沧源县勐角区勐董乡十个傣族寨社会历史调查》，页145—146】

1. 土地分配、使用情况

（1）土地为封建土司所有，指定新爷、伙头管理，群众只有使用权，不能买卖或转让。

（2）农民离开村寨，不能把土地带走，须交还给伙头。

（3）土地的分配，过去也照顾到土质好坏，早、中、晚田掌握一定比例搭配，远、近田则不完全照顾。土地一般很少作大规模调整，但经若干年后，由于死亡、迁徙或丧失劳动力等原因，土地占有有变化。

（4）头人可以抽调土地。有新迁户、新立户或原种水田被水冲坏后，可向伙头提出抽补，前一种情况各寨都有，后一种情况仅莲花塘、坝尾、芒关、井罕等寨曾出现过。

（5）新迁户、新立户领种土地，须向伙头送茶1包、半开1元，由伙头召集群众商议，确定抽一份田给他，被抽户不另补给土地。

（6）新立户第一年不出负担，第二年开始出。

（7）农民交回土地后，一般不再出负担。伙头种田，名义上出负担，实际上不一定出。

（8）坝区砍柴有固定柴山，以寨为单位占有、使用。贺元、费奈、往牙、金弄下寨及佛寺都占有柴山。中华人民共和国成立前，甲寨不能到乙寨地界砍柴，要去则须通过伙头。

（9）寡妇一般不能继承土地，因此，寨上寡妇丧失土地者较多。现在，贺元、费奈、往牙、金弄上寨的情况有些不同，寡妇若有儿子可负担，也可以继承土地。

（10）土地不够用时，甲寨可到乙寨租田地耕种。如越界开荒，须经该寨头人同意，开出之田亦仅有使用权。【《临沧地区傣族社会历史调查·沧源县勐角区勐角乡社会经济调查》，页160—161】

全坝区共分四个卓马，在卓马与卓马、寨与寨、户与户之间，土地没有界线划分，可以插花耕种，但寨与寨之间的土地占有有严格划分。如：

勐角城分为贺元、费奈、往牙三个小寨，土地亦分为三个单位，甲寨迁到乙寨，土地不能带走，只能到乙寨领取土地，租佃关系不受限制。土地分配原则及分配时间：勐角坝的田分为早田、中田、迟田三种。每个农户所耕种的土地，三种田搭配。调整土地，包括交还田、领田、抽回田，在每年下籽种以前进行，由伙头召集群众会议，当天解决，调整或分给无地户田地，并决定当年租出多少寨公田。决定后，一年内土地占有使用一般不更动。【《临沧地区傣族社会历史调查·沧源县勐角乡七个寨经济情况调查》，页170】

土地买卖典当形式有下列几种：

（1）私田可以买死卖死，无人干涉。

（2）属于土司的各类型田，有限期或无限期抵押典当，叫"恩马那根"，意思是钱来田归，此种类型较普遍。

买卖中有两种限制：

（1）迁居户土地不得卖。迁居前，须将当出的土地赎回交还寨内伙头，迁居户如无钱赎取土地而偷偷迁居，寨内伙头可不问买主，将迁居户卖出的土地收回，买主不得干涉。

（2）买卖典当田，只能典当一代，不得永远卖死，称为"那旦"。如买主死后无子，孙子不得继承，要将土地无偿归还原主。当出方本人死后，寨内伙头即将当出的土地收回寨所有，买主也不能干涉。【《临沧地区傣族社会历史调查·沧源县勐角乡七个寨经济情况调查》，页178】

高埂田乡的耕地有水田和旱地两种。水田属私有，旱地可以随种随开。除旱地以外，水田很少有自耕者。水田都分别为土司、屯主、地主占有，土司收官租，屯主、地主则收地租。土司因路途遥远，驮运谷物不便，故以钱来折纳官租。屯主、地主则收谷子。【《阿昌族社会历史调查·潞西县高埂田乡阿昌族社会历史调查》，页74】

水田已经私有，但要向梁河土司交粮，称为"官租"。水田可以买卖、典当、抵押，不受任何支配，但买卖出村寨范围，须到头人处拨粮。山地及山上的木材属公有，不论何人都可以去砍伐树木，任何人都可以去耕种土地，因而旱地有"号地"的做法。一人"号"好地后，别人就不再去开垦，但丢荒后别人又可以通过"号地"去占有耕种。可开水田的荒地，在未开垦以前还是公有，开后才能算自己的。在村旁有以村寨为单位所植养的公有林，公有林村里人大家砍伐，多用作盖房屋，砍伐时须通过头人。但数量不多。此外屋基、园子亦属私人所有，在园子边种的各种果树和竹丛亦属私人所有。

水田有屯田和司田之分，司田向土司交粮，屯田交租。土地占有已经明显不平衡，已有阶级化分，但是 83 户阿昌族中，还没有分化出地主。此 3 寨的生产资料占有情况见表 3 (表略)。【《阿昌族社会历史调查·潞西县高埂田乡阿昌族社会历史概况》，页 89—90】

沧源佤族土地制度是很复杂的。大部分地区耕地包括水田、园地和轮耕地已属私有，只有不太适于耕种的土地、荒山和"鬼林"尚属村寨公有；部分地区的个别村寨，固定耕地水田、园地已属私有，轮歇地、荒山、"鬼林"为村寨公有。私有地可以买卖、抵押、转让，已是私有财产的一部分。每个村寨或几个村寨为一个组织单位的所谓"部落"，都有一定的地界，与别个村寨或"部落"地界是划分得很严格的。每个村寨或"部落"都有或多或少的公有地，虽然这些公有地已在农业上不起多大作用，是一种残存形态。本寨人或本"部落"人相互间借地耕种一般不给报酬，开种公有地不受任何限制。村寨间或"部落"间借地耕种则必须通过对方头人，得到允许才能开种，且要交一定的"租额"。【《佤族社会历史调查(四)·沧源县佤族社会经济调查总结报告(有删节)》，页 43】

目前存在两种所有制形式：私有制与公有制。属于私有的是绝大部分的耕地、生产工具、牲畜、武器和房舍用具等全部生活资料。属于公有的是一些土质和耕作条件都较差的土地以及森林、水流、寨内的空地、宅地和园地等。在被占为私有的各种生产资料中，主要的生产资料是土地。要考察生产关系的状况，必须首先考察土地的占有关系及其发展的趋势。

西盟佤族绝大部分可耕旱地和全部水田，都属于私有。这些私有的土地具有以下特点：①可以长期地归自己使用或让与别人使用。②可以世代继承和转赠。③可以抵押和买卖包括出卖给本寨与外寨。④无论窝郎、头人和同姓人，对私有土地的处理，除有某些传统习惯的约束以外，如卖地先要问同姓人，其他的均无权干涉。以上特点，特别是土地可以自由买卖，说明这些被占为私有的土地已具备私有制的一切主要特征。除私有的土地以外，一部分已开种过的但土质和气候等条件较差的耕地，以及未开种过的荒山地，则属于村寨公有。由于血缘与地域相近的各大小寨子并无疆界，属于村寨公有的地往往为几个寨子共有。

公有地没有专人管理，凡属寨子成员，不论其是哪个民族成分与姓氏都可以自由开种，丢荒后即不属于他所有。如果开种者在开种期间在这块地上种了竹子等，以后当别人开种时，竹丛仍归原栽种者所有，可以砍伐出卖。这些公有地可以自由开种，不进行买卖。但在开种中，开种者可以将这些公有地占为私有，即在连续耕种几年以后，就认为地是属于他的了。由于公有地没有固定的范围和保障，公有地正在随土地私有化过程的继续而逐步缩小。

……

在土地买卖成交时，一般即说定，当卖主有能力赎回自己土地时，还可向买主赎回。他们认为这是"阿伉里"。如当时未说定而事后要赎回时，则要以买卖双方的关系及买者占有土地的情况而定，或让全部赎回，或让赎回一半双方合种，或不予赎回。个别也有虽已事先说定，但事后买者因贪地好而不让赎回的，这种情况会受到社会舆论的指责。当土地转卖时，也要先问过原卖主。从调查材料看，似有以下发展趋势：最初，不管事先说定与否，当卖者要求赎回出卖的土地时都可以赎回；之后，有些要赎回的就要事先说定，否则，是否让其赎回就取决于买者；再进一步，就发展到不管事先说定与否，土地出卖后，卖者即无权赎回。在卖者赎回出卖的土地时，一般都按原价，但有的要比原价多付一两元，有偿付利息之意。不过，出卖给外寨的土地，因都紧接邻寨而离本寨较远，卖者没有必要一般也无权赎回已出卖的土地。

从上述情况可以看出，现阶段佤族的土地买卖有如下的特点：①土地买卖尚留有氏族观念的残余。②土地价格极低，说明因加工而投在土地上的劳动量不多。③卖地后卖者尚可将地赎回，因买卖而产生的所有权的转移还不完整。以上特点说明佤族的土地买卖尚处于初期阶段。

除土地买卖外，也有土地抵押，但只是个别的现象。在边缘区的永广，抵押稍为普遍。它是"珠米"阶层有目的地集中水田的手段之一。即"珠米"有意放债给有水田的贫困户，以水田作抵押，待借债者还不起债时即补价买断。这也是永广水田占有比较集中的原因之一。【《佤族社会历史调查（一）·西盟佤族社会经济调查报告》，页 18—24】

基诺山区的开发者本是基诺族，但是，由于傣族土司封建统治的结果，傣族的召片领竟然成为基诺山全部山林土地的最高所有者。召片领对基诺山的最高土地所有权，是通过其基诺族代理人征收贡赋等形式体现的，它只是一种外在的超经济强制的统治权，对山区基诺族传统的土地使用、占有和所有权并不干预。因此，无论从基诺族传统习惯看，还是从实质上看，特别是从 1943 年以后傣族土司和国民党地方政府三年内不进基诺山征收赋税的状况看，基诺族的村社仍是辖区土地的实际所有者，这也可以说是村社土地公有制的基础。据此，就基诺族村社土地所有制的具体形式而言，大致有如下两种状况：

首先是村社土地公共所有制，这是基诺族基本的土地制度形式。每个村社的土地都有严格的界线，界内的土地属村社所有，可耕地一般是各氏族或各大家族世代占有固定的地段，然后一年一轮，再分配给个体家庭使用。巴夺等少部分村寨是村社一年一轮，将土地分给个体家庭使用。但无论哪种形式，全部土地的所有权最终都属于村社，一切个体家庭或家族离开村社时，均须将土地交还村社。

其次是氏族或大家族长期占有，然后再分配给所属个体家庭使用的土地。类似情况在多数村寨都有存在，但这种表面上属于家族公有的土地只是一种占有权，而所属个体家庭只有一年或几年一度的使用权，土地所有权仍属村社。人多地少，就向附近的村社租种土地；村社内各家族和各个体户间因人口多少不一，即使在土地不多的巴亚寨内部也有租佃关系，但是这种租佃关系的租额很低，一头小猪，一个半开，就可租种上百亩的大片山地。据说，50 年前租种土地时无论面积多大，只交一个半开就可租种一年。至 20 世纪 40 年代，有的出租者开始收取所出租土地收获量的 1/10 作为地租。土地典当、买卖的现象也开始发生，但地价甚低，有的用几元钱就买数十亩山林。也有个别头人利用职权私占大片土地出租或出卖的。土地买卖多具有典当的性质，土地村社公有的基本制度并未因此而被打破。【《基诺族普米族社会历史综合调查·基诺族社会历史综合调查》，页 43】

兰坪普米族地区未开垦的荒地还很多，每个村寨都有自己的公山，有的村子还有个人的私山。公山供全村自由去放牧采樵。缺乏土地的人家可向村中负责人请求去公山上砍烧一块地耕种，在最初五年不必出租子，五年后要缴纳一些租子给全村公用。收十石要缴一石或一石五斗，比地主的租子少一半。【《基诺族普米族社会历史综合调查·兰坪、宁蒗两县普米族社会调查》，页 92】

但在民间，尚保留着原始互助换工的习惯。这种换工劳动，大多是互助互利的性质。

托甸乡农民之间换工，一般有两种形式：一是人工换人工：普米语叫"阿考注"。这是在秋收或春种繁忙季节，或建房盖屋前后要上山伐木砍料、打柴等情况下普遍采用的换工方式。从两家成员中各抽出三五人，实行协作，共同完成一项劳动任务。二是耕牛互助换工：当地俗称"衣底"，主要是缺少耕牛的人户，与有耕牛而无劳力的人户互助换工，这种互助换工形式不普遍，据调查，全乡仅有三起。【《基诺族普米族社会历史综合调查·宁蒗县永宁区托甸乡普米族社会历史综合调查报告》，页136】

（1）分养。分养又分为以下三种情况：

①分养母牛：牛主把买来的母牛分养出去，分养期间所生小牛不论一头或两头均由两家平分。分养期限不定，双方可以随时协商停止这种关系。中途如牛因病死去，养主无须赔偿。如系水牛，养主可用来犁自己的旱地，犁水田则须向牛主付牛租。

②分养猪：分养期间母猪所生的小猪通常是只给猪主2头，最多是两家平分，如为单数则养主多得1头。

③分养鸡：小鸡孵出后，连同母鸡分养出去，长大了彼此平分。景颇族有俗话说"喂鸡会喂穷"，养15只鸡，如每天都喂谷子，全年需谷18箩。【《景颇族社会历史调查（一）·潞西县遮放西山几个典型寨生产情况调查》，页50】

盆都部落早期的土地制度为部落所有制，部落成员对于耕地只有占有权和使用权。由于实行粗放的刀耕火种，即使占有也是不固定的，而必须定期实行休耕，所以，个体家庭成员对于山地仅有短期的占有权和使用权。自己耕种的刀锄耕地，一经抛荒便失去占有权，当其休耕的山地已经恢复了地力，可以重新耕种时，其他成员便有权占有和使用。【《景颇族社会历史调查（一）·梁河县邦角文化站邦角乡盆都景颇族社会调查》，页175】

山官可以接受辖区外百姓的请求而一般是要送礼的，让其耕种本辖区的土地。这种土地山官随时能收回。山官可以将土地出租给本辖区百姓耕种，亦有将辖区内旱地租给辖区外百姓耕种而收取地租的此种情况在弄丙没有，在干莫、跌撒都有。山官可以允许辖区外百姓来辖区内砍伐树木，但需给出一定的山价；收入归山官所得，百姓不敢干涉据说以前是可以干涉的。山官开垦土地，亦需要经过"号田""号地"。

（2）百姓与土地的关系

①都有号田、号地和自由开垦的权利。

本寨成员号田、号地_{在荒地上砍去一块或以结草等为标志}，不一定要通过山官，但亦有号田后给山官送一筒酒的，用意是如日后发生争执，山官可以作证。号地后如一年不开垦，第二年得再号一次；号田则较固定，可以留给一两代后开垦。旱地开垦后在种植期间别人不能侵犯，丢荒后即不属己有，任何人都能开垦；水田则不然，不但在种植期间别人不能侵犯，就是在丢荒后，只要本人不离开该寨，一般说来，别人都不能去垦种。

②百姓占有的水田、旱地。

在正常使用的情况下，均有世代继承的权利。百姓可以将占有的水田典当_{旱地都是轮歇地，没有典当的}，典当时不一定要通过山官。

本寨百姓可以不通过山官相互交换耕地，但不能买卖。迁往辖区外则丧失对田地的一切使用权利，但园地上种植的贵重果树以及自己栽的竹丛，出寨时可以出售或转让。百姓亦可以出租土地，但为数很少，出租原因主要是缺乏劳动力。百姓自己需用的木材，可以自由砍伐，但无权允许外寨人来砍伐。如系伐木材出售，砍伐过多时要给山官一些钱。

从以上土地关系中可以看出，山官对土地的处理已越出了公共权力的范围，而具有一定的特殊权力，这种特权使土地的公社集体所有制遭到了破坏。但必须指出的是，山官一旦离开辖区，除可以带走自己的一切私有财产，对土地则不再具有任何权力了。百姓的自由开垦以及自由典当、出租等权利的存在，说明了土地也不完全为山官所私有。【《景颇族社会历史调查（二）·潞西县西山弄丙寨景颇族调查报告》，页5—6】

有分配土地的义务。新来户送一份礼，可向山官要一块田，除非有一定的借口，山官不能任意收回。迁走户的水田，由山官收回；留下的竹林、园地亦由山官处理。官种或百姓家绝后，水田归山官处理。群众如抵押典当水田，必须通过山官。山官对其直接占有的水田可任意租佃、典当、抵押，并可超出辖区，但并无买卖事例_{卖断}，群众说，山官如果卖土地，他们要起来反对。可开水田的荒地，山官可以"号"。

群众对于土地也有一定的权力，表现在群众可以自由使用旱地，不必通过山官。无论可开水田或旱地的荒地，群众可以自由去"号"。开水田的荒地"号"完后，通知山官，可长期使用。新来户向山官送礼，可得到一块水田，长期使用，并可租佃、典当、抵押。但除得到山官允许外，不能出辖区，如当出辖区，使用权一般仍归本寨。土地不能买卖卖断。【《景颇族社会历史调查（二）·潞西县东山弄坻寨景颇族调查报告》，页21】

凡属村寨所有的荒地，不论山官或百姓都可以自由号地，号下的地，别人不得去开垦，但号过三年后还不开种，别人也可以去开。一般旱地丢荒后就与其他荒地一样，任何人都有同等权利去开垦。但是在某些情况下，如种地人得了病或地里树木遭雷击等，献过鬼后，原耕者可有权利继续使用几年，即使在丢荒期间，别人亦不得去开垦。有的旱地丢荒后，原耕者表示愿意继续使用时，别人亦不得去开垦。一般说来，旱地不能世代相继，也不能出租、抵当或买卖，因此旱地具有比较显著的村寨公有的性质。

园地是住宅附近的小块固定耕地，它依附于生产者的家庭住宅，因此园地很自然地就为各个家庭所长期占有。

水田是固定耕田，产量高而且能长期连续使用，所以水田的占有权比较稳固。凡村寨内的群众，都可以根据自己需要，在辖区范围内号田，即在田中做下一些记号，如砍掉一块草或挖上一条沟等，但也不一定做记号，只要使全寨人知道这块田已号下，别人就不再去开了。号田数量无一定限制，但号得过多，要受舆论责备。号下的田一时开不了，可以世代相承，也可以自由转让，并取得一定代价。已开的水田，能世代继承，亦可以自由典当、租佃，并在村寨内部买卖。群众在迁往他寨前，可以将水田当给别人或转赠给亲属。由此看来，水田的私人占有性比较显著。但是所有的土地有一个共同特点，即土地占有者迁出寨子时，土地必须留在寨子内，不能带走。因此尽管各种土地的占有程度不同，但均无真正的所有权。另一方面，我们还必须看到，如占有者不脱离村寨，水田的占有是很稳固的，亦只有在稳固的私人占有权的基础上，才能发生土地占有的不平衡，从而产生土地典当、租佃和买卖等关系。【《景颇族社会历史调查（二）·陇川县邦瓦寨景颇族调查报告》，页35—36】

凡辖区内的荒山野岭，除官庙及近寨地以外，辖区内的任何人都可以自由开垦，自由砍伐不分寨子。辖区外的百姓，征得山官允许，也可砍伐。每家都可以根据生产的实际需要"号地""号田"。由于本寨土地多，"号地""号田"的情况不突出。本寨水田绝大部分为过去崩龙族所开，景颇族挤走崩龙族后，在原有基础上略为扩大一些，实际上也没有"号田"的需要。旱地则使用年限很短，仅一两年就丢荒了，丢了又开，开了又丢，由于土地多，实际上也没有严格的"号地"制度。

旱地轮歇丢荒，没有长期使用的价值，因此也没有固定的占有权，不能世代承继，没有发生典当、租佃、买卖等关系。旱地一旦丢荒，本寨任何人都能自由开垦，因此旱地的村社公有的性质比较明显。

水田则产量高而且能长期使用，因而水田的私人占有权亦较稳固，只要占有者不离开寨子，水田就可以永久使用，并能世代承继，占有者并可将水田出租或典当据说可以典当，但无具体事例，但不能买卖。占有者如果迁离本寨，水田不能带出辖区旱地也是如此，可以转交给自己的直系亲属如父母、兄弟，不能交给亲邻朋友，如无直系亲属需交给山官。绝嗣户或寡妇无男子户的水田，不能耕种需交给山官。山官接收了这些水田后，如有新迁来户向山官要田，山官有责任无代价地将水田分给新来户，如无多余的水田，山官可以根据水田的多寡适当抽调百姓的水田给新来户，或将自己的水田分一些给新来户。迁走户土地上的竹丛、林木不能买卖，必须交给山官。

由此看来，土地所有权的范围具有严格的辖区界限，不能超越辖区，土地必须完整地被保留在辖区范围以内，在辖区内水田的私人占有权是比较稳固的，其私人占有性亦是很明显的，而旱地则相反，具有较显著的村社公有性。

把上述土地关系简单综合一下，可以看出山官和百姓在土地关系上的差异。

一种是山官与土地的关系：收回迁走户、绝嗣户和寡弱户的土地；分配给新来户土地；在适当范围内调整土地；接收迁走户土地上的竹丛、树木；可以将水田出租、典当，但不能买卖；可以批准辖区外百姓来本辖区采伐树木。

一种是百姓与土地的关系：可以自由"号地""号田"和自由砍伐树木；可以向山官取得一定数量的水田并世代承继；可以将水田出租或典当，但不能买卖；迁出辖区后即丧失对土地的占有权，必须交给山官或交给自己的直系亲属如父母、兄弟。【《景颇族社会历史调查（二）·瑞丽县雷弄寨景颇族调查报告》，页55】

旱地、大烟地由于经济价值不同，其支配权也有差异。大烟地已私有，并有买卖、典当的情况。个别的大烟地也有因地力不好、离家较远、本人又不想种而让别人去种的，但原主要时仍可收回。旱谷地在原主丢荒后别人可以开种；但地力好的旱谷地，原主暂时丢荒的，别人去开种还得征求原主同意。至于园地、竹林自己栽培的也都已私有。园地方面因各户占有不多，没有发生买卖的情况；竹林则发生卖竹子和连竹根卖的两种情况。此外，在公山上长的树木和野竹则大家都可以砍用，但大的有经济价值的如椿木、楠木、红木树等也已出现"号"树的情况，"号"定的树如有人砍用了，要照价赔偿。【《景颇族社会历史调查（二）·盈江县邦瓦寨景颇族社会情况调查报告》，页 66】

水田的买卖关系较少，大多是从典当关系转化来的，因为当时典价高，长期赎不起就变成死当了，往往买主说是买的，而卖主则认为是当的，典当与买卖的界线不明确。但也有一开始就言明卖断的。买卖比较慎重，需请到山官头人，刻木为凭以 2 个铁矛头并在一起，由证人在矛头上砍 2 刀，证人和买主各执 1 个，或由买方出 1 矛头或 1 把刀连同木刻交给证人，以示一刀两断之意。【《景颇族社会历史调查（二）·景颇族五个点（寨）调查综合报告》，页 120】

这里的土地，不论水田、旱地、大烟地、园地、苦荞地、竹林指栽培的，基本上都已私有，甚至连大树、茅草都实行"号"。凡是"号"下的树木、茅草，别家要砍用，都得征求号主的同意。在各类土地中，尤以水田的私有性最为明显。水田的买卖都有凭据，在没有文字前则赠以买主一把刀，以示卖绝。近几十年来都以景颇文为凭。除买卖外，典当的情况也较多，近 20 年来即发生了 11 件。买卖和典当的原因一般是：因偷窃被查着需要赔款；婚丧大事；生活困难；等等。价格不定，视具体情况由双方商议。旱地也有买卖，但手续不严格，没有一定的凭证，一般是在买卖时说明卖死与否即可。如说明卖死，则以后不能赎回；如说明若干年后收回，则到期即可收回。大烟地因受汉族影响，已有买卖，但不多。

旱地的私有，可从每年发生界线争执的纠纷中得到证实。每片山地看来是相连的、完整的一片，但实际上已分割成好多片。各家占有一片，都以大石、水沟等作为界桩，互相不能侵占。这说明旱地已基本上私有了。但另一方面，旱地至今还保留着近亲互相可以讨种的习惯。一般讨种只限一年，不给报酬，所有权仍归原主。讨地甚至可以超出辖区。向外寨讨种的旱地，一般要给该寨一箩谷子，作祭官庙用，以表示感谢该寨地鬼。这又说明由于旱地的经营价值不太高，私有还不十分严格。【《景颇族社会历史调查（三）·莲山县乌帕乡乌帕寨社会历史调查》，页 6】

　　水田在各点经济生活中作用虽不尽相同，但从所有制来说，均属个体家庭所私有，可自由典当、租佃、买卖等。新迁入户可通过租佃、买卖获得水田耕种，或自开水田。没有山官头人分配土地的事例。迁走户的水田由近亲继承，或委托近亲耕种，也有的在迁走前出卖。死绝户的田由出资埋魂者或近亲继承，如生前欠债，则归债主所有。各寨均已有一部分无田户，主要是：新迁来户；新分家户；寡弱户；抵出或卖出水田户；土地被掠夺户。在乌帕、孔木单以前三者为主，盆都则以后二者为主。【《景颇族社会历史调查（三）·德宏州景颇族三个点的调查总结》，页26】

　　土地的所有制形态。辖区内的林木竹丛，非个人栽植者，为全寨所公有，村寨成员均有使用权。旱地除大烟地外，都是轮歇地，村寨成员都可根据自己的需要"号地"，号下的地就成为私有，别人不能侵犯。已丢荒的旱地，别人去开垦亦需征得原主同意，刈取丢荒地上的茅草，亦需原主同意，或给原主以一定代价。丢荒八九年后，地力恢复，可以耕种时，原主仍有先开种的权利。号地一般不必通过山官，如有两家同时号一块地，则可持酒至官家，山官允许谁开则谁得。旱地中除大烟地有个别发生买卖外，一般均无买卖、租佃、抵当等关系。

　　水田具有显著的私有性。号下的田，可以传给子孙，或取得一定代价转让他人。水田可以世代继承，亦可自由买卖、抵当、租佃等，但是迁出寨子时，土地必须保留在寨子内，原主可以在迁离前将水田出卖或抵当，或迁离时委托山官代为保管。新来户可以征得山官同意，自行开荒，山官并不分配、调整土地给新来户。

　　由此可见旱地基本上保存了村社所有制，而水田则具有显著的私有性。【《景颇族社会历史调查（三）·陇川县弄弄乡峨穸寨社会历史调查》，页60】

　　这里的水田、园地、大烟地加工已私有，可以自由买卖、抵押和典当。山林包括旱地和森林为公有，但私人可占用，不发生抵押、典当和买卖关系。一般土地不卖出山官辖区，只可买进。如垒良乡弄贤寨的水田，被本寨买进的不少。旱地在辖区内可自由开垦，但甲辖区到乙辖区内开荒，需经对方山官同意，而本寨因"司郎"当权，只要通过"司郎"即可。因此，山官区界限仍然较严格地被遵守着。【《景颇族社会历史调查（三）·陇川县邦外寨社会历史调查》，页66】

　　辖区内的旱地，村寨成员都可根据自己的需要，通过"号地"的方式，自由占有，不需通过山官，"号地"后即获得占有权，别人就不得去开垦。如"号地"3年后还不开垦，在征得原主同意后别人也可以去开。当年所开的荒地，如原主无力继续经营，可让给他人，但耕种者需给原主以一定报酬，以补偿其开垦的劳动。旱地丢荒后，如原主表示今后愿意继续使用，或用作生长盖房子的茅草之用，则仍然保持其占有权。他人开垦可以喝水酒的方式与原主协商，取得原主同意才可开种。一般说来，旱地的使用年限短，轮歇丢荒，不需要长期占有。因此，没有把它作为世代相传的财产，也没发生出租、抵当或买卖的情形。但旱地中有少量大烟地是固定耕地，可以长期占有使用，因此也出现了抵当的现象，但为数不多。

园地是小块的固定耕地，数量不多，少则半升种_{包谷地面积}，多则四五升种。它随着生产者的家庭而转移，因此很自然地就成为各个个体家庭长期占有。这种园地，家家都有，也无出租、抵当或买卖关系。

水田是永久性的固定耕地，产量高，较稳定，因此其占有权亦较固定。村寨成员可以在辖区内选择可开为水田的地方，通过"号田"的方式占为己有。"号田"一般要告诉山官，以便以后发生纠纷时由山官作证，号下的田虽未经开垦也可以传给子孙，且可以一定代价转让他人。已开的水田，可世代相承，亦可自由抵当、租佃，个别情况下，也可在村寨内部买卖。群众迁往他寨时，可将水田赠给自己的亲属_{如父母、兄弟等}，也可交山官处理。新来户可由山官分给一块田_{如垒良}，也有的山官没有分配土地的义务_{如邦瓦}。【《景颇族社会历史调查（三）·陇川县景颇族社会性质调查》，页73—74】

山官头人对水田的支配权是：山官头人可以收回死绝户或迁出户的水田。山官头人收回来的田，在未分配给百姓之前，可以自己经营或将田出租，收取田租。山官头人在给新来户或无田户分配水田时，要索取一定代价。这些收入的绝大部分由山官头人分享。百姓垦复荒田或新开水田，都必须事先给山官头人送一点酒，征得同意。死绝户或迁出户的竹蓬、果树等，若无亲人继承，则山官头人可以收为己有。山官头人有权许可外寨人来本辖区内砍柴或取木料，并索取一定代价。所得收入绝大部分都由山官头人分享。

百姓对水田的分配权是：只要不发生特殊事故，水田占有者可以世代继承使用，即使因土地过多或缺乏劳力而长期_{甚至若干代}丢荒的，仍然有这种占有权。占有者可以自由出租、赠与或典当，不必通过山官，但不能买卖。可是近十几年来，有些典当关系，群众已认为是买卖。亲弟兄迁出外寨或死后无子者，其在本村的亲弟兄可以继承其水田。可以向山官头人要田，但需付出一定代价。水田占有者迁出本山官辖区后，即失去对土地占有支配的权力。

百姓对水田只有暂时的占有和使用权，可以继承典当但不能买卖，而且迁出本山官辖区就失去了对土地的一切权力；山官要收回迁出或死绝户的田，但同时又要给新来户或无田户分田；山官分田所得代价，得把一小部分分给百姓。从这些情况看，山官似乎只起着一种调整分配的作用，土地显然具有一定的村社公有性质。但是，另一方面，新来户、无田户"分取"水田必须付出一定代价，这已经基本制度化。山官"分田"所收代价，名义上要分给全村百姓，但实际上绝大部分都由山官头人分享。如过去给百姓的每户只得一小盅盐，完全是一种形式。无主田的田租都归山官头人所有。虽说土地不能买卖，但百姓思想上已认为有买卖了。从这些情况来看，水田又具有一定的私有性质。水田同时具有村社公有和私有的双重性质，表明了该寨土地所有制形态，正处于公有向私有过渡的形态；而且由于群众对水田已具有比较稳固的占有权，公社调整分配土地的权力已成为山官头人榨取财富的一种手段。在实际生活中，水田已经成为一项重要的私有财产，村社公有已只剩下了一个躯壳。【《景颇族社会历史调查（三）·瑞丽县勐典寨社会历史调查》，页89—90】

从土地所有制考察，作为村寨的政治统治者的山官对土地有四方面的支配权力：对迁入户可以给予水田或指定地点开垦水田。对迁出户、死绝户留下的水田，如无近亲继承，由山官代管及处理。土地不能卖出辖区买进及典当则可。其他与百姓同。

百姓对土地的支配权力也有四方面：可以在村寨辖区内"号田""号地"，但"号田"必须通过山官始能开垦。对水田可以长期私有，对园地可以长期占有，对大烟地如不丢荒亦可长期使用。可以将自己的水田典当、抵押和买卖可以买进辖区，但不得卖出。迁出户如在迁出前未将水田卖掉，即失去土地所有权。

从上述山官和百姓对土地的支配权力中，可以看出该寨社会还保留村社的躯壳。它的残余形式在土地所有制上表现为：村社界限；旱地公有；土地不能卖出辖区。但由于私有制的发展，水田的典当、抵押已经在事实上突破了辖区界限。因而，村社的躯壳只能牢固地附着在丢荒轮歇无长期使用价值的旱地上。同时，由于旱地丢荒轮歇，不是固定耕地，因而也没有人去集中它；相反的，水田则是富裕户集中的对象，该寨的水田占有已比较集中。兹将各阶层生产资料占有情况列表于后。【《景颇族社会历史调查（三）·盈江县大蕻文乡硔汤寨（宝石岭岗）景颇族（茶山支）社会历史调查》，页108】

上述情况说明，在邦歪寨，土地已经属于个体农民所有，特别是比较稳定而且使用价值高的水田。占有和使用者可以不受任何其他意志的支配而典当、买卖、抵押或转赠租佃。土地关系上，山官和群众一样，没有超出群众的特殊权力。土地占有已经不平衡，由于处在交错复杂的民族关系中，内部占有水田极少，又经不住战争、灾荒及婚姻、祭鬼的浪费，造成土地荒芜和向外流动，使得内部难以集中，没有地主富农阶级，但这并不意味着内部没有阶级分化。景颇族和附近地区内的其他民族在经济上构成一个不可分割的整体，他处处依赖于其他民族，租佃、债利、雇佣等也不例外。本寨租佃、债利、抵押及由土地上产生的典当、买卖，已有了相当的发展；被剥削量已占水旱稻产量的24.32%。【《景颇族社会历史调查（三）·梁河县芒东区邦歪寨社会历史调查》，页142】

土地改革前，崩龙族的土地属于村落（社）所有。由于村落隶属于傣族封建土司，在村落内部已产生封建关系，因此崩龙族的村落公有已经具有某些封建性质。村落公有主要特征，就是村落成员拥有村落的土地占有权和使用权，而无所有权。占有权和使用权首先表现为对村落范围内的土地和森林，有权进行"圈占"。"圈占"崩龙语叫"邦曼"，通过"圈占"实现占有和使用。"圈占"的形式是在土地周围砍上符号，符号有两种，一种是砍地边草，一种是在地边的树木上砍成"十"字形。占有权和使用权也随着生产的发展，分成短期和长期占有，例如在继续保持"马赫拉姆"刀耕火种的土地，就仅有短期占有权，土地在进行过一次刀耕火种后，假如抛弃，其他成员便有权占有和使用；另一种是土地已经固定化，一般说，这种土地已由"马赫拉姆"过渡到"曼台爱"熟地阶段。熟地是已由刀耕火种耕作技术过渡到犁耕阶段，这种土地长期归占有者所有。占有的家庭，可以在本家庭成员内部使用，并有出租的权利。但另一方面却不能买卖，占有的成员一旦迁出村落，其土地便归村落所有。由傣族封建土司委任的代理人"皆改"负责管理，分配给新迁来和新分出来的家庭成员。每个村落共同体都有专供村落成员放牧牲畜的公共牧场。村落头人有权，一般是采取头人会议的形式，对村落成员占有的土地进行必要的调剂，随着封建关系的产生，调剂土地实质上变成保证征收封建贡赋和劳役的一种手段。各家占有的房基和园地归房屋主人长期占有，一旦迁出村落，其房基和园地及其在园地上所种植的各种果树一律归村落，习惯上禁止自行买卖。【《德昂族社会历史调查·镇康县木厂区德昂族社会调查》，页95】

农村公社的土地所有制及生产关系

坝卡乃拉祜西一百年以前由于民族间的征战和内部的贫富分化，已经是五方杂处了。地域的联系冲破了亲属的联系，农村公社的形式至今仍然存在。农村公社的内容体现在土地公有制与私有制的同时并存。

公社实行村社成员的土地集体所有制，这种所有制表现在村寨之间有十分严格的界限，村寨之内的土地归村社成员集体所有。山地、荒地、牧场、森林等为村社所公有，凡村社成员都可自由开垦，实行公有私用。村社所有的土地与村社成员的关系表现如下：

（1）使用土地的人必须是村社成员，即必须是"卡先"的老百姓。坝卡乃是以罗姓家族为核心的农村公社。凡外来户必须参加此一村社集团。具体地说，必须供奉本寨的寨神，遵守村寨的各项规定。如本寨住户熊回系汉族，中华人民共和国成立前迁居于此，按照村寨的规定参加祭祀寨神，并改名扎发，当我们问他时，他就承认自己是拉祜西人。

（2）某一卡先的"老百姓"只能在直辖区内开垦及使用土地，不得超越村寨界限，否则即引起村社之间的械斗。如1953年坝卡乃居民在头人李凯的支持下，到芒糯界内开山地，就曾引起纠纷，双方准备动武，经政府人员说服、教育方休。

（3）山地公有私用，但不得固定占为私有。以个体家庭为单位进行"号地"方式，一般是采取自留的办法，不必征询头人的意见。公社成员自己找到适当地点，即以削去树皮为记，划出地界，别人不得来争。但这类地，在丢荒之后，别人又可去"号"起来，原开户不得阻拦。1950年曾有一农民"号"下一块地，丢荒后不让别人去种，引起全寨人群起责难。调解结果，村社限令他当年耕种，如当年不种，次年就得让别人种。

（4）宅地、园圃和水田为固定私有，其他财产如牲畜、农具、日用品也属私有。这些生产生活资料为一夫一妻制的个体家庭所占有，这种占有，不仅发生了多或少、贫或富之分，且发生了有或无之分。

（5）水田、园圃、宅地是随人"号"和随人开。但水田、园圃已固定为私有。他们说："因为田主花了力气，费了工开出水田的，就应该归他所有。"水田田头、田尾、田边的荒地和水利归田主私人所有，不允许别人使用。但出租现象还未发生。我们问水田丢荒别人可否捡种？回答是："可以。只能借种三年，不上租，不能永久种，不然田主的子孙就没有种吃处了。"可见水田的私有观念和其继承权已经相当牢固。【《拉祜族社会历史调查（一）·澜沧县糯福区拉祜西（黄拉祜）社会经济调查》，页7—8】

村社是一个统一的集团，这一集团过去曾是土地的所有者，而作为劳动力的人也是属于这一集团所有，农民则牢固地附着于村社。既然现在村社是领主的财产，那么作为村社成员的人就是领主的农奴。【《拉祜族社会历史调查（一）·澜沧县糯福区拉祜西（黄拉祜）社会经济调查》，页9】

糯福地区在历史上是孟连傣族土司的属地，这里的居民都认为，他们脚下的土地是属于勐连土司的。拉祜族人说："地是土司的，我们每年给孟连土司钱和谷子，并为他出工才得种地。"在这个范围之内又以自然村为单位，每个村寨都有一定的地界范围，与别寨严格区分开，地界以山头、垭口、森林、箐沟等为标志。每寨都有一个"卡些"或称"小卡些"，若干寨＋数寨有一个"大卡些"，前者居于后者之下，后者又居于孟连土司之下。"小卡些"或"大卡些"是群众"选举"的，受孟连土司之封，他们是孟连土司在该地的代理人，代理土司管理该地的土地和居民，为土司收贡赋派劳役。

村寨范围内的土地、森林、牧场等，居民可以自由使用，每一农户都占有一定数量的宅地、园圃和土地。这一土地，私人占有使用的前提是：居住于本寨，每年向土司交纳一定数量的贡赋实物或货币，并服一定的劳役。

土地耕种一定年限抛荒后即不复归己有，他人可以开种，自己亦可另择新地，即村寨范围内的土地都可以开种。借种或自己无力继续耕种而让给他人耕种这两种情况很少无任何报酬。土地无租佃或抵押。对于私人占有的土地，无论任何人，只能使用或继承使用，一律不得买卖。拉祜族农民说："土地是土司的，只能种不能卖，卖了卡些不得，还要受罚，谁也不敢卖，而且也没有人买，谁想种地自己去开。"【《拉祜族社会历史调查

（一）·澜沧县糯福区拉祜西（黄拉祜）社会经济调查》，页 20—21】

拉祜族迁居班利时，这带地区就受罕土司管辖。罕土司共管四个大"卡些"是拉祜族原有的行政区划，班利大卡些就是其中之一。班利大卡些包括班利、新寨、那布、那得头、丫口、半坡、看可 7 个寨子。前 4 寨主要为拉祜族，而新寨、那布、那得头 3 寨又是从班利分出后建寨的，半坡为佤族聚居，看可为哈尼族聚居，汉族杂居于丫口、半坡等寨，而丫口、半坡、看可 3 寨是从外地迁至班利地区建寨的。

每一个大卡些都有一定的地域范围，严格与其他大卡些划分开来。大卡些内的各村寨间则没有严格的土地划分。

班利寨的土地存在着个体私有和村寨公有两种所有制形式。寨公地包括寨内空地、寨附近的树林、墓地、水流、离寨远不适于耕种的森林等。远离村寨的森林无人掌管，凡本寨成员皆可砍伐利用。寨附近的森林，由寨头人卡些掌管，不允许砍树木，违反者受罚，据说是为了村寨的美观。私有地包括水田、旱地、园圃、宅地和自己培植的竹棚等。【《拉祜族社会历史调查（一）·澜沧县东回区班利寨拉祜族社会经济调查》，页 66—67】

每寨有其一定的地界，地界范围内的寨公地，别寨的人不能随便来开种，如需要则必须搬来本寨才行，事实上过去山地广阔，随便到外寨开种的事极少发生，如果发现了就会引起土地纠纷。公有地属全寨居民公有，任何人无权买卖或赠人，卡些也不例外。但后来的寨公地多是地力贫瘠的地方，不被人们重视。【《拉祜族社会历史调查（一）·澜沧县东河区拉巴寨拉祜族社会调查》，页 82】

各村寨的土地，均有村寨界限，且村落的界限很严格。村寨成员都有村寨观念，不许外寨越境开荒，若越境开荒须取得土地所属寨的同意，并交纳地租，所以寨与寨之间，是允许发生租佃关系的。农民对村寨土地只有使用权，没有所有权，若迁移离开寨子，则失去原耕的土地，群众称曰："来时领，去时丢。"【《拉祜族社会历史调查（一）·耿马县拉祜族社会经济调查》，页 108】

水沟所有权可分三种：一为由全寨成员出工所开或修理，所有权及用水权是属于全寨；一为集体修而所有权仅属于局部的集体；一为个体所有。水沟如非属全寨所有，具有所有权以外的人，若需用水皆要付钱。办法是以木刻为水槽称为水平，放在水口处作为容器，每木刻五年交 16 元半

开。【《拉祜族社会历史调查（一）·双江县拉祜族社会经济调查》，页132】

芒美乡的拉祜族土地占有形态，主要有三种：第一种是共同耕种；第二种是共同开"哈楼地"，然后由各底谷或个体家庭单独耕种；第三种是通过"厄阿周"开"哈楼地"，但归各底谷或个体家庭单独耕种。拉祜族占有土地的办法是"号"。号后砍烧，砍烧者对所砍烧的"哈楼地"在可耕期间内有使用权，一般是两至三年。"哈楼地"一旦休耕，便丧失占有权，其他成员则有权占有耕种。但"该屋阿"和"该克威"因已进行犁耕，所以拥有较固定的占有权。例如南乖、麻兰、娃底、箐木林、邦迈、贺科等村多半采取"厄阿周"集体砍烧。邦迈的扎阿、扎阿得雷、扎奥、扎腊、扎发等 5 家集体砍烧"哈楼地"，然后分给各家单独耕种。无论共同砍烧，共同耕种，或者共同砍烧，分别耕种的土地，一般都是亲属关系，或者是共同居住在一幢公共房屋的成员。【《拉祜族社会历史调查（二）·耿马县福荣区芒美乡拉祜族社会和家庭》，页26】

原始农村公社土地制度的基本特征是土地村寨公有和私人占有的两重性。寨公地包括未开垦的山地、森林、水流、墓地等；而已开垦的水田和旱地多属私人占有，土地所有权是分属于傣族、布朗族土司头人的。此外，园圃地、茶树、竹篷、宅地、耕畜以及一切生活资料全属个体家庭私有。在村社范围内的土地、森林、水源等，居民都可以自由砍伐利用，那些已经加工的水田、旱地、宅地、园地便为这个家庭长期占有。但如他迁时，只能带走动产，即纯属私人所有的生产工具、牲畜和生活资料，而房屋、宅地、园圃、水田、旱地则要全部留交"屋吉"内的亲属或村社，私人不得任意出卖。此外，部分竹篷、茶树可转交亲友使用，无亲友时交卡些收管。

由此可见，村社成员要获得土地，首先必须是居住在本寨的村社成员，他们必须遵守村寨的各项规定，服从卡些或叭、召曼的领导。其次，村社成员每年必须向土司头人交纳一定数量的贡赋包括实物和货币，此即近代的地租或代役租。从这两个条件来分析，拉祜族对于土地没有所有权，只不过是占有权和使用权而已，其土地权是属于傣族土司的。因此，这里的土地关系乃是一种在傣族封建领主所有制前提下的村社私人土地占有制。然而，这种占有制实际上是极不稳固的，他们每年都得请示土司、头人后才能耕种。

在农村公社范围内，最初，土地可以自由开种，被开垦的山地属家庭占有，当其耕种了若干年抛荒之后，即不复为己有，别人继之可以开种，不必通知原耕者，同样，这个家庭也可以另择新地开垦播种。这种村社成员根据习惯，自由"号地"号地者在选中的地段前后找一棵树，用大刀剖开横面一缝隙，在其中夹一根棍子，或者在地的中央钏出一片杂草，表示土地已经有主，谁开谁种的占有土地方式长期地保留下来，它反映了当时人们对于土地的私有观念还是比较淡薄的。究其原因有二：一方面是由于山区地广人稀和耕作技术落后等具体生产条件所决定；另一方面是由于"普天之下，莫非王土"的观念束缚，这里的土地系为"召勐混"所有，农民是没有什么所有权可言的。因之，按其社会性质来说，巴卡囡、贺开地区是处于傣族封建领主统治下的农村公社，其内部已产生了剥削因素，同时也还浓厚地保存着大家庭公社经济关系的残余。【《拉祜族社会历史调查（二）·勐海县巴卡囡贺开两寨拉祜族社会历史调查》，页51—52】

占地分个体与集体两种，集体占地通常在兄弟间通过，个体占地是个体家庭产生后的产物。拉祜西传统的占地方法，先在选好的林地周围，砍一条空隙，建立占地的边界，然后在这条边界线上，在不太长的空隙处，砍占地桩。占地桩的形式是将一株树梢砍去，在其顶端放一根横短木，作十字形，作为占下的标志。其他成员看见这个标志便不能再占了。【《拉祜族社会历史调查（二）·金平县三区翁当乡拉祜西调查》，页79】

土地被认为是天然的财富，任何人都可自由开垦耕种，土地还未成为私有财产，但已开始了土地私有观念的萌芽。例如：号地，在砍树季节人们一般须先号地，即在选定的土地上留下标志，然后再去砍烧耕种。对于已经号定的土地，旁人就不能再去砍烧耕种了。土地一经某人开种后，在其抛荒期间他人不得随意耕种，若欲耕种则须先征得原耕者之同意后方可，不需要什么报酬，送点松鼠干巴或酒即可，不送也行。若未经原耕者之同意即自行耕种则被认为是不礼貌的。在苦聪人中不会发生这种情形，也很少有去讨别人种过的土地来耕种，因为可耕的土地极多，遍山皆可随意开种。【《拉祜族社会历史调查（二）·金平县三区翁当乡新安寨黄苦聪（拉祜西）人社会调查》，页97】

澜沧原为佤族所居……清末，清朝统治者征服拉祜族之后分封了土司，土地又为封建领主制。在土司时代，有句流传的话："皇帝江山、老爷土皮。"土司除直接经营的私庄之外，将土地均分给各村寨种，所属百姓应根据田的多少给土司纳粮，有些地区则是平均负担粮款。……所以在领主制内，土地可以典当、买卖、租佃，因而土地便逐渐集中。在土司时代，有"卖田、卖粮"，也有"卖田不卖粮"等土地买卖关系。这里所说的"粮"是指负担粮。"不管田飞和地走，老爷的粮稳如山。"【《拉祜族社会历史调查（一）·澜沧县谦六东河南岭等区拉祜族社会经济调查》，页54】

天然的公有森林和土地都实行个体家庭自由占有。占法是砍地界，在森林周围砍出一高一矮的树桩作标记，经过加工，便归加工的主人长期使用，直至不能使用为止。土地的主人有权出租所占有的土地，但尚未形成固定的租金。占有耕地者的子女有继承权，在儿子间进行分配。

土地耕作形式以个体为主，只有两三家集体耕种。集体耕种的产品按照参加劳动人数分配。一种耕种形式是，一方出劳动工具、种子、土地和部分劳动力，一方出劳动力，产品平均分配；一种是一方出土地、种子，一方参加劳动，秋天收成，后者多分到一背玉米。黑苦聪还存在分养猪的现象，分养猪有三种形式：一种是一方出母猪，广方负责养，生子平分；一种是一方出小猪，一方负责养，然后平分；一种是一方出架子猪，一方负责养，长成后主人多分，养者少分。【《拉祜族社会历史调查（二）·金平县茨通坝乡大寨郭周（黑苦聪）人调查》，页104】

这里所说的土地买卖是根据当地的语言概念直译出来的，布朗人说"开海""失海"即买地、卖地，实际上更像一种租佃关系。具体情况有三种：第一种是氏族成员除分得土地外，如还需要种地，可以向族内"购买"，将一点酒或少许钱交给族长及全体成员后即可得到一片地耕种，一般每挑种不超过一元五角，但只有种植一年的权利，无所有权。第二种是氏族成员之间或寨内亲友之间，自己分得的土地或私地可以"买卖"，这种"买卖"无所有权，所得之钱由卖主自有，一般每挑种约一元左右。亲友之间不收费，互换的亦有。第三种是村寨之间或哈尼族与布朗族之间的买卖价格稍高，一般每挑种的地约两元左右，或每租一挑种的地，给出租者一挑谷子。大烟地的价格稍高，如巴达哈尼族小老买一块地花26元，可产大烟80两可卖480元。总的看来，土地价格均不超过总收入的10%。出"卖"寨公有地的收入属全寨所有，出"卖"氏族所有的地，收入归全氏族成员所有按照分配土地的办法分给氏族成员，"卖"私有地或"卖"氏族成员分得的土地，其收入归个人所有。召曼氏族1957年"卖地"收入共

19.5 元，其中 7.5 元为哈尼族买地之款，12 元为其他氏族成员的买地款。【《布朗族社会历史调查（一）·白族文化习俗诸方面的调查材料》，页3—4】

土地是寨公有，由 15 个考公分用全寨土地，考公最大的 15 户。考公内有的已能处理自己的土地，可以送给别人种，这些户能分清哪些是自己在考公内的可固定继承的土地。但有的考公的土地是大家合在一起，不固定给各户继承，仅知道寨内某个地方有若干块土地是自己考公的土地。后者在进行生产时，每年要由"丢木拉"家族长根据劳动人口和所需土地量分配给考公内的各户耕种；也有的考公不是按人口、劳力分配土地，而是由家族长先选一定数量的好地后，再依族内长幼次序选地。而前一种已固定给各户的土地，不再实行分配，生产时在自己固定继承的轮歇地上耕种，如果土地不够种，亦可向考公内土地多种不完的户分种，土地种过后仍属于原继承户。

如果在"帕召苦"卜卦指定方向的山上，家族地还不能砍种，或考公内已有继承轮歇地的户，因地不够种而考公内其他户又无多余的土地分让出来，或自己的土地不好，这时即可相约向帕召苦指定方向的外寨租种。如 1954 年寨内因帕召苦指定方向的土地有部分不好，即有 20 户集体向曼桑承租 50 挑种面积的土地。

如果外来户无土地，或者分家后土地不足的新立户，或分家后根本没有土地，亦可相约向指定方向的外寨租种。如果寨内有荒山，新来户只需先向召曼送一点草烟、茶叶或请头人吃一次饭，就可得到自己能力所能开垦的荒山，自己亦有了土地继承权；如果是本寨的新立户或分家户，在习惯上不送草烟，可是近年来亦发生讨地送草烟、茶叶等礼品的，甚至有在草烟内偷偷包上 1—2 元半开的。如果新来户或新立户能在地多户中抽分土地时，则由召曼通知地多之户，取得其同意，并送给一点草烟、茶叶等，说是"讨主人的福"，这样亦可由土地占有较多的户分让一些出来，可是分种者不能继承，次年再种时还必须取得主人同意。如外寨来的打丙二、岩敢六、岩温曼峨等，因曼兴竜寨内少有无主的公山，有的因土质不好不适于砍种，他们在寨内又没有考公，所以他们到曼兴竜虽已十年但仍没有土地，召曼通知咪麻玉章，取得他的同意，送给他们 2 挑种的继承轮歇地。

如果有人要外迁别寨时，土地、菜园、竹篷都要交回寨上，由召曼管理，不能出租、典当、出卖。如果外迁户所种的土地是属于考公地，外迁时应交还考公。如果外迁户所种的土地是属于已分配固定继承使用的，外迁时仍然可由其兄弟和亲戚继承使用。【《布朗族社会历史调查（一）·白族文化习俗诸方面的调查材料》，页8】

章加土地属于考公亦称戛滚，即家族所有，由20个考公占有全寨土地。大的考公的土地是大家合在一起，耕种时，由考公首领先选一片地，然后按考公内辈分的大小层层分选。但若是由考公内的个体户在寨公地上开垦，或向其他考公买的，则完全由自己私人所有，可以出租买卖或送给别人，不受限制。若考公大家所有的土地需要"出卖"时，必须取得考公内大家的同意，考公内的首领家族长有代表大家处理考公内公有土地的权力，可以出租，可以送给别人或"卖"掉。因此，目前章加的土地既有考公公有的，也有考公内单户私有的，但考公公有部分比单户私有部分占的比重大。……

在考公内的各户，除自己私有土地可以自己处理外，公有的部分，每年生产时均须重新分配一次。若分种不完，族长可以出租或分配给不够种和无地种的考公耕种。若在大佛爷指定方向的山上，某一家族在这里的地不够种或者不好，即可相约不够种或无地的户向大佛爷指定方向的外寨租种好地或捡种坏地。

……

（三）寨内地基和土地买卖情况

按"古理"土地属考公所有，是不能买卖的。但中华人民共和国成立前十余年受国民党的统治，人们无力负担国民党的捐款，只好出卖土地给国民党交款。一部分上层在国民党的影响下，开始买坝地，因而开始了土地买卖、典当和租佃关系。有些贫困农民因无力交款，在征求家族同意后，将考公的公地出卖了一部分，给国民党交款。……

森林、竹篷亦属考公所有，也有私人占有的。森林在考公内的可以自由砍用，但若要在其他考公的森林内砍木材要买，一般是5角钱可买2棵树，竹亦相同。

茶树、果树在章加为数甚少。一般是属私有，自由买卖，不受限制。【《布朗族社会历史调查（一）·布朗山章加寨面貌》，页17—18】

1. 土地形态及土地占有关系

社会主义因素进入前，本区布朗族的土地实行村社所有、考公亦称"戛滚"，即家族长期占有，并通过各考公内部每年的定期再分配实现个体生产。在考公占有之外，又派生出个体农民占有，固定继承使用的形式。构成考公占有、通过再分配由考公内部的基本单位户短期经营，以及个体农民固定继承长期经营的两种土地使用制度。

……

2. 个体农民占有固定继承使用制

在土地形态中，除考公固定继承使用外，还有个体农民占有固定继承使用的形式。属于个体农民固定占有继承使用的，是部分山地及寨子附近的茶园、竹篷地。如前所述，本寨现有可耕地绝大部分均已分别由各个考公占有，但还保有一部分村社公地。……个体农民占有固定使用的山地可以世代继承，其继承办法恰与考公地的继承相反，一律按照其他财产的继承制由长子承袭，只有在长子死而其下又无直系亲属时才交由兄弟继承。这种继承制充分反映出个体农民占有的性质，它使个体农民占有土地与考公地永远区别开来，起了防止个体农民占有地转化为考公地的作用，从而限制了考公地的扩大。个体农民之对于其占有的土地亦只有占有权，无所有权，不能随意转让或买卖。当占有者一旦外迁或无人继承时，便由头人收回，恢复公有的性质。如果占有者死亡，其子又年幼，所占有土地由头人代管，待其子成人，再交回使用。必须说明，个体农民占有的土地，由于数量少，而就土地耕作条件而言，在现时生产力水平下，利用的可能性又不大，故在经济生活中不起重要作用，作为土地形态的主导形式的还是考公地。……【《布朗族社会历史调查(一)·布朗山曼兴竜寨社会经济调查》，页35—37】

土地所有制形态和产品的分配关系土地所有制形态分为公有制和私有制两种，而公有的土地又有村寨公有和考公_{氏族}公有的两种_{有的同志认为考公对于考公地只是占有关系。}

寨公有地、考公公有地、私有地之间的比例在各寨是不等的。据初步调查，曼瓦寨的村寨公有地占全寨土地总数的12%；考公公有地占全寨土地总数的63%；私有地占土地总数的25%。

(1) 公有地

寨公有地一般离寨都较远_{也有的是在寨子附近}，例如靠近巴达、呵松两寨的属曼瓦的寨公地，多数是出租给哈尼族耕种_{种旱稻、大烟、玉米等}，每年收入的租金由头人掌握分配给各户，但晚近年来，租金也有部分被头人侵吞的，如果收入的租金少则买酒肉大伙吃。本寨还有一片寨公地，凡寨内成员都可去开种，但事先必须得到头人许可。

（2）考公地

"考公地"即氏族地即同一血统的氏族成员共同所有的土地，这类土地在各寨都占多数。曼瓦寨此种土地在各氏族间占有也是不平衡的，这主要是与各氏族迁来时间早晚有关系，迁来时间较早的占有的氏族公地较多，迁来时间迟则占有的氏族公地较少。以曼瓦三个较大氏族的土地情况为例：召曼氏族25户共有411挑籽种的公有土地，占三个氏族公有地总和的39%；召氏族32户，共有公有土地378挑籽种，占三个氏族土地总和的35.7%；西怀氏族26户，共有公有土地268挑籽种，占三个氏族土地总和的25.3%。

晚近以来，由于布朗族社会内部已逐渐产生了阶级分化，氏族内部的氏族长、富裕户与贫困的成员间分得的土地和私人占有的土地，都显现出不平衡状况。

曼瓦寨内考公地与考公地间的界线是分明的，其占有关系也是较严格的没有像布朗山的有些村寨已有村寨头人召开氏族长会议调整土地给外来户等情况出现。考公地是由氏族长和氏族内的头人管理，例如：召曼考公的考公地就由召曼和老先两人管理，每年在氏族长领导下进行一次土地分配，分配时氏族长及氏族内头人先选择好地，然后依辈分的高低依次分配。

在考公内分配土地之后，有的成员分的地不够种时，可以向氏族内或别氏族的成员租种，租金很低，约一挑籽种面积给一块半开银币，相当于人民币0.5元。如本年内因卜选方向范围的氏族土地不够分配，有的成员分不着土地时，可由氏族内出租金将出租给哈尼族耕种的土地收入的租金拿出来，再由未分得土地的成员去向其他考公或他寨租种。但这种情况不多。

曼瓦寨的考公地尚未固定到户，农作物收获后，其土地仍归考公公有。

（3）私有地

某一考公内的某成员犯了偷窃被发觉后，按习惯法必须受罚，这时则由考公将部分公有土地出卖，帮助行窃犯法者赔偿，这部分考公地就变成了私有地。但土地不能卖与外寨帕勒、帕得寨是一个考公即为一寨，其土地则可互卖。这种私有地所有权属私人，可典当、转让、出租或出卖不能卖土地给外寨，其私有地只是一种占有使用关系。

此外寨内森林属全寨公有，如谁要砍伐只需用蜡条一双送给头人就可砍伐了。大鱼塘属寨公有，每年只准集体捕鱼两天，个人捕获之鱼归私有。竹篷、茶园的产物已属私有，但土地仍属公有。生产工具、房屋、牲畜、家禽属私有。【《布朗族社会历史调查（一）·勐海县巴达区曼瓦寨布朗族社会情况》，页43—44】

（4）地租

地租形式分实物地租、货币地租和劳役地租三种，而主要是前两种。村寨间的租佃关系，主要是布朗族寨以寨公地出租给哈尼族寨，每年由承租寨集体交付货币或实物地租多为半开银币。这种村寨或氏族集体出租土地的租金作为集体事务的开支赕佛等或直接分配给各户，但后来已有部分被头人或氏族长所侵吞。曼瓦寨内发生租佃关系亦不少。【《布朗族社会历史调查（一）·勐海县巴达区曼瓦寨布朗族社会情况》，页44】

1. 农村公社公有制

在农村公社辖区范围内，一切耕地、山林、牧场、园地、宅地的最后所有权都属于村社所有。个体户是布朗族社会的基本单位，他们以村社成员的身份取得对土地的占有和使用权利。……

2. 嘎滚占有制

嘎滚占有制即是父系大家族占有制。这种占有制是从早期的家族公社公有制转化过来并作为残余形式保留在村社里的。但它已不是原生的家族公社公有制，只是保存着某种集体占有残余形式而已。嘎滚占有制与家族公社公有制的主要区别在于：土地属村社公有，由嘎滚长期占有使用，个体耕作，个体消费。这种土地布朗语称为"丕嘎滚""丕"即土地，"嘎滚"即父系大家族。……

3. 折甲占有制

折甲是在同一嘎滚之内，由父、子、孙三代或父、子二代直系亲属所组成的单位，实际上这是一种小家族组织。

章加寨布朗族除前属7个嘎滚尚保留有嘎滚地之外，其余几个大的嘎滚已分裂为若干折甲，每一个折甲又包括若干个体家庭。在这些折甲里，每一个折甲都占有自己的"丕折甲"小家族地。……

4. 私人占有制的出现和各种土地的发展、转化关系

私人占有地均称"丕开"。这种土地属于个体户占有，并有相对稳定的占有、使用及买卖权。章加寨私人占有地共计290挑种面积，占总耕地面积的7.6%。其中属于买来的有129挑种地，自己开垦的有121挑种地，

亲友间赠送的 26 挑种地，父母传下来的 14 挑种地。私有土地的比重虽然不大，但它说明，公有制在演变之中，由于嘎滚内各折甲对集体土地的长期占有和使用，某些土地已由折甲占有逐渐转变为个体户私有，并出现了土地买卖。尽管私有地的比重不大，但它已替私有制打开了一道缺口，某些土地已通过买卖关系而转变其占有权，实际上已开始由私人占有制向私人所有制发展。【《布朗族社会历史调查（二）·勐海县布朗山章加寨布朗族社会调查》，页 8—14】

凡嘎滚、折甲集体占有的土地，每年都要分给个体户砍种，先由土地继承人挑选，然后依次按长幼辈分挑选。村社成员离开村寨后，便失去对土地的占有、使用权利，土地即属村社公有。【《布朗族社会历史调查（二）·勐海县布朗山章加寨布朗族社会调查》，页 21】

帕勒的土地属于村寨公有实际上为一个氏族公有，全寨土地分为几大片，每年只耕种其中的一大片，每大片又分为若干大块，几户人家为一组开种一大块，另几户人家又为一组开种另一大块。各组在头人主持下划得土地以后，在组内先用藤子量地，平均分配给各户使用。凡劳动力较多、土质较贫瘠的可以多分些，劳动力少、土质肥沃的则少分些。耕种过一年的土地，随即抛荒，多数要等待十二三年后再重新分配使用。

刀耕火种的土地，在每年春耕前，先由头人"格乃"选择一份，格乃说："我爱上这片土地了。"于是大家就先给格乃划出他所"爱上"的地段，由格乃耕种。然后格乃根据当年全寨土地占有和分布情况，和寨老们商量，征求他们的意见，某块土地可以由几户人去耕种，另一块土地又可以由几户人去耕种。商量定夺以后，格乃召开会议，向大家宣布商量的结果，于是群众就自愿去组织垦种。

棉花地是由寨头人"召曼"管理。分地前先由召曼表示他想种某块地，然后在老人指挥下，大家给召曼划留一块，其余土地由大家分配使用。【《布朗族社会历史调查（三）·勐海县巴达区帕勒寨调查》，页 3】

呵井的土地全是村寨公有地。寨子有一定的地界范围，常以山岭、大树为界标，地界树是不准任何人砍伐的，否则将被罚款。山地的使用办法是先由村寨头人选择较多、较好的地，然后才由群众选分土地。

曼夕寨的土地原来也是全寨公有制，但晚近以来这种土地已为寨内各户所固定占有使用，并以大树或石头为地界。寨内各户占有使用的土地，可以在寨内、寨外出租或典当。典当给外寨耕种满一年，归还土地时付给一定利息。凡全寨集体出租土地的租金收入，则作为集体事项的开支。
【《布朗族社会历史调查（三）·勐海县打洛区曼夕寨调查》，页20】

5. 土地所有制

布朗族土地占有情况较复杂，大体可分作三类：

（1）村寨公有的土地。每年经大佛爷卜米卦指定该年的耕种方向，再由管理土地的头人按户分配土地进行耕种。村寨公有的土地私人不能典当买卖，只有使用权没有所有权。土地完全属于村寨公有的寨，据说有版纳西定的帕得、曼别等。

……

（2）氏族公有的土地。这类土地有三种使用情况：

以新曼峨为代表的氏族公有土地使用情况：历史上曾经以氏族为单位分配过土地。各氏族将土地分给氏族内各户使用，土地所有权属于氏族所有。现在土地已长期固定给各户，不轻易无代价地让给别人。无土地户可交纳租金租借土地。土地可以在氏族内买卖。新曼峨氏族公有地占土地总数的52.24%，私有土地占土地总数的47.67%。

以曼兴龙为代表的氏族公有土地使用情况：历史上寨内氏族曾经把氏族土地分配给氏族内各户。土地所有权属于氏族所有。现已不是每年都调整分配，使用权较固定。若遇特殊情况，经头人和氏族长允许，可以"卖"给本氏族。若有多余的土地，族内、族外的人家来讨种时，送上一包草烟或茶叶，即可以让别人开种，不出租金，但土地永久使用权属于原来的土地使用者。

以章加为代表的氏族公有土地使用情况：每个氏族每年在大佛爷卜米卦所指定的方向共同砍树后，由氏族长先选，然后依长幼顺序选地，按此方法分配土地，有的村寨和氏族数年分配一次。曼兴龙寨内有20%的氏族每年分配一次，其分配方法，有的是按氏族内的人口、劳动力所需要的土地量来分配，有的是按长幼顺序。新曼峨寨、版纳西定等寨氏族土地和寨公地的分配也都是按氏族长和头人先选，然后按长幼顺序分配。如果土地不够，则向大佛爷卜卦指定方向的邻寨租种。

（3）属于私有的土地。如西定寨和曼卖兑寨很多土地已转化为头人私有，头人以大量的土地进行地租剥削。其他各寨和各氏族内的各户亦有不同程度的私有地，如曼瓦私有地占土地总数的25%。曼峨有一个氏族的私有地占土地总数的47.67%。章加有一个氏族的私有地占土地总数的 13.1%。

私有地可以买卖、典当、出租，但不能卖与外寨外族。迁徙时，其土地由寨收回，为寨所有。

除土地外的茶园和竹篷，大部分是属于各户私有，可以买卖，但在曼兴龙等寨，只能卖茶树、竹篷，而不能卖土地，按他们的观念，土地属于公共所有。森林地和放牧地属于公共所有，木材可以随便砍伐。曼瓦等寨砍伐木料须得到头人的允许。【《布朗族社会历史调查（三）·西双版纳傣族自治州布朗族社会概况（摘要）》，页46—47】

曼暖养等寨的克木人，解放前为勐腊傣族封建领主（土司）统治，克木人居住的地区已被视为领主的领域，克木人在哪里建寨就由当地傣族大头人"波朗"划给他们一片山地，然后克木人的寨头人再将这份土地分给各户去耕种，各户所分得的土地可以长期占有使用。各户将其占用的土地分成三块或四块，每年轮流砍种一块，达到土地轮歇的目的。若全寨迁走，土地则交还给"波朗"。若某户迁走，其占用土地可转给他的亲戚使用或交还给寨头人。村寨内、村寨间都不能买卖土地，不能随便去砍种别寨的土地，否则要被罚款。【《布朗族社会历史调查（三）·勐腊、景洪两县、市克木人社会调查》，页118】

从茂顶、蓝旺度两个点的调查来看，土地所有制分为伙有共耕、私有共耕和私有自耕三种类型。

伙有共耕是一个家族或两个以上的家族中的部分成员，以自愿结合的方式，在一块伙有的土地上共耕。共出种子，共出劳动力，共同分配。土地的来源①共同开垦的家族公有土地，②共同继承死绝户的土地，③继承迁走户的土地。

私有共耕是由一个家族或两个以上的家族中的部分成员，以自愿结合的方式，在一块私有的土地上共耕，共出籽种，共出劳动力，共同分配。主要是由参加者主动向有土地者商谈伙种，若对方同意后则进一步商量其他有关事宜。

私有自耕是在自己的土地上自耕，这些人劳动力强，占有的土地肥沃，产量高，一般不愿与别人伙种。

……

土地由公有制向私有制的演变情况

独龙人的土地原是公有的，约百年前就产生私有制了。确定为私有制度的标志是"号地",一经"号地"者"号"定之后,即为私有。持有所有权者,有自由处理它的权利,如借地给人耕种转让,甚至可以卖出村的区域界线以外,并可传之世代子孙。非经本人同意别人不得随便开种。在本区域界线以内或区域界线以外,均可任意处理私人占有的土地,不受限制。【《独龙族社会历史调查(一)·贡山县四区茂顶、蓝旺度独龙族社会经济调查》,页79—81】

居住在封地上的各族人民,对山地拥有不固定占有形式,可以自由开垦,自由耕种,如果休耕便失去耕种权。但耕种山地时要共同遵守一条原则,不能在别人的山地上端开新地,因为山地由下往上耕种。但在水田上已经形成固定的耕种权,占有水田的成员允许买卖水田,土司自己也买卖自己直接占有的水田。

水田变为固定份地的过程是,农民如将山地开成水田,在三年内向土司呈报,领到田照后便获得了固定的占有权。农民占有的份地,在习惯上称作私田。这种私田是与由封建土司直接占有的官田相对而言,与一般的私田仍有区别。凡是绝嗣的水田,则由封建领主作直接经管的公田;如双方争田无法解决,田归土司,或者采取咒诅田的形式。咒诅田即是双方争执一块田,无法解决,最后采取咒诅形式的神判加以解决,双方都放弃这块田,直接归土司,并由土司出租。

占有水田比占有山地严格得多,开前须报请土司批准,开后三年内要领田照取得占有权,要根据规定交纳田租,不然土司可以不承认对水田的占有权,没收水田。开水田时要与发生关系的家庭进行协商,商量开哪块田。一般是土地占上即占下,而水源占下即占上,因为田是由下往上开,而水是由上往下流。山地与水田占有形式的不同,这与两种土地的耕作技术不同有关。在封建土司土地所有制下,水田除去由农民个体直接占有外,作为一个村落的共同体,还有作为村落集体开支之用的学田,学田是作学校经费开支之用。【《哈尼族社会历史调查·金平县一区马鹿塘哈尼族社会调查》,页51—52】

在土地占有形态上,除了个体私有外,还有伙有伙耕的占有形态。所谓"伙有伙耕"就是两户或两户以上的农户共同占有一块土地,共同生产,共同出种子、劳动力,平均分配产品。共同占有的土地没有明确划分出到底这一块土地的哪一部分是属于谁,只表明每户占有几分之几。这种土地可以自由买卖、典当或赠送,随着土地占有关系的改变,可以参加或退出共耕关系。

……

该村伙有伙耕的形式：

1. 伙有伙耕：就是共同占有一块土地，在整个生产过程中所需要的劳动力、籽种、肥料等全部由参加伙有户按各户的占有土地面积分担各户的负担应接近平衡，产品平均分配，这种形式是最早的伙有伙耕形式，在该村22起伙有伙耕中占13起。

2. 伙有换种：将共同占有的土地按参加伙有的户数分为若干份，每户分别负担一份土地的耕作及种子、肥料，并享受这份土地的产物，每年或两三年中，互相轮换耕作。这种形式是由前一种形式发展而形成的，这种形式在22起中占8起。

3. 伙有不伙耕：原来几户共同占有一块土地，共同耕种，后来由于彼此劳动力或生产工具的悬殊，而各分一份土地固定自己耕作，产品各自享受，不再轮换，但土地所有仍属共有，这种形式共有3起。【《傈僳族社会历史调查·碧江县五区色德乡德一登村傈僳族社会经济调查》，页38】

所谓原始农业协作形式——共耕，就是在两户或更多的农户共同占有一块土地的基础上，平均负担生产支出，共同劳动，按份平均分配。

从土地占有性质上讲，共耕分为公有基础上的共耕和私有基础上的共耕两种。

公有基础上的共耕：就是两户或两户以上共同耕种为家族或氏族所共有的土地，共同生产，平均负担生产支出，产品按户分配。

私有基础上的共耕：就是两户或两户以上共同占有一块土地，这块土地为他们所私有，但这块土地只表明每户占有总面积的几分之几，而没有明确划分出这块土地的那一部分归属于谁。各户按照自己占有的份额相应付出生产支出和劳动力，产品按占有份数进行分配。任何人都可以出卖、典当或赠送自己所占有的那份土地，因而，随着每份土地所有权的转移，共耕关系的成员，也随之而时有改变。

……

从劳动组合形式上说，共耕又可区分为"合力共耕"与"轮换共耕"两种形式。

合力共耕：如上所述，即由参加共耕各户，共同担负生产支出，共同劳动，按份平均分配产品的共耕形式。它是历史沿袭下来的最初的共耕形式，也是目前共耕的基本形式。

轮换共耕：将土地划为若干份，每户分得一份土地去耕作，各自收获这份土地的产品。由于存在耕地质量的诸差异因素，每年互相将耕地轮换耕作。

历史上早就形成的共耕关系，源远流长，发展到后期，往往因子孙越来越多，一块土地的共耕户也越来越多，份数越分越细，而使每份所占有的面积越来越小，因而越往后发展，"合力共耕"越觉得烦琐不便，就逐渐改变为轮换共耕。此外，也有因共同劳动与私人占有之间矛盾的发展，破坏了"合力共耕"而改为轮换共耕的。

九村的共耕关系原是以家族血缘纽带为基础形成的，但后来由于土地买卖和赠送等原因而发展为非亲属的共耕。【《怒族社会历史调查·碧江县一区九村怒族社会调查》，页28—30】

五　生产产业习惯

（一）矿产、纺织业习惯

永郡地瘠民贫，耕种之外，别少生计，且又未习纺织，尺帛寸布均需市买，女工竟无专事。乾隆五年，迤西道朱凤英出示详劝之，其略曰"子耕妇织，内外之经"，所以开衣食之原，辨阴阳之义也。顾蚕桑浴川，分亲祭求课功，其事繁重，后世易以木棉。人谓起自汉武，不知三代以前已自有之，《禹贡》厥筐织贝说者，谓贝乃吉，贝即木棉也。余尝至吴越楚豫间，机杼之声辄与陇畔歌吟，互相酬答，虽幽闺稚女，亦学阿母捻线接絮，分丝理经，固叹豳风绘图，授衣授食，王道之隆固如是也。今永北地界，西蜀巴锦裁鸳，川绫绘藻，穷工极巧，固所难为，即练剪澄江机丝，夜月亦殊，寂寂而购买他郡布匹，价值高昂，几与绸绫相等，伊彼妇女岂真巧拙之悬殊哉？无亦好逸恶劳，狃常习，故不事纺织之所致耳。或谓永地微寒，不宜种棉，余谓不然，夫三江两湖以及中州之地，风气较冷而种棉特盛，且永北近江一带，土脉暖旺，种此尤易发生，似宜先令试种，再行广播；至于织纴之具，该地即有吴越楚豫之人能作此器，若付与式样，使之制造，相为传习，不劳而能。夫种棉之利较之种植他项，利更加倍，而其地择干皁，又不侵碍水田，若果内外有经，分事有治，则风俗淳美，人心正顺，非徒衣食饶乐已也。该府悉心董劝及此，五月内外倘可种植棉花，亟令广购棉籽，先于金沙江畔给民种植，收成以后，仍纳棉子作课，再行散给民，间有自行购棉种植者；如其广播，亦照上农之例，恩与嘉奖。至于纺织之器，查借现在器具，先令工匠制造，备民购用，彼此相习，自应熟谙本道。

按：临永郡博览周谘，地处西隅，土称沃壤，如黑雾海可蔬，引灌溉九龙潭，可开潘长沟、羊保草沟，可消摊水田，其余高阜，可种杂粮，不一而足，若更益以金江种棉织布之事，则地无遗利，人无遗工。树畜农桑，洋洋乐土，不数年间渐致殷富。昔汉诏称金玉刻镂，有伤农事，锦织綦组有害女红。夫伤农害工，犹且不可，况堕农废工者哉！诗云"妇无工事，休其蚕织"，此可鉴矣。

乾隆二十八年，知府陈奇典莅任，查榆城现有居积棉花者，永北相距五站，易于购买，随又广为劝谕，略曰"男耕女织，自古常经"。今永郡以不产棉花，尽弃纺织，尺布寸帛皆买外来，以致妇人、女子竟无专事，屡经前任劝谕，愚民难与图始，弗究其工。

查夷人尚多绩麻织布，岂有汉人反不如之，且大理原有棉行，就彼贩买，先学纺线，次织粗布，渐臻精细，殊非难事，合再晓谕。府属兵民人等，其各远谋深虑，饬令妇女务学纺线织布，受益良多；其有首先织成布匹呈验者，本府定行倍加奖赏。盖买布必须茓钱，若棉花则不拘多寡，纺线之工又日积月累，渐次而成，出于不觉其为居家之利，既大且薄，奈何畏难图逸，弃置弗学。示后，各宜猛省，勉相学习。惟愿机杼其弦诵齐声鸡鸣，与灯下交响，本府实有厚望焉。

按：永郡无颓俗，惟妇女不知纺织，以其地不产木棉耳。夫永昌、腾越之地，视永郡较为高寒，木棉日捆载而至，必非永郡所不宜可知矣。特记此二条于风俗之后，不入艺文，欲使士民触目知劝意有在焉。【《乾隆永北府志（42）·卷六·风俗》，页27—28】

蒙民愿而悫，重农怀土，贸易不出其境，不与富商巨贾斗智争遂。虽有铜锡之厂开采者，多他省人，邑人在厂地者鲜。【《乾隆蒙自县志（48）·卷之二·风俗》，页153】

织：邑原不晓蚕桑，从前官长屡训，而不能为，即纺棉织布，亦属寥寥。【《嘉庆楚雄县志（59）·卷之一·天文地理志》，页26】

通邑并无铜锡、金银、厂地，县治东南冯里山，离城八里许，前产黑白铅，因矿土刨尽。久已奉文封闭。【《道光通海县志（27）·课程》，页175】

种桑养蚕，贸丝而不解织。非绅宦之家绝无裘葛，冬夏布衣，以气候平和，无严寒酷暑，故也。【《道光大姚县志（一）（63）·卷二·地理志下·风俗》，页532】

彝俗：旧不务蚕桑纺织，知府王清贤设法委曲教导之，始稍知习业，然外省多以四十余日始上箔笼。武属间有饲蚕者，仅廿余日，而蚕已老，

故丝不能佳。岂天气故限之耶。【《光绪武定直隶州志（62）·卷之四·风俗》，页275】

妇女穿百褶麻布花裙，不着裤，以白麻布裹两腿，短衣无纽，以左右襟交搭，系以腰带。无论男女，胸膛恒露于外者，称之曰"乂乂苗"。

男子衣裤用棉布，有纽扣，与汉服略同者，称之为"汉苗"。

男妇衣装用白色，以青色镶领口、袖口者，称之为"白苗"。

衣服头帕咸用青色者，称之为"青苗"。

上衣下裙，咸用黑纱线织成者，称为"蒙纱苗"。

妇女杂红线于发，其粗如腕，盘于头顶者，称之为"红头苗"。

头式如红头，而戴花帔肩，于领襟、袖口、腰带，均绣以红黄色之花纹者，称之为"花苗"。

头上用花布层叠包裹，大如坐墩者，称之为"大头苗"。

苗妇勤劳，要为人类第一，其所负劳作之责甚多，自朝至暮无稍息。夫妻子女之服装，皆苗妇种麻绩线，自纺、自织、自裁、自缝。最难者，其绩麻时间，乃利用负柴、负水或赶街之行路时间，以及夜间为之，不耗费正当时间也。绘绣花纹，甚为古雅，非他族所能为。【《民国马龙县志（一）（45）·卷二·风俗志》，页234—236】

家道之昌，妇人亦与有助焉者也。临郡妇女，不谙蚕桑之事，而勤于纺织，昕夕以之，贫家无膏油之，继夜燃松脂一炷，机声扎扎，有申旦闻于比邻者矣。虽家道饶裕，居常皆自甘朴，素不以珠翠相夸，出门恒持小伞以自覆，亦《内则》："所拥蔽其面之遗规"也。【《民国续修建水县志稿（56）·卷之二·风俗》，页167】

（二）畜牧、渔业习惯

磨些蛮：《南夷志》曰：磨些蛮，乌种也。铁桥上下及大婆、小婆、三婆、采览、昆池等川，皆其所居之地。土多牛羊，一家即有羊群。终身不洗手面。男女皆披羊皮。俗好饮酒、歌舞。【（宋）李昉：《太平御览》卷七八九，"四夷部十·南蛮五"，中华书局1960年版，页3496】

暴蛮①等部落：《南夷志》曰：竹子岭东有暴蛮部落，岭西有卢鹿蛮部落，又有生蛮磨弥殿部落。此等部落，皆东爨乌蛮也……服制土多牛马，无布帛，男女悉披牛羊皮。【（宋）李昉：《太平御览》卷七八九，"四夷部十·南蛮五"，中华书局1960年版，页3495】

楚雄之夷为罗婺②，居山林高阜，以牧养为业……女子以红黑布相间，缀于裙之左右。既适人，则以藤丝圈束膝下。婚姻，男以水泼女足为定。【（明）谢肇淛：《滇略》卷九，"夷略"，页24—25】

黑倮倮……其在曲靖者，居深山，虽高冈硗陇，亦力耕之，种甜、苦二荞，善畜马。器皿用竹筐、木盘。【（清）倪蜕：《滇小记》，"滇云夷种"，《云南丛书》第九册，中华书局2009年版，页4643—4644】

僰喇③：性情愚蠢，住居山谷，地硗获薄，迁徙不常，向亦畜牛羊，以资衣食。差征、赋役俱无。【《康熙嶍峨县志（32）·风俗（附种人）》，页379】

摆衣奈着多居旱湿，风尚近罗，各别祭赛，勤耕种，不事商贾。普得惟以捕鱼，不事耕种商贾。【《康熙宁州郡志·风俗》，梁耀武主编：《康熙玉溪地区地方志五种》，云南人民出版社1993年版，页47】

沙人④有黑、白二种，所居架木为楼，四垂檐瓦，男妇共处一室，祖堂、厨灶、卧处备焉，牛宫、豕栅、鸡埘、羊圈、马厩俱列楼下，臭秽□也□□。【《雍正师宗州志（18）·卷之下·九考》，页622】

撒弥：其类舟居，世业渔为生，习汉语而声音仍旧，衣服、婚姻与汉人近。【《道光昆阳州志（3）·卷之五·地理志·风俗志（赋种人）》，页310】

黑铺⑤：蓄养山羊，不食羊肉，夷中之最善者。【《民国元江志稿（一）（29）·卷二十·种人·黑铺》，页181】

苗人之屠牛狗法：择广场栽矮木桩，紧系牛鼻索于桩上，使牛头不能左右转，一人背持大斧猛击牛脑，二三击牛已晕倒，然后以尖刀刺其喉，

---

① 乌蛮七部之一。始见于唐时《蛮书》。唐时分布在今贵州威宁、水城县一带。元代称为乌撒部，是近代贵州威远、水城、赫章一带的彝族先民。

② 滇中及滇东北地区的彝族支系。

③ 今彝族。

④ 今壮族。

⑤ 又写作黑普、黑濮，清朝时哈尼族的他称。

惨象不忍观；亦有一击未晕，牛奋力拔桩起，蛮触狂奔，其险亦不可测。屠狗，则木棒连击其脑，既毙，复以火烧其毛，全不用刀矣。【《民国马龙县志（一）（45）·卷二·风俗志》，页241—242】

（三）　建房习惯

武定府：俗尚强悍难治，松度覆屋。【（明）刘文征撰，古永继校点：（天启）《滇志》卷之三，"地理志第一之三·风俗"，云南教育出版社1991年版，页111】

仲彝：构楼而居。【《康熙平彝县志（10）·卷之三·地理志·风俗（附种人）》，页337】

覆屋，各省专用坂瓦，滇中兼用筒瓦，楚郡亦兼坂瓦。相传滇中多风，明初特敕许用。【《康熙楚雄府志（58）·卷之一·地理志·风俗》，页357】

覆屋各省专用坂瓦，滇中兼用筒瓦，……相传滇中多风，明初时敕许用。【《康熙黑盐井志（一）（67）·风俗》，页356—357】

云南府合属……覆屋各省专用板瓦，滇中兼用筒瓦，以滇多大风，明初特敕许用。【《康熙云南府志（1）·卷二·地理志之七·风俗》，页55—56】

房舍无论缙绅、士庶，房舍多用（铜）［筒］瓦，相传滇中风高，明初特敕许用。【《乾隆霑益州志（17）·卷之二·风俗》，页32】

履屋听用筒瓦，明初特敕从便，滇中风烈故也；民间或以茅覆，贫者间宅土屋。【《乾隆新兴州志（26）·卷之三·地理·风俗（附种人）》，页451】

房屋用筒瓦、板瓦相半，相传滇中多风，明时奉敕许用。【《乾隆腾越州志（39）·卷三·风俗》，页41】

旧时，惟土官廨舍用瓦，余皆板屋，用圆木四围相交层而垒之，高七、八尺许，即加椽桁，覆以板，压以石，屋内四围皆床榻，中置火炉并炊爨具。改设后，渐盖瓦房，然用瓦者，中仍覆板数片，尚存古意。【《乾隆丽江府志略（41）·礼俗略·风俗》，页250】

覆屋，用瓦版筒式兼用，间有专用土者，经雨不漏，名为"土库"，甚有茅草结盖松片织成者，制甚朴陋。【《嘉庆阿迷州志（14）·卷之六·

风俗（附种人）》，页548】

狙鸡：迁徙无常，居多竹屋，耕山食荞。【《嘉庆阿迷州志（14）·卷之六·风俗（附种人）》，页549—550】

屋宇：盖屋皆用筒瓦，相传滇中多风，明初特敕许用；远乡多结茅者。【《嘉庆楚雄县志（59）·卷之一·天文地理志》，页27】

宣威风俗大约与各处相同而稍相异者，其土瘠薄，故其俗勤俭……覆屋，富者以瓦，贫者或以茅，或以松栎二木皮，而栎皮最坚可历五六十年，然亦不可多得，松皮最多易取，但三四岁即朽坏，间又用木片，择杉木之理直者剖之，鳞叠覆之，亦可历十余年。【《道光宣威州志（12）·卷之二·风俗》，页34—35】

居处架木为楼，板为壁，缘梯而升，中设火池、悬釜以炊《志略》。【《道光广南府志（43）·卷二·风俗（附种人）》，页180—181】

侬人：侬，智高遗种，性狡，好奢侈，男女勤耕织，惯挑棉锦。楼居，无椅凳，席地而坐，脱履梯下而后登。【《道光广南府志（43）·卷二·风俗（附种人）》，页185】

黑沙人：散处溪河，性情狡悍，素好仇杀。居处不论山岭，悉以木片盖屋。【《道光广南府志（43）·卷二·风俗（附种人）》，页187】

房舍：覆屋各省专用坂瓦，滇中兼用筒瓦，相传滇中多风，明初特敕许用。【《咸丰南宁县志（11）·卷之一·风俗》，页81】

土僚语言、衣服皆仿汉人，构楼而居，去地三四尺，畜牛羊各牲于下。【《光绪镇雄州志（8）·风俗》，页80】

喇鲁①，性悍，居处崖穴……一曰"喇乌"②，楼居，牛羊豢其下，勤于本业。遇人退让，其散处于荒僻间者，食蜂蛇。【《光绪腾越乡土志（35）·人类》，页594】

房屋用筒瓦、板瓦旧志："滇中多风，明时奉敕许用"。【《光绪腾越厅志稿（39）·卷之三·地舆志下·风俗》，页264】

苗：古三苗之裔，蒙化现有一种：一花苗、一白苗，皆以其服之色名之，在阿克塘江边一带及公郎之白石岩、白马箐、土莫塘、母底罗箐头，共五十余户，居以柴棚，无房屋。【《光绪蒙化乡土志（42）·下卷·人

---

① 今彝族。

② 今哈尼族。

类》，页 620—621】

庐舍：汉居瓦屋，重檐架楼，夷人结茅短垣笎户。【《光绪镇南州志略（62）·卷二·风俗》，页 407】

庐舍：《管榆姚州志》：覆屋之瓦，筒、板兼用。按：旧时汉人居瓦屋，彝人半居茅屋，自兵燹后，庐舍被毁，汉人亦多有结茅而居者。【《光绪姚州志（63）·第一卷·地理志·风俗》，页 37】

屋宇：城中覆瓦覆草各半，东北里多瓦屋，西南里多草屋。【《光绪镇雄州志（8）·风俗》，页 79】

查昭通黑、白刌夷系出主奴，因而命名为异……常佩刀于身，系边乃娶，木棚为居。近被王化，逐渐无有。【《宣统恩安县志（5）·卷五·风俗》，页 308—309】

庐舍：汉人居瓦屋、层楼，相传滇地多风，明初敕用瓦，若夷人所居结茅覆土，间有起盖瓦房者。【《宣统楚雄县志（一）（59）·卷之二·风俗》，页 350—351】

人民素重亲睦，大抵聚族而居，每成村落，居室分瓦房、草房二种，而以瓦房为最多，草房只间有之而已。瓦房形成多系三间四耳，倒座各有楼，中有天井，以成一所，或三间四耳<small>正房三间，耳房四间、左右各两</small>间；而无倒座天井，亦成一所，亦有两进者，正房五间者；无洋式房。惟学校、公房及仕宦、富有之家间有新旧式参用而已。大抵城乡居者，多瓦房；山野居者，多草房；草房皆无天井，墙卑檐矮少，透阳光，名曰"窝铺"，且圈以牛羊，秋暑秽气熏蒸，不适卫生，此乃极贫移居者之居也。【《民国嵩明县志（二）（16）·卷之十九·礼俗·居处》，页 135】

房屋则用筒瓦。【《民国陆良县志稿（一）（21）·卷之一·地舆志·风俗》，页 101】

居室：覆屋各省专用板瓦，滇中兼用筒瓦，以滇多大风，明初特敕许用也。宜良因之，近今风俗奢侈，间有采用洋式新房者。【《民国宜良县志（一）（23）·卷二·地理志·风俗》，页 154】

居处屋宇等：居处屋宇，城乡各异，城中以瓦楼正三间、四耳、一大门为率，名曰"一颗印土楼房"，形式亦如此。惟屋系土平房居多，有楼房者较少，且后面少设窝铺□□①不足，是一缺点。近虽建三台楼者，然仅一二家而已；至乡间之屋宇，除汉人田主建筑楼房外，其余或覆以茅草，或盖以木片，形式狭窄，不堪容膝，甚有左住人，右关牛马，臭气难闻。此种陋习，急应改良。【《民国续修新平县志（二）（31）·第十七·礼俗》，页325】

覆屋：各省专用梭瓦，滇中兼用筒瓦。相传滇南多风，前明特敕许用，县属亦沿旧制，至于山间则多用茅草、竹木以盖之。【《民国景东县志稿（一）（32）·卷之二·地理志·风俗》，页650】

习尚：居家多尚勤俭，早起早眠，市无夜市，人少闲人。人民居处有瓦屋、茅屋、木片屋、竹屋、草棚等类，屋式有本房、楼房、亭台等，多中式而无西式；惟学校及公所建筑，亦间有模仿西洋式者。至于寺院庵观，则多宫殿式。富室建屋，多喜三方一照壁，房屋多为出厦走襟，墙多加薄石板，或砖，以火封。画栋雕梁，山节藻棁，玻窗纱罩，争妍斗丽，家堂客室则喜陈设铺张，铜器、瓷器、古董玩具、镜屏、胡床，不一而足。院中砌上多置盆景花木，以重雅洁。【《民国顺宁县志初稿（二）（37）·卷九·礼俗》，凤凰出版社2009年版，页231】

侬人：其俗，男惰女勤，好居楼房。【《民国马龙县志（一）（45）·卷二·风俗志》，页217】

苗人：苗族本三苗后裔，其先自湘窜黔，由黔入滇，其来久矣。有苗语，无苗文。奔山越岭，捷于猿猱，故喜居高地。【《民国马龙县志（一）（45）·卷二·风俗志》，页234】

居处：镇地多山，各处人民，类皆依山结寨，各自为居，所建房屋不甚高大，悉为静宅之形，动宅及变宅，仅有县政府一处焉。瓦屋颇少，尽为中国之式，余皆结茅为屋，编竹为篱，虽小康之家亦随俗俭陋，不事华美。近年以来，风化渐开，各村落之房屋，亦渐就建筑矣。【《民国镇康县志初稿（58）·第十七·礼俗》，页285】

庐舍：《管志》：覆屋之瓦，筒板兼用。《甘志》：旧时汉人居瓦屋，彝人半居茅屋，自兵燹后，庐舍被毁，汉人亦多结茅而居者。《采访》：近数十年，汉人已恢复旧观，彝人亦多改建瓦屋，若西式及层楼建筑仅少数耳。【《民国姚安县志（66）·礼俗志第七·风俗》，页248】

---

① 此处字迹漫漶，无法辨认。

居处：汉人屋宇与内地相仿佛。夷人麽㱔、栗㱔，覆板作屋，古宗屋宇仿洋式房为之，喜居楼，惟楼下关牲畜，卫生不讲究也。怒人亦喜楼居，编竹为屋，上覆板。【《民国维西县志（83）·第十七·礼俗》，页300—301】

六 商业贸易借贷习惯

（一）历代史志文献所见商业贸易借贷习惯

本土不用钱，凡交易缯帛、毡罽、金、银、瑟瑟、牛、羊之属，以缯帛幂数计之，云某物色（直）［值］若干幂。【（唐）樊绰撰，向达校注：《蛮书校注》卷八，"蛮夷风俗"，中华书局 2018 年版，页 214】

东谢渠帅姓谢氏，南蛮别种，在黔中之东，地方千里。其俗无文字，刻木为约。【（唐）杜佑：《通典》卷第一百八十七，"边防三·南蛮上"，中华书局 1988 年版，页 5049】

以缯帛及贝市易。贝者大若指，十六枚为一觅。【（宋）欧阳修：《新唐书》卷二二二上，"南蛮上·南诏上"，中华书局 1975 年版，页 6270】

小婆罗门国：《南夷志》曰：小婆罗门国，在永昌北七十四日程。俗不食牛肉，预知身后事。出贝齿、白蜡、越诺。共大耳国来往，蛮夷善之，信通其国。【（宋）李昉：《太平御览》卷七八九，"四夷部十·南蛮五，中华书局 1960 年版，页 3496】

棠魔蛮 ①：《南夷志》曰：棠魔蛮，去安南林西原十二程。俗养牛、马，长与汉人博易。大中八年，经略使苛暴，人将盐一斗，博牛或马一匹，因兹隔绝不来。【（宋）李昉：《太平御览》卷七八九，"四夷部十·南蛮五"，中华书局 1960 年版，页 3497】

东谢蛮，在黔安之东，地方千里。其俗无文书，惟刻木为约。巢居谷饮，（刃）［刀］剑不离其身，头冠熊皮，披猛兽之革。【（宋）王若钦等编撰，周勋初等校订：《册府元龟（校订本）拾壹》卷九百六十，"外臣

---

① "傣勐"的同音异写，始见于唐朝樊绰的《蛮书》，明代称为"歹摩"，今傣族部分先民在唐朝时的自称。

部（五）土风门二"，凤凰出版社 2006 年版，页 11121】

祥牁蛮，地多雨潦……刻木为契。其法：劫盗者三倍还赃，杀人者出牛马三十头，乃得赎死，以纳死家。风俗、物产略与东谢同。【（宋）王若钦等编撰，周勋初等校订：《册府元龟（11 册）》卷九百六十，"外臣部（五）土风门二"，凤凰出版社 2006 年版，页 11120】

金齿百夷……交易五日一集，旦则妇人为市，日中男子为市。以毡、布、茶、盐互相贸易。【（元）李京撰，王叔武辑校：《大理行记校注 云南志略辑校》，"诸夷风俗"，云南民族出版社 1986 年版，页 91—93】

金齿百夷，记识无文字，刻木为约。【（元）李京撰，王叔武辑校：《大理行记校注 云南志略辑校》，"诸夷风俗"，云南民族出版社 1986 年版，页 91】

凡贸易必用银，杂以铜，铸若半卵状，流通商贾间。官无仓庾，民无税粮……无中国文字，小事刻竹木，大事作缅书，皆旁行为记。【（明）钱古训撰，江应樑校注：《百夷传校注》，云南人民出版社 1980 年版，页 78—80】

无文字，小事则刻竹木为契，大事则书缅字为檄。所居无城池，因山为砦，无仓廪之积，租赋之输，每收成后，遣亲信往各甸，计房屋征金银，谓之取差发，房一间，输银一两或二三两。【（明）谢肇淛：《滇略》卷九，"夷略"，页 16】

贝币：云南用𧴩不用钱，𧴩即古之贝也。今士夫以为夷俗，殊不知自是前古之制，至周始用钱，故货贝每见于古书。【（明）张志淳撰：《南园漫录校注》卷三，云南民族出版社 1999 年版，页 121】

交易：或五日一市，十日一市。惟孟密一日一小市，五日一大市，盖其地多宝藏，商贾辐辏，故物价常平，贸易多妇女，无升斗、秤尺，度用手，量用笋，以四十两为一载，论两不论斤，故用等而不用秤。以铜为珠，如大豆，数而用之，若中国之使钱也。【（明）朱孟震著：《西南夷风土记》，商务印书馆 1937 年版，页 6—7】

武定府：俗尚强悍难治……交易用盐。【（明）刘文征撰，古永继校点：（天启）《滇志》，"地理志第一之三·风俗"，云南教育出版社 1991 年版，页 111】

者乐甸，与景东接壤，诸夷以毡布、茶盐贸易，或五日一集，或十日一集。旦则妇人，日中则男子，更代为市。凡宴会，妇人皆不与。【（明）

谢肇淛：《滇略》卷九，"夷略"，文渊阁影印本（494 册），页 229C】

黑倮倮……器皿用竹筐、木盘。无书契，刻木判合，市以丑戌日。
【（清）倪蜕：《滇小记》，"滇云夷种"，《云南丛书》（第 9 册），中华书局 2009 年版，页 4643—4644】

僰夷，一名摆夷，又称百夷……无中国文字，小事刻竹木为契，大事书缅字为檄……其法：杀人与奸者，皆死；窃盗一家皆死；为寇一村皆死。道不拾遗。【（清）倪蜕：《滇小记》，"滇云夷种"，《云南丛书》（第 9 册），中华书局 2009 年版，页 4645】

栗粟，近城四山、康普、弓笼、奔子栏皆有之……借贷刻木为契。负约则延巫祝，置膏于釜，烈火熬沸，对誓，置手膏内，不沃烂者为受诬。失物，令巫卜其人，亦以此法明焉。触忿则弩刃俱发，著毒矢处肉，辄自执刃刲去。【（清）余庆远撰，李汝春校注：《维西见闻纪》，维西傈僳族自治县志编委会办公室编印 1994 年版，页 51—54】

怒子，居怒江内……人精为竹器，织红文麻布，么些不远千里往购之……头人闻于别驾，别驾上闻奏许之，犒与砂盐。官严谕头目，俱约其栗粟。迩年，其人所产黄连，入售内地；夷人亦多负盐至其地交易，人敬礼而膳之，不取值，卫之出。自入贡以来，受约束，知法度。《省志》乃谓其"刚狠好杀"，过矣。【（清）余庆远撰，李汝春校注：《维西见闻纪》，维西傈僳族自治县志编委会办公室编印 1994 年版，页 55】

楚雄府：性警捷，善居积，多为行商，熟于厂务，应武童试者十居七八。俗好讼，破家不悔，有历数世而仍理前说者。【（清）刘慰三撰：《滇南志略》卷二，方国瑜主编：《云南史料丛刊》卷十三，云南人民出版社 1998 年版，页 132—135】

鹤庆州：唯彝俗言语侏离，服装诡异，居必险隘，饮必欢呼，卜用鸡骨，约用木刻。【（清）刘慰三撰：《滇南志略》卷三，方国瑜主编：《云南史料丛刊》卷十三，云南人民出版社 1998 年版，页 186】

腾越厅：夷亦有美俗，一切借贷、赊佣、通财、期约诸事，不知文字，惟以木刻为符，各执其半，如约酬偿，毫发无爽。如有不平，赴酋长口讼，以石子计其人之过，酋长因而训之使改，不改则死。恶杀而轻生，酋长（则）［侵］伐则从，以为死乃分之当然。【（清）刘慰三撰：《滇南志略》卷四，方国瑜主编：《云南史料丛刊》卷十三，云南人民出版社 1998 年版，页 222】

澄江府：所属夷人，则蒲人、土僚、黑倮倮数种。蒲人，即蒲蛮……妇女青布裹头，著花布短衣，长裙跣足，常负米入市，供赋税。【（清）刘慰三撰：《滇南志略》卷五，方国瑜主编：《云南史料丛刊》卷十三，云南人民出版社 1998 年版，页 265—270】

武定直隶州：土人……耕田弋山，寅、午、戌日入城交易。【（清）刘慰三撰：《滇南志略》卷六，方国瑜主编：《云南史料丛刊》卷十三，云南人民出版社 1998 年版，页 310—313】

云南府合属：日中为市，率名曰街，以十二支所属，分为各处街期。如子日名"鼠街"，丑日名"牛街"之类；街期各处错杂，以便贸迁。市中贸易昔多用贝，俗称"鲃①子"，至明启、祯间，贵银钱，鲃遂滞不行。本朝钱法流通，民称便益，不用贝，今仍志之存旧俗也。【《康熙云南府志（1）·卷二·地理志之七·风俗》，页 55—57】

昆明县：士多秀颖，素重名义，民性淳良，不好争讼，但近城市多习贸易，而少事耕织，服食交（除）［往］，不无靡费耳。【《康熙云南府志（1）·卷二·地理志之七·风俗》，页 57】

《旧志》云：僰人易化……每旬二七日为市。【《康熙晋宁州志（6）·卷之二·风俗》，页 19】

市肆，以十二支所属之日为率，如寅为虎，午为马之类，俗呼为"街子"，日中而聚，日夕而罢。【《康熙平彝县志（10）·卷之三·地理志·风俗（种人附）》，页 331】

交易，昔多用贝，俗名"鲃子"，一枚曰庄，四庄曰手，四手曰苗，五苗曰索，每百索值银一两。明嘉靖、隆庆间两次铸钱，彝俗不识，格不能行。天启六年，因科臣潘士闻之，条奏巡抚闵洪学力行之，钱法始通见闵洪学奏疏，相继而行。至于明末，每银一两敌贝至三、五百索，后至七百索而废贝，不复用。【《康熙平彝县志（10）·卷之三·地理志·风俗（种人附）》，页 331—332】

黑倮倮：交易称贷，无书契，刻木而折之，各藏其半，市以丑、戌日。【《康熙平彝县志（10）·卷之三·地理志·风俗（附种人）》，页 335】

黑倮倮：交易旧木刻记，教别有字，用之白祃。【《康熙嶍峨县志

---

① 鲃子又写作"鿔子"，本节统一为"鲃子"。

（32）·风俗（附种人）》，页378】

俅俩：多耕种山田，肩担背负，采薪拣菌，贸易盐米。【《康熙元谋县志（61）·卷之二·风俗》，页136】

黑彝：即黑俅俅……交易用木刻记数，别有书字。见汉人辄避。【《康熙元谋县志（61）·卷之二·风俗》，页136—137】

井人有自明初谪戍来者，有游宦寄籍者，有商贾置业者，有就近赁居者。【《康熙黑盐井志（一）（67）·风俗》，页349】

一曰回回：本西域回回国之遗种，元世祖掠徙至滇，因占籍于蒙，入里甲，有差徭。凡所居，皆建寺，聚族礼拜，死不用棺，葬不择方，禁酒豕，多以染皂经商为业，今亦有读书通仕籍者。【《康熙蒙化府志（79）·卷之一·风俗志》，页48】

日中为街市，率名曰街，以十二支所属，分为各处街期，如辰日名龙街，戌日名狗街之类。

市中贸市，昔多用贝，俗称曰鲃。至明启祯间，贵银，鲃遂滞不行。国朝钱法流通，民称便益，久不用鲃。【《康熙易门县志·风俗》，梁耀武主编：《康熙玉溪地区地方志五种》，云南人民出版社1993年版，页69】

市肆以十二支所属之日为赶街日，州城则于寅、申日，阿保寨则于酉日，豆温乡则于申日。乡人无事不入城，至街期乃入城市。【《雍正师宗州志（18）·卷之下·九考》，页629】

风俗：宾川……土著之民终岁勤动，输正供之外，无赢余也。追呼急则称贷，而商贾以此重权，其子母则粟菽之利尽归之，故其地曰宝居。【《雍正宾川县志（76）·卷十一·风俗》，页571—572】

盐课：昔隶四川，皆食川盐，听民贩卖，原无定额。雍正四年，改辖云南，始食滇盐。然人户稀少，且夷民贫乏，有终年不知盐味者。每年仅销盐三、四万斤，后因汤丹等厂兴旺，厂民、商贾繁众，始销至六万斤。知县差人自赴黑井领运，每百斤有称头三十四斤，内除擦损十斤，仍有平称盐一百二十四斤，每百斤定价二两五钱六分四厘。雍正元年来，首定价，每百斤卖银三两。乾隆十六年，定议滇盐，运脚不便，详准就便运驼川盐，以济民食，且东川站马运铜往昭通，囘头只有盐斤可办，足济草料不敷；后因盐乏价昂，听民自运自销，可资铜马回头，盐斤源源而来，历年不异价，亦随时长落，大约每百斤三两三钱。民间乐于办理，官不与

闻，但司平价。【《乾隆东川府志（10）·卷之九·风俗》，页83—84】

市易：在州前，以申、子、辰日集，谓之"赶街"，他无所产，货米、麦、荞、豆、布匹、牲畜而已。一在城南猪街，以亥日集，四面皆州境，其税旧系府税，今入南宁征解。【《乾隆霑益州志（17）·卷之二·风俗》，页32】

干倮倮：刻木为信，各收其半，为交易之符，极谨朴，无敢为盗。【《乾隆霑益州志（17）·卷之二·风俗》，页33】

彝俗：亦有文字，或刻木为契。【《乾隆新兴州志（26）·卷之三·地理·风俗（附种人）》，页451】

妇女入市，贸易花布、栽秧、割稻，踝足淖泥，踵习彝僚，恬不为怪，幸绅士家弗致效行，民俗中需痛改也。【《乾隆新兴州志（26）·卷之三·地理·风俗（附种人）》，页451】

祭祀、宴会、尚习丰腆，夷民聚会赶街为期，群聚而饮，割生为食，汉乐同之……市集曰"街"，多合支相，子日曰"鼠"，丑日曰"牛"。【《乾隆腾越州志（39）·卷三·风俗》，页41】

当课者，腾越当商本甚微，皆小押之流，亦名当铺，领有当帖，每当岁纳当课银四两，共有六当，岁征银二十四两，批解司库。其号则德盛、永盛、兴旺、兴隆、裕丰、广盛，凡六也。【《乾隆腾越州志（39）·卷五·当课等》，页65】

市集曰"街子"，犹齐、赵谓之"集"，岭南谓之"墟"也。其期以日支所属为名，在城西门外者，有鼠、马二街市场；周围二里许曰"子午场"、鸡街，有龙、鸡二街；大屯有虎、狗二街；芷村有龙、狗二街。至期，远近学生、百货咸集，日出而聚，日入而散。【《乾隆蒙自县志（48）·卷之二·风俗》，页155】

日中为市，率名曰"街"，以十二支所属，分为各处街期，城中辰、戌、丑、未日，竹因村亥、卯、未日，矣勒村寅、申日，赤甸巳、亥日，涧普辰、戌日，十八寨中子、辰日。【《乾隆弥勒州志（58）·卷之九八·风俗》，页26】

宾川州：追呼急，则称贷，而商贾以此重权。其子母则菽粟之利尽归之，故其地曰"宝居"。【《乾隆大理府志（一）（71）·卷十二·风俗》，页303】

风俗附：光绪间，烟土风行，商贾云集，于是薄勤俭，趋势利竞奢华，士鄙经书，而艳贸迁农，忘耕凿，而较锱铢，工弃技艺而权子母。冠婚（燕）[宴] 会至八、九日，殡葬吊唁集数百人，一召客即珍馐，一被体必文绣。富者争斗骄奢，贫者强撑局面，举国若狂，不知胡底间有二三悃愊①者，不非笑则唾骂之矣。【《乾隆续修蒙化直隶厅志（79）·第十六卷·人和部·人类志（附风俗）》，页638】

市肆，以十二支所属分为各处街期，在城中者值寅、未二日，曰"虎街、羊街"；在大庄者，值亥、巳二日，曰"猪街、蛇街"；在布沼者，值子、午、卯、酉四日，曰"鼠街、马街、兔街、鸡街"；在马者哨者，值丑、申二日，曰"牛街、猴街"；在打鱼寨者，值辰、戌二日，曰"龙街、狗街"。至期，各处错杂，凡日用所需，咸聚其中，计值而售，按日迁移，周而复始，四时以为常。【《嘉庆阿迷州志（14）·卷之六·风俗（附种人）》，页548】

种人：倮倮……无书契，木刻纪事。【《嘉庆阿迷州志（14）·卷之六·风俗（附种人）》，页548—549】

《旧志》土人三种：一曰"爨"，服食、器用与汉人同，而别有乡语，性警惕，善居积多为行商，熟于厂务……一曰"倮倮"……绩麻线，织麻布、羊毛布、火草布市卖之……交易用木刻纪数，见汉人辄避去。【《嘉庆楚雄县志（59）·卷之一·天文地理志》，页28】

吾滇人重去乡，昆明为尤甚……其他牵车牛远服贾者，百不一二，见以故淳朴之气，较他处为优。【《道光昆明县志（2）·卷第三·风土志第三》，页25】

日中有市，率名曰街，以十二支所属为街期，如子日曰名鼠街，丑日曰名牛街，其例也。《旧志》云"街期昔多用贝，俗曰'鲃子'，一枚曰庄，四庄曰手，四手曰苗，五苗曰索"。今无矣夫。【《道光昆明县志（2）·卷第三·风土志第三》，页25】

晋宁风俗……民勤农业兼及工商……城内每月逢二、七日为市俗名街子，每日早河西新街、黄土坡为市，每日午金砂为市，逢一、六日，大堡、六街为市。【《道光晋宁州志（6）·卷之三·地理志·风俗》，页289—292】

日中之市，名为"街子"，以三、八两日为期，三日集城内，八日集

---

① 至诚之意。

城外西关。【《道光宣威州志（12）·卷之二·风俗》，页34】

日中为市，名曰"赶场"，以十二支为期，凡居远近山村者，负荷什物，交相贸易，无欺诈之习。妇女出门必以锦帕覆面，至老不去；乡村之妇有入市贸易、田中耕耨者，习俗相仍，至难禁止。【《道光澄江府志（26）·卷十·风俗》，页166】

黑窝夷：在威远、他郎者，男勤耕耘，女务织纺，采薪入市交易。【《道光威远厅志（35）·卷之三·风俗》，页92】

苦葱：性情淳良，居山崖，种荞稗。近亦颇知礼义。男穿青蓝布长衣，女著蓝布桶裙，短不掩膝。耕种之外，男多烧炭，女多织草为排，负鬻于市。【《道光威远厅志（35）·卷之三·风俗》，页92】

黑沙人：男女俱耕种，亦知贸易。【《道光广南府志（43）·卷二·风俗（附种人）》，页187】

白沙人：至于农隙之时，亦有贸易为生者。【《道光广南府志（43）·卷二·风俗（附种人）》，页188】

白倮倮：男子耕种为生，妇人绩麻为衣，平时赴城买卖，价值不敢多增。【《道光广南府志（43）·卷二·风俗（附种人）》，页188—189】

交易：日中为市，率名"街子"，以十二支所属，分为各处街期，如子日名"鼠街"，丑日名"牛街"之类，街期各处错杂，以便贸迁。【《咸丰南宁县志（11）·卷之一·风俗》，页81—82】

日中为市，谓之"赶场"。州城场期订以三、六、九日，四乡则以十二支所属为期，如子日名"鼠场"，丑日名"牛场"之类。临期，汉夷会集，以布帛、菽粟、牲畜交易，价值因时低昂，不抽税课，场亦曰"街子"。【《光绪镇雄州志（8）·风俗》，页79】

夷俗附：倮倮，性多狡悍，每期约刻木为信，有文字状如蝌蚪，左翻倒念。【《光绪镇雄州志（8）·风俗》，页79】

市易：在州前，以申、子、辰日集，谓之"赶街"，他无所产，货米、麦、荞、豆、布匹、牲畜而已。一在城南猪街，以亥日集，四面皆州境，其税旧系府税，今入南宁征解。【《光绪霑益州志（17）》，页342—343】

干倮倮：刻木为信，各收其半，为交易之符，极谨朴，无敢为盗。【《光绪霑益州志（17）》，页349】

阿昌：以背负重，不用担荷。每入市，必饮酒数升，弗择污秽。今户

腊撒、陇川多此。【《光绪腾越乡土志（35）·人类》，页 588—589】

卡瓦①，永顺东南辣蒜江②外诸寨落皆有此种，所居貌丑性恶，以红藤束发缠腰，披麻布，持利刀、梭标窃伏要路劫掠行商。凡出腾越入木邦经商者，必经其地，非结伴多人兼有保护者不敢过也。又呼为"卡利瓦"，生、熟二种，生有劫抢，熟者保路。今守御戒严，此风渐止。【《光绪腾越乡土志（35）·人类》，页 595—596】

永昌府属：士勤诵读，女务绩纺，商贾贸易是营，农民耕凿是务。耻邪僻、恶斗狠，所以市无游手，野无惰民，恂恂然民淳讼简……货物皆自外来，明时贸易以贝，今则银钱互用，与外省毫无区别矣。【《光绪永昌府志（38）·地理志·卷之八·风俗》，页 44】

祭祀、宴会、习尚丰腆，夷民聚会以赶街为期，群聚而饮，剁生肉为食，汉人则和以醋……市集曰"街"，多合支相如子日曰"鼠"，丑日曰"牛"是。【《光绪腾越厅志稿（39）·卷之三·地舆志下·风俗》，页 264】

倮㑩：耕种山田，肩挑背负，采薪拣菌，贸易盐茶。【《光绪武定直隶州志（62）·卷之四·风俗》，页 276】

黑彝③：即黑倮倮……交易用木刻记数，别有书字。见汉人辄避。【《光绪武定直隶州志（62）·卷之四·风俗》，页 276—277】

职业：城市农米相兼，近来男子捶锡为箔，妇女黏箔于纸，制于冥襁，以供祈祷之用。篝灯造作，夜分不休。此业既兴，游惰极少。乡界专务耕耘，惟南界土薄水浅，人好远行。十月稼收，即结伴数百入缅甸、阿瓦、茶山等处贸易；至次年三、四月间始归，而遭瘴发疮死者甚多，故俗谣云"男走夷方，妇多居孀"。生还发疮死弃道旁，然死者虽多，往者尚众，盖地瘴使然耳。【《光绪镇南州志略（62）·卷二·风俗》，页 407】

交易：日中为市，市各有期，城中市以奇日，城西三十里沙桥以二、六、十日，至永宁乡一街、二街、阿雄乡小马街、岔河街、江外鼠街、龙街、大马街、兔街、团山街，皆小市也。【《光绪镇南州志略（62）·卷二·风俗》，页 407】

蒙邑民多流寓，谨愿而悫，重农怀土，惮于远行，贸易不出其境，不

---

① 还有"佤佤""卡利瓦"等，属于现在佤族的他称。

② "永顺"是永昌和顺宁的简称，即现在的保山和临沧市；"辣蒜江"又称小黑江。

③ 彝族他称之一。

与富商巨贾斗智争逐；虽有铜锡银厂，开采者多他省别州县人，邑人有厂地者鲜……开关互市以来，俗尚如故，不屑见异思迁《旧志》，参《通志》。【《宣统续蒙自县志（49）·卷三·社会志·风俗、彝俗》，页285—286】

市集曰"街子"，犹齐赵谓之"集"、岭南谓之"墟"也，其期以日支所属为名，在城西门外者，有鼠马二街；市廛周围二里许曰"子午场"；城西五十里鸡街、有鸡龙二街；三十里大屯，有虎狗二街；东南十里新安所有牛羊二街；东四十里芷村有龙狗二街；以及西七十里之倘甸街；西南八十里之卡房街；百三十里之斗母阁街；百五十里之戛娘街；东南五十里之蛮耗街；四十里之冷水沟街；西北四十里之草坝街；六十里之个旧街；九十里之磨假街；皆以日支所属定期，远近毕至，百货咸集。

滇人一岁有十二市，俗皆以市为景，正月灯市、二月花市、三月蚕市、四月锦市、五月扇市、六月香市、七月七宝市、八月桂市、九月药市、十月酒市、十一月梅市、十二月桃符市《滇系》。【《宣统续蒙自县志（49）·卷三·社会志·风俗、彝俗》，页291—292】

蒙自地接交南，私盐常偷窃入境，历来严禁。光绪十五年，开关通商，合约特为申明禁止。

鸦片向来严禁，道光间，两广总督林则徐与英商交涉后，仍行禁止。光绪间，特诏限十年断尽，禁令綦严，种贩食者，务使根株尽绝而后已。

光绪九年，奉文禁止私宰耕牛；又奉文禁止摊派夫马。【《宣统续蒙自县志（49）·卷三·政治志·法禁》，页401】

商贾：本地街市生理原非水陆码头，不过洋沙、杂货、纸币方易，善居积者亦可起家，彼蚩蚩之众不明商学，乃肩挑背负贸易。夷方岂知界划茶山，则挑茶负棉之路将止。【《宣统楚雄县志（一）（59）·卷之二·风俗》，页343—344】

市廛：日中为市，交易各得，然市各有期，如城内外街以日日为市，军东保满街逢三、八日市，下民北腰跕街一名"凌虚街"逢四、九日市，民东毛溪冲小街逢五、十日市，大邑子午街一名"芦花街"逢二、八日市，小邑新街一名"永定街"逢一、七日市，上民北吕合街逢三、六、九日市，前河哨三街逢三日市，后河哨龙街五街逢辰日、午日市，自雄哨五街、六街逢五日、六日市，凹舌哨七街逢七日市，江外哨鼠街、虎街、兔街逢子日、寅日、卯日市。以上城乡、界哨街期大市少，而小市多，如腰跕、吕合二街，古规一切门户不与界，谓之"街"，不入届。特此注明。【《宣统

楚雄县志（一）（59）·卷之二·风俗》，页351—352】

昭城地接川黔，五方杂处，市廛中之贸易大者，则有字号，之规模宏大，中则如陡街之房屋，一色洋式；云兴街、西大街之阛阓鳞次，室宇之高阔，货物之充仞，无湫隘卑陋之习。至于各区街场大者，亦渐改良，小场亦必有数家铺面，茶馆以为憩息之所。若坐家人口讲究者，皆讲清洁卫生，惟下户则有一室数家者。盖由数年来，土木大兴修建，贵租息，高一间之屋，其材料必须数百金，始能竣工也。【《民国昭通县志稿（4）·卷第六·第十七·礼俗·居处》，页405】

集会之事，从前八省俱有会馆，各帮、各艺俱有迎神赛会之举，然皆各宗一神，至其诞日而祀之，办筵演戏。有底款者，则所垫少，否则皆醵赀而为之。当其初时，多广置产业，久则为有力者所把持。自党部成立，设置同业公会，先则举办踊跃，近且形其散涣。盖因庙产已提，必现集款，是以难也。【《民国昭通县志稿（4）·卷第六·第十七·礼俗·集会》，页405—406】

回族：以三区回甲、乌龙、老厂等处为较多，其先当系经商、开矿而来。【《民国巧家县志稿（二）（9）·卷八·氏族》，页366】

东区市场：东海子街在城东五里，以申、子、辰为街期。

中区市场：日中为市，率名曰"街"，俗以（二十）〔十二〕支所属为街期。中区县城街以丑戌、卯巳、未日为期，丑戌日为大街，卯巳、未日为小街。大村街即大豆伸村之简称在城东三十里，以丑未日为街期。堡子街在城东十五里，以子、辰、酉日为街期。紫云街在城北二十里，以子、午为街期。大哨街在城东四十里，以丑、未日为街期。

林口铺街在城东六十里，以丑、未日为街期。普拉河街在城东一百二十里。

南区市场：板桥街在城南二十里，以寅、午、亥日为街期。大村街在城南六十里，以卯、酉二日为街期。油窄城街在城南八十里，今废。舍莫街在城南一百二十里，以丑、未二日为街期。

西区市场：围山街在城西南六十里，以申、子、辰日为街期。禄丰村街在城西南一百六十里，以巳、酉、丑为街期。

北区市场：新街在城北六十里，以丑、未日为街期。古城街在城西北六十里，以巳、未、申、戌日为街期。秋家营街〔在〕城西北八十里，以卯、酉日为街期。羊街在城西北一百一十里，以丑、未日为街期。邑市

县街距城一百五十里，以申、子、辰为街期。【《民国路南县志（14）·卷一·地理志·风俗》，页145—148】

近因时局不靖，好饮之风颇盛，故市集消量以酒馆为多，但家居务业者殊少，饮酒食肉者也。又吸食鸦片之风日炽，几至十有八九，待客尤非鸦片不为敬，所可危者，一般青年多陷溺其中，以致身躯羸弱，好逸恶劳，废时失业。有心世道者，窃为忧之。今幸政府已严行禁止。【《民国嵩明县志（二）（16）·卷之十九·礼俗·饮食》，页134】

交际惯例：地方交际略分二种：一为团体交际，一为私人交际。团体交际为结社、集会等事，私人交际为婚丧庆吊之酬酢，以及买卖产业、包做工程所立之契约等事。本属于团体交际不甚发展，在清时只有庆祝神诞会等，甚少讲公理、励公德、谋公益等会，此人心所以涣散，而无团结力之原因也。迄乎民国，始有教育会、风俗改良会、自治改进会等之设，而农会、商会、工会等尚无组织，虽间有三五成群，合伙积股营业者，而狡黠者往往从中作弊，谨愿者却不免于吃亏。盖由人民只知打个人主义而乏公德心以谋共同生活之故，此工商业所以不能发达也。虽然亦间有一二社交可述者。如立乡规积钱米赊等是也。乡规者，凡关于一村一乡之公益，应相约相禁、相保护者，集绅耆会议，订为条件，悬贴街面，以为乡规，俾共遵守；违者，公议照规处罚，关系重大者则报请行政或司法机关究治；此立乡规之办法也。积赊者，数十人或数百人各出钱若干，或米若干，以凑给个人作为正当之用，再由个人陆续退出递偿众人。其出钱、米者名曰"上赊"，收钱、米者名曰"接赊"。一年之中或四上，或六上，或每月一上不等，由赊首或赊友会议酌定已收者为"空赊"，未收者为"饱赊"。空赊应纳利息二分或三分，递次连本退还；在饱赊可获相当之利息，在空赊分为数十次零星退还亦不困难。众人各分次所纳者为少数，一人一度收赊者所得者为多数。遇婚、丧等事急需用款者甚属方便，然亦间有约人不慎，不能维持到底者。苟能慎于约人，确守信用，可无斯虞，此积赊之办法也。斯二者当保存之善法也。私人交际，曩有多尚奢侈，近因受经济压迫，难于应酬，已由风俗改良会加以取缔，逐件改良，而尚节俭已分述于婚丧、岁时、饮食、酬酢中。由此观之，私人交际之改良，亦必赖团体之力乃能做到，于此见团体之力大，公、私交际之互有密切关系也。惟前公、私交际多以鸦片为招待，及集会多不守时刻，实为弊俗，应即日改革者也。【《民国嵩明县志（二）（16）·卷之十九·礼俗·习尚》，

页 139—141】

经商售货者，开张日忌赊欠。【《民国嵩明县志（二）（16）·卷之十九·礼俗·禁忌》，页 144】

市集曰"街"，多以支合如子日曰"鼠"，丑日曰"牛"是。妇女以纺织为生。节孝为重。此陆邑风俗之大略也。【《民国陆良县志稿（一）（21）·卷之一·地舆志·风俗》，页 101】

日中为市，率名曰"街"，以十二支所属为街期，如：未日曰"羊街"、戌日曰"狗街"，其例也。市中贸易昔多用贝，俗称"鲃子"，一枚曰庄，四庄曰手、四手曰苗，五苗曰索，此旧俗也。至明天启、崇祯间，贵银钱，鲃遂滞而不行，清因之银，则通用纹银，钱则通用制钱，民称便宜。今则世界开通，通用银币，兼用纸币，近更有用金币者，钱则通用铜币，其零数则以制钱补助之；无他风，会使然也。【《民国宜良县志（一）（23）·卷二·地理志·风俗》，页 154—155】

《旧州志》：地产五谷，宜荞麦，输纳粮税，常入市贸易……与外人交易，爽约失信及私窥其妻女者，必毒之。【《民国元江志稿（一）（29）·卷二十·种人·僰夷》，页 143—144】

《采访》：其性情桀骜，鲜通汉语，山居僻处，鲜入城。《他郎厅志》：性亦驯良，服色与苦葱相类，担柴烧炭，入市贸易，女亦背负蔬菜，或织草为排，入城售卖。《伯麟图说》：窝泥之别种也，性傲而知大义，以手搏饭，僻处不入城市。元江州及普洱有之。【《民国元江志稿（一）（29）·卷二十·种人·糯比》，页 161】

《旧云南通志》：潜居深山，板片为屋，种荞稗为食，能制竹器，入市易米。【《民国元江志稿（一）（29）·卷二十·种人·山苏》，页 165】

《清职贡图》：妇青布裹头，青布长衣，常负瓜蔬入市贸易。其在王弄山者，又名"马喇"，即其种类。【《民国元江志稿（一）（29）·卷二十·种人·扑喇》，页 177】

《采访》：耕种之外，男多烧炭，女多织草，为负鬻于市，剥蕉心煮食，亦负薪入市。【《民国元江志稿（一）（28）·卷二十·种人·苦葱》，页 185】

语音：县属川居者，大率皆江西、江南籍贯，其次则湖、广、四川、贵州各省移居。故男女皆官语，山居者皆土著夷人，种类不同，语音各别。然常入城市贸易，工作往来，因能说官语，亦有读书毕业者，汉人不

与结亲。【《民国景东县志稿（一）（32）·卷之二·地理志·风俗》，页651】

事业：商人贩易，日中为市，逢街期，四山、四乡之民始集市场，早聚、晚散，公平交易，不欺不诈。【《民国景东县志稿（一）（32）·卷之二·地理志·风俗》，页651】

市场贸易：城市商人，热心贩茶，每届春茶出时，男妇纷纷向乡下收买，转售渔利。又凡买卖粮米，除用升斗外，旧俗特用斛三十二碗计算，谷之多量者则用孔十四斛约合二公石一公斗，半孔则曰桃。至买小菜、柴、炭、酒之类，则不以斤两计算。贫农当窘迫时，常向富者（接）［借］谷叶钱，即青苗（接）［借］茶钱，谷熟还谷，茶出还茶，均行高利贷，若无法偿还，则做利工。【《民国顺宁县志初稿（二）（37）·卷九·礼俗》，凤凰出版社2009年版，页232】

禁忌：商贾方面：晨起忌谈梦语；街期清晨忌间人入户及立门限上；旅行忌出凶险；语忌见鼬鼠、穿山甲、蜕等。【《民国顺宁县志初稿（二）（37）·卷九·礼俗》，凤凰出版社2009年版，页232—233】

县政府在马白，无城郭，居民八百余户。二十年前只有油盐烟酒店二、三家，绸缎店则未之见，菜蔬亦不讲种植方法，每感缺乏。今则绸缎店已有数家，菜蔬则多而且美，市面繁华，确有进步。一查实际则人口未增，消费扩大，昔俭今奢，可以想见。【《民国马龙县志（一）（45）·卷二·风俗志》，页190】

民多力田，不喜经商，故无大财主与大地主，无压迫、无垄断，谋生自易。【《民国马龙县志（一）（45）·卷二·风俗志》，页191】

僕㑩①：僕㑩之木刻，彼族无书契、文字，凡贷借、蒂欠悉以木刻记之。其法：系用木一块，刻数目于上，数大则大刻，数小则小刻，中剖而为二，各存其一，虽逾百年合刻验数，无丝毫错误。【《民国马龙县志（一）（45）·卷二·风俗志》，页230—231】

国有四民，而工、贾居二，一以饬化八材，一以阜通货贿，农末之相资为用也，势有固然矣。工之役于临郡者，管立室家，不矜藻缋按：今之称为富有者，一旦作室务为华美，雕镂精致，金漆辉煌，世俗恒艳羡之而识者，窃以为不惟伤雅而且寖失古道，诒子孙奢侈之渐，亟宜改之，作为器皿，鲜有奇衺，非其材不良，艺

_____

①　今彝族。

不善也。斗潃巧于淳朴之乡，无所用之，亦其宜耳。居民怀土贸易，不出近都_{按：近日风气渐开，川粤港沪之间，建人牵车服贾者，踵相接，盖境内田土硗瘠，生计艰难，不得不藉资商业，势使然也}，其自远方服贾而来者，西江之人最众，粤人次之，楚人、蜀人又次之，然而不通舟楫_{按：今已修筑铁路，较为便捷}，百货难行操，其奇赢三倍之利，无有也。村寨每遇街期_{村民交易之所}，曰"街子"，犹燕赵谓之"集"，岭南谓之"墟"也，其期有以干支名者，如子日曰"鼠街"，丑日曰"牛街"之类；有以日计者，如逢三、逢五及七街、八九街之类，诸货杂陈，大都皆日用、饮食之质。初无新奇可喜之物，街鬻于其中，斯亦俭素之可尚者与_{按：今日人民用度，妇女衣饰不免务为奢华，俭素之风远不如古，每一念及，辄令人凛江河日下之忧，所冀邦人君子急起而维持之，俾勿即于潃泆，斯幸甚}。【《民国续修建水县志稿（56）·卷之二·风俗》，页165—166】

集会：本县第一区蛮丙地方，有一观音寺，每年二月十九日乡人集会，庆祝大士圣诞，远近男妇老幼前来上表酬愿。商旅云集，游客辐辏，先后数日，会场拥挤，约计数千余人。其次，若邦卡之石洞寺，其集会亦有千余人焉。【《民国镇康县志初稿（58）·第十七·礼俗》，页285】

风俗总：高奣映《问愚录》：人民乐善事，盖南中崇阿育王之教，多信佛事，而渐摩成性之所贻也。《云南通志》：习气既迁，人文渐盛，男天狡猾，女无粉饰。《姚安府志》：绅士乐谈名理，民间相尚好施。《提举郭存庄建龙吟书院记》：白井居滇西万山中，石田不耨，地产卤井，民资以生。士之秀拔者，咸能读书，明礼让。《井旧志》：白井界三姚西北，风土人情大略相似，惟土瘠民贫，不事纺绩，多以卤代耕。其余若读书，若贸易，莫不习礼让，而安生业。虽俗尚不能无弊，然人情大抵纯朴，固有异于沃土之民也。【《民国盐丰县志（69）·卷之三·地方志·风俗》，页311—312】

集会：维邑结社、集会，先报告当道许可然后为之，而遇紧要重大事件，如匪情也，如大灾也，各区亦先有集会商办，一面报告者，视事之缓急为之。【《民国维西县志（83）·第十七·礼俗》，页301】

习尚：汉人一切习惯与中州不甚区别，土人则不然也。……麽㱔、栗㱔亦各有字迹，专象形人则图人、物则图物，^①以为书契。【《民国维西县

---

①　指纳西族的象形文字。

志（83）·第十七·礼俗》，页 302—303】

谣谚：各行省各县局对于谣谚，在在有之，亦地方陋俗也。我邑僻居滇边，邮电迟迟，智识幼稚，每以道听途说，不经之谈作为谚，流布街市，不为可鄙，兼可畏，何也？说小事不关痛痒，说军国事恐有危险，为父兄者，应宜教导子弟也。【《民国维西县志（83）·第十七·礼俗》，页 304】

语音：县属川居者，大率皆江西、江南籍贯，其次则湖、广、四川、贵州各省移居。故男女皆官语，山居者皆土著夷人，种类不同，语音各别。然常入城市贸易，工作往来，因能说官语，亦有读书毕业者。汉人不与结亲。【《民国景东县志稿（一）（32）·卷之二·地理志·风俗》，页 651】

金融贷借无固定组织，无典当肆，有急惟觅富者借贷，其息自二三分至五六分不等。【《民国马龙县志（一）（45）·卷二·风俗志》，页 191—192】

借贷

借贷利率，小借款与大借款悬殊。金钱借贷不满十元者，尝月加什一或什一以上之利息，且算复利，故小民常以此破产。若借贷至百千元以上者，则以上与物之担保为重，而利息则以月加百分之一为常。

按：零数借贷，各省习俗较大，借款利息为重，但未有若此之甚者，穷者无所谋生，始出于借贷，而债权者重之以利息，是速其死也，不仁亦甚矣。【《清末民国时期云南省法制史料选编·民商习惯录》，云南省司法厅史志办公室 1991 年版，页 372】

帮赛

民间因有急需，邀集交好多人，各纳定资帮助，名曰帮赛。受帮助之人谓之赛首。

是后各人按期聚合，以掷点多者为收赛，俟至人尽收赛一次后，赛始散。

按：此项习惯滇甚为普通。试游于茶馆酒室，此种习惯于吾人眼帘者，不知几几。民间急需得此援助，亦可收维持之效。洵足称为良善。【《清末民国时期云南省法制史料选编·民商习惯录》，云南省司法厅史志办公室 1991 年版，页 372—373】

（二）20 世纪 50 年代少数民族社会历史调查资料中的商业借贷习惯

借贷关系

借贷关系在彝族社会内部早已发生，近 10—20 年有所发展。到中华人民共和国成立前夕，借贷有实物和货币两种，而以实物借贷为主。实物借贷包括粮食、牲畜、鸦片和酒等；货币借贷主要是银锭。

无论是实物借贷或货币借贷，一般均按年计息，无季利、月利。除个别情况外，利率通常为 50—100%。……

借贷关系主要发生在黑彝同其占有的曲诺和阿加之间。所有的黑彝，几乎都是高利贷剥削者，个别比较贫困的人户，也都偶尔放债。黑彝向外放债时，首先考虑借债者是否能偿付债利，故多愿借给有点资财的曲诺，其次才借给略有产业的阿加。而多数阿加尽管生活困难，也不易借到粮食和现金。高利贷是黑彝积累财富的重要途径，也是黑彝对曲诺和阿加进行经济掠夺的重要手段之一。……

总的说来，借贷关系中表现出如下特点：

（1）黑彝等级和少数富裕曲诺是主要的高利贷主，他们把高利贷作为剥削广大曲诺和阿加的手段，也是他们积累财富的重要方法。

（2）除极个别贷出鸦片实行 400% 的高利剥削外，借贷利率一般较稳定，也无复利，当欠债者不能偿付本利时，仍照原利率计算。

（3）借贷以粮食和鸦片为主，其中鸦片利率尤高，这与近 30 年来彝族人民中吸毒者增多以及汉商高价抢购鸦片有一定的关系。【《云南小凉山彝族社会历史调查·宁蒗彝族自治县跑马坪乡彝族社会经济调查》，页 46—47】

高利贷剥削也是这里地富对农民的主要剥削形式之一，主要有"工债""干息""水息"三种，后两者都是复利。所谓"干息"，就是借钱后用粮食或棉花等实物付息，或者当青黄不接之际，农民有各种困难向地富借了粮食，以当时的最高市价折成钱，然后按钱再付实物息，也有的是按旧粮高价折价后，到新粮上场时又按当时的新粮低价格折算后用实物还本息。不论干息水息，如果按期不能偿还，都要利上加利。这种债利关系主要发生在地富和中农及有一定数量的好田好地或有部分牲畜的贫农之间。至于贫雇农和地富之间的债务关系，几乎完全是借粮还工，即"工债"。贫苦农民能够向地富借到的数量完全以他们劳动力的多少作为根据，他们一天所能创造的剩余价值超过工资的4—5倍。【《云南彝族社会历史调查·巍山县举雄村彝族社会调查》，页144】

借贷典当和买卖

农民中若需借贷时，先去找亲戚想办法，若想不到就向一般富裕农民借，一般在五月间借出，到包谷登场时还，利息是三成到五成，若借的是货币，也按这个标准计息。在距梭戛15里的洛泽河村，高利贷者黄树青，一般借出一元钱收月息一角，若借期是一年，连本带利就得还2.4元，对本还要多些，是当时债利剥削中最高者。后来此人因积得的钱较多，到昭通开起大铺子来了。借贷在一般的农民之间，贷方视其借方到期能还者就不需什么手续，若富裕农民间的借贷，借的又多者，要写契约，有的以牛马作为抵押，到期不还，牛马就要被拉去抵补了。【《云南彝族社会历史调查·彝良梭戛乡彝族社会历史调查》，页283】

①放现款：中华人民共和国成立前为放半开，一般为放半开100元年息谷子5石，平均每石谷子10元半开，则利率为50%。有个别利息高达200%的，最低为20%，这两种情况都不多。其次一个特点为付息付实物不付现款，高利贷者尚可由实物中再取利。②借谷：一种为每逢五六月青黄不接时，放谷1石收息5斗_{当地叫加五息}，时间仅两个月；另一种为佃户佃耕较好的田，必须给田主吃一定借谷利息加五_{实际同前一种}，为地富租佃加高利贷的一种剥削方式，此种情况在农村中较普遍且成为老规矩了。③买青卖青：本地叫买秋烟、秋花、秋谷，卖青本地也叫拉秋，中华人民共和国成立前较多且普遍。贫雇农春夏两季生活生产困难就拉拉秋，待秋收后再还，中华人民共和国成立后数量已大为减少。④利息：不论借贷银谷，得付实物利息的，折款极少，个别有帮长工、短工抵付利息的，也有评田里产量抵息的。如贫农蔡世珍借地主陈春贵半开300元，以1斗种田的6石产量作押为息；小商人陈宝书借地主陈春贵半开60元，5年利息抵死了1斗种9石产量的一份田。据初步了解，中华人民共和国成立前夕由于高利贷严重，有农民两户欠半开220元，农民1户欠半开30元，因无法付还而破产了。【《云南彝族社会历史调查·江城县洛捷乡彝族社会调查》，页342】

商品交换

中华人民共和国成立前这里的商品交换很不发达，商业没有成为社会独立的经济部门。除鸦片外，既没有专门为交换而生产的产品，也没有脱离农业的专门商人，更无市场和集市。与汉区的商品交换，仅限于鸦片和几种农副产品。交换多是以物易物，很少使用货币，唯购买枪支、娃子、佃押土地时有人以白银锭作货币。

商品交换主要发生在彝区与附近汉区之间。来本地的汉商，绝大部分为永胜人，间或有个别丽江商人，也有个别纳西摩梭族商人从宁蒗县城来此做买卖。外商带进来的货物主要有盐、布、茶、糖4种，其次是锄头、犁铧、铜壶、铜锅、针线、生姜、大蒜和辣椒等；换出物资主要是鸦片，次为猪油、腊肉、羊皮以及少量的药材和牛、马。【《云南小凉山彝族社会历史调查·宁蒗彝族自治县跑马坪乡彝族社会经济调查》，页54】

20世纪30年代初，碧江的知子罗、福贡的上帕有了街子，人们通过物物交换的方式互通有无。街子上进行交易的物品是：福贡上帕街上的傈僳族人在江中淘到的沙金；碧江白族生产的生漆、黄连；内地商人运进来的盐巴、布匹和铁质生产生活用具，市场很活跃。【《白族社会历史调查（二）·怒江地区白族（白人）社会历史的几个专题调查》，页72】

中华人民共和国成立前，周城就是人多地少。许多人因生活所迫，外出做小生意，外出的全部是男子，主要是赶马帮。全村马帮很多，一千几百匹马，各帮人数不等，骡马少者一二匹，多者十余匹，主要往来于丽江、下关、维西、鹤庆等地。

马帮运输分自驮自卖和替人运输两种形式。自驮自卖主要去鹤庆，驮去布匹，买回酒、红糖、火腿，再运到下关、保山等处出售，马料均是自备。因路远，行期长，赚得少，所以在多数情况下是替人驮运，挣得运费。【《白族社会历史调查（三）·大理周城镇白族社会历史调查》，页199】

喜洲人经商主要靠两条途径：

一是从小在商号、店、铺当学徒，学做生意。学徒三年期满，升为"先生"，进而搭人入股，成为股东，有的由此便分伙出来自行设号或商店独立经营，发展为资本家。

二是自己由小而大地发展。如先在集市上提水卖、割草卖，等到对买卖稍有经验之后，便自筹小额本钱，或向人借小额本钱，或赊销火柴、纸烟、棉花、棉线，用一个箩筛挂在胸前在集市上或走街串巷叫卖。【《白族社会历史调查（四）·大理白族"喜洲商帮"发展情况调查》，页308】

（马帮）组织形式大体是：有的拼凑骡马，结帮选头；有的弟兄和家族至亲，自畜骡马，以善于交往者为锅头；有的是自己有马群，请人来吆赶，由本人作锅头。骡马的来源，除买自丽江、维西、青海、西藏一线及凉山地区外，每年的大理三月街、鹤庆松桂会、邓川渔潭会以及昭通和滇东、滇南等各地提供的骡马也不少。

马帮的骡马，少的有百十匹，多的有两三百匹。各路马帮，当年极受各商号的重视和优待。赶马人辛勤跋涉，骡马熟识路途，锅头善于交往，能处理路途中遇到的各种问题。马帮行动时，头骡、二骡插旗挂铃，有的插树枝做标志。翻山越岭时，敲响铓锣，唱着"赶马调"，打着呼哨而过。

……

马帮的禁忌和习俗

这些往来于各处的马帮，虽因其组织和行经路线的不同而各有其具体情况，但是有一些禁忌和传统的习俗，……要避免说豺、狼、虎、豹及翻翻倒倒之类的话。为了求得过江过水平安无事，随同马帮开伙吃饭时，不能把饭勺平漂在汤锅内，也不能随意从正在吃着饭的人面前横闯过去。在住宿的地方，不能随意从支锅做饭的锅桩上或支锅石上跨过，等等。这些规矩，不论伴随人员或赶马者都要注意遵守。谁如果犯了忌讳，当天就要受罚，一般是罚买一只"木冷肯"大公鸡来敬山神、河神、路神等，实际是添补伙食。在煮食公鸡时，还要由锅头来打鸡卦，从鸡头、鸡脚上剥出的骨片来验看前面路程的吉凶祸福。如果看出是凶卦，锅头就下令停止前进或作出临时的应变措施。锅头还以鸡卦来预卜近期内下雨或天晴等气象情况。受罚的人如果当时买不着鸡，超过一定时限就要罚打。……马帮在行进中，如果遇上"横蛇、直兔、野鸡飞"的意思就是：蛇横在路上；兔子一直往前跑；野鸡从路边飞起等，都认为是好兆头。如果遇着蛇顺着道路直往前爬或兔子横穿过路，便认为是不好的兆头。对于沿途雀鸟的鸣叫，如果是"早鸦晚喜"，就是早上乌鸦啼，晚来喜鹊叫，便认为是鸟雀报喜；反之如果听到"早喜晚鸦"的话，那就被认为是凶兆了。对于开市上路的日期，讲究"三凶，四吉，五平安"，避免在逢三的日子出门。此外还有"逢三莫买卖"的说法，就连在交易当中"逢三"的数字也要避讳。【《白族社会历史调查（四）·滇西马帮和下关马店堆店调查》，页317—321】

借贷的利率情况。从发现的借约上得知，清代时借银子年利每百两是2—3两。民国以后剥削加重，茶叶滞销，利率升高，借银年利最高是50%，最低20%，一般是30%；借谷年利最高是100%，一般50%，最低40%。中华人民共和国成立后的债利已降到30%—50%。但借贷关系很少。借贷公众的"积谷"，年利率1955年前是20%，1956年是10%。买卖青苗的利息就不止上述利息，一般都是200%—300%，最低是100%，往往为卖青苗救了眼前的急，而来年生活更无办法，沦为雇工。借债有以工还债的。还有债利不能还清时以利作本计算复利的。【《傣族社会历史调查（西双版纳之七）·版纳勐旺象明（倚邦）社会情况调查》，页162】

"分养"：计有"分养牛""分养马""分养猪"三种。①"分养牛"都是代别人养小牛，等长大生小牛，生两头分一头，原牛归原主。②"分养马"也同分养牛一样，分养者可分得一头小畜，但往往要几年的时间。③"分养猪"，较前两种普遍些，有两种：一种是养小猪，养大后平分；另一种是养母猪分小猪，分的办法是猪主得2头不管生多少。【《德宏傣族社会历史调查（一）·轩岗坝轩蚌寨社会调查》，页66】

放谷还谷：这种借贷方式较为普遍，尤其是青黄不接时期因缺乏口粮只有向富有者高利借贷。一般富农都是在秋收以后把谷子保存起来，等到青黄不接时放高利贷或者高价出卖谷子。也有一些妇女，积"私房"贷放给别人，有的甚至贷放给自己家的人，利率与其他的贷借一样。借谷还谷的借贷形式，便是在秋收前借出谷子，到秋收以后本利一齐收回。

借钱还谷：这种借贷形式也较普遍，有两种，一种是债主放钱，到了一年之后，除利息收谷子外，本钱照样还钱。汉族地主绝大多数通过这种形式借贷给傣族农民，有的故意长期不来取利，或者借者还不出来，便利上加利，傣族叫做"几个牛打滚"，便把田抵当出去。另一种是秋收之前借钱，事先讲定到秋收之后，连本连利共还多少谷子，这种借贷形式很少。

借钱还钱：本利都要钱，这种借贷方式中很少发现时间长的，多半是短期借贷，一般时间不超过两个月。

借银子还谷子：这种借贷方式现在已经没有了。欠银子的债户，都是借债时间相当长久，绝大多数是在光绪年间，几代人连续欠下来的。【《德宏傣族社会历史调查（一）·潞西县允茂坑芒赛寨调查报告》，页104—105】

利息情况的特点是：

1. 所有欠债户，除个别实在出于无法交付，因而停付一两年，或解放后未交一年两年，或请求少交外，绝大多数是逐年付清。

2. 交息有以豆、谷或其他物品折算，但不低于利率。

3. 个别欠债户交劳役利息，以短工折算。

4. 按照息率折算，年息15%折，7年中所交利息超过本金，年息60%折，两年所交付利息超过本金；以年息45%计，三年内所交利息超过本金。【《德宏傣族社会历史调查（一）·潞西县那目区那目寨三、四两区保债务情况初步调查》，页134—135】

借贷的时期不分年利或月利，而是以收割季节为准，在收割季节以前，不论时期是一月或一年，其利息、利率均相同。一般债务不能超过两年。两年不还者，实物借贷债主可到谷场中直接把谷挑去；货币借贷债主可以到负债户家中拿取任何东西作为抵偿，负债户均不得有异言。【《德宏傣族社会历史调查（一）·陇川县俸族农村初步调查》，页157】

借贷形式主要是两种，一是借谷还谷，这一类比较普遍，多在青黄不接时借口粮或下种前借子种，无月息年息之分，秋收后本利还清；二是借钱还钱，中华人民共和国成立前多用缅币，数额不大，多是解决临时的、短期的困难，月息10%左右；也还有借钱折谷，秋后以谷归还。这里债务有个特点，都是当年借，当年还，无旧债、老债。【《德宏傣族社会历史调查（三）·姐东、芒林两乡农村社会经济情况初步调查》，页73】

该寨雇工分长工、季节月工、白工、童工、短工等五种。一般待遇是：长工，每年供给新旧衣服3套、半开150—200元，视劳动力强弱而定。季节月工，每月除供饭外，付工资合人民币20元，视劳动力强弱和男女有所区别。白工，基层头人，每到生产季节，都向该寨或外寨的农民群众派白工。童工，一般是失去父母的孤儿或贫困家庭的子女，除供给饭外，没有工资。短工，每日供食一至三餐，工资1—2升稻谷约合4—8斤，视男女劳动力的强弱或劳动紧缺状况而定。各阶层雇工详情见《中华人民共和国成立前各阶层租佃、雇工、借贷关系情况》表。【《临沧地区傣族社会历史调查·耿马县勐撒区勐撒城子社会经济调查》，页84】

5. 分养猪牛

（1）分养母猪：如系双方合买、一方喂养，生小猪后，以六四分成，养方得六。合买分养，生小猪后平分。分养肥猪，养肥了，双方平分。

（2）分养黄牛：以蛮那寨贺英勐买为例，分养母黄牛 1 条，生 3—4 头小牛，分养者得 1 条。【《临沧地区傣族社会历史调查·沧源县勐角区勐董乡十个傣族寨社会历史调查》，页 154】

借贷的形式有借实物稻谷、借半开、买青谷三种。借实物的利率一般是 50%；借半开是 40%—50%。借实物者较多，借半开多为做生意用。青苗的价格比稻谷市价低一半。【《临沧地区傣族社会历史调查·沧源县勐角区勐角乡社会经济调查》，页 168】

合养牛：由两家出钱合买牛，两家合养，若一方拿去长期耕种，则须出牛租 6—7 担。如罗恩寨张母大和贺角家买牛合养，张母大拿去耕种一年，出牛租 6 担给贺角家。

分养牛：养母牛，生得小牛，由养牛户得三分之二，出养户得三分之一。【《临沧地区傣族社会历史调查·沧源县勐角乡七个寨经济情况调查》，页 185】

借贷是财产私有制的产物。从景颇族现有的借贷资料加以考查，景颇族社会借贷的发生与婚姻、丧葬、疾病等直接有关。正在发展的借贷已具有高利贷性质，从借一还二到四放十、三放十或二放十不等。其结果便是造成一部分成员用水田、园地、牲畜、核桃树等作抵押，或者因负债而被迫去接受债主的奴役，从为人佣工直到卖身为奴。【《景颇族社会历史调查（一）·梁河县邦角文化站邦角乡盆都景颇族社会调查》，页 177】

借贷分实物借贷和货币借贷两种。实物借贷较多，利息皆为复利，只有年利，没有月利、日利等。借钱年利率为 50%。借谷子年利率亦为 50%，即今年借 1 亢谷，次年要还 1 亢 5 斗。借钱或谷子次年若还不起，本生利，利又生利，即所谓"驴打滚"利。借谷子必须还谷子，借钱可以还谷子，放者一般乐于还谷子。

据不完全统计，荫山寨富裕户共借出谷子 6000 斤，借给本寨 1260 斤，借给外寨 4740 斤。本寨借入半开共 35 元，均向外寨借入。

借贷原因主要是：除一两户富裕户够吃外，大部分都缺 4—6 月的口粮，缺粮期间主要是靠帮工度日，其次就是靠找山茅野菜和借债度日。若家中一无所有，那是根本借不到的，家中必须多少有点值钱的东西，别人才借给你。若借者无力偿还债务时，家中有值钱的东西，如耕牛、猪等，债主则令其折价卖给债主。因此，过去借债者一般不敢多借，借得后次年想尽一切办法把债还掉，唯恐拖欠过多受债主的逼迫。【《拉祜族社会历

史调查（一）·孟连县南抗乡荫山寨拉祜族社会经济调查》，页 144】

除有利息的借贷外，农村中还流行"赊会"的形式，即相互间筹款支援，不计利息。如某人需要钱，可相约为数不等的亲邻朋友，各出资若干，由发起赊会者得"头赊"，以后每隔若干时间举行一次，参加者轮流收款，直至每个人都取回自己所付出款项的数目为止。如寺上村农民李丹山要筹款开药铺，相约了亲朋 12 人，举行赊会，每人出资半开 20 元，李得头赊计 240 元，即以此款开办了一个药铺。有时这种形式也成为农民公共的救济形式，如城北村农民于 1947 年发起组织了一个"老幼赊"，目的在于周济村中贫困的老弱户，共有 42 赊。地主杨炽东也被邀在内，以便要他出款，但到第三赊，他就退出不参加了。【《白族社会历史调查（一）·大理县喜洲白族社会经济调查报告》，页 38】

这些街子，都是根据十二地支来安排街集的日期。喜洲街是子、卯、午、酉日即"空二赶三"：中间空两天，第三天为街期，也即 12 天中赶街 4 次；狗街是戌日，龙街是辰日，各隔 11 天为一街；仁里邑和周城，每天下午都赶街；右所街和小西城街是卯、酉日；沙坪街是丑、未日；江尾街是子、午日；挖色街是子、卯、午、酉日；弯桥街是寅、申日；双朗街是寅、巳、申、亥日。此外是大理街，每月初二、十六为大街；初九、二十三为小街；下关是 4 天一大街，2 天一小街。赶大街人多货多，且邓川、丽江、凤庆、弥渡、宾川等地都来交易，有木料、牲畜等市场；而赶小街则主要是大理附近的农民，人不多，也没有木料、牲畜等市场。【《白族社会历史调查（一）·大理县喜洲白族社会经济调查报告》，页 58—59】

高利贷

高利贷剥削方式和利率与土司、山主基本相同，但一般还有以下额外剥削：第一，不管借贷数目多少，债务人必须为债权人无偿劳动几天；第二，只准债务人还利，不准还本；第三，债权人根据当时实物价格，粮贵时要粮，粮贱时要钱，等等。【《白族社会历史调查（一）·泸水县六库土司区白族社会经济调查报告》，页 119】

借贷物包括实物谷和货币半开、人民币两类。谷物借贷最多，利息最重，放债户多为富裕户，贷入户多为贫困户，谷物借贷的利率高达 200%—300%。【《布朗族社会历史调查（一）·勐海县巴达区曼瓦寨布朗族社会情况》，页 45】

借债原因有如下几种：缺口粮，补助生活来源之不足而借贷这里一般缺粮是3—6个月；因交纳国民党的各种苛捐杂税而借债；因娶媳妇而借债；个别因做盐巴等生意亏本而借债。其中前两种情况占多数。

若无力偿还债务时，负债者或将自己的田地、耕畜、骡马等出卖给地主、放债户，这种买卖往往是不等价的，不然就是负债者本人或将其小孩用以抵债。【《布朗族社会历史调查（一）·云县二区邦六乡布朗族社会调查》，页115】

芒人与各族人民间已经建立密切的产品交换关系。芒人用自己的工业品、猪、鸡交换铁器、土布、线、盐和装饰品，交换形式主要是赶定期的猛喇集。一般是五六人多到十余人一起去赶集。赶猛喇集来往一次要三日，背着工业品去时，途中须宿于沙罗的哈尼族人家和水塘洞瑶族人家，由于常来常往，哈尼族或者瑶族都招待他们食宿。如果哈尼族到芒人家去卖棉线和针或瑶人来买竹器时，芒人也同样热情招待他们。到猛喇就住在傣族家，由傣族主人招待住宿和两顿午饭，芒人以赠送主人一张蔑垫作报酬。【《布朗族社会历史调查（一）·金平县三区普角乡芒人社会调查》，页121】

商品交换有两种情况：一种是原始的物物交换，另一种是以货币为媒介的交换。最初是以物易物的交换，近代以来才发生了以货币为媒介的交换，但是这些交换都没有超出自然经济的范畴，交换的物品基本上是吃用剩余的物品。例如，曼卖兑的布朗人把自己的茶叶运到布朗山换回辣椒；布朗山的曼杉等寨的布朗人背着象足鼓、篾笆、辣椒等去到曼卖兑换回他们所需要的茶叶。交换时都是凭着眼和手来估量而不用度量衡。同时，与外民族也发生了交换关系，例如，曼卖兑的布朗人以自种的棉花向坝区傣族换回衣服、筒裙、干鱼等物品，或把棉花驮到坝区交给傣族群众纺织成布，然后双方平分。【《布朗族社会历史调查（三）·勐海县巴达区帕勒寨调查》，页17—18】

从农业或手工业部类看，内部已出现了商品交换，其交换的种类大多为各种铁制农具以及草烟。与其他民族之间进行交换的类别也不少，如陶器、毛织、银饰、食盐等商品。主要是和汉族、傣族以及国外之缅族等进行交换。【《阿昌族社会历史调查·户腊撒阿昌族社会经济调查》，页5】

债利可分为借钱抵田付银息、滑利和谷份3种。借钱抵田付银息，是债主怕欠债者还不起或拖欠利息，故要其田作抵，若是借债者拖欠，债主可以随时没收其田自耕。滑利，是不以实物作抵，这种债一定要债主认为有很可靠的人作保才能借到。谷份，是以 10 箩为一份，如借四还十或借五还十，这多半是在雨水荒天，6—7 月间没有吃的就去借，至 10—11 月谷子上场时归还，时间仅隔几个月，但付利却达 100% 以上，谷份多发生在内部。借贷除私人外，还有小家会、清明会、小兄弟会等，若借的数目较多，则要到汉族村寨去找汉族剥削者借，大厂小厂的汉族地主，放债时他们不愿零星放出。于是，借债人往往成伙而去，到那里后，由放债者在借债者中间挑一个他认为可靠的人承担负责，以后收债时即找此人。

卖青谷也应属于此一范畴，卖青谷有两种方法：一种借钱时就讲定谷价，另一种是借钱付息。【《阿昌族社会历史调查·梁河县丙盖乡芒展村阿昌族社会历史调查》，页 56】

商业交换方面没有专门经商的人。他们只是按着一定的街期赶河头村街及小陇川街。在赶街时，他们出卖的东西有野果、螺蛳、小鱼、明子_含脂松柴。从街上买回来的东西有油、盐、酒、米、草烟_{除了自己种的，不够部分}须从街上买回、芦子。小陇川街因距离较远，每年只去一两次，去时就便串亲戚，在那里主要买盐巴回来。【《阿昌族社会历史调查·潞西县高埂田乡阿昌族社会历史调查》，页 73】

借贷最初表现为借粮食、工具和牲畜，其中以借家畜者居多。借猪和牛要付利息，偿还所借的猪、牛，要比借的大一拳_{拳是量猪牛大小的标准}。随着借贷的发生，出现了个别以人质作抵押的现象。借牛无力偿还时，借者要将自己的妹妹或女儿，送给债主做妻或做人质，这种人质已具有家内奴隶的特点。【《独龙族社会历史调查（一）·贡山县四区独龙族社会调查》，页 53】

借贷主要有两种：

1. 借地。如前所述，各家族的土地虽多，但生产上的刀耕火种，不断破坏森林的结果，每年可砍的火山地，毕竟有限，有些家族成员有时缺乏或没有可砍的火山地，因而也就产生了互相借地的情况。借地的对象是亲属或朋友，借给的土地一般也只限于已种过数次的火山地。据了解，中华人民共和国成立前有的因借新火山地而给过土地报酬，如水酒一瓶或刀子一把等，但这仅是个别的现象，一般是不要报酬，也没有押金证人之类，借种一年后，即还给主人。中华人民共和国成立后基本上没有人借地了。

2. 实物借贷。主要是黄牛的借贷，据反映借牛的中华人民共和国成立前较多。借贷的原因，主要是婚丧事故、退财礼和祭鬼，以及赠送给朋友这种赠送实质上是做买卖，因为被赠的人将来必须回赠如黄连、兽皮、铁锅等更多的东西。借牛的对象同样以亲戚朋友为主。借期一般是一两年，并有中间人，据说有的还刻木刻为凭。偿还的牛，习惯上要比原借来的牛至少要大一拳，否则应折付等于一拳价值的实物，如麻布毯子、粮食等兄弟姐妹、岳父岳母与女婿等之间的借贷例外。据调查目前借牛的有三起，两起是朋友关系，一起是姻亲关系。借牛的原因，两头是送给未定界朋友，一头是用来祭鬼。

　　借牛无力偿还的也有如下的处理情况，即将自己的姑娘或妹子嫁给牛主做媳妇，抵作牛价赔偿。如巴坡家族阿丁的姑娘嫁给双朗家族阿丁，茂顶家族阿开各的姑娘嫁给巴坡家族阿豆，就是这种情况。马并里家族阿此的妹子，则因借牛关系，至今仍在千吾丁家族阿普家里做长工。这种借牛关系变为婚姻关系的中华人民共和国成立前比较多。【《独龙族社会历史调查（一）·贡山县四区四村独龙族生产关系调查》，页66】

　　由于社会分工不发达，日常生活中很少交换，债务关系很少。互通有无的借贷主要是粮食，都是秋前借，秋后还，没有利息，也没有契约。近三四十年来，受了外界的影响，怒族内部也出现了高利贷。每借半开一元，年利三升玉米。一般是采用口头协定，不立契约。债务没有一定的期限，只要秋收后将利息付清，债务关系可以无限期保持下去。如债务人到期无力偿付利息，可延至明年一并偿付。没有复利的习惯。但积欠过多，债权人可将债务人的耕牛家具拿走，以抵偿债务。以土地抵押的则很少。

　　由于牛在这里起着一定的货币作用，因而相互借牛的情况较普遍，同时有一套完整的办法。为了区分每头牛的大小肥瘦不同，在借牛的时候，就用一根绳子量牛的胸围，量好后将绳子对折拢来，再用拳头来量，看共有几"拳"。例如有五拳另两指，则在一根竹竿上，刻五道长痕，两道短痕，将竹竿破开，双方各执一半，作为契约也有将所借牛的胸围长度刻在借户门上的，还要请一个中人作证。按习惯，每年利息"一拳"，也就是说，今天借的牛有五拳，明年就要还一头六拳的牛。如超过或不敷六拳，双方可用粮食找补。借猪也采用同样的办法。

　　买卖土地，要请头人作证，并刻木为记。木刻一般存放在头人家里，偶尔也有归买主保存的。近来木刻记事的已很少见了。【《怒族社会历史调查·怒族社会概况》，页16—17】

　　本民族内部的债务主要是互相借贷牲畜，没有放钱及粮食来获得高利的。一般借牛还牛，大小不定，借小还大，债主也不补偿大小之差价；借大还小，债主也不能拒绝。

另外，有了疾病祭鬼或有了婚丧事需要猪、鸡、羊，自己的用完不够时，就可向亲戚朋友借用，亲戚朋友也有责任借出给以帮助，这种借贷没有利息，也无时间的限制，哪时有哪时还。【《傈僳族怒族勒墨人（白族支系）社会历史调查·福贡县二区二乡双米底村社会经济调查》，页107】

本民族中的借贷关系有借牛、借钱两种。每借一头牛，每年上利一拳，就是说借五拳大的一头牛，要还六拳大的一头牛，可以还牛，也可以还钱每拳中华人民共和国成立后为人民币1.5元。【《傈僳族怒族勒墨人（白族支系）社会历史调查·福贡县二区二乡鹿马登村社会调查》，页117】

中华人民共和国成立前这里有两种借贷，一是低利或无利借贷，一是高利贷。低利或无利借贷是在本村内部通行的，一般是由富裕人家借出粮食，名义上不计利息，如借青包谷一升，包谷成熟时照样还一升，也有还工抵债的，如果亲属关系密切，借入者又还不起，不还也可以。除借粮食外，还有一种较普遍的借贷习惯，即是借小猪，借什么还什么，不计任何酬劳，借入者主要是因祭鬼需要，或者招待客人，这种低利或无利借贷，一般都不借出村外。【《傈僳族社会历史调查·碧江县五区卡石、色得洼底村傈僳族社会经济调查》，页86】

借贷关系中，除了亲戚、邻居互相间小额借贷不计利息外，一般是高利贷。当地流行着一句话，说"八年翻成三十石"，可以想见这里高利贷的严重。借贷有实物借贷和货币借贷两种。借贷需书立契约，写明各种规定。有的借贷，在借时就从本中扣去利息一月或数月，这种剥削更重。有的地主放债，当债务人到期不能偿还时，即将息作本，这样就利上滚利，称为"驴打滚"。"驴打滚"是算不清、还不清的。借贷一般要有抵押。如以土地作抵，负责到相当数目，抵押的土地即被债权人夺去。有以碾子作抵而被债权人夺去的。牛、马虽不必作为抵押品，但有牛、马的贫苦农民，迟早都是地主富农和高利贷者的盘剥对象，只要一经发生借贷关系，牛、马和猪也就保不住了。在不能偿还本息的情况下，债务人就沦为债权人的长工，直到长工工钱能够偿还本息为止。也有把自己的女儿抵给债主家去做工的。【《纳西族社会历史调查（一）·丽江县第五区巨甸乡解放前土地关系初步调查》，页10】

中华人民共和国成立前，苗族人民还深受高利贷盘剥，借贷年利为

50%。如果当年无法偿还，到第二年则利滚利。与借贷关系同时存在的还有典当关系，土地以半价当出，由当出者继续耕种，每年收成按50%分成交给典主。典当期满，如果无钱赎回，可卖给典者。当时广大苗族人民在地租、典当、高利贷的盘剥下，有的破产，有的被迫给土目、地主当长工、打短工度日。中华人民共和国成立后，废除了封建剥削制度，苗族人民才结束了苦难的历史。【《云南少数民族社会历史调查资料汇编（五）·彝良县洛旺区苗族调查》，页6】

七　工商业习惯

时西南诸部多相仇杀，所给金牌、信符，烧毁不存……其俗勇健，男女走险如飞。境内有河，汲水（练）［炼］炭上即成盐，无秤斗，以篓计多寡量之。【（清）张廷玉等：《明史》卷三百十四，"云南土司二"，中华书局1974年版，页8106】

贾：间有江右来者，杂货酒饭；湖南来者，抄纸舀火；寻常交易，各得其所，较他市口，殊为冷落。是虽依产金玉之乡，不见金玉蚩蚩，土著乃从而矿厂、茶山、夷方妄求富厚，纷纷然去，竟忘草宅、石田，大荒本业矣。【《嘉庆楚雄县志（59）·卷之一·天文地理志》，页26】

普洱府：其俗男女勇健，走险如飞，境内有河，汲水烧炼炭上即成盐。无秤斗，以篓计多寡量之。【（清）王崧著，杜允中注：《道光云南志钞》卷八，"土司志下"，云南省社会科学院文献研究所1995年版，页420—421】

自室庐，以至器用、服食俱守朴拙，故工匠皆无奇技淫巧，且少习技艺之人。惟南界有木工数家，然仅知绳墨而已；雕镂剞劂亦非所能，偶有兴作，须召募于他境。【《道光大姚县志（一）（63）·卷二·地理志下·风俗》，页532】

民风尚朴俭，勤稼穑，市无奇巧之货，人鲜奢靡之行，惟不知纺织贸布，他郡价值高昂，谋食之外，又必谋衣，治生之道良苦焉。【《光绪续修永北直隶厅（42）·卷二·食货志·风俗》，页272】

器用：质朴相安，不尚淫巧，土产陶器，贫富取资。【《光绪镇南州志略（62）·卷二·风俗》，页407】

器用：按民情质朴，器物不尚奇巧，凡金器、玉器、瓷器、漆器、雕镂器，民间罕用。【《光绪姚州志（63）·第一卷·地理志·风俗》，页37】

谨按：浪穹地处偏隅，风俗素称朴实，其秀良者敦诗说礼，其愚鲁有服田力穑。近时纺织之利亦渐兴，颇有唐魏勤俭之风，惟妇女最苦，而男子不免游惰，颇为时俗之疵。盖逸则淫，淫则忘善，忘善则恶心生。有转移之责者，正不可不急思所以教化之。至若赘婿乱宗显悖于礼，宜申厉禁，以挽颓风。【《光绪浪穹县志略（76）·地理志卷二·风俗》，页28】

器用：土产陶器、木料、石物以及铜铁铝锡各项，久矣相习，人户虽分贫富，而器用皆守笨拙。近来洋货通商，则器用相贵，洋物不少出孔，太多漏卮，何可塞也。【《宣统楚雄县志（一）（59）·卷之二·风俗》，页350】

工：奇淫之技，素所不习，有外来者为之而不见售，遂难久居，故侈靡犹少。【《宣统楚雄县志（一）（59）·卷之二·风俗》，页343】

《案册》：民国元年冬，奉实业司令，发章程、图记，集商组织商务分会，公推周朝相、宗学仁为总协理，设参议一人，文牍、会计各一人，会董十人。其会所租住民屋，经费呈准由买卖货，驮按照物品价值抽捐，年约一百五十元。至民国五年夏五月，奉令照章改组，为元江县商会，公推宋荣陞为正会长，胡秉礼为副会长。曾经拟定章程。呈奉巡按使核准报部。民国八年，改选一次，正会长为李鴽，副会长为郑贵谦。此外，因远亦成立商会，因乏款项，一切应办事宜并未进行。兹将元江县商会章程列后：

《元江县商会章程》

第一章　名称

第一条　本商会定名曰"元江县商会"。

第二章　组织

第二条　本商会遵照法规，就元江县城组织一事务所，以资办公。

第三条　本商会职员将来执行职务或因事情不便利，必须设立分事务所时，应查照《商会法》第十三条、十四条及施行细则第八条办理之。

第四条　本商会因县属工商业尚未发达，商人交易亦绝少争端，故办事机关仅组织一事务所，不复设立公断处，凡遇工商界纠纷事件即由事务所调处之。

第五条　本商会遵照法规，额定职员为会长一人、副会长一人，会董十五人以上，并就全体会董中公推文牍员、会计员各一人。

第六条　事务所雇用书记一名、丁役一名或二名。

第七条　本商会职员均为名誉员，惟书记、丁役给以相当之薪津工资。

第三章　选举

第八条　本商会于民国五年五月遵令改组，此次改组及已改选各职员之票选及其就职、解任一切事宜均照《商会法》第六条、第七条及第十八条至二十五条办理之。

第九条　关于选举先期之通告、职员选定之呈报暨职员递补办法悉遵《商会法》施行细则第五、第六两条之规定。

第四章　职务权限

第十条　全体职员公同负担之职务如左：

（甲）调处工商业者之争议，关于调处之规定如左：（一）取具关系人之请求书；（二）调取事由及时间之布告；（三）因调处解决之必要，得查取事实关系之契约；（四）调处时间旁观席之临时设置；（五）调处时间职员应以过半数列席；（六）调处结果之布告。

（乙）主持工商界营业之组合；

（丙）就县属气候、土宜、礼俗各方面，分别提倡适宜之各种工艺；

（丁）对于农产物出境之采运，随时维持其现状；

（戊）对于运销出境之特产物品，设法扩充，使销额日见增加；

（己）关于通过境土之商运或遇发生危险情事，当设法救济之。

第十一条　属于《商会法》第十六条各事项，凡为前条规定所不及者，本商会职员悉认为唯一天职。

第十二条　会长有指挥会董办理全会事物之责。

第十三条　副会长有协助会长指挥办事之责。

第十四条　会董于秉承会长、副会长办事外，对于提倡整顿工商业事项有建议之权。

第十五条 文牍员办理公文、函件各文稿。

第十六条 会计员管理经费之收入、支出，对于筹款事项有建议之职权。

第十七条 关于事务所用费之预算、决算，由会计员办理。经过一年后并县列表布告。

第十八条 书记编写文件，丁役专供役使。

第十九条 本商会既不设公断处，对于工商业者争议之调处，遇双方争执剧烈，调处不能生效时，即函请地方行政长官折衷判决。

第二十条 本商会自行崇重公法人资格应办事宜以工商业为范围，范围以外之事概不干涉。

第二十一条 虽属工商业范围内事项，然事由发生时，带有民、刑事性质者，本商会概不承认调处。

第二十二条 本商会职员有放弃责任或营私舞弊等行为，应照《商会法》第二十九条、第三十条办理。

第二十三条 职员虽非营私舞弊，然办事不守权限，致妨害本商会名誉者，仍参照《商会法》第三十条办理。

第五章 会议

第二十四条 本商会遵照法规分会议为定期、特别两种。

第二十五条 定期会议又分为左之二种：

（一）年会：于每岁年度开始时行之，届期由会长集合全体会员，提议工商业一切进行事件；

（二）职员会：每月二次，定期于每月一号、十五号行之。

第二十六条 特别会议：凡工商界发生重要问题，不能延缓者，由会长临时集合各职员解决之。

第二十七条 每开职员会，会长必须列席，如因有特别事故不能列席时，应由副会长代行职务，其会董须到会过半数，始得开议。

第六章 经费

第二十八条 事务所经费仍照本商会原案，以货驮捐收入之款支给之。元属商务分会成立于民国元年，其经费系就县城商人买卖货驮按照物价高下，分别抽收，定为每驮由一分至二角。禀经前云南实业司核准立案，奉行数年，尚无弊害，商输商用与《商会法》会员负担之规定亦暗相符合。

第二十九条　本商会将来创办关于工商之公共事业所需事业费，随时另筹相当之款。

第七章　附则

第三十条　本商会曾改组后，暂用旧有图记，俟奉到颁发钤记再将图记缴销。

第三十一条　凡《商会法》及施行细则规定之事宜，有未经本章程援据列入者，本商会悉遵守之。

第三十二条　本章程以《商会法》及施行细则为依据，设将来法规有变更时，本章程当照变更。

第三十三条　本章程以奉到农商部核准日，发生效力。【《民国元江志稿（一）（28）·卷五·自治志·商会·商会之缘起》，页280—289】

《案册》：民国二年春，知州廖维熊任内准云南蚕林实业团总局颁发关防及章程，组织蚕林实业团，公推城绅火楹为团总。所有职员均系名誉，不支薪水。其章程有振兴蚕林及保护一切森林之责，团局地点暂赁民屋为之，后总局撤销，亦即停办。【《民国元江志稿（一）（28）·卷五·自治志·实业机构·蚕林实业团之暂设》，页306】

《案册》：蚕林实业团取消后，奉令成立实业分所，知事包映庚委潘瑜充实业员，分所地点以大寺庙为之，因款项支绌，一切重要实业尚未举办。【《民国元江志稿（一）（28）·卷五·自治志·实业机构·实业分所》，页306—307】

《案册》：民国八年，知事黄元直以实业分所久经奉令改组，尚未实行，依照云南各县实业所暂行章程拟定本属实业所章程，仍请委潘瑜充任实业员长，以专责成，而谋整顿并请颁发实业所钤记，始将实业分所章记缴销。其章程列后：

《元江县实业所章程》

第一章　总纲

第一条　县属设实业所，补助县公署办理团县实业事项，并受省长公署暨本管道县之指挥、监督。

第二条　各乡设实业分所，补助实业所办理该乡实业事项，受县公署暨实业所之指挥、监督。其详细章程，斟酌各乡情形，另定之。

第三条　实业所设实业员长一员，若以后实业发达，事务渐繁，得添设实业员一员或二员。

第四条　实业员长及实业员之任免及奖罚，悉照云南各县实业所暂行章程所定。

第五条　实业所得酌用雇员、佐理、文牍、庶务、会计事项，惟现在事务甚简，应暂由实业员长兼充，不另支薪，以节糜费。

第二章　职责及应办事务

第六条　实业员长有综理实业所事务，进退所中职员及考核实业分所职员之权。

第七条　实业所实业员、文牍、庶务、会计受实业员长之指挥、监督，分掌各项事务及保管卷宗、物品。

第八条　应提前办理之事务如左：

一农林试验场；

二蚕业试验场；

三贫民工厂；

四造纸厂；

五垦荒。

第九条　应陆续筹办之事务如左：

一蚕桑实习所；

二山蚕讲习所；

三农产陈列所；

四劝工陈列所；

五商品陈列所。

第十条　前两条设置之试验场、工厂及陈列所章程，另行分别拟定。

第十一条　实业所应于适中地点设实业宣讲所，讲演关于农工商业各种办法。

第十二条　实业所职员每日办公时间自午前八（句）［点］钟起至午后五（句）［点］钟止，但有紧要公件时，应以办毕为度，不在上列时间之限。

第三章 经费

第十三条 实业所经费及八、九两条应设各厂、所需用，除以原有实业经费拨充外，如有不敷，随时设法筹款补助。

第十四条 实业员长月薪暂定为八元，每月得支笔墨、纸张、灯油杂费银二元。

第十五条 每月开支各经费应造具收支、预计算书表清册，检具收款人收据，报县核查。

第四章 附则

第十六条 本章程如有未尽事宜，得随时删改，呈请核订。

第十七条 本章程自核准立案之日实行。【《民国元江志稿（一）（28）·卷五·自治志·实业机构体·实业分所改组为事业所》，页307—312】

《案册》：民国九年，知事黄元直以元属年来，雨阳不时，百物昂贵，民生困弊穷乏堪怜，非筹办多数工厂不足以宽其谋生之途。爰集筹议提得因远周姓绝产约可变价二百五十元，及杨坤元、李光熙充公银二百五十元，并李廷璧捐送入公田亩约可变价银五百元，共一千元，为基本金。先就因远开办工艺厂，一所其制品，分织布、编篾两科，已拟订简章，呈报省长暨财政、实业两厅。备案其简章列后：

《元江县平民工艺厂简章》

第一条 本厂系官督绅办，定名曰"元江县平民工艺厂"，以收纳地方贫民，纾裕其生计为宗旨。

嗣后，逐渐发达扩充分厂时，即以第一、第二等字样分别称之。

第二条 本厂地点就县属因远一甲之财神庙为之。

第三条 本厂援据云南各属平民工艺厂第二条甲种以地方公款，组织成立，提有因远周姓绝产变价二百五十元，及杨坤元、李光熙充公银二百五十元，并李廷璧捐送入公田亩变价五百元，共一千元，作为基本金。

第四条 本厂制品分织布、编篾二科：

（甲）织布科：先办加宽土布，渐次改良织造爱国及各种花布；

（乙）编篾科：先办民间日用竹器，渐次扩张编制藤席、藤椅等。

第五条　本厂事务暂委因远县佐及实业员绅会同经理之。管理及办事细则另行规定。

第六条　本厂营业情形及一切账目均由经理人员随时考核，每半年造册呈报县署，转报实业厅查核。

第七条　本简章规定如有未尽事宜，得随时增改，呈请核定。【《民国元江志稿（一）（28）·卷五·自治志·实业机构·平民工艺厂》，页315—318】

器用：农器，详农具门，兹不重载。

工器用锤、钳、斧、凿、锯、镰、曲尺、烧锅、泥刀、织机、缝机、剪子、锤子。

商器用架子、栏柜、算盘、尺、称、戥、升、斗、洋灯。

舟车，舟仅戛洒、磨沙二江边有木制小舟十余只，以为渡济之用，车仅有木制牛车、马车，以为搬运木石之用。【《民国续修新平县志（二）（31）·第十七·礼俗》，页324—325】

器用：县境器用多系外来，而随时尚可购备，应有尽有，不胜记述，今仅就本地自制最为适用，而行销邻封者择载之。铁器：铁锅、锄板；竹器：苦帚、竹笠、竹纸；革器：皮底布鞋、皮鞋、洋鞍、皮带、皮包等；木质类：楮制白纸；土器：土碗、土瓶、土罐、土壶等；棉质类：土布、土布印花垫单、土布衣服；毛质类：羊毛毯。【《民国顺宁县志初稿（二）（37）·卷九·礼俗》，凤凰出版社2009年版，页227—228】

器用：《甘志》：民情质朴，器物不尚奇巧，凡金器、玉器、瓷器、漆器、雕镂器，民间罕用。《采访》：近年，手工机器，如缝衣、织袜及面机，间有采用者。【《民国姚安县志（66）·礼俗志第七·风俗》，页247】

器用：汉人日用器皿，凡应用如桌椅、砂盂之属，在在不可少，夷人则生活简单，用具亦简单，锅砂其他可用可不用。即渡口也无舟，各以缩绳代之；陆行因山路崎岖无车，富以舆，贫半步行。【《民国维西县志（83）·第十七·礼俗》，页300】

器用：镇康人民饮食、起居所需器具，多购自外县，故与外县同为一种之器用。惟山势崎岖，林箐幽阻，居民往来，为保险计，多带枪刀利器，故无论富贫人家，皆购军器自卫，富者用各种快枪，贫者用铜帽枪，极贫不能制枪者，则用长刀、矛杆及弓弩、药箭。故此地人民，尤善猎取野兽。但公馆未修，往来行李，多用马牛转运，骑驼舟车尚未有焉。

【《民国镇康县志初稿（58）·第十七·礼俗》，页284—285】

八　生活、公益习惯

施济：施棺，《采访》：乾隆间，州人刘贤、邱配贤、周兴国、朱绚、刘天材、陈天良、李惟训、张南膜、杨秀、胡锡正、周经国、许尔元、袭文元、龚正泰先后买置田亩、铺舍，收取租息，市材为棺，以济贫乏不能殓者。寒衣，《采访》：其倡首者即施棺诸人，置田收租，冬月市麻布为衣，以给贫寒。掩骨，《采访》：倡首于土官高氏，后废；州人耿裕祚、张绍武立经社，由经社内拨租以为掩骨之费，每岁季冬，捡道路骸骼及无主之棺，悉瘗之。义谷，《采访》：乾隆六年，州人刘贤、罗士洁、王式圣、周兴国、张南膜、俞占魁、王式历、邱配贤、周经国、杜联捷、施以义、张开圆、罗铨、向殿飏、陈尊美倡首买置田亩收租，置义仓于文昌宫，岁终以租谷给贫者。【《光绪姚州志（63）·第一卷·地理志·风俗》，页35—36】

户者门也，役者使也，户役与田赋相表里也。楚县地为迤西通衢，差役络绎，向称（烦）[繁]重。咸同历乱，民间门户出团练，出经费、出粮米、出夫役，种种困难，磨折消减，莫可伸诉。光绪初年，所需民力于正供外，倍加滥月。幸大宪洞悉疾苦，奏革通省夫马，民困顿苏，已无徭役之苛虐，然旧章役法所在，有夫、有马、有铺、有堡、有乡亭，兹略述之。

夫马：县属分八界八哨，向按人户多寡，各界、哨编定供应。大乱之后，夫马渐繁，如应办短差、流差，由省接送官长来去，役用无算，又挑水、扫地、割草、放牲及衙丁每日出城买办要伕马一匹，否则（拆）[折]钱二百文，其弊不可枚举。

铺役：铺役传递公文，先年各铺有铺兵共若干名，领冷饭田共三十四亩零七分；又设铺司共若干名；铺四，共三百四十五工_{见楚县邮传载《大清会典·例·云南赋役全书》}，其田归铺兵、铺役耕管。大乱之后，兵役裁撤，改作驿站，惟现存本城、吕合二驿递送公文，由亩田工，由县署经理。详建置、邮传篇。

堡役：堡役应官处抬轿，听领堡田，耕种无需完粮，以其身任官役也。吕合向有上则堡田六百余亩，计二千余工。至今堡役裁而堡田尚作陋规，现清理财政，想此项堡田应照他属，归公例办理。详建置、邮传篇。

按楚雄县耷公于宣统元年冬，所开档册铺田二百零七工归铺司，耕管堡田一千七百一十工，每年收钱二百千文，作县署差盘。

乡亭役：县署旧有乡约、保正等办公，自乱后，界、哨、乡、保之名已革，另于各界哨改设保长一名，保长之下又设百长若干名。保长按年轮派充当，设地方有公益事件，由该保长传百长、传各花户，应为其关文薪工。各界哨向有保长贴补。至城厢内外，乡约、保正与三菜园打扫小役，仍旧未改。然此时已设警察，则乡役之名，可以裁撤矣。

免役：光绪八年，督宪岑、抚宪唐奏准豁免通省夫马，于通省钱粮正额外，每民屯赋一升抽收钱三文，以作夫马津贴。凡一切官员要差，皆由省局发价，不准派用民夫，各地方夫马一律裁革。详建置、邮传篇。

【《宣统楚雄县志（一）（59）·卷之四·食货述辑·户役》，页475—478】

其他陋习：本属陋习有三：一为赌博，分骰赌、牌赌、杀魁等。骰赌者，一名"赌宝"，置骰子数颗于盘中，以碗杯等盖之，一人掌盘、名曰"宝官"，赌者群聚，宝官执盘摇之，作呵幺呼六"卖单、卖双"等口号，赌者各用钱或压单、压双以意为之。压讫宝官开盘，视骰子点数之单双而定者输赢。摆赌场者名曰"摆底"，每开宝一次，底家按五厘头、十厘头抽之，常通宵达旦。输者往往倾家荡产，甚或流为盗贼、乞丐。日久赢者实居少数，输者常居多数，钱多归底家，故也故俗有"十赌九滥、久赌成贼"之说。牌赌者，有骨牌、字牌、麻雀牌等，现盛行者多为麻雀牌，公务人员亦常为之。杀魁者，聚数人席地而为之，一人手中握钱若干文，使与赌者猜之，以验输赢，输为宾主。牌赌、杀魁二种，其害不如骰赌之甚，然亦废时失业，有玷品行。要之凡属赌博之事，负则伤财，胜则伤义，皆非君子之所为也。一为吸烟，凡烟类皆含毒质，而尤以鸦片为最，吸之成瘾者，非有志之士不能断。本属于酬酢之间多以鸦片招待为敬，已为不良习惯。且烟馆盛行，一般青年多陷溺于其中，政府虽有明令禁止，然秘密售买者亦尚有之。彼辈只图利己不惜损人。闻其常用壁虱炕干磨之成末，拌于烟内食之者，深中其毒，若不得食则咽管即发痒而不能忍，或大便下血，故服之成瘾者难于戒断耳。然有强毅之决心者，未尝不可戒断也。且吸烟成瘾者，非仅耗费金钱而已，也使人意懒神疲，玩日愒岁而不能自拔，气衰体弱而不能自强，功隳业废而不能自立，品卑行污而不能自改，甚至偷卖家财，冻馁其父母亦在所不计，更甚至窃卖其妻室之衣服、首饰，泣讪于妻子亦在所不惜，俾划作夜终老于一灯一塌之间，成为病夫睡汉者比比皆是，其为害可胜言哉！今幸政府禁种、禁运、禁吸同时进行，已大著成效矣。【《民国嵩明县志（二）（16）·卷之十九·礼俗·习尚》，页142—143】

本属近海，居民多用舟揖以利交通，如甸尾、阿古、龙杨、高桥、丁官屯、海子口等村有小船数十只运载货物，由杨林至大河口一带。惟制造简单，运载多感不便，陆用牛车，各区均有，以牛一条、驾车一辆，制造笨重，其行甚缓，转运者苦之。此外，婚娶用轿，庆吊宴客一切碗盏多用磁器，寻常饮食用土器者多，所用瓷器先年既购国货，近则渐有购用洋货也。【《民国嵩明县志（二）（16）·卷之十九·礼俗·器用》，页134—135】

《案册》：民国九年，知事黄元直以县属凤号烟瘴，急宜请求公共卫生，集绅筹提公款，于城内适宜地点共建公共厕所六间，现已落成。严禁任意便溺，自此僻街深巷渐可清洁而免于污秽熏蒸，瘴疠或亦稍减云。【《民国元江志稿（一）（28）·卷五·自治志·实业机构·公共厕所》，页318】

物品转输惟恃马驮，因地无平原，路多崎岖，一切车辆均不能行，既无大水更无舟楫，交通不便，故邑人多老死不出乡，能至省者已甚稀罕。自滇越路通，旅行较便，渐有至京沪者，非如向之裹足不前也。【《民国马龙县志（一）（45）·卷二·风俗志》，页192】

慈善事业：镇地之慈善事业不甚发达。凡有开办学校，积谷备荒，修筑桥梁路道，以及各种庙宇，多由地方公处筹办，未闻有个人之独力维持。其拯孤济贫，养老育婴，诸善事犹未之见也。惟有旅客行商，流落在外，不能自给衣食，投宿寄食于人家，无论各处村寨，随在皆为容纳，不致冻馁山野，呼诉无门，此镇康向来之美风，而为内地各县所不可及者也。【《民国镇康县志初稿（58）·第十七·礼俗》，页285】

慈善事业：旧由地方设清节堂以孤恤寡，养济院以活残废，至筑桥修路以济行人，施米施食以济饿（荤）[殍]，施药施衣以济病贫，施棺施材以助丧家。凡此种种，人民均自由行之，大规模之慈善事业尚无所闻。

【《民国顺宁县志初稿（二）（37）·卷九·礼俗》，凤凰出版社 2009 年版，页 232】

（1）义田：《管志》：陇西县知县罗元琦捐田租四十石，秋粮一石六斗，每年岁暮舂米，散给老弱孤贫。

（2）公米店丰备仓：在城内南门大街仓门外……

（3）修城：前有陈副使虚白筑城作捐筑说详艺文后，屡修，各竭其力，城砖有印"虚白旧筑""咸丰丁巳""民国丁巳"等字者。

（4）学校：前有朱方伯丹木大兴书院，有碑记详艺文；近则捐者日众，李恒升捐中学费二万元，尤为难得。

（5）小补会：年终发义米，由九铺轮流主之，并随时施棺，免尸骸之暴露，有碑记，立诸天寺内。

（6）义冢：《管志》云：一在北城外，一在黑龙坡旁。

（7）四门便民房：《管志》云：万历二十七年建，今无。

（8）寄生所：在西北城隅，有碑记袁嘉谷撰。

（9）普济院：《管志》云：在城内，今废。

（10）普济堂：《管志》云：署知州徐正恩，乾隆十四年建养济院，附焉。按：《阮志》云：堂在州治内，乾隆十五年署州徐正恩建，嘉庆二十五年知州杨浩重修。光绪采访册普济堂在邑西门外，咸丰九年兵火烧尽。

（11）养老堂：在西准提旁，今废。

（12）桥梁道路：或一人独修，或众人同修，惠及行旅，名在千秋，小河底桥工程最大。

（13）寺庙：一以崇德报功，一以培名胜，一以联会众，一以资游憩，皆州人捐资为之，或独力，或群力，名山胜境，触目皆是。

（14）施水：各村要路多有石缸，行人渴饮，咸颂仁浆。旷野路有三百六十道坎，尤缺饮水，袁封翁凝道与同人谋，佣有常工，日担双桶，贮土地庙石缸内，山下取泉，尤为途远。许干山《采访》。

（15）施药：咸同间回乱，羊街贡生胡桐结一团体，力筹抵御，名曰"和衷堂"。首倡捐资置得田租一十八石，作应酬之资。迨回乱平，胡君又将此租移作重建文星阁之基础，惜未竟其志，而终因乏正绅经理，租渐废弛。至光绪二十七年，杨际春因地苦无良医，抱病者束手待毙，特将此租金聘请良医，施治售药，以此租所获提作医士津贴，然地瘠民贫，所聘良医每苦用度不敷，难以久住。李君席（珍）［诊］由个旧归，深嘉此举之善，慷慨捐资置产；邱君用之、胡君金式、李君宝珍亦捐资协助和衷堂，药室遂成立。自此，药由公送，每帖药但酬数十钱，贫民全活者甚众，因时变通在后人耳。许干山《采访》。

（16）路灯：民居量力自为之，灯上喜书"高灯远照"四字。

（17）惜字会：集资雇工收字焚炉，贮罐沈海。

（18）禳灾：遇有灾祲，僧道各有祈禳，特须佣资，儒者弗尚。有洞经会、皇经会，年一谈经皆儒者，世传习之，薰沐音乐，规矩甚严，颇有俱乐部之风，求雨有纪，慎斋穿卦法，九铺皆然。

（19）会馆：屏人喜群居，土重讲习，商重类聚，出远方者往往立会馆，规模宏远，如京师有彩云别墅《滇系·艺文》十四册，省城、思茅、蒙自、个旧、元江、普洱、他郎、磨黑、雅口、茶山各有会馆，林文忠则徐题曰"三岛淳风"，不虚也。民国十年，滇会翠湖之南，新建会馆，甚宏大。【《民国石屏县志（一）（51）·风土志第六·善举》，页528—533】

慈善事业：邑虽瘠，人多向善，古先辈对于施棺、施米，年终送米，雨雪天送麻衣，青黄不接有贷，荒旱有贷粮，或常平，或接济，诸仓谷工工为之。兵燹后民间元气太伤，殷实者少，仅有年终济平会，因本金不上千元，每年仅送一二百千文。诸善政荡然无存，善举渐无力续办。民国肇兴，对于施棺会亦设数处，而好行其德。人有同心，官与绅应积极提前筹办也。【《民国维西县志（83）·第十七·礼俗》，页302】

慈善事业：县属慈善事业，遇有水旱天灾，或由政府蠲恤，或由地方赈济，以及消防火灾等已详。于民政中，然多系临时救济，而无一定之规。兹述有规定之办法者。

养济院：俗呼孤老院，已见前建设及蠲恤。

西留所：在杨林西留者，盖取"西伯善养老"之意。

平民工厂：在城隍庙，民国十三年知事徐祚倡设，实有救济无业穷民之意，惜徐公卸任后即废。

医药会：在县城，因经费支绌，已停办。

施棺会：一区、五区、六区、七区皆有之，惟一、七两区因经费支绌，或停或办无一定也。

掩骨会、救火会：均在杨林。

此外，小街有洞经会，名为"明伦学"，以有事弹演洞经所得之钱移作各种慈善事业之用。又有好善之家，逢饥施粥，遇寒施衣，修建桥梁、

以利跋涉者，亦时有之。【《民国嵩明县志（二）（16）·卷之十九·礼俗·慈善事业》，页137—138】

慈善事业：寄生所，在大城内文庙街，正房三间，西耳房一间，大门一间，井水后园俱全，凡来寄生者，概不取资。婚嫁同。【《民国续修新平县志（二）（31）·第十七·礼俗》，页329—330】

九　纠纷解决习惯

（一）历代史志文献所见纠纷解决习惯

夷中有桀黠能言议屈服种人者，谓之"耆老"，便为主。论议好譬喻物，谓之《夷经》。今南人言论，虽学者，亦半引《夷经》。与夷为姓曰"遑耶"，[①] 诸姓为"自有耶"。世乱、犯法，辄依之藏匿。或曰：有为官所法，夷或为报仇，与夷至厚者，谓"百世遑耶"，恩若骨肉，为其通逃之薮。故南人轻为祸变，恃此也。【常璩：《华阳国志》卷四，"南中志"，齐鲁书社 2000 年版，页 49】

其俗有盗窃、杀人、淫秽之事，酋长即立一长木，为击鼓警众，共会其下。强盗者，众共杀之，若贼家富强，但烧其屋，夺其田业而已，不至于死。穿窬盗者，九倍征赋。处女媚妻，淫佚不坐，有夫而淫，男女俱死。不跨有夫女子之衣。若奸淫之人，其族强者，输金银请和，妻则弃之。其两杀者死。家族即报复，力不能敌则援其部落举兵相攻之。【（唐）梁建方撰：《西洱河风土记》，方国喻主编：《云南史料丛刊》卷二，云南大学出版社 1998 年版，页 219】

罗罗，即乌蛮也……有疾不识医药，惟用男巫，号曰大奚婆，以鸡骨占吉凶；酋长左右斯须不可阙，事无巨细皆决之。【（元）李京撰，王叔武辑校：《大理行记校注 云南志略辑校》，云南民族出版社 1986 年版，页 89】

要约无文书，刊寸木判以为信，争讼不入官府。即入，亦不得以律例科之。推其属之公正善言语者，号曰"行头"，以讲曲直。【（明）田汝成撰：《行边纪闻》，《国立北平图书馆善本丛书》（第 1 辑），页 86】

---

① 三国、两晋时，西南地区"叟"人的音译，意为"儿女亲家"。

峒人，一曰峒蛮……争讼不入官府，以其长论决之，号曰乡公。【（明）田汝成撰：《行边纪闻》，《国立北平图书馆善本丛书》（第1辑），页93—94】

阿昌……无酋长管束，杂处山谷，夷罗之间，听土司役属。【（明）谢肇淛：《滇略》卷九，"夷略"，页19】

土人，在武定境……有争者告天。煮沸汤，熬滚油，投以物，以手捉之，理亏则糜烂，直者无恙。或烧红犁铧，手捧亦如之。【（清）倪蜕：《滇小记》，"滇云夷种"，《云南丛书》第九册，中华书局2009年版，页4648】

武定直隶州：土人……有争者告天，沸汤投物，以手捉之，屈者糜烂，直者无恙。【（清）刘慰三撰：《滇南志略》卷六，方国瑜主编：《云南史料丛刊》卷十三，云南人民出版社1998年版，页310—313】

楚雄府：……俗好讼，破家不悔，有历数世而仍理前说者。【（清）刘慰三撰：《滇南志略》卷二，方国瑜主编：《云南史料丛刊》卷十三，云南人民出版社1998年版，页132—135】

腾越厅：夷亦有美俗，一切借贷、赊佣、通财、期约诸事，不知文字，惟以木刻为符，各执其半，如约酬偿，毫发无爽。如有不平，赴酋长口讼，以石子计其人之过，酋长因而训之使改，不改则死。恶杀而轻生，酋长侵（则）伐则从，以为死乃分之当然。【（清）刘慰三撰：《滇南志略》卷四，方国瑜主编：《云南史料丛刊》卷十三，云南人民出版社1998年版，页218—222】

士秀而文崇，尚气节，民专稼穑，礼度与中州等。人多畏法，少有不平，宁弃不争，多爱清雅。【《康熙嶍峨县志（32）·风俗（附种人）》，页377】

倮倮性刚狠，善偷窃，终年围火，夜向火炙背，不入城市，罔知法度矣。【《雍正师宗州志（18）·卷之下·九考》，页623】

人多畏法，少有不平，宁弃不争《郡志》。【《雍正建水州志（一）（54）·卷之二·风俗》，页154】

蒙民愿而悫重……性不喜外事，以与讼为不详，以无故谒见官长为耻。【《乾隆蒙自县志（48）·卷之二·风俗》，页153】

太和县：士林类多自爱，耻入公庭。【《乾隆大理府志（一）（71）·卷十二·风俗》，页299—300】

云南县：民初至朴，自与卫军杂处，饰奸喜讼，俗用滋漓且地当要冲，供亿窘匮，民无盖藏，田庐寥落。【《乾隆大理府志（一）（71）·卷十二·风俗》，页301】

云龙州：云龙本群彝杂处地也，幅员最广，距郡最遥……近缘一二桀黠之徒，怀奸饰伪，争讼滋兴，风斯浇矣。【《乾隆大理府志（一）（71）·卷十二·风俗》，页304】

迩来时局变迁……喜斗终讼，颛愚故态依然也。悭守故闻，私图封殖，则自来学士大夫通病也。祝寿庆生，滥用屏帐，又豪侈不自量者所为也。【《乾隆续修蒙化直隶厅志（79）·第十六卷·人和部·人类志（附风俗）》，页638—639】

《旧志》：土人三种：一曰"爨"……俗好讼，破家不悔，有历数世而仍理前说者……一曰"罗武"，状类猓猓，第女衣桶裙，犷诈好讼，有书字。【《嘉庆楚雄县志（59）·卷之一·天文地理志》，页28】

临安府：所部民种类繁杂，大都藏匿山林。喜则人，怒则兽，一言不合即以弓弩矢箭加遗，死则以财物偿之。不知文诰，长官司有所征发，用木刻书爨字于其上，字乃纳垢酋阿丁所撰，形如蝌蚪，凡万八百四十有奇，谓之"韪书"。【（清）王崧著，杜允中注：《道光云南志钞》，卷七，"土司志上"，云南省社会科学院文献研究所1995年版，页309】

澄江府：所属夷皆罗罗，性顽犷，然值土官至，争迎于家，击牲以饮，率妇人罗拜于下，执礼甚恭，杀之不怨。凡土官所属，大抵如此。【（清）王崧著，杜允中注：《道光云南志钞》，卷八，"土司志下"云南省社会科学院文献研究所1995年版，页387—388】

瑶人：不争讼，不喜淫，所居之处，不四五年即迁。【《道光广南府志（43）·卷二·风俗（附种人）》，页191】

人守信约，敦朴素著，风土、习尚、言语、节令，异府会。

居市廛者商贾，在田野者耕稼，近水滨者渔猎，耻浮靡，不好争讼，士多读书，循礼义，敦孝尚，以私讼为耻。【《光绪续修嵩明州志(15)·卷二·风俗》，页17】

朔望文武师生、耆老、兵民咸诣公所宣讲《圣训》十六条。敦孝（弟）［悌］以重人伦，笃宗族以昭雍睦，和乡党以息争讼，重农桑以足衣食，尚节俭以惜财用，隆学校以端士习，黜异端以崇正学，讲法律以儆顽愚，明礼让以厚风俗，务本业以定民志，训子弟以禁非为，息诬告以全

良善，诚窝逃以免株连，完钱粮以省催科，联保甲以弥盗贼，解仇忿以重身命。【《光绪霑益州志（17）》，页337—338】

古初俗：种类不同，俗尚亦异本郡人有四类：一曰汉人，即二所军也；一曰僰人，其初亦中土人，但世远俗移，非华非夷，自成一类，迄今不变，文物与中州等；一曰罗落，分黑、白二种；一曰伯彝，姓耐岚瘴，迁徙无常，其人纯朴而好嚚讼《元志》，人性稍刚。【《光绪鹤庆州志（80）·舆地志·卷之五·风俗》，页320】

蒙邑民……性不喜外事，以兴讼为不详，以谒见官司为耻……开关互市以来，俗尚如故，不屑见异思迁《旧志》参《通志》。【《宣统续蒙自县志（49）·卷三·社会志·风俗、彝俗》，页285—286】

俗谚：大富贵由天照看，小富贵在人谋干。赌气伤财，忍气免灾。三个老人当一名官，有事领教莫起讼端。【《民国续修新平县志（二）（31）·第十七·礼俗》，页332—333】

迷信琐记：捞油锅，发生失窃事件，犯嫌疑者既不肯自承，亦不能指何人，乃请术人行捞油锅法以判断之。其法：于露天置油锅，术人以细柴烧于锅底，且烧且咒，当锅热而未沸之时，以清酒一碗加入，冷热相激，油酒不容，遂起泡沸，旁观者见此形势，皆谓"油已腾沸"。其实，油既未沸，更加冷酒，其热经已低降，且不再加柴，尤可保险。斯时，投铜钱一枚于油中，术人先将此钱捞出，以示其法之神；复将钱投油，使嫌疑者以次捞之，宣言"好人无恙，坏人烂"，各人作事自己明白。亦有真盗畏而服罪者，亦有余烬未灭，热度渐增，后捞伤手，好人被诬。以神决狱其弊愈深矣。【《民国马龙县志（一）（45）·卷二·风俗志》，页210—212】

（二）20世纪50年代少数民族社会历史调查资料中的纠纷解决习惯

怒江地区白族没有成文法规，家族内外发生纠纷，按照约定俗成的习惯法来解决。一般通过由"此莫"村中公证人调解、喝血酒、捞油锅、武装械斗、逐出村寨等几种方式处理。

1. 此莫调解

如系一般纠纷，比如双方发生口角、发生财物争执纠纷等，村中的此莫就有责任帮助调解。此莫并非专职，也不世袭，而是由村中公认的办事公道、有威信的人充当，不领取定额报酬。调解成功，由当事双方自愿送给礼物表示感谢，多寡不限。此莫调解的办法是说服、批评教育、商定赔偿钱物等。

2. 喝血酒

如果当事双方隔阂过深，此莫调解无效，就采用喝血酒的办法来平息纠纷。怒江地区白语称喝血酒为"嗯霜需"，傈僳语叫"华氏都"。首先让当事人手端一碗血酒无酒以水代替也可，然后当众发誓："老天在上，我若做了××事，三年内一定死去；我若没有做××事，就身体健康，福寿久远，活二百岁、一千岁。"对方听了，也就心满意足，听凭天断，不再提什么要求。

3. 捞油锅

若喝血酒也不能使双方满意，就采取捞油锅的办法来解决。所谓捞油锅，锅中不一定用真油，以水代油也可以。事前派两人到深山菁里去背水和采竹子，双方再各加派一人监视，路上不准停留，要一口气背回村中，如果中途歇脚停留，就认为不灵验了。然后在村边空地上架锅烧水，怒江地区白语叫"磨尹称"，傈僳语叫"咳乃因"。双方推选的公证人站在锅边，手举一块白石头。捞的人在屋子里用冷水把手和衣服浸湿，然后跑上九级台阶当地以九表示男性，七表示女性，每上一级台阶磕一个头，走到油锅旁边，面对翻滚的开水，捞者双手高举，仰天高呼："老天看清楚，我没有罪。"他的同族人就跟着喊："老天保佑他，别让他手起泡。"对方则喊："老天有眼，让他手起泡。"一切准备好后，公证人将白石子让众人看过丢入锅中，捞的人大叫一声，声音十分凄厉，很快把石头捞出，手往空中一抛，公证人将石头收藏好，同时将捞油锅者带回家中严密保护起来，不得与第三者见面，以防作弊。三天以后，如果捞油锅者手上不起泡，就算无罪，对方就要赔偿钱物牛、猪或其他财物。起泡就证明有罪，由捞油锅一方赔偿钱物。这种捞油锅主要是用在被人指控为偷人、杀人、杀魂而本人又坚决不承认时，特别是杀魂，更是当地谈虎色变的巫术，即将别人魂魄设法摄去，置对方于死地，如果"查出"是杀魂，光赔偿钱物还不行。一般要远远逐出村寨。澜沧江边和洱源西山地区白族，也有类似的"捉魂""打魄"，不少人被"认定"后就丢入江中或打死。【《白族社会历史调查（二）·怒江地区白族（白人）社会历史的几个专题调查》，页89】

（1）处理诉讼时应持的态度和方法

处理诉讼时应防止的五点偏袒：大头人或小头人，当你在处理事情的时候，必须防止这五点：第一点"满达呷底"……第二点"躲沙呷底"……第三点"本沙呷底"……第四点"六帕呷底"……第五点"叭呷底"。【《傣族社会历史调查（西双版纳之三）·西双版纳傣族的封建法规和礼仪规程》，页30】

（2）民事纠纷罚款条例

百姓之间发生纠纷，罚款：头等，罚银三"怀"三"伴"；二等，罚银二"怀"二"伴"；从宽处理者，罚银一"怀"一"伴"。

凡百姓纠纷，经处理不服，上诉到官家者，罚银一"怀"，附加一两。【《西双版纳傣族社会综合调查（二）·封建法规译文》，页23—24】

（3）争田地的处置

争田地。不论争财产、争田、争勐或寨子地界，还是争山地、园圃、秧田的地界，哪一方理亏逃走，他必须做"沙"给有理的召勐，并点火进原文直译，不知其意；同时，罚银九"怀"九两即三十八两七钱。如果属于寨子地界、田界、山地界，追方即主人一方必须问清情况，可罚银五"怀"五"伴"或三"怀"三"伴"。罚款时，不用举行点蜡条，滴水的仪式。【《西双版纳傣族社会综合调查（二）·封建法规译文》，页25】

村寨头人有下列职权。

（1）负责寨内调整、抽补和分配土地。群众因死亡、迁徙等交还的土地由他们管理，分配给新立户包括外来户。新立户须以茶4—5两、半开1元送头人。开荒须通过头人。

（2）调解纠纷：头人调解纠纷时，必须由当事人先送头人茶一包，调解后由输理的一方招待头人等吃一餐，再由当事双方出半开0.5—1元给头人。诉讼程序是：先由村寨头人解决，不行，至格弄处解决，然后再至勐角之召法干处，最后始能报到土司那里，越级诉讼是不行的。两寨之间的纠纷由两寨头人协商解决。吵骂、偷盗小东西及债务案件，由双方申诉理由后裁决。偷马、牛者，头人有权将其捆起关押。与有夫之妇通奸，要罚100—200元给原夫。与未婚女子通奸以致有孕，罚以"扫寨"，以2口母猪、7—8只鸡祭"色芒"。【《临沧地区傣族社会历史调查·沧源县勐角区勐角乡社会经济调查》，页158】

景颇族没有成文的法律，一切纠纷，全按本民族的传统习惯来处理。在处理纠纷，特别是本寨内部的纠纷时，通常的形式是"讲事"。讲事由山官主持，苏温和老人参加，由讲事双方出酒招待，讲事时由双方陈述理由，山官、苏温和老人共同议论，众苏温取得一致意见，山官亦同意了，就成为决议，如果不服决议，可以向猛卯土司告状，但这种情况很少。解决后，要给参加讲事的人一些报酬，报酬多少视事情的大小而定，如果双方都有错，则双方平均出，如一方错多，错多的多出，错少的少出。讲事所得的报酬如果很少，则买酒大家喝，如果较多，则参加讲事的人按等级分配，大致山官得 50%，苏温得 30%，老人及助手得 20%。某些小事情由苏温主持解决，则苏温可多得，山官少得。习惯法具有传统的约束力量，山官亦不能轻易背离；相反山官、苏温犯错误，据说处罚还要重些，认为他们是懂道理的人，其民主性质亦是比较显著的。山官没有专门为自己权力服务的法律，更没有作为统治机构的法庭和监狱，景颇族只知有为大家所公认的合乎本民族传统习惯的"通得拉"即规矩，而没有专门有利于这一部分人欺压另一部分人的所谓"法律"。这种法权形态说明山官制度的落后性，而这种落后的政治法权形态，正是落后的经济基础的产物。

【《景颇族社会历史调查（二）·瑞丽县雷弄寨景颇族调查报告》，页 59】

通奸案

妻子和别人通奸，丈夫得知后，认为是侵犯夫权，要奸夫赔牛。一般请寨头等人去说，要以 2 倍以上的聘礼赔还，赔后可以娶走。如对方赔不起，其妻要向丈夫起誓："以后永不再犯。"若对方答应赔偿，双方饮酒说妥，娶其妻回去。有妻之夫与人通奸并弃其妻，要加倍赔礼钱。

强奸女子，男方要向女方献鬼，要为该女全身装饰一新，作为洗脸钱；否则今后姑娘嫁不出去，男方要负责养老。假若装饰一新后，姑娘再嫁也就无妨了。发生强奸的事，大家认为是很不光彩和有伤父母面子的。

债务纠纷

借债的人若因利重还不起，而又遇借债人死了，就用家财抵债或由后代子孙还债。此类纠纷一般是请人讲道理，错者经解决后包下伙食，请寨头等人吃一顿酒、肉、饭、菜。

婚姻纠纷

女方不要男方，女方必须加倍退还聘礼；有子女的，由双方商量决定归谁。若男方不要女方，女方就可占有结婚时的聘礼等物，女方再同另外的男子结婚并不认为耻。女子和男子订婚时，有订婚费的，后来男方不要女方了，只还订婚费的一半；女子不要男方，则要退还男方全部订婚费及礼物。几个男子同时想娶一个妇女为妻，女方父母有权决定将女嫁给谁，或另外挑选女婿。

串姑娘怀孕后发生的纠纷，由双方请人讲事，男方错，男方赔钱；女方错，女方赔钱，讲完就算和好了。

伤人

先把伤人的原因找出来是打伤、杀伤、烧伤等要分清。是有仇引起打架而打伤或无意打伤的，一般是负担医药费。有意伤人的，就要没收其凶器还要受到另外的处罚；无意的医好就算了事。【《景颇族社会历史调查(三)·梁河县芒东区邦歪寨社会历史调查》，页153—154】

头人调解及神断

独龙族内部，若因某种原因有了纠纷，引起争执，双方相持不下时，由家族族长来调解。这首先是发生事情的当事人，向族长提出申诉，报告事情发生的原因、经过，族长则按照情节，和根据周围群众对此事的意见，判断谁是谁非、谁应该赔偿东西等。平常较小的事情由族长来解决；比较大的事情，族长则没有权利，要由察瓦龙土司及国民党官员来解决。

神断仅在双方有误会的情况下使用。独龙族人民相信有善、恶两种势力，如果自己所作所为是善的，那么，神一定会看见，一定会恩赐自己；若所做之事不正当，则会碰见恶势力。人们最怕恶势力。神断是族长不能解决纠纷的情况下才使用的一种极端手段。例如，某人东西丢掉了，他认为是由某某偷走的，被指责者则不承认。那么到底偷了还是没有偷，谁也没法判定，这就要用神断的办法。首先煮起一锅开水，里面放些黄蜡，锅里放点银子和放一个石头，两人则用手摸锅里的银子和石头，他们相信，谁的手受伤了，谁做的事就是不对，或是偷了东西，或是冤枉别人，算为"失败"，而摸开水未烫手者，算为"胜利"。【《独龙族社会历史调查(二)·第一行政村独龙族社会经济调查》，页53—54】

凡属偷窃别人的财帛和粮食者，经查证确凿，须将赃物全部退还失主，若物资已被使用而又无力偿还者，只要用小片芭蕉叶或竹笋叶各包拇指大的茶叶和草烟三对，交叉折叠，用竹针插牢，置于小供盘上，一对呈给"达岗"头人，一对呈给族长，一对呈给失主，表示忏悔，承认错误，表示以后不再偷窃别人之物。同时要准备一餐酒饭，请上述头人、族长和失主前来用餐，以表谢意，可以不再赔偿失主的财物。如果有怀疑对方偷窃而又无实据者，只请头人和族长共同调解，对当事者双方说服教育，友好相处。【《德昂族社会历史调查·潞西县邦外德昂族文化调查》，页40】

土地、房屋买卖，订婚，离婚等纠纷调解的结案都有一定的程序。【《傈僳族社会历史调查·碧江县五区色德乡德一登村傈僳族社会经济调查》，页58】

这里的纠纷，主要是①男女关系问题。②盗窃问题。前者时有发生，处理一般很轻，后者极少发生，但处理却很残酷，前者都是说服、教育、赔东西，后者往往是捞油锅；③后期有因砍水冬瓜树越界而发生纠纷的。调解的人一般是头人，也有彼此和解的，个别也有请藏族土司代理人或国民党衙门处理的。综合可分为：①当事人和解；②头人当面调解只当事人在场；③头人当众调解，整个家族到场；④老人当面调解；⑤两家族头人调解；这是牵涉到另一家族的纠纷；⑥神断；⑦向土司告状；⑧向国民党衙门告状。

处理的方法，可根据以上8种情况看出与事情的大小以及当事人双方的态度有关，一般来说多数是经调解即了事，调解中理亏者向对方道歉，头人则教育其今后见面不要记前嫌。有的一方把另一方打了或流了血，打人的必须向被打的赔刀子或水酒，致伤是必须赔水酒的。通奸事如果均未婚，则无人干涉，不会发生起诉事；已婚者，已婚之妇女通奸和被奸，奸夫必须赔偿本夫一点东西：刀子、铁锅、小猪或水酒，而且大多数都是头人当众处理，除批评外，并说今后见面要和和气气，不要记前嫌等话。牵涉到两家族的事，都是两家族头人谈判后，说服造事人，造事人一般接受了事，没有召开两家族大会的事。【《独龙族社会历史调查（二）·第三行政村解放前独龙族社会组织调查》，页115—116】

械斗和偿命金

怒族社会过去有用武力解决相互间利害纠纷的习惯，也就是说法权带有武力的形式。但由于怒族人数少，经常遭受傈僳人掠夺，为了求得生存，团结抵御外侮，所以内部大规模的械斗事件较少。械斗的原因主要是为了"索人头"。某一氏族的成员遭到伤害，则全氏族起而复仇。如甲方打死了乙方的一个人，乙方就要复血仇，直至将甲方的人也打死一个为止。到了后来，就演变为更多的是达到经济上的补偿。

……

械斗结束以后，可由双方头人或第三者出面调解。如双方死亡的人数相等，则一命抵一命，互相抵消。如有一方死亡的人多，就要赔命金。命金没有一定的标准，一条人命的命金少者九头牛，多者二三十头牛。受伤残废不负赔偿责任。纠纷调解以后，要举行讲和仪式。双方各备一瓶酒，共同倒在一碗里，由一个老人端着酒对天发誓，大意是：自此以后，息事宁人，永不反悔……。然后双方同时喝这碗酒，并钉一个木桩在大树上或岩缝里，表示立此为凭。

还有一种方式是，在路上或田里，将仇人或其亲戚抓来，套上木脚镣，囚禁起来，然后再通知对方。通过调解，用牛或金钱赎回。

裁判

内部的偷盗、婚姻及债务等纠纷，都请氏族头人解决。大家围坐在头人家的火塘边，当事双方可以申述自己的意见，互相争辩，参加调解的群众也可以发表自己的意见，最后由头人仲裁。但头人没有绝对的权力，也没有强制执行的手段。他的仲裁的权威性，是基于传统的习惯和他个人的威信。

神判

在一个案件无法弄清是非曲直的时候，如某家失盗或某人被暗杀怀疑是某人所为，但又没有足够的证据，就采取以下几种神判的办法。

1. 开水锅里捞石头：在广场上架一口锅，锅里盛满水井水、江水、河水合在一起，用柴火将水烧开男的烧九背柴，女的烧七背柴。先由巫师举行仪式，然后嫌疑者对天发誓，随即伸手去捞锅里的石头。捞出以后，还要用三碗谷子来搓手。如手未被烫伤，并且三天之内不起泡糜烂，就认为他是清白的。如捞不出石头来，或手被烫伤，就确认他是罪犯。

2. 拔火桩：办法大体上与以上相同。将一条约二尺长的石柱，一半埋入土中，周围架起柴火来烧，也是男的烧九背，女的烧七背。嫌疑者对天发誓以后，即赤手去拔那根烧透了的石柱。如拔出来了，并且手未被灼伤，则被认为是清白的。如石头被烧断了，也算是嫌疑者无罪。

3. 喝血酒：先由巫师念经，然后杀一只公鸡，将鸡血倒入酒里，让嫌疑者喝下。如三年以内，喝血酒的人不害大病，不死亡，就认为他是清白的。怒族认为神判是很严肃的，仪式很隆重，不轻易举行。举行神判的时候，由头人作裁判，当事双方的亲戚邻居都要到场，当事双方要以若干头牛或其他财物作为赌注，它们多半是双方的亲戚捐助的，因为一人受辱，就被认为是集体的耻辱。神判结果，如嫌疑者被认为是冤枉的，则当场恢复名誉，赌注也全部归他所得。如被确认是罪犯，赌注则归对方所得。【《怒族社会历史调查·怒族社会概况》，页17—18】

1. 对侵犯私有财产的制裁

对侵犯私有财产的制裁是依靠宗教迷信手段的神明裁判。如自己土地上栽种的苞谷、黄连等失窃后，而又无从识别为何人所窃，则以抛血酒来制裁。据说失主抛了血酒后，谁首先路过抛血酒的地方就可断定谁是偷窃者，谁也就会被鬼魂附身而死。除了抛血酒外，遇有偷窃的事发生，失主对某人有所怀疑，可以向"阿沙"报告，由"阿沙"出面了解，但"阿沙"不轻易下结论，他必须向双方反复询问并作侧面了解。最后，如对方承认则进行赔偿，其数值往往超过失物数倍。如被怀疑者经"阿沙"了解属实，但仍坚持抵赖时，就给被怀疑者喝血酒。被怀疑者若敢喝血酒，社会习惯观念上就认为其非窃者。如此，则还要由失主赔给一头牛，并削木刻为据，反之，如果被怀疑者不敢喝血酒，就意味着承认了偷窃，除赔还原物外，还要给失主一头牛。据说，若是窃者喝了血酒后三年内必死。人死后，亲属也不得要命价。由于居民信鬼的观念浓厚，喝血酒这种神明裁判方法是人们虔诚信奉和共所畏惧的。所以，在一般情况下，是不轻易举行的。同时，在怒族内部，较大的偷窃案件，也很少发生。

另一种神明裁判方法是捞油锅，多发生在因土地纠纷而争执不下时举行。捞油锅也需请"阿沙"做中间人，论赌价，赌价一般是活牛、干牛各一头。被告要在滚烫的油锅里用手捞取一块石块，如手未烫伤，则断为胜，赌价及发生争执的土地都归他所得，否则，断为输，并受罚。

2. 对侵犯人身的制裁

除神明裁判外，另一种制裁方法是赔偿财物，主要用于惩治侵犯人身安全或侵犯夫权的违反习惯法的行为。如发生命案，必须赔偿命金，按习惯规定，命金数量为活牛、干牛各七头。干牛用实物折抵。命金须得当场全部交清，不得拖欠。过两三年后，死者家属按习惯规定又第二次通过原中间人向对方提出要命金。这次命金规定，只为活牛一头，并由对方杀猪一口，备酒招待死者家属。中间人以红白线各一根从中割断，并抛以血酒，以示此后永修其好。

如妻子与人通奸，被发现后，罚奸夫牛一头、猪一口、三脚架一个、酒一瓶了事。妻子如不承认，便处以吊打，如重犯，吊打后可出卖为奴隶，娘家无权过问或干涉。

怒族青年男女由于婚姻不自由，常有婚后夫妇不和睦，女方与其他男人背夫潜逃者。遇有此类事件发生，一般由被拐逃者父母或其他近亲代为交涉，需以活牛、干牛各七头及人一名抵替。如拐逃者有未婚之姐或妹，经双方同意，则可以其姐或妹抵替，否则，以奴隶来抵。【《怒族社会历史调查·福贡县一区木古甲村怒族社会调查》，页63—64】

十 服饰习惯

乌蛮与南诏世（昏）［婚］姻……土多牛马，无布帛，男子髽髻，女人被发，皆衣牛羊皮。【（宋）欧阳修：《新唐书》卷二二二下，"南蛮下"，中华书局 1975 年版，页 6317】

《南夷志》曰：勿邓①部落，大鬼主梦冲，地方千里，功部一姓白蛮，五姓乌蛮。乌蛮妇人以白黑缯为衣，白蛮妇人以白缯为衣，下不过膝。【（宋）李昉：《太平御览》卷七八九，"四夷部十·南蛮五"，中华书局 1960 年版，页 3495】

《唐书》曰：松外诸蛮……男女毡皮为帔，女子绹布为裙，于仍披毡皮之帔。头髻一盘，而成形如髻。阻瓜切。男女皆跣。【（宋）李昉：《太平御览》卷七百九十，"四夷部十一·南蛮六"，中华书局 1960 年版。页 3502—3503】

昆明部落，其俗椎髻跣足。酋长披虎皮，下者披毡。【（宋）薛居正：《旧五代史》卷一百三十八，"外国列传第二"，中华书局 1976 年版，页 1846】

广南府：侬人沙人……男服青衣曳地，贱者掩胫，妇绾髻跣足。【（明）刘文征撰，古永继校点：（天启）《滇志》，卷之三，"地理志第一之三·风俗"，云南教育出版社 1991 年版，页 111】

武定府：俗尚强悍难治……蓑毡蔽身。【（明）刘文征撰，古永继校点：（天启）《滇志》卷之三，"地理志第一之三·风俗"，云南教育出版社 1991 年版，页 111】

古者女子出门必拥蔽其面，后世官人骑马多着幂䍦全身障之，犹是古意；滇俗妇人出以锦帕覆面，至老不去。【《康熙平彝县志（10）·卷之

---

① 乌蛮七部之一。见于《蛮书》《新唐书》。其部落因服装颜色，或称"乌蛮"，或称"白蛮"。今彝族等先民。

三·地理志·风俗（附种人）》，页332】

黑倮倮：男子挽发以布带束之，耳带圈坠一只，披毡佩刀，时刻不释。妇人头蒙方尺青布束于额上，短衣上披袈裟，筒裙结绣，上下回纹，手象牙圈，跣足，顶带红绿珠，杂海贝砗磲，以多为胜，在夷为贵种。凡土官营长皆其类也。土官服虽华，不脱彝习，土官妇缠头丝缯，耳带金银大圈，服两截杂色，锦绮以青缎为套头，衣曳地尺许，背披黑羊皮，饰以金银铃索。各营长妇，皆细衣短毡，青布套头。【《康熙平彝县志(10)·卷之三·地理志·风俗（种人附）》，页333—334】

白倮倮：男衣两截，衣裹头，跣足；妇人耳带铜环，（被）［披］衣如袈裟，以革带系腰，在彝种为次贵，即土官之把事等役是也。【《康熙平彝县志（10）·卷之三·地理志·风俗（附种人）》，页335】

乾倮倮：彝中之氓也，多贫，被羊皮革，带佩刀……仰天而祝，以为报本，好勇喜斗，杀人偿之以财，有仇怨虽父子弟推刃不顾……居无床席，男女跣足，以背负重，言语驳。古今渐染，既久风俗丕变。【《康熙平彝县志（10）·卷之三·地理志·风俗（附种人）》，页336—337】

仲彝：习俗俭约，男女皆事犁锄，服短衣长裙。【《康熙平彝县志（10）·卷之三·地理志·风俗（附种人）》，页337】

黑倮倮，相传即盘瓠后裔，男子挽髻以布束之，披毡佩刀；妇女蒙头，青布束于额上，披衣如架裟、桶裙，手牙圈，跣足。在彝为贵种，土官、营长皆类也。【《康熙罗平州志（19）·卷之二·风俗志》，页191】

沙人，一号"仲家"，习俗同侬人，喜楼居，务耕织，妇人衣短，衣长裙，男子首裹青帨，器用木。【《康熙罗平州志（19）·卷之二·风俗志》，页190】

鲁屋倮倮，次于黑倮倮，男衣两截，衣缠大头，跣足佩刀，妇人头戴箍，手牙圈，桶裙长衣。【《康熙罗平州志（19）·卷之二·风俗志》，页191】

白倮倮，多衣褐，又次于干倮倮，妇人披衣亦如袈裟，戴数珠，跣足。【《康熙罗平州志（19）·卷之二·风俗志》，页192】

黑倮倮：杂居山阱中，缠头跣足，绾发捉刀，妇辫发，用布裹头，不分男女俱披羊皮。【《康熙嵩峨县志（32）·风俗（附种人）》，页378】

窝泥：男子多跣足，妇女衣衫以绵绳，辫发，□□穿海贝，盘旋为饰，穿珠垂胸。【《康熙嵩峨县志（32）·风俗（附种人）》，页379】

黑彝：即黑倮倮，杂处山箐中，缠头跣足，挽发捉刀，妇人辫发，用布裹头，不分男女俱披羊皮。嫁女与皮一片，绳一根，为背负之具，衣领以海蚆饰之，织火草麻布为生。【《康熙元谋县志（61）·卷之二·风俗》，页136—137】

僰儿子①，即僰也，稍似汉人，性亦彝也。最诈好，易作奸，女人身披大被为衣，银如圆丁者为饰，然各僰人竟有列于仕版者矣，抑圣朝千羽来格之化耶。【《雍正师宗州志（18）·卷之下·九考》，页625】

服饰：井地衣服无夸缎帛，妇女俱梳云髻，着焕衣，上罩长褂，领缘饰以花绣，分肩成幅帖褂前襟。此外，别无艳妆华饰，行路则以纱巾蔽面，持伞遮身。【《雍正白盐井志（67）·卷之一·风俗》，页8】

黑倮倮：于夷为贵，彝之在州境者虽分黑、干、白三种，而总号"鹿卢蛮"，今讹为"倮倮"，即安土彝。民性极强悍，衣短青衣，髻向前，以布绕其髻，出入佩短刀，性嗜酒，好斗，能负不能挑，女长裙细褶。姚继三有诗云："负戴蠕蠕识，倮倮长发，高髻缚乌魔，蛮娘能织连。"钱锦贝饰，花裙百褶，多走马拖长枪，习以为常。【《乾隆霑益州志（17）·卷之二·风俗》，页33—34】

白倮倮之种二，而男耕女织，习尚俭朴，衣冠、礼仪一如汉人，惟彝语尚未尽改。居山者男子裹头跣足，以草束腰，女彝耳带铜环，披羊皮，事耕凿。于诸彝中向化最先，盖其质性原与汉人不相远也。【《乾隆霑益州志（17）·卷之二·风俗》，页33】

干倮倮：于夷人中最贱苦，绩麻、捻火草为布衣之，男衣至膝，女衣不开领，缘中穿一孔，从头下之，名"套头"。【《乾隆霑益州志(17)·卷之二·风俗》，页33】

彝俗：布幅广七寸，男子毡革为帔今染汉习者多，女衣绁布裙衫，髻盘如鬐，徒跣女习未改；……妇人不饰粉黛，贵者绫绵裙襦，上施锦一幅，以两服辫为鬟髻，耳缀珠贝、瑟瑟、琥珀。《南蛮传》。【《乾隆新兴州志（26）·卷之三·地理·风俗（附种人）》，页451】

白子，古白国支裔也，旧讹"僰"为"白"，其类实不相通。滇诸郡强半有之，俗与华不远，上者能诗书，其他力田，或服役公府，与诸蛮不同。黑白倮倮，男短衣、裹头、跣足，妇人耳穿铜环，身着羊皮。【《乾

---

① 即"白儿子"，即今白族先民。

隆新兴州志（26）·卷之三·地理·风俗（附种人）》，页 452】

麽㱔：即《唐书》所称麽㱔蛮……夷习，男子头总二髻，旁剃其发，名"三搭头"。耳坠绿珠，腰挟短刀，膝下缠以氊片。四时着羊裘，妇人结高髻于顶，前戴尖帽，耳坠大环，服短衣，拖长裙，覆羊皮，缀饰锦绣，金珠相夸耀。今则渐染华风，服食渐同汉制。【《乾隆丽江府志略（41）·官师略·种人附》，页 178】

剌毛：① 居澜沧江边，喜近水，语类㱔人，性如麽㱔，戴白帽，穿白衣。【《乾隆丽江府志略（41）·官师略·种人附》，页 179】

西番：一名"巴苴"②，喜居高山，性暴悍狡黠，蓬头跣足，善用弩箭，种荞稗，牧牛羊为生，织褐为衣。妇垂发辫百缕，以青瓷珠与砗磲相间，悬于项。【《乾隆丽江府志略（41）·官师略·种人附》，页 179】

怒人③：居怒江边，与澜沧江相近，男女十岁后皆面刺龙凤花（文）[纹]，见之令人骇异，男子发用绳束，高七八寸，妇人结麻布于腰。【《乾隆丽江府志略（41）·官师略·种人附》，页 180】

捄人④：与怒人相近，言语不通，耳穿七孔，坠以木环。【《乾隆丽江府志略（41）·官师略·种人附》，页 180】

傈僳：有生、熟二种，岩居穴处，或架木为巢，囚首，跣足，高鼻，深眼，身着麻布，披毡衫。【《乾隆丽江府志略（41）·官师略·种人附》，页 179】

蒙邑衣服，冬不裘，夏不葛，盖滇地多暑，而蒙邑气候平和，四时可用春服。【《乾隆蒙自县志（48）·卷之二·风俗》，页 156】

衣服随时尚，惟㱔人多包头，倮民多披羊皮。【《乾隆赵州志(77)·第一卷·民俗》，页 33】

卢鹿：土著，乌蛮之后，俗讹为"逻罗"……衣止毯裘、麻布，习尚朴实，居则常垒一炕。【《乾隆赵州志（77）·第一卷·民俗》，页 33】

倮倮有二种：一种即古之罗罗摩，为哀牢九族之一，唐南诏细奴逻后也；一种为蒲落蛮，即古百濮，《周书》所谓"微卢彭濮"是也，后讹

---

① 今白族。

② 今普米族。

③ 今怒族。

④ 今独龙族。

"濮"为"蒲"。类虽不同，俗亦近似，多山居，占蒙化之大多数，约一万一千六百余户，其在蒙城、安远两乡及南涧五里、公郎四里者，皆以耕种、樵薪、牧养为业，衣羊皮，贫则麻布，其富者间亦学汉式，多短衣，妇女衣服如汉装，或缺其前。以布裙半截围之，余用毡作，一襦负诸背如月形；以青布裹头，用银制，如菱角状、订四角，又以十余菱角为耳坠，名"芝麻铃"。常跣其足，亦有穿鞋者。【《乾隆续修蒙化直隶厅志（79）·第十六卷·人和部·人类志（附风俗）》，页634】

苗人：亦古三苗之裔，蒙化现有二种：一花苗，一白苗，皆以其服之色名之，在阿克塘江边一带及公郎之白石岩、白马箐、土莫塘、母底罗箐头，共五十余户，居以柴棚，无房屋。男子则套头短衣，女子（统）[桶]裙。【《乾隆续修蒙化直隶厅志（79）·第十六卷·人和部·人类志（附风俗）》，页637】

男子衣服虽绅士多系布，素不着绸绫，颇有俭朴之风；妇女行路恒持伞蔽头面，亦崇廉耻之意。【《嘉庆阿迷州志（14）·卷之六·风俗（种人附）》，页548】

僰猡，婚丧与倮倮同，而语言不通，蓬首跣足……衣麻，披羊皮，弩矢随身，务剽掠，记仇怨，能毒人。【《嘉庆阿迷州志（14）·卷之六·风俗（附种人）》，页549】

窝泥，或曰"斡泥"，男环耳跣足，妇衣花布衫，以红白绵纯，辫发数绺，海贝、杂珠盘旋为螺髻，穿青黄珠，垂胸为络，裳无襞，绩红黑沙缕，间杂饰其左右。既适人则以籐束腰下为识。【《嘉庆阿迷州志（14）·卷之六·风俗（附种人）》，页549】

狙鸡，蓬首椎髻，标以鸡羽，形貌丑恶，妇女尤甚，挽髻如角，面前衣文绣，短不过腹，项垂缨络饰其胸。【《嘉庆阿迷州志（14）·卷之六·风俗（附种人）》，页549—550】

蒲人，即古百濮，质纯，黑椎髻，跣足，套头短衣，手带铜镯，耳环铜圈、带刀弩、长牌，饰以丝漆，上插孔雀尾，妇女簪用骨，短裳丝线。【《嘉庆阿迷州志（14）·卷之六·风俗（附种人）》，页550】

种人：倮倮，言语多与汉人相同，山居力耕，负性强悍，男用匹布缠头，盛夏不解，女戴缁冠曳裙至地。【《嘉庆阿迷志（14）·卷之六·风俗（附种人）》，页548】

僰彝，即"百彝"，滇中所在皆有之，其在阿迷者，男青白帨缠头，

著华履，衣有襞绩，妇人白帨束发，缠叠如仰螺。【《嘉庆阿迷州志（14）·卷之六·风俗（附种人）》，页549】

　　土僚，本在蜀、黔、粤西之交，流入滇阿迷亦有之。言语、服、食近汉，择居水耕，气质椎鲁，尚勤俭，男女衣饰略同。【《嘉庆阿迷州志（14）·卷之六·风俗（附种人）》，页549】

　　火头，土蛮之裔，或称营长，即倮倮也。耳圈环，常服用梭罗布，妇女衣胸背妆花，前不掩腹后长曳地，衣边湾曲如旗尾，无襟带，上作井口，自首罩下，筒裙细褶，为诸种所敬惮。【《嘉庆阿迷州志（14）·卷之六·风俗（附种人）》，页550】

　　种人（附）：楚将庄𫏋遗种，在西汉为"南夷"、为"靡莫"、为"夜郎"，在蜀汉为"南蛮"，自晋至隋为"东爨"，自唐至元为"蛮"、为"罗罗"；斯蛮，明人呼为"倮倮"。居板屋上，压以石，性偷惰，喜劫杀。其酋长椎髻帕首，大若盘盂，戴狐皮；妇人衣绮罗，其余男子椎髻帕首，耳坠大金银珰，青布短衣，剪各色布缀毛褐为统裙，尖头大鞋，肩披青毡一片，所食荞与燕麦。【《嘉庆永善县志略（25）·上卷·土司》，页624】

　　隋唐间，有开府仪同三司者，其初名"夜郎"，其后为"乌蒙"，"夜"与"乌"皆黑也。其酋有名"大鬼"，主其属；有名"爨人"者，亦莫非黑也。元为"黑罗罗"，惟滇之东川、昭通二府与蜀之雷波、建昌等处为多。但今土人统谓之"倮倮"，无所区别，正不知其孰为爨人，孰非爨人也。近日，倮倮亦多辫发遵时制，惟妇女犹着（箇）［桶］裙裾。考六书中，并无"倮倮"二字，其为后人之杜撰矣。【《嘉庆永善县志略（25）·上卷·土司》，页625】

　　《旧志》土人三种：一曰"爨"，服食、器用与汉人同……一曰"倮倮"，山居，田少，刀耕火种，缠头跣足，妇人辫发，男女皆披羊皮。嫁女则与羊皮一张，皮绳一条，以为背负之具。衣领饰以海蚆，衣襟当胸处绣花，广数寸，或尺余，绩麻线，织麻布。羊毛布、火草布市卖之……一曰"罗武"，状类倮倮，第女衣桶裙。【《嘉庆楚雄县志（59）·卷之一·天文地理志》，页28】

　　撒弥：衣服、婚姻与汉人近。【《道光昆阳州志（3）·卷之五·地理志·风俗志（附种人）》，页310】

　　夷俗：摆夷，又名"僰夷"，称"百夷"，盖声近而伪也。居多卑湿，故今称为水摆夷，性情柔弱。男穿青蓝布，短衣袴；女穿青白布短衣，丝棉花布桶裙。【《道光威远厅志（35）·卷之三·风俗》，页91】

蒲蛮：又名"蒲人"，古称"百濮"。《周书》与"微卢彭"俱称"西人"，《春种传》与巴、濮、楚、邓并为南土。本在西南徼外，伪"濮"为"蒲"，有因以名其地者。性情愚鲁，男穿青蓝布短衣袴，女穿麻布短衣，蓝布桶裙，腰系布带，以水蚌壳钉其上，名为"海巴"。【《道光威远厅志（35）·卷之三·风俗》，页92】

黑倮倮：即黑倮倮，性多猛悍，男女多穿青蓝短衣袴，外均以草叶做披衣，名曰"遮雨"。男女各执镖弩捕猎，余与白倮倮同。【《道光威远厅志（35）·卷之三·风俗》，页92】

白倮倮：即白倮倮，性情（鲠）［耿］直，男女皆穿蓝白短衣袴，外披羊皮，腿缠青布。【《道光威远厅志（35）·卷之三·风俗》，页92】

米利：性朴，最嗜酒，好蓄羊豕，男子耕耘，又善弩猎，射得鸟雀即行生啖。妇女种麻织布，男衣麻布短衣裙，女衣麻布长衣，俱跣足。【《道光威远厅志（35）·卷之三·风俗》，页92】

侬人：侬智高遗种，……妇人短衣、长裙，男首裹青花帨，衣粗布。【《道光广南府志（43）·卷二·风俗（附种人）》，页185】

花土僚：① 服尚青蓝，妇女衣花绣短褐，系桶裙。【《道光广南府志（43）·卷二·风俗（附种人）》，页186】

黑僰喇：一名"普腊"，婚丧与倮倮无异，而语言更觉难通，蓬头跣足，衣不浣濯，卧以牛皮，覆用羊革毡衫。【《道光广南府志（43）·卷二·风俗（附种人）》，页189—190】

白僰喇，性最朴，多住山坡，种菽麦杂粮、火麻之类。衣白麻布，妇人以绳束发，青绿磁珠杂海贝环饰，项垂缨络。【《道光广南府志（43）·卷二·风俗（附种人）》，页190】

倮夷：本名"僰夷"，又称曰"白衣"，盖声以相近而伪也。男女杂处，不事末业，惟耕种以为生涯。男服长领青衣裤，女以布缝高髻，加帕于其上，以五色线缀之，结絮为饰，短衣筒裙，镶边用红绿色。【《道光广南府志（43）·卷二·风俗（附种人）》，页192】

俗尚俭朴，男女多衣布，有衣帛者群趋而笑之，是以素封之家亦衣如

---

① 清朝时对壮族的称谓。

贫窭。【《道光新平县志（30）·卷之二·风俗》，页111】

夷俗附：倮倮……男子不冠束发，为锥髻，裹以青白花布，其衣被大领、阔袖，外披毡褶如裙，常佩短刀，谓之"左衽"。冬用布履，夏或芒鞋，贫者多跣足，裈衣如汉人。女栉发分两鬓，冠用布帛缠叠，大如箕，饰以金银、宝石，诸物后垂，大带三幅，衣被如男子，裙细襞幅无定数，密者用布至四五匹，其长拖地不缠足而锐屣，见尊长始服袖毡披肩，其古制也。【《光绪镇雄州志（8）·风俗》，页79】

苗类镇四境……服饰俱不甚异色，尚青白，以丝线织文于布为衣，男女皆然。【《光绪镇雄州志（8）·风俗》，页80】

沙兔，语言较之倮苗更难通晓，置业不喜依岩附谷，择沃腴之地始家焉。男剪发齐眉，衣不蔽膝，女束发为髻，著平顶冠，系桶裙，好赤足，饰冠，服缀贝，织花文，类乎苗子。【《光绪镇雄州志（8）·风俗》，页80】

白倮倮之种二，而男耕女织，习尚俭朴，衣冠、礼仪一如汉人，惟彝语尚未尽改。居山者，男子裹头跣足，以草束腰，女彝耳带铜环，披羊皮，事耕凿。于诸彝中向化最先，盖其质性原与汉人不相远也。【《光绪霑益州志（17）·卷之二·风俗》，页348—349】

干倮倮，于夷人中最贱苦，续麻、捻火草为布衣之，男衣至膝，女衣不开领、缘中穿一孔，从头下之，名"套头"。【《光绪霑益州志（17）·卷之二·风俗》，页349】

蒲人，即古之伯濮也，散居山谷间。永昌以南所在皆有，其形貌率粗黑，男女皆束发为髻，男以青布裹头，以线绳系腰，妇人则以花布。【《光绪腾越乡土志（35）·人类》，页588】

缥人①，朱婆恕裔，其先为金齿缥国，妇女白布裹头，衣短衫，以红藤缠腰，莎罗布为裙，两接，上短下长。【《光绪腾越乡土志（35）·人类》，页589】

哈喇②者，形色极黑……以红黑籐缠腰数十围，产子以竹为兜，负于背，古喇同。【《光绪腾越乡土志（35）·人类》，页589】

---

① 又写作"骠人"，汉唐时期建立有"骠国"，多认为是缅人的先民。但学术多有争议，有认为骠人不属于现在的缅族人、彝族、白族，而是属于一个独立的民族群体。

② 又作"哈剌""戛剌""哈剌枉""哈瓦""卡剌"等，佤族先民的称谓。

羯些①，种出孟养，环眼鸟喙，以象牙为大环，从耳夹穿至颊，以红花布一丈许裹头，而垂带于后。衣皆半披于身，而袒其右肩。【《光绪腾越乡土志（35）·人类》，页589—590】

遮些②，绾发为髻，贯耳佩环，尚华彩，衣仅蔽体，娴习弓矢，倚恃弩铳，与缅同，今孟养多此种。【《光绪腾越乡土志（35）·人类》，页590】

哈社③稍类哈喇，怒人类阿昌，皆居山（颠）［巅］，言语不通，略似人形而已。野人居茶山外，赤发黄睛，衣以树皮，头戴骨圈，缠雉尾，插红藤，步险如飞，性好杀人。【《光绪腾越乡土志（35）·人类》，页591】

妙倮倮，《府志》一种无姓氏，男子跣足蓬头，麻布为衣，女人身穿短服，腰系筒裙……又一种风俗敦朴，男以帕包头，麻布衣服及藤，女以青布束发，背负羊皮。【《光绪腾越乡土志（35）·人类》，页592】

倮倮，《通志》：……男人以布裹头，衣麻布，披毡衫，佩短刀，善用弩矢，无不中。女短衣长裙，跣足，负竹筐出入。【《光绪腾越乡土志（35）·人类》，页593—594】

倮：蒙化倮倮有二种：……衣羊皮，贫则麻布，其富者间亦学汉式，多短衣，妇女衣服如汉装，或缺其前，以布裙半截围之，余用毡，作一褡负诸背，如月形；以青布裹头，用银制，如菱角状，订四角，又以十余菱角为耳坠，名"芝麻铃"。常跣其足，亦有穿鞋者。【《光绪蒙化乡土志（42）·下卷·人类》，页616—617】

苗：古三苗之裔，蒙化现有二种：一花苗、一白苗，皆以其服之色名之……男子则套头短衣，女子（统）［桶］裙。【《光绪蒙化乡土志（42）·下卷·人类》，页620—621】

黑彝：即黑倮倮，杂处山（阱）［箐］中，缠头跣足，挽发捉刀，妇人辫发，用布裹头，不分男女俱披羊皮。嫁女与皮一片、绳一根为负背之，其或用笋壳为帽，衣领以海蚆（节）［饰］之，织火草麻布为生。【《光绪武定直隶州志（62）·卷之四·风俗》，页276】

---

① 今景颇族。

② 今景颇族。

③ 今景颇族。

服饰：士安朴素，女不艳妆，农多短褐，以便操作。夷服羊裘，冬夏不易。【《光绪镇南州志略（62）·卷二·风俗》，页 407】

服饰：按：男子衣冠俭朴，妇女不尚艳妆，夏不衣葛，冬仅衣帛，老人亦有衣裘者。彝人种麻，自能纺织，又多畜羊，寒暑皆衣羊皮、麻布。《采访》：彝妇老者剃发如尼僧，冬月披重毡，系以两带，如以襁负小儿，然少者喜著红绿领，帽饰以贝，耳环大如钏，有重至三四两者。【《光绪姚州志（63）·第一卷·地理志·风俗》，页 37】

古初俗：种类不同，俗尚亦异本郡人有四类：一曰汉人，即二所军也；一曰僰人，其初亦中土人，但世远俗移，非华非夷，自成一类，迄今不变，文物与中州等；一曰罗落，分黑、白二种；一曰伯彝，姓耐岚瘴，迁徙无常……妇帽三尖帽以布为之，殊非服饰，知府周赞曲为化导，易以簪髻，民间歌曰"我周公变夷，风易簪髻，去布幪"，家奉三宝，妇人戴负土人之妇遇街市易货物自负戴，夫不知。【《光绪鹤庆州志（80）·舆地志·卷之五·风俗》，页 320】

尝闻《论语》有曰：俗之美者，称之"仁里"；俗之恶，名为"互乡"。自古风俗之美恶，亦视人心之所向何如耳。中甸地分五境：大、小中甸，格咱，泥西，江边；人属夷，一名"古宗"、一名"麽蒥"、一名"龙巴"、一名"㑆㑆"，名为四种，而江边虽属麽蒥，自归化以来，间有汉籍杂处。其中，言语、服饰俱与丽江县民相同，现在设立学校，以期文风丕振。内有㑆㑆一种，为数无几，居处沿江山头，打牲为食。其大、小中甸之古宗、泥西、格咱之龙巴种类相似，音语亦同，无姓氏，无村屯，依山傍水，零星散处，以耕种牧牛为生。帽用羊毛染黄色，狐皮镶边，上缀红缨，时有戴毡帽者，如斗笠之状。身穿牛羊毛布衣，妇女辫发为缕，素织毛布，作短衣，穿百褶裙，男女俱穿皮靴。【《光绪新修中甸厅志书（82）·上卷·风俗志》，页 485—486】

查干夷性情鄙野，潜居深山密林之中，麻衣草履。【《宣统恩安县志（5）·卷五·风俗》，页 309】

查苗子一种，别有习俗，穿耳拖裤，男子之情形彩衣、彩裙，女之衣服饰裙。【《宣统恩安县志（5）·卷五·风俗》，页 309—310】

服饰：城市士商自来俭啬，衣无华丽，农工多尚短，以便操作。夷服羊裘，夏冬不易。近来城市男女侈靡，渐用摹本绸□、洋布绒□，然土瘠民贫，亟宜反奢华而归俭约。【《宣统楚雄县志（一）（59）·卷之二·风俗》，页 350】

　　黑夷：男椎髻头缠皂布，左耳带金银环，衣短衣大领，袖著细腰带；女辫发盘于头，皂布缠之，饰以魮贝，垂两端于后以上服妆。【《民国宣威县志稿（二）（13）·卷八之四·民族志·礼俗》，页259】

　　白夷，旧志：衣妆悉如黑种，丧祭婚娶亦同。【《民国宣威县志稿（二）（13）·卷八之四·民族志·礼俗》，页261】

　　干夷：衣妆略同，惟不知洗面、脚，不著履。居必高山深谷。自织麻布、羊毛、粗褐、火草布以为衣。【《民国宣威县志稿（二）（13）·卷八之四·民族志·礼俗》，页261】

　　黑干夷：男椎髻头缠麻布，穿麻布短衣，两耳带大铜环，垂至肩，跣足不履；女以毛褐细带，编如筛罩，首饰以海贝、砗磲，衣领亦然以上服妆。【《民国宣威县志稿（二）（13）·卷八之四·民族志·礼俗》，页261】

　　白儿子①：其俗在夷、汉之间，奉祖先纯系夷法，而男读书，女缠足，衣服、礼仪一如汉制。《旧志》缺而不载意者，以白夷当之矣。但白夷从不缠足，不能相混。【《民国宣威县志稿（二）（13）·卷八之四·民族志·礼俗》，页261—262】

　　夷人俗名曰"倮倮"，系爨蛮卢鹿之裔，亦其讹音也，其种类有撒尼②在城北十五里，路、美邑，又在东南三、四十里之大湾箐、丈色多、簑衣山、小豆黑村等处，墨磋在城八里东海子，三十里舍色等处，阿细在城东南八十里凤凰山、黑泥村等处，阿杆在城东四十里宜政村，六十里黑泥村等处，子肩零星杂处，白夷在姚家箐、秧草凹等村，墨夷干夷俱零星杂处，撒梅约数十村，阿尼、沙人、土老、侬人俱零星杂处等名目……男子衣麻布，披羊皮或羊毛毡，项挂银圈，以青布套头，红布缠腰；妇女辫发，以青布镶红绿色，头海贝杂珠盘旋为髻，耳贯大环，足着花履，或赤足，红绿满身皆自染彩，银扣、银泡连缀，胸前节序。【《民国路南县志（14）·卷一·地理志·风俗》，页153—154】

　　苗：路南向无苗人，自前清光绪初年始由昭通移入十余家，至今成为土著矣。其种类有独角苗，男女皆梳髻于前，以花布缠之，其形如角；有木梳苗，男女插一木梳于发，故皆以其状名之。饮食皆用杓，衣服短裙齐腰，皆粗麻布织文，系桶裙，女人比男子红绿色多，不著履。【《民国路

---

　　① 多认为是现在的白族，也有人认为是彝族。
　　② 即"撒尼泼"，部分彝族的自称。

南县志（14）·卷一·地理志·风俗》，页158—159】

　　布幅广七寸，男子毡革为帔，女衣绝布裙衫，髻盘如髽，徒跣……妇人不饰粉黛，贵者凌绵裙襦，上施锦一幅，以两服辫为鬟髻，耳缀珠贝、瑟瑟、琥珀……《南蛮传》。【《民国续修马龙县志（25）·卷之三·地理·风俗（附种人）》，页159—160】

　　白子……㑩㑩之中，黑者为贵，凡其酋长为之。其俗：衣短褐裈，羊皮裹头，跣足，身佩短刀；虽者新衣袈裟，必袭毡其上。妇人耳贯环坠肩，缠杂珠，衣袈裟，曳桶裙，或跣，或履。【《民国续修马龙县志（25）·卷之三·地理·风俗（附种人）》，页161—162】

　　衣饰：县属汉夷杂处，男女服饰各有不同，皆尚俭朴，多衣布，其有尚华丽服，丝毛织物者居少数。汉人色尚青蓝，夷人尚红绿，或彩色不等，饰多用金、银、玉等制成簪环钏镯佩之。惟近年以来，渐有服洋装，带眼镜，提手棍，以为饰者矣。【《民国续修新平县志（二）（31）·第十七·礼俗》，页323—324】

　　衣食：俗尚节俭，人情浑朴，即士大夫之家亦衣布衣。宴客仅用八簋，山间居民多衣粗麻布，间食各种杂粮。【《民国景东县志稿（一）（32）·卷之二·地理志·风俗》，页651—652】

　　衣服：衣料普通用棉，赤贫者多用麻，乡村间有用羊皮者，丝织物、毛织物则仅见用于富家，服色昔尚青蓝，今则各色俱全。服式，清末多宽衣大裤，后渐改变，无论学生装、普通装或长衫马褂，男女装均狭小贴身，极盛于民国九年前后。民十以后，又渐改宽大；十六年以迄于今日，中山装、西洋装、童军装、学生装遍于社会，长衫犹多，马褂甚少；女子则旗袍短裤、短裙、短袖、外衣线褂，等等，时装与都市同。

　　装饰：旧时男女，均戴手镯、手链，女子穿耳戴环，妇人头上插银瓶、银扇、翠花，胸前佩三须、针筒、灰盒，颈项间系银链。自入民国后，装饰随时改变，男女手上戴时表、戒指，胸部佩勋章、证章，而女子已不穿耳，故耳环已废，更喜手镯、项链、手链之饰，质尚金玉；至短发天足，已极普遍，与都市同。【《民国顺宁县志初稿（二）（37）·卷九·礼俗》，凤凰出版社2009年版，页229】

　　侬人之服式：男子略似汉人，女不缠足，挽螺髻于顶，以青布帕裹头，帕两端疏成细穗，缀以彩绒，服色青黑，有裙无裤，止衣对襟密钮，窄腰小袖，衣长及尻，袖长及肘，袖口镶三寸宽之。杂色边裙，数百褶，需布甚多，行路时裙幅扭结于臀，翘摇如尾，饰有簪、有环、有镯、有戒，皆以银制。富者缀银泡于领襟几满，及项圈、锁链之类，重量有至数十两者。【《民国马龙县志（一）（45）·卷二·风俗志》，页217—218】

沙人：沙人本侬人之变种，明末其酋长沙定州骁悍雄杰，率属叛乱，其部谓之"沙人"。衣装剪裁，另为格式，以示区别，此沙人之由来也。一说：该族多居河滨，男妇老稚，每于沙滩乘凉，初生小儿以之卧沙上，则无疾易养，故称为"沙人"云。查其语言、风俗与侬人无异，不同处惟裙不加褶，以情判之，则前之说较为近似。【《民国马龙县志（一）（45）·卷二·风俗志》，页221】

瑶人之妆饰：顶板瑶面发左右，由后上，束于顶。顶长六寸，宽三寸之木板一块中扎红绳上，盖花帕，前后垂细珠，与古之冕旒相似。负物则以木板一块，缺半圆如领，穿绳架于肩，能任重而不坠。蓝靛瑶服青黑色，着裤，衣长过膝，缘以红、白色之边，腰系带，前后裙并提而束之，发结细辫，绕于顶，围以五色细珠，串集竹片为圆板，径五六寸，盖于发上，覆花帕，缀以白线，缕缕飘扬。善种蓝靛，因而得名。两种均穿耳、拔眉，跣足健步。【《民国马龙县志（一）（45）·卷二·风俗志》，页223】

僰僰：僰有数种，为滇南旧有之种族，性质犷悍，服式各异，女不缠足，裤尚红绿，不缉毛边，头挽髻，衣蓝式，近乎汉，此黑、白僰僰也。俗滥操月琴，唱秧歌，男女于山野田亩间，且工且唱，其乐洋洋，足以忘疲，但憨嬉无忌，易生事端，其弊所至，为祸尤烈。

……

花僰僰之服异：僰妇服长及膝，跣足，着裤，服色青蓝，以布裹发，而盘于头，甚朴素也。僰男反是，领襟、袖口、裤脚俱绣二三寸之花边，袖大尺余而长，仅及腕，裤管亦大尺余，前发覆额及眉后绾髻，而簪顶花帕，似女妆，此已可异，最怪者，其衣裤，上身即不易换濯，换衣时，典礼最重，必请巫师禳鬼神，宰牲牢以宴宾客，此种广南居多。【《民国马龙县志（一）（45）·卷二·风俗志》，页224—225】

民家：其种来自黔省都匀府，故又称为都匀人，妇女发辫绕头而加之帕，帕中钉银泡一路，服式近汉，不缠足而鞋袜，好洁而淫，男女歌唱自由。近染礼化，渐知避忌，邪曲瑶歌，几不禁自绝矣。【《民国马龙县志（一）（45）·卷二·风俗志》，页226】

土佬之妆式：大领短衣裙而不裤，皆青色裙幅，左镶以宽二寸之白布一条，右幅腿边亦镶白布一条，将右裙角提向左腰束之，则正面成白色人字形，发绾椎髻于顶，裹青布帕，复以青布一幅折叠成条宽约二寸，一端由髻上拖于背，长尺余，一端绕额而束之。此白土佬也，亦称为搭头土佬。

胸前、背上各有补服一方，五彩斑斓，自领以下，密缀银泡并系髻铃，裙宽衣窄，行走如风，铃声铮钹可听。此花土佬也，亦称平头土佬。【《民国马龙县志（一）（45）·卷二·风俗志》，页227】

仡佬①：仡佬亦称"革佬"，或谓"其先自土佬革出"，今其言语、风俗与土佬无多差异，穿耳，跣足，服色青蓝，或裙、或裤，装饰不一，似僰非僰，似猓非猓，形态鄙陋，生活艰苦，族类亦微。【《民国马龙县志（一）（45）·卷二·风俗志》，页228】

摆夷：本名"僰夷"，或又称"白衣"，盖声相近而讹也，其族来自越南果来，自何时则无史可考，惟其男子蓄发而黑齿，似交俗，是以知耳。有水、旱二种，男性鄙而惰，女勤而好洁，裙而不裤。旱种喜山居，发髻高耸，覆以青帕，系以银钩，自领及襟多缀银泡，青裙而沿以蓝、白色之边。水种居水边，种棉花、甘蔗，高髻顶帕，领袖俱镶以红色，裙用五色布缝成大幅，自腰下横而围之，故又称为"三道红"。【《民国马龙县志（一）（45）·卷二·风俗志》，页229】

仆猓：滇南原有蛮族也，无地不有。吾邑亦多，喜种杂粮，性质粗犷，其别语言各异，而妇女以穿耳、着裤则同。按种分志于后：

黑仆猓，男女衣服均以青布为之，面黢而形陋。

白仆猓，衣服装饰多用白色。

花仆猓，服色用青蓝，领缘、袖口、衣边以红绿杂色镶之，头帕上横勒杂色珠一串，耳坠形如陀螺，以海巴海贝为美饰，尤多佩戴之。

拇鸡仆猓，服色青蓝并用，妇女妆式仿佛白猓猓。②

牛尾巴仆猓③，形状丑恶，污移不洁，妇人以毛绳杂于发而束之，粗如儿臂，盘曲成圆，以绳维系，平戴于头上，径大尺余。【《民国马龙县

---

① 今仡佬族。

② 彝族中的平民阶层。

③ 以上各种"仆猓"皆属于现在的彝族。

志（一）（45）·卷二·风俗志》，页230—231】

捆蜈：又名"拉鸡"，其族出自安南，习俗（委）［萎］靡，男蓄发挽髻，女衣长及胫，窄袖细腰，以浅色布或绸为腰带，垂两端于腋下，发以布裹之，盘于头上，妆饰颇雅致。好似石灰和槟榔咀嚼，染齿漆黑。【《民国马龙县志（一）（45）·卷二·风俗志》，页232—233】

苗人：苗族本三苗后裔，其先自湘窜黔，由黔入滇，其来久矣。……苗之种类虽多，风俗、语言无异，亦不过妆来上之区别耳，分录于后：妇女穿百褶麻布花裙，不着裤，以白麻布裹两腿，短衣无纽，以左右襟交搭，系以腰带。无论男女，胸膛恒露于外者，称之曰"义义苗"。

男子衣裤用棉布，有纽扣，与汉服略同，称之为"汉苗"。

男妇衣装用白色，以青色镶领口、袖口者，称之为"白苗"。

衣服头帕咸用青色者，称之为"青苗"。

上衣下裙，咸用黑纱线织成者，称为"蒙纱苗"。

妇女杂红线于发，其粗如腕，盘于头顶者，称之为"红头苗"。

头式如红头，而戴花帔肩，于领襟、袖口、腰带，均绣以红黄色之花纹者，称之为"花苗"。

头上用花布层叠包裹，大如坐墩者，称为"大头苗"。【《民国马龙县志（一）（45）·卷二·风俗志》，页234—236】

土佬：土佬乃滇南原有之种族也，有土语，无土文，女勤男惰，服色尚青黑，分花、白二种。【《民国马龙县志（一）（45）·卷二·风俗志》，页226—227】

衣饰：镇康自改流以来，风化渐开，政府与各机关之公务人员以及绅学各界，固自随时变通，与他县无稍差异。惟民间之一般普通衣服，多尚短衣，不着长衫，妇女长短皆着，外着半节帏腰，头戴包巾，首饰多用银器，与内地各县式样迥别。近因解放缠足，衣服首饰为之一变，将来必有与各县一致相同之希望。【《民国镇康县志初稿（58）·第十七·礼俗》，页284】

服饰：《蛮书》：男女多衣羊皮。《滇系》：黑猓猓男子绾发，以布带束之，耳带圈坠一，披毡佩刀，时刻不释；妇人头蒙以方尺青布，束于额上，短衣上披裂裟，筒裙结绣，上下回文，手象牙圈，跣足，顶戴红绿珠，杂海贝、砗磲，以多为胜。《甘志》：男子衣冠俭朴，妇女不尚艳妆，夏不衣葛，冬仅衣帛，老人亦有衣裘者。彝人种麻，自能纺织，又多畜羊，寒暑皆衣羊皮、麻布。（又）彝妇老者髡发如尼僧，冬月披重毡，系以两带，如以负小儿，然少者喜著红绿领，帽饰以贝，耳环大如钏，有重至三、四两者。《采访》：近年，学生、青年多着制服，间尚西装，青年妇女皆剪发、天足，多衣旗袍。彝人服饰，亦多汉化。【《民国姚安县志（66）·礼俗志第七·风俗》，页247】

衣服：盐丰俗尚勤俭，衣服绝无诡异，夏不衣葛，冬仅著棉。惟妇女著短袖，另衬以小袖头包布帕，形似今时之毡帽，虽不雅观，而尚朴实。近来，学校女学生已有渐知改良者。【《民国盐丰县志（69）·卷之三·地方志·风俗》，页316】

衣饰：汉人衣饰与内地不甚区别。麽些多以青布缠头，衣盘领白氇，不龙不褾，绵布袴，不掩膝，扫髻向前，顶束布，勒如菱角，斤环粗藤，缀如龙眼、铜银为之，视家贫富。衣白裙，缘及脐为度，以裙为裳，盖膝为度，不著袴，裹臁肕以花布束之。严寒则官皆以羊皮，或以白毡。近年间，著履屡襬者，头目效华人衣冠，而妇妆不改裙长及胫，亦具旧制，以利齐民也。

古宗衣饰：男披发于肩，冠以长毛羊皮，染黄色为檐顶、缀红绵缨，夏亦不改红绿，才字文氇为衣，冬或羊裘皆盘领阔，袖束带，佩尺五鞘刀于左腰间，著西红草靴，或以又氇为之；妇辫发百股下垂，缀珊瑚、绿松石，杂以为饰；衣盖腹，百褶裙盖臁肕，俱绿氇为之裙、或文氇、或采色布氇袜单革糯，底不着袴，履顶袢色石数珠三四串，自肩斜绕腋下；一妇妆饰有值数百金者，栗娑男挽髻带簪，编麦草为缨络，缀于发间，黄铜勒束额，耳带铜环，常衣杂以麻绵布，出入常佩利刃；妇发束箍，耳带大环，盘衣系裙曳袴。男女常跣。

怒人男女披发，面刺青文，首勒红藤，麻衣短衣男著，女以裙，俱跣，具见《维西闻见录》。近来，夷人礼熏乐钩，渐学妆者。【《民国维西县志（83）·第十七·礼俗》，页298—300】

习尚：汉人一切习惯与中州不甚区别，土人则不然也，男妇老幼率喜佩刀为饰，不爱頮泽衣，至敝不瀚，数日不沐，经年不浴，冬不重衣，雪亦跣足。严寒则覆背以羊皮，或白毛毡，卧大半无衾茵，祖则攒薪置火，各携蓆藁，袒裸环睡，反侧而烘其腚背。【《民国维西县志（83）·第十七·礼俗》，页302—303】

十一　饮食习惯

乾倮倮：彝中之氓也……每食插筋饭中，仰天而祝，以为报本……以三种饮食，或用蕨灰为盐，居无床席，男女跣足，以背负重，言语驮。【《康熙平彝县志（10）·卷之三·地理志·风俗（附种人）》，页336—337】

麼些，即《唐书》所称麼些蛮，性轻捷柔懦，儇慧相高，俗不类泽，语带鸟音，安分畏法，务耕种，畜牛羊，善劲弩骑射，勤俭治生，饮食疏薄，虽馈遗，不过麦酒、束脯……今则渐染华风，服食渐同汉制。【《乾隆丽江府志略（41）·官师略·种人附》，页178】

倮倮：有生、熟二种……猎取禽兽为食，居无定所，食尽即迁，佩弩带刀，虽寝息不离。性凶暴，嗜酒，一语不投，即持刀相向，俗好仇杀。近惟居澜沧江边者，称为"熟倮"。【《乾隆丽江府志略（41）·官师略·种人附》，页179】

僰，俗亦与倮舞同，独语音异。正六月，门挂钱时，烹鸡祭赛，居恒稗酒菜粥，羊皮、麻衣、皮鞋，冬尽宰豚祀天神，暇则渔猎，性颇醇谨而畏法。【《乾隆大理府志（一）（71）·卷十二·风俗》，页305】

回族：其先阿（剌）［拉］伯人，元初从世祖取云南，遂占籍……其人，性坚忍，勤苦耐劳，不嗜烟酒，忌豕肉，多食牛羊鸡鸭。【《乾隆续修蒙化直隶厅志（79）·第十六卷·人和部·人类志（附风俗）》，页632—633】

苗人：亦古三苗之裔……凡饮食，少者于长者前一揖相请，然后围聚饮食，夜亦男女围绕而卧。以猎为生，善用鸟枪，见禽兽无不获者。【《乾隆续修蒙化直隶厅志（79）·第十六卷·人和部·人类志（附风俗）》，页637】

夷俗：摆夷……喜食糯米、槟榔及酸辣之味。【《道光威远厅志（35）·卷之三·风俗》，页91】

广南路有白、黑沙人①，普喇、普央，白、黑倮倮，鲁兀倮倮，来子，普歹九种……喜食诸虫，不知礼教《元史》。【《道光广南府志(43)·卷二·风俗（附种人）》，页181】

苗倮……喜食诸虫。【《道光广南府志（43）·卷二·风俗（附种人）》，页176】

其食具用木器，状如筳豆，食以匙。此皆黑、白倮倮旧俗也，今亦袭衣冠、渐汉礼矣。【《光绪镇雄州志（8）·风俗》，页79—80】

土僚语言、衣服皆仿汉人……酷嗜犬肉。【《光绪镇雄州志（8）·风俗》，页80】

喇鲁：捕禽兽为食，赋役俱无……其散处于荒僻间者食蜂蛇。【《光绪腾越乡土志（35）·人类》，页594】

羯些子……米、肉不煮而食生。【《光绪腾越乡土志（35）·人类》，页595】

苗：古三苗之裔……凡饮食，少者于长者前一揖相请，然后围聚饮食，夜亦男女围绕而卧。以猎为生，善用鸟枪，见禽兽无不获者。【《光绪蒙化乡土志（42）·下卷·人类》，页620—621】

饮食：婚丧宾祭惟用鸡豚，旧俗相传不食牛犬、山禽、野兽，间供庖厨，夷人畜羊，燕宾专用。城内宾筵旧有"五碗四盘"之规。脯醢腐脍，蒸豚羹汤，皆兼用之。今去盘用碗，从朴也。【《光绪镇南州志略(62)·卷二·风俗》，页407】

饮食：《乐史太平寰宇记》：民能鼻饮水雨按鼻饮之，俗今虽彝人亦无之。《采访》：彝俗有吃生者，用鸡羊肝剁细，调以醢蒜入杂沮中食之，名曰"肝生"。按：姚州土性，九谷皆宜，而稻麦较多，故饔飧咸资稻麦，惟山间硗确之地仅堪种荞稗，彝人半食荞稗。又按：俗好饮酒，村民入市必痛饮至醉。醉后，每有恣事者。【《光绪姚州志（63）·第一卷·地理志·风俗》，页36—37】

查民家之俗……在其饮食、器用较汉人不甚殊。【《宣统恩安县志（5）·卷五·风俗》，页310】

昭通昔日地僻人少，凡种植之物，除供本处人外，皆有盈余。故昭城居家谷、米、蔬菜以及日用七件，无不价廉而美，咸称乐土。昔许印山

---

① 今壮族。

《朴窝行》云："苞谷酒、洋芋羹二美，天下莫于臻。"（此四十年语）从前，平席四品五碗只价千钱，海菜席价一两数钱；今增十倍。盖其时斗米千钱，乌金二三百钱，一车盐八九十文，一斤猪肉亦如之。故一人之开销，一日两餐每人不过百钱，在外来之人包饭于馆者，不过二金而已。及至近年，人数已加数倍，又迭遭荒旱，油米盐炭其价倍蓰，无论城乡之人，饭食皆已俭约，而住户食苞谷者皆居多数，价已加倍，即小菜类皆称斤以售。在前，商界之号丰盛者，亦不能不改而从俭。开费尚觉不支，若乡间之人则一村中有宿粮者，已少余，皆随其所种而食如洋芋、瓜豆之类，则盐肉难逢，间有之则谓"打牙祭"。于此知生活之难支持矣。【《民国昭通县志稿（4）·卷第六·第十七·礼俗·饮食》，页402—404】

县属饮食，向以俭朴为主，平日早晚两餐，至雇工农作时，添用午餐、蔬菜略加。若宴会时，设六碗至八碗食品，以猪肉为主，而以羊、鸡、鸭等肉，及园蔬佐之，故俗有"猪八碗"之说，此即最上等之席，绝少用海味者。粮食以米、麦为主，而以杂粮如荞、豆、玉蜀黍、马铃薯等佐之。多系自耕而食，贫户米、麦无多者，歉时多以马铃薯充饔飧；山居者，耕种山地，大都以荞、包谷为恒粮。【《民国嵩明县志（二）（16）·卷之十九·礼俗·饮食》，页134】

饮食：日用饮食，恒安淡泊，饭食尚粟、荞、麦，亦兼用菜，食豆韭菘占多数，肉食以猪、鸡、鱼为主；品饮用茶酒，他非所尚，虽有时宴会，嘉宾必用海菜者不过偶一为之。【《民国续修新平县志（二）（31）·第十七·礼俗》，页324】

衣食：宴客仅用八簋，山间居民多衣粗麻布，间食各种杂粮。【《民国景东县志稿（一）（32）·卷之二·地理志·风俗》，页651—652】

饮食：顺俗常居饮食，风尚简朴，城市间饭食多以米为主品，乡村除食米外，则有玉蜀黍及杂粮为副食品者，其他佐餐之物则各随时、地情况而异。兹将其风尚及特产约述于下：以季节言，则新年末花茶，元宵之汤圆，二月八日之米线，端午之角黍、包子、蒲酒，中秋之果饼，重阳之菊酒，冬至之糍粑，大概与全国同。岁腊之年猪，则尤喜邀亲邻，以食生肉凉拌；又平居之好酒，喜以小土罐烹茶，殆极普遍。

至宴客筵席，上品为十件多用鸡、豚、鸽、鸭，间用山珍、海错，燔炙鱼脍，盐甜辛酸，纷陈杂进十件，即五簋五盘外，加四冷荤、四水果，次为五碗四盘多用鸡豚，间加围碟。婚丧及普通宴客则为八簋多用豚肉，间用鸡肉。

食品则鸡虾、甜笋、鹿脯、麂腿、野雉、熊掌、香蕈、蘑菇，皆为佐馔珍品，而甜笋则为特产，鸡肉分曝干、油炸、酱浸、即干油水三种，鱼则因产于沙河，其味较鲜；又燔肉米线，生肉凉拌，亦有殊味。调味则多喜用辣椒，余与全国同。蔬食方面，则僧寺之伊蒲馔式素荤席，咸菜亦饶风味。【《民国顺宁县志初稿（二）（37）·卷九·礼俗》，凤凰出版社2009 年版，页 228】

侬人之食品：好吃水牛、田螺，其不于人者，尤好吃蝦蚄虫蜻蜓幼虫、蝌蚪蛙类之动虫，谓其味之美。诸物英与京当春夏之间，田水澄清，两种幼虫产生最多，侬妇三五成群，手网兜而腰篾篓塞裙，立水中目注而手营，皆捞虫者也。【《民国马龙县志（一）（45）·卷二·风俗志》，页 219—220】

捌梗：捌梗之豆豉，是族所作豆豉，别饶风味。制法：选豆去皮煮之，软熟置于稻草窝中，使之发热，取出拌以冷水，入臼捣碎，包以蕉叶，即成卖品。其气甚臭，其味甚美，但不习食者难以下咽也。邑人嗜之者甚多，亦有数百里外之亲朋指名相索者。【《民国马龙县志（一）（45）·卷二·风俗志》，页 230—234】

苗人嗜狗肉，款宾以狗肉为上品。若杀狗款宾必留一腿不尽食，迨宾归去用作馈赠，以示为宾杀狗之意。

苗人生活极简单，谋生无宿计，故烹一牛、开一甏，一餐可尽也。累月无酒肉、无油盐，不以介意也。【《民国马龙县志（一）（45）·卷二·风俗志》，页 237】

饮食：县属饮食，不尚烹调，因人民好食生肉，故所宰猪羊，不用汤退，概以火烧，多以玉麦酿酒而饮之。有余则卖诸市中，故外属之米酒，不能运销镇地。居山人民食米之外，兼食玉麦，因本属山多坝少，产玉麦甚多也。城坝摆夷，好食糯米饭与酸味之菜。此又因地气炎热之故耳。【《民国镇康县志初稿（58）·第十七·礼俗》，页 284】

饮食：《蛮书》：俗好饮酒、歌舞。《新唐书·南蛮传》：饭用竹箸，抟而啖之，乌杯贮羹。《太平寰宇记》：民能鼻饮水。《甘志》：彝信有吃牛者，用鸡羊肝剁细，调以醯蒜入杂沮中食之，名曰"肝生"。（又）姚州土性，九谷皆宜，而稻麦较多，故饔飧咸资稻麦，惟山间硗确之地仅堪种荞稗，彝人半食荞稗。（又）俗好饮酒，村民入市必痛饮至醉；醉后，每有恣事者。《采访》：道光以后，民多嗜吸鸦片，近宴会时一榻横陈移宵竹战，虽严禁，尚未断绝。彝人性益嗜酒，喜烟茶，虽儿童亦习之。祀神，宴会撒松叶，设席酒食，按人分配各食。【《民国姚安县志（66）·礼俗志第七·风俗》，页246—247】

饮食：日用、饮食恒安淡泊，婚丧治客仅用八簋。惟近年以来，生计虽极艰难，而宴会嘉宾必用海参、鱼翅。工人劳动嗜饮者多，故邻封之运酒入境者，亦复不少。【《民国盐丰县志（69）·卷之三·地方志·风俗》，页316】

饮食：汉人饮食习惯与中州同，麽㜂、古宗、傈㜂，饮食简单，惟嗜酒。麽些、傈㜂多食粥，古宗酥油茶、牛羊肉、糌粑外无嗜者。【《民国维西县志（83）·第十七·礼俗》，页300】

十二　人口数量

　　俸彝边地，例不编丁，入于条银内，百姓输将便益。【《康熙新平县志·卷之二·风俗·附种人》，梁耀武主编：《康熙玉溪地区地方志五种》，云南人民出版社1993年版，页315】

　　民为邦本，天子受民数则拜之圣人，见（召）[员]版则式之重，邦本也。我朝休养生息，重熙累洽，现在民户八千八百八户，大、小人丁三万七千九百七十八丁口；屯户五千三百五十七户，大、小人丁二万三千四百四十三丁口。较前不啻十倍，生齿之繁，朝廷教养之恩，有以致之也。绩户口志。【《道光通海县志（27）·户口》，页167】

　　广南向止，夷户不过蛮、獠、沙、侬耳。今国家承平日久，（直）[滇]省生齿尤繁，楚、蜀、黔、粤之民携挈妻孥，风餐露宿而来，视瘴乡如乐土。故稽烟户不止，较当年倍蓰，教训而约束之，德威并用，宽猛兼施，惟在贤守令驭之有道而已。志民户。

　　康熙五十八年三月十八日奉恩诏，此后遇编审之期，俱据康熙五十年丁册定为常额，续生人丁，永不加赋。乾隆九年，奉行设保甲，稽察匪类，着五门四乡各兵目，将村寨烟户编为十家保甲。乾隆四十年编造保甲烟户，清册计三千五百五十五甲，三万四千九百九十七户。道光元年编造保甲，四千五百余甲。然遗漏甚多，且流民忽去忽来，迄无定数，万山之中，假手胥史编查，更难深信。【《道光广南府志（43）·卷二·民户》，页201—202】

　　腾越户口自建置以来，迄于国朝嘉道间，凡载在志乘者，俱不复赘。咸同间，兵燹频仍，户口亦不可纪。迨光绪五年，始查得土著民一万九百三十六户，男、女五万五千四百七丁口，至今又二十余年矣。烟户之稽察，岁岁认真。兹特据其册报所载者，分别城保练隘，详列于左：

　　……

　　腾素无旗户，以上皆系汉户，通共计烟户二万四千六百二十九，男、女丁口共十二万一千一百四十九，内计男丁六万四千六百四十二，女口五万六千五百零七，而一切夷户载于各土司、关隘、人种类下，回户丁口载入宗教，即汉户移居土属者，俱随地、随时附载。惟僧道、客民聚散无常，皆所不入。【《光绪腾越乡土志（35）·户口》，页 617—623】

考民数于周官，献版以为多贵，盖郡之本在民，民之籍在庶。昭于雍正间，易蜀隶滇，设流制蛮，一时流寓寄籍耕商为业在不少，土著夷民蔓延山谷在名多。自八年土酋禄美福之扰，民逃亡死徙，村舍顿成丘墟，安异于殷繁哉？皇师剿除，招徕耕织，积四十一年之生聚，不仅汉民生齿日益，即倮类烟火亦大异于当前之。容落、美蹂在倮酋初归，夷户未列编丁。今平成日久，境内汉、夷（沈）［绅］庶极及繁茂，并举之循良司牧经画原更，较数治沿用，以编执连为乡甲，分设一十三堡。【《宣统恩安县志（5）·卷五·户口》，页 258—259】

云南自古为荒徼地，其人皆夷种耳。至元以来，始有蒙古及中国人居之。今则汉人几十之四，即夷人亦耻以夷自居矣。计云南一省之中，种人有爨蛮、罗婆、摩察、仆喇、普特、窝泥、懦比、黑铺、拇鸡、么些、力些、摆夷、土狪、扯苏、山苏、古宗、西番、峨昌、哈喇、鸟麦、盆岔、罗缅、卡惰、卡瓦、黑濮、嫚、且忧喇、利米、小利、密喇、泥孔、答喇、五比、苴果、葱呵臧之属，有白人、怒人、土人、侬人、沙人、蒲人、僚人、缅人、仲人、倈人、野人之属，有倮倮、黑倮倮、沙倮倮、撒弥倮倮、阿者倮倮、乾乾倮倮、鲁屋倮倮、撒完倮倮、阿蝎倮倮、葛倮倮、倮黑之属，其系皆出自樊莬氏，故字多从"犬"，汉人总名之为"倮倮"，盖夷之也。其种计六十有五。宁州所有者，白倮倮、黑倮倮、妙倮倮、普特、窝泥、爨夷、土僚、白人、土人九种而已，窝泥一名曰"窝者"，普特一名曰"普得"，土僚一名曰"土考"，白人一名曰"白儿子"。【《宣统宁州志（32）·风俗》，页 231—232】

宣境人民约三十万，种族攸分苗、回、夷、汉，芸芸扰扰，各怀志愿，治归大同，希符国宪。

类别：照广义之民族主义，凡有血气之伦，其骨干发肤相同，□皆可联为一大种族。与族似不必鳃鳃过计，然必老吾老然后有以及人之老，幼吾幼然后有以及人之幼，递推递广，挈矩之道所由重也。特将本境民族分叙如左：

汉人：宣境，本夷疆也。明洪武中，开滇置驿通道，因取土司腹地，设卫所，立屯戍，充实地方，用资控制。于是，炎松以北倘可，以南皆有一线官道为卫所辖境，其以指挥、镇抚、千百户等职官，斯土即占斯籍者，固多而从军之士，或橐笔而来，或荷戈以至，或为农、为商、为工。初隶尺籍时，即已报明职守，辄从其便。盖太祖设法，徙民苏、松、嘉、湖、杭一带，土著除移田临濠外，来滇者实属不少。今随执宣人询问原籍，大多数皆言"来自南京"，盖其祖皆乌撒卫所屯戍之众也。建文、永历两代均有从亡之臣流落于斯。清初，两次用兵，将士中留居斯土者亦有所闻。其后铜厂旺，则川、陕、两湖之客来；碗花盛则江西之帮至。邑中汉族竟占全人口十分之九，为主要部分，吁亦盛已。汉族之中，旧推缪、樊、孙、吴、王、杨数姓为最盛，浦、宁、包、徐次之，余若戴、范、冯、朱、符、何、高、耿、赵、谭、晏、陈、邓、魏、张、李，时有知名之士，殷实之家而族属无多，或虽多而同姓不宗，散布各区，数百家同出一系者有间矣。

夷人总说：邑之汉人皆客籍也。惟夷人原属土著，其种有四：曰黑、曰白、曰干，曰黑干，据《滇系》保保者，卢鹿之讳。《新唐书·南蛮传》："东爨、乌蛮与南诏世为婚姻，其种分七部落……五曰卢鹿蛮爨，使君碑谓爨氏系出令尹子文"；《唐书》云："西爨自言本安邑人，七世祖为晋宁太守中，国乱遂王滇中"。据此，则黑、白二夷分派甚远，不同出于卢鹿部矣。《古滇金石考》谓"今曲靖黑、白保保，皆二爨之苗裔也"，二爨之裔既同，以保保名，则因卢鹿而为保保之说，益不足据矣。但在他人之对称，有时或从其创见知有卢鹿部，而于他部之名义未详，则姑混称之曰"卢鹿"，未可知也。

黑夷，原系土州支庶，土司家法，除以长子代袭外，余子皆曰黑夷，为贵种，凡营长、土目，皆其类也。面微黑而形犷浊，为彼族特征。

白夷，《旧志》此项土人于夷种为贱，据《南诏野史》谓"即西爨白蛮"。《昭通县志》以为旧系夷目，其家贫者居多，凡起居一切不敢与黑夷相攀以《唐书》证之，当蒙氏徙西爨蛮实永昌时，东爨以言语不通得不徙。是西爨之徙，是以语言相通，故也。其后，东爨复振而西爨遂弱。元仁宗时，签爨、僰军屯田曲寻、乌撒，是时乌蛮强盛，白蛮受其役属，不敢与抗，亦固其所。又《霭益州志》谓"白夷于诸夷中向化最先，近城市者衣冠、礼仪一如汉人"等语，与《唐书》"被徙永昌，或得不徙之故"适合，是白夷实即西爨种也。邑中若茨营姬姓、扯卓龙姓、瓦路窪海姓及从前木冬河之戈姓等，当即其种。

干夷 "乾" 或作 "刚" 音之转也：俗谓之干倮倮，呼黑、白夷为主，见即跪拜侧向，不敢坐。

黑干夷：居必深山密箐，全不开化，其种又贱。于干夷，《续通志》称此种夷人惟宣威有之。余查其性行与《职贡图》所指之妙倮倮相近意者，同系一种而称谓各殊矣。

白儿子："白" 一作 "僰"，或曰即元时所 "签僰" 军屯田于兹者也；或曰汉赘于夷，其子孙别为此种，本境西区及西南区有之。

苗子：自谓 "仲家"，本境毗近黔、桂、楚南，此种人大都由三省中迁入，就中又分花苗、青苗两种。花苗偶以射猎入境，青苗则以西北区之火木硐等处，有田、罗、陈、蔡、何数姓，佃田其间。

回子，本境回族不知其所自始，考之《元史》延祐二年立乌蒙军屯，以畏吾儿及新附汉军屯之。畏吾儿者，今新疆省之东部也，而乌蒙即今之昭通。有清改土，哈元生两定其地，所部兵亦多回民，领土估籍，先踞昭之沃壤。是宣之北邻，早有回族矣。元起朔漠，并西域，横扫而南，所部兵非蒙古即回回，而赡思丁父子复以回回人久治于滇。滇垣附近之有回族也，亦固其所。本境距省七亭，距昭五亭，势易波及。咸同之际，马联陞由昭窜入，距西南边外之卡梨，以应杜文秀为回汉之争。是时，境内人民诈冒回籍者所在而有，而黑、白等夷，亦且受其愚诱，谬谓与之同祖，干戈扰扰几二十年。呜呼！种族之见亦深矣。邑中回族若南门前及甘家屯速氏、水西营永安铺丁氏、秃头梁子马氏，著籍均久，当系真正回族，来自昭通及省。其梁子上孔氏，自云其先本宣圣之胤，赘于回而改从其俗。以是知境内回人，旧原汉族者多也。【《民国宣威县志稿（二）（13）·卷八之四·民族志·民族》，页227—232】

种族：古代种别，本属古代种族《续州旧志》，除据境之首长外，余概未载其详，不可得闻，兹就可考者录之。车氏、枳氏，系乌蛮族，自周至战国时，据郡为酋长。庄蹻后属，自汉至晋据州之酋长。李特据蜀汉州，西晋宋、齐、梁、陈、隋五代未详。蒙氏，自唐至后周据州之酋长。段氏，宋时据郡之酋长。高氏，高阿况、高情等大理人段氏都阐侯高泰明族，至明洪武十五年平云南，情既附，而遁因减之，改设流官。

除上列各氏外，明、清两朝汉族迁入日多，回族次之，就此次采访，分别大姓、希姓并土著者录之：

大姓：境内大姓有第一区前崇月乡小倚半村之张姓约八十余户，大山脚洼登村之李姓约四十余户，县城木作村之董氏约六十余家；第七区邵甸凰邑村之杨姓约二百户四大姓杨，同姓不宗，甸头、甸尾村之刘村、秦姓，龙潭营之黄姓，苏海村之苏姓，南营村之计姓、汤姓、沈姓，上、下纳堡村之李姓，腰站村之顾姓，阿子营之司姓，小营村之邹姓、孙姓，马军之余姓，回子营回族之马姓及二区积德村、三区回辉村六区老猴街等处回族之马姓，每姓各有二三十户以至四五十户；第六区白龙乡上马坊之把姓、李姓，下马坊之叶姓，大山哨之左姓；第五区杨林乡之管姓、戴姓、牛姓；第四区上、下矣铎村之李姓，亦各三四十户至百余户，此皆大姓之显著者也。

希姓：希姓有赵、吴、王、陈、周、朱、尤、何、施、曹、陶、姜、潘、范、柳、殷、罗、毕、傅、余、孟、萧、尹、明、茅、熊、杜、徐、高、胡、包、邓、崔、陆、段、龙、翟、尚、钟、沙、俞、关、月、猫、白、先、喇、钱、冯、伍、晁、土等皆希姓也。

以上大姓、希姓，除小倚半村张姓闻系在汉时即已入滇外，则余以明代入滇者焉。多属南京籍者，约居十之六七，属于江西、四川、陕西籍者约居十之二三，土著者不及十之一也，然有完全谱牒可考者，甚属寥寥。

土著：在先土著，民皆为夷族，分为苗族、倮倮二种，散居四山，向未统计，未得其人口确数，约计仅有二百余户，一千余人而已。【《民国嵩明县志（二）（16）·卷之十七·氏族》，页96—98】

种族：我邑种族。考《旧志》：以麽些、古宗、喇妈、龙巴、喇嘛、栗粟、怒子、俅子等为八种。麽些居城外，亦村及河边沿江一带。古宗居在奔子栏、阿敦子两区；喇妈、龙巴、栗粟三种散居河边、江边、山头；喇嘛概在佛寺，乃古宗、麽些两种人为之，怒人远在怒江，俅人远在俅江，各有地，如诸语言、习惯。近十年来，外地客商，如四川、大理、鹤庆、丽江牵车牛远服贾，星罗棋布于各乡各村，几乎有汉到夷绝之势。未设治之先，虽属概夷类。自改土后，礼熏乐陶，附近夷人大羊出汉人习惯，与汉人不甚悬殊。当道苟留心教养，数十年后，安知夷人不成汉乎？此乃意计中事耳。虽然，汉夷有何区别？如舜生于诸葱，东夷之人也，文王生于岐周，西夷之人也。近如欧美各国亦外夷也，而其人能立功、立德、立言，并能发明福国利民之事，即夷何伤，则种族之界限大而国小，而乡当化除之也。其族之远而繁者，土职以女千总禾娘裔为尚禾姓、从木。据土人说，丽江木上守委人辖维西于木，上撇为"禾"，以示区别，即禾娘之先兆也。今阿敦子千总木姓、叶枝土职王娘禾姓，皆其后裔也。其次，以临城土把总王仁族为尚，如永安王循礼、钱康、普王皆仁后裔也。其他奔子栏土千总王姓，其宗土职王姓、方姓、古姓，施顶桐姓、康普喃姓、沿河钱姓等，门户虽多，而丁口稀少。推其原因，实由于土官多迷信，以有子多做喇嘛为荣所致也。汉人则为官、为商，或充绿营兵，奉拨而流寓者。城中其族之较他姓繁衍者，以胡、赵、李、何、施五姓为尚；其他秦、魏、翟、杜、荃、王、林诸姓，每族不上七八或十户。

【《民国维西县志（83）·第十五·民族》，页 275—277】

十三 教育习惯

云南……无秔稻桑麻，子弟不知读书……教民播种，为陂池以备水旱，创建孔子庙，明伦堂，购经史，授学田，由是文风稍兴。【（清）毕沅：《续资治通鉴》，卷一百八十三，"元纪一·世祖至元十三年"，中华书局1957年版，页4998】

永乐元年，楚雄府言："所属蛮民，不知礼义。惟僰种赋性温良，有读书识字者。府州已尝设学教养，其县学未设。县所辖六里，僰人过半，请立学置官训诲。"从之。【（清）张廷玉等：《明史》卷三百十三，"云南土司一"，中华书局1974年版，页8072】

寻甸府：诸夷杂处，习尚顽梗。白人与居，颇知向善。置流建学以来，其俗渐改，人文可睹。《旧志》。【（明）刘文征撰，古永继校点：（天启）《滇志》卷之三，"地理志第一之三·风俗"，云南教育出版社1991年版，页111】

富民县：地虽僻处，民俗颇淳，以耕为业，终岁之计取给亩，其后俊秀子弟，事诗书，列科甲者，亦蒸蒸蔚起焉。【《康熙云南府志（1）·卷二·地理志之七·风俗》，页57】

昆阳州：地薄民淳，汉彝杂处，士民耕读，各乐其业。【《康熙云南府志（1）·卷二·地理志之七·风俗》，页58】

云南府：人禀名山大川之气，子弟多颖秀，科第显盛，民遵礼教，畏法度，士大夫多材能，尚节义，彬彬文献与中州埒《旧志》。汉多彝少，风气渐开，士雅民淳，教化易人，耕织、贸易各安其俗。自元、明至本朝，人物科第后先振起，服、食、器用骎骎乎有中原之风焉。【《康熙云南府志（1）·卷二·地理志之七·风俗》，页57】

晋宁州：子弟服于文教，科第亦甲于他邑，中原风气十得七六矣。【《康熙云南府志（1）·卷二·地理志之七·风俗》，页57】

呈贡县：去省未远，习俗多同，士秀而文，能尚礼节，民朴而俭，劳

于胼胝，科名蔚起，代不乏人。【《康熙云南府志（1）·卷二·地理志之七·风俗》，页 57—58】

安宁州：汉彝杂居，相沿既久。自明洪武间，人多习儒，诵读之声遍于闾巷，科目之盛，济美后先，文物衣冠几于中州埒，俗尚俭约，不事浮夸。乡人多负薪自给，猓猓之性喜祷鬼神，近亦熏陶教化，渐符汉俗。【《康熙云南府志（1）·卷二·地理志之七·风俗》，页 58】

《旧志》云：猓人易化诸类杂处，种类非一，惟猓人知书，易于化导，予既悯诸彝之寡识，而喜猓人之易化见《布政张公具立禅院记》……文行特起之，士间见迭出见《翰林侍讲余学历重修儒学记碑内》，声名文物之成不下内地见《学正胡仕本分司记》。数十年来，沐浴圣化，教养已深，比户弦诵，尽成礼义之俗矣。【《康熙晋宁州志（6）·卷之二·风俗》，页 19】

古者天子采风，列侯贡俗，贞瑶美恶，于以察焉。罗平昔在蛮彝，乔野之习，椎髻之形，宜为士君子所弗齿。自设流及今，商贾辐辏，四方之集者日益，文教聿兴，人士之彬雅者济济，上者俭而知礼，下者稼穑而安于教，熏陶渐染，日臻于美矣。志风俗。【《康熙罗平州志（19）·卷之二·风俗志》，页 189】

白人，按《通志》，古白国之支流也，旧讹"白"为"猓"，实非一类，其服饰与汉人同，惟俗习、语言则异，多有读书登仕籍者。【《康熙罗平州志（19）·卷之二·风俗志》，页 190】

士秀而洁文章，能自出机轴，不寻章句，高明者往往崇尚气节，以砥末流。乡大夫爱静之甚，民多畏法，几有不平，宁弃不争，妇女尚纺绩。【《康熙通海县志（27）·卷之第二·风俗》，页 25】

上被之为"风"，下成之为"俗"，楚郡风俗著于前闻者，《樊绰志》云："土壤硗瘠，人俭而畏法"；旧《滇志》云："地当孔道，而不染于纷华，文教日兴，士风驯习。妇人不尚泽饰，故淫风绝少，虽贫贱之女不嫁为妾"。此其大概也。然风俗何常由上所化，在司兹土者加意焉。汉人有自明初谪戍来者，有宦游寄籍者，有商贾置业入籍者，冠婚丧祭以及岁时之礼备载于后。【《康熙楚雄府志（58）·卷之一·地理志·风俗》，页 356】

元谋昔多彝俗，数年来习文教者，每村有馆，而诗书之泽日新月盛。业耕凿者尚勤贵俭。而诸彝俱通汉语，衣冠俱如时制，和乐之风，息争少讼，是皆朝廷治化，无远弗届者也。【《康熙元谋县志（61）·卷之二·风

俗》，页 137—138】

一曰倮倮：土著之乌蠻也，为哀牢九族之一……近亦向慕华风，知读书，有入庠序者矣。茅性涉愚，疑故其族类中，有狡悍贪戾者，反为之蠹，深可慨也。然此种惟蒙境有之，并不与他郡倮倮同。【《康熙蒙化府志（79）·卷之一·风俗志》，页 48】

一曰㛠人：即"白人"也……近亦有读书，通仕籍者。【《康熙蒙化府志（79）·卷之一·风俗志》，页 48】

一曰回回：本西域回回国之遗种，元世祖掠徙至滇，因占籍于蒙，入里甲，有差徭……今亦有读书，通仕籍者。【《康熙蒙化府志（79）·卷之一·风俗志》，页 48】

一曰客籍：皆各省流寓之后，及乱后寄籍于蒙者，而豫章、巴蜀之人居多，勤贸易，善生财，或居阛阓，或走外彝，近亦有善读书，通仕籍者矣。【《康熙蒙化府志（79）·卷之一·风俗志》，页 48】

虚于乡：善酿酒，重商贾，重儒，文以士显，武亦继起，耕读各半。【《康熙宁州郡志·风俗》，梁耀武主编：《康熙玉溪地区地方志五种》，云南人民出版社 1993 年版，页 46】

易富乡：多诵读，山尚火耕，文以科目显，武以骑射长，彝人近习礼，重儒术。【《康熙宁州郡志·风俗》，梁耀武主编：《康熙玉溪地区地方志五种》，云南人民出版社 1993 年版，页 46】

婆兮乡：风气渐开，颇尚儒术，近深王化，习尚礼义，勤耕种。【《康熙宁州郡志·风俗》，梁耀武主编：《康熙玉溪地区地方志五种》，云南人民出版社 1993 年版，页 47】

士秀而文，崇尚气节，民专稼穑，衣冠礼度与中州埒《旧志》；号"诗书郡"《元志》；人多畏法，少有不平，宁弃不争，多爱清雅，敬老崇文《郡志》；婚礼近古《旧志》；俗喜向学，士子讲习惟勤，人材蔚起，科第盛于诸郡《郡志》【《雍正建水州志（一）（54）·卷之二·风俗》，页 153—154】

黑倮倮：营长常勾连东川、乌蒙，沿边滋事，绑虏人畜。由是戍五郎坡、戍陈枋桥、戍莺哥嘴、戍松韶关，以防之。今各属夷人皆已底定，安司革除之，后俱极奉公守法，各安生业。钱粮归州，无通抗考成之累。土地、人民归州，有统辖操治之权，贤良牧守，更得所以抚驭之道，勿滋扰，勿过求，宽严互用，使之怀德畏法，则久道化成，不难蒸蒸丕变矣。

【《乾隆霑益州志（17）·卷之二·风俗》，页 34】

士习（醇）［淳］谨，不逐声华。国家教养百余年来，雅化覃敷，见闻日扩，科甲继续，儒林振兴，即间有溺于苟安者，惟在训迪有人，化导有方耳。【《乾隆永北府志（42）·卷六·风俗》，页 25】

大理府属：大理四州三县，山川各异，而风俗则大略相同。士大夫坦白恂谨，无矜奇骇俗之行，贵不陵贱，富不骄贫。服官者率以清白自期，一有宦橐可指，则乡里群鄙之。故致仕者，往往贫窘而不能以自存。明嘉万间，科甲繁盛，文章理学实贯南中。樊绰谓"山川灵秀，代有人物"，郭松年谓"俗本于汉，民多士类"，李京谓"书有晋人笔意"，《旧志》谓"科第显盛，士尚气节"，以古证今良有然也。【《乾隆大理府志（一）（71）·卷十二·风俗》，页 298】

邓川州：邓川山多，狮虎旗鼓之状，故其人勇悍而喜斗，然好义。有为之士，亦由此钟焉。自明文教聿兴，科第继起，蔼乎成弦诵之风矣。至于婚姻相助，疾病相扶，教学相资，亦庶几仁厚之俗钦。独是弥苴之水患，岁以为忧，堤防稍疏而田庐为鱼鳖之窟矣。西成鲜利，东作徒劳，不预绸缪，民困宁有瘳乎？愚民疾病辄感于妖巫，祈祷四出，虽倾产勿恤也。民多白人，俗与太和同；他若鼠窃，率多出于猓猓，缉捕之责专在土知州。故民常有借其所辖之砦蛮，巡守村堡，岁出谷米、衣食之有失，即令偿之，是为"看窝"云。【《乾隆大理府志（一）（71）·卷十二·风俗》，页 301—302】

浪穹县：初亦甚悍猛，近皆向学，知礼法，争延师以教其子弟，而刀弩之习渐可衰止矣。【《乾隆大理府志（一）（71）·卷十二·风俗》，页 302—303】

语云"百里不同风"，赵州昆弥岭有南、北之分，而土风亦因之以异。岭北冲瘴而俗朴，岭南民杂而俗浮，岂所谓习俗移人，贤者不免即然。吾闻风俗与化移易力，今圣治翔洽，一道德以同风俗，赵之人家弦户诵，科第接踵矣。转移教导之权，权自士夫倡之，而人心、风俗有不益趋于淳正者乎。志民俗。【《乾隆赵州志（77）·第一卷·民俗》，页 33】

民俗：山川灵秀，代有人物樊绰[1]，俗本于汉民，多士类郭松年[2]，科

---

[1]　此指唐人樊绰的《蛮书》。

[2]　此指元人郭松年的《云南志》。

第显盛，士尚气节《旧志》。【《乾隆赵州志（77）·第一卷·民俗》，页33】

州城读书嗜古，孝悌力田，上十八村淳良务本，崇文畏法，下十八村耕读贸易，汉夷相兼，弥渡人文与州城并盛，但五方杂处，习尚稍殊，下川汉夷相杂，务学重农，白崖耕织相兼，回汉杂处。【《乾隆赵州志（77）·第一卷·民俗》，页33】

种人：汉人多明初所设卫所，军官之后及仕宦流寓者，颇敦儒术，取科第，一洗夷俗。【《乾隆赵州志（77）·第一卷·民俗》，页33】

白人：一称"民家"……然性勤俭，力田，颇读书，习礼教，通仕籍，与汉人无异。【《乾隆赵州志（77）·第一卷·民俗》，页33】

卢鹿：土著，乌爨之后，俗讹为"逻罗"……今亦有读书入泮者。【《乾隆赵州志（77）·第一卷·民俗》，页33—34】

汉人一种，明初设卫所军官之后，及土宦流寓者，颇习诗书，取科第一，殊夷俗。【《乾隆云南县志（80）·卷三·民俗》，页662】

石屏，旧为荒服……俗尚节俭，急输，将近者礼让渐讲，革面未能洗心焉。至山寨夷众，皆居茅屋土垄，语言、服饰、婚丧、饮食，犹仍旧习。其英俊者习诗书，学文章，游泮者，岁不乏人，现有登甲榜者，非圣朝文教之隆，曷克臻此。【《乾隆石屏州志（51）·卷之一·地理志·风俗》，页28—29】

右各种夷人乃《旧志》照《通志》采入者，其实阿之土著夷人，惟俅俅、土僚、摆夷、仆揦四种为多，而傍甸乡兼有依人、沙人，又袈衣一寨半系白儿子，又称民家，内俅俅、土僚、摆夷三种，几住居平坝者。语言、服色与汉人无异，且有读书应考入庠，捐国学生者。其民家一种，男女生尤俊秀。依、沙人语言差可识别，惟仆揦多住深山密箐中，能通汉话者甚少。【《嘉庆阿迷州志（14）·卷之六·风俗（种人附）》，页550—551】

《志》曰："野安耕凿，户习诗书，民无告讦之风，土有干谒之耻"，岂过言哉。

吾滇人重去乡，昆明为尤甚，县中自士大夫之服官于外，惟乡举赴礼部试乃出里门。【《道光昆明县志（2）·卷第三·风土志第三》，页25】

僰人：居多近城郭，习汉语，渐染华风，惟祀先稍异。【《道光昆阳州志（3）·卷之五·地理志·风俗志（种人附）》，页310】

黑俅俅：初不通汉语，今渐染于华，亦有习诗书列子矜者。【《道光

昆阳州志（3）·卷之五·地理志·风俗志（种人附）》，页310】

土知务学，里多弦诵。汉人有因商贾而来入籍者，有因谪戍而来入籍者，子弟聪颖多读书，事半功倍。夷人渐摩华风，亦知诵读，子弟多有入庠序者。至于冠、婚、丧、祭以及岁时之礼，与各处同，崇儒重教，颇喜为善。【《道光威远厅志（35）·卷之三·风俗》，页88】

黑窝夷：宁洱、思茅、他郎、威远有之……通晓汉语，近有读书应试者。【《道光威远厅志（35）·卷之三·风俗》，页92】

黑猓猓：营长常勾连东川、乌蒙、沼边滋事，绑掳人畜。由是戍五郎坡、戍陈枋桥、戍莺哥嘴、戍松韶关，以防之。今各属夷人皆已底定安司革除之，后俱极奉公守法，各安生业。钱粮归州，无通抗考成之累。土地、人民归州，有统辖操治之权，贤良牧守，更得所以抚驭之道，勿滋扰，勿过求，宽严互用，使之怀德畏法，则久道化成，不难蒸蒸丕变矣。【《光绪霑益州志（17）》，页350—351】

士知诗书，科第相承，耕耘纺织。民敦本业，衣冠、文物、风土人情并称永昌，此腾风俗之大致也。【《光绪腾越厅志稿（39）·卷之三·地舆志下·风俗》，页264】

文教丕兴，科第不乏《元志》；义慨相尚，有燕赵悲歌感慨之风操，觚摛辞亦以奇胜《滇志》；士习雅饰，民风纯朴，俗尚俭约，事不繁而讼亦简，号称易治《图说》；尤重气节，以奔走谄谀为耻。【《光绪鹤庆州志（80）·舆地志·卷之五·风俗》，页320】

《府志》：山鲜崭削，地多平衍，谚云"云南熟，大理足"，然则邑固沃土也。民初，至朴自兴卫军杂处，俗用滋漓，今其风渐靡，急宜远朴。《旧志》：……其子弟之后秀，专意读书，志在科甲；《采访》：咸丰岁丁巳，回逆陷城，遭蹂躏；迨同志岁壬申始克复，民知朴约。冠婚之礼不事华靡，丧祭如昔。自癸酉迄癸未，城乡患疫疾，户口凋残。有赘川民为婿者，风气较前移差，而男耕女纺，士奋诗书，尚兴盛，时无异。【《光绪云南县志（8）·卷二·地理志·风俗》，页77—78】

绅士性多宽忍，无嚣凌气习，雅重儒术，但有实学，即一介寒儒，咸相钦敬。若不知诗书，虽称豪富，视之蔑如也。【《宣统续蒙自县志（49）·卷三·社会志·风俗、彝俗》，页286】

白儿子：其俗在夷、汉之间，奉祖先纯系夷法，而男读书，女缠足，衣服、礼仪一如汉制。《旧志》缺而不载意者，以白夷当之矣，但白夷以

不缠足,不能相混。【《民国宣威县志稿(二)(13)·卷八之四·民族志·礼俗》,页261—262】

按:《云南府志》云:……县属汉多夷少,仅有南屯之绵羊坡、大黑箐,北屯之清水塘、五家村、野猪窝、小宰格、鱼腊古、宝洪山、靖安哨等处,统计邑中夷人不过二百余户,衣服、饭食与汉人迥别,其语言对夷族则说夷话,对汉族则说汉话,其文字多用汉文,间有夷文者。今则文明进化用夏。蛮夷男子剃发、衣饰,知书识字,渐除昔日狋獠陋习。而靖安哨一村距城较近,开化尤先,先前清士子已有入庠者。民国成立,创设学校,山林中有弦歌声,将来改良进步,道德一而风俗同,可拭目俟之矣。【《民国宜良县志(一)(23)·卷二·地理志·风俗》,页155—156】

家贫,喜读书,人文科甲较他州为盛见林尧庸《志草》。【《民国续修马龙县志(25)·卷之三·地理·风俗(附种人)》,页155】

伊昔设流,建学以来,泮林日盛,科第蝉联,文章节义之士前辉后映。兵燹而后,士大夫家散处,乡曲有积月累年不至城市者,故为善者多孤立。【《民国续修马龙县志(25)·卷之三·地理·风俗(附种人)》,页156】

弁言:滇省汉、土交错,自昔号称难治,僰俗、蛮情调习尤属非易,种类不齐,各奉其长,争相雄长。土司时代,以夷制夷,无官民之礼而有主奴之势,土民之受苛虐,诚有无所控诉者。元邑,古西南荒裔也,唐宋以前诸蛮迭据。明季予之土职,假名器以惧部落。清初改为流官,稽户口而纳田赋,濡被休风,已渐有同化汉民之望。然深山穷谷之间,悬崖绝壑之地,顽梗土民蠢然无知,不服诗书,不入城市,愚者则偷生苟活,黠者则剽悍劫夺。毋亦政令之未施行,教育之未推广也矣。土情虽诈,尚可以信孚;土性虽贪,尚可以廉。格有教育之责者,诚能多设学校,择土民聪颖子弟肄业其中,稍通文字,又可养成师资,以夷训夷,教易人而感化尤神。数年之内,畛域既化,文教自洽,安知衣冠礼仪其始异者,其终不从同耶。志种族。

汉族人物既详志于上矣,而元自昔人皆蛮僰,至今与汉杂处,丁口尤占多数。夫同为黄帝苗裔,近又变语言,改服饰,濡染华风,渐有变夷之象。若屏而弗录,不乖共和之意乎?爰取《汉书》哀牢种人之语,记为此编,图其种类,详其习惯,以觇其将来进化之速率焉。【《民国元江志稿(一)(29)·卷二十·种族志》,页137—139】

事业：男必读书，女习女红，男子年周六岁诹吉日送入学校，执贽拜师，逐日早、午、晚，上学三次，女子六岁教以手工，各家刀剪、纺织之声（尽）［昼］夜不绝。【《民国景东县志稿（一）（32）·卷之二·地理志·风俗》，页651】

明徙江宁大姓实边，保山一县多吴下风，故俗有"小南京"之号。龙陵本保山旧属。《府志》载：风俗与保山同，而纯朴过之。今实业萌芽，学堂林立，旧染污俗，咸与维新。持综其习尚，以备辖轩之采。【《民国龙陵县（40）·卷之三·地舆志下·风俗》，页97—98】

龙陵风俗纯厚，由来旧矣，男务耕读，高尚气节，女勤纺绩，谨慎闺闱，浑浑噩噩，有太古风，初无凉薄习也。及世风日下，不免踵事增华，渐失浑朴气象，斯亦运会使然耳。然有未可厚非者，婚姻论门第，丧葬称有无，富者好礼，慷慨乐施，贫者固穷，廉隅自励，尊师重道，革薄崇忠，妇女不尚艳妆，亲操井臼，即士大夫家鲜用好朴。虽人多田少，不敷种植，而为工、为商，罔不各勤本业，以故市无游手，野无惰民。任兵燹屡经，其风俗未尝改易也，语曰"美俗可以救秕政"，龙其庶几乎？【《民国龙陵县（40）·卷之三·地舆志下·风俗》，页98—99】

统录：《南中志》：云南郡土地有稻田、畜牧，但不蚕桑。《欧阳元陛州为路记》：其民善美俗，乐善事。《明一统志》：勇悍好斗。《李通志》：尽力畎亩，家有常给，建学以来，习气渐迁。《旧云南通志》：土瘠民贫，服食俭朴。《明少詹事雷跃龙知府孔公重修儒学记》：弦诵相闻，风声朴茂，为西迤文献邦。《教授陈生重修姚安府儒学记》：里闬弦诵，穷谷揖让，与中土等盛。《高翯映问愚录》：姚人乐善事，盖南中崇阿育王之教，多信佛事，而渐摩成性，成之所遗也。（又）土瘠民贫，汉彝杂处，居民不知贸易，惟以耕种为业，尽力畎亩，家有常给，建学以来，习气既迁，士人务文，科第日盛，节令、祭葬、服食、货贝与列郡同。《王志》：今虽勤于贸易，而本业仍不敢荒。《采访》：旧时迷信，风水选择阴阳，凡有兴作维慎维谨。近明达之士稍为破除，但亦仅耳。【《民国姚安县志（66）·礼俗志第七·风俗》，页241—242】

士风：《府志》士大夫乐谈名理。《管志》：诗书礼乐之泽渐摩者久，士人务文，科第日盛。《王志》：士知廉耻，教学相半。《甘志》：州人家有恒产，故为士者弦诵之余，兼事畎亩。（又）自兵燹后，文风较昔为逊，然寇乱久经，士知安分，故鲜有私谒官长，干预公事者。《采访》：

清季，朴学渐兴，学多务实。【《民国姚安县志（66）·礼俗志第七·风俗》，页242】

习尚：汉人一切习惯与中州不甚区别，土人则不然也……不善冶生，数百年来，土人罕有殷实者，可想见其程度也。又信巫，凡疾病不服药。近麽娑子弟渐读书入学堂，与汉人子弟不甚悬殊。粟娑、古宗、怒人，其习尚远在太古，非强迫兴学，恕无开化之时。【《民国维西县志（83）·第十七·礼俗》，页302—303】

语音：县属川居者，大率皆江西、江南籍贯，其次则湖、广、四川、贵州各省移居。故男女皆官语，山居者皆土著夷人，种类不同，语音各别，然常入城市贸易，工作往来，因能说官语，亦有读书毕业者，汉人不与结亲。【《民国景东县志稿（一）（32）·卷之二·地理志·风俗》，页651】

十四　社交习惯

西爨之南，有东谢蛮……见贵人执鞭而拜，赏有功者以牛马、铜鼓。【（宋）欧阳修：《新唐书》卷二二二下，"南蛮下"，中华书局1975年版，页6320】

顺宁府：九种杂居，相见屈膝不拜。【（明）刘文征撰，古永继校点：（天启）《滇志》卷之三，"地理志第一之三·风俗"，云南教育出版社1991年版，页111】

宴会多尚俭约，服饰亦从朴素。【《康熙楚雄府志（58）·卷之一·地理志·风俗》，页357】

宴会：旧尚奢靡，服饰繁华，示之以俭，诚为急务。【《康熙黑盐井志（一）（67）·风俗》，页356】

乐：古之雅乐无不知者，惟祭觉官乐舞而已。至世俗所尚，以八音成调，谓之钧天广乐、大洞仙乐，下此则僧道之钮铙鼓版，巫现之匾鼓铁圈不足论矣。他如四山夷人跳月、踏歌，吹葫笙、竹笛，弹月琴，以和其声，谓又则成一种。【《宣统楚雄县志（一）（59）·卷之二·风俗》，页348】

宴会，城市人民五方杂居聚，多习奢靡，乡村旧崇朴素，今亦繁华，去奢示俭，诚为急务。知府崔乃镛制简明礼式，劝谕遵行。【《乾隆东川府志（10）·卷之九·风俗》，页77】

宴会：每推一老年上坐，先酌之，子弟以次跪饮，始入席，终席恂恂无敢越次。俗以大麦酿酒，凡宴待宾客，先设架、置酒坛于上，贮以凉水，插竿于内。客至主人先哂以示先尝之意，客次之，哂时盛水，候哂。毕，而注于坛，视水之盈缩，以验所饮之多寡；不及，则请再行。寒月置火于坛下，取其热也。有哂酒诗，见后艺文。【《乾隆丽江府志略（41）·礼俗略·风俗》，页252】

附李中谿《敦风教议条例》（明万历间巡抚邹批行）：一婚嫁不许争

尚奢侈；一丧事不许酒肉待客；一女死争孝撤奁；一有丧不须停枢日久；一寺观不许妇女游览；一光棍不许哄诱子弟；一邻佑不许纵容赌博；一仇隙不许匿名投帖；一兄弟不许诬争家财；一亲亡不许轻用火化；一设社仓赈恤孤老；一鳏寡免其户役；一牌甲出入相友，守望相助，或遇火盗，不得坐视；一各甲有孝友著于家，信义称于里者许公举以凭查奖；一容面生歹人，逋逃之徒一家不举，十家连坐。【《乾隆赵州志（77）·第一卷·民俗》，页 34】

乐：雅乐无有知者，惟会社讽仙经歌者声作，乐工奏笙笛和之，节以拍（版）［板］，谐以胡琴、琵琶，杂以金铙，止以金钲。他如琴瑟、祝敔之器皆无。四山夷人踏歌，则弹月琴、口琴、吹葫芦笙、竹笛，以相和。【《光绪镇南州志略（62）·卷二·风俗》，页 406—407】

晋宁风俗：婚丧之礼丰俭，各称其家。贫乏者亲邻多醵金助之。【《道光晋宁州志（6）·卷之三·地理志·风俗》，页 289—290】

《旧志》曰：……又曰宴会昔尚俭约，服饰亦崇朴素，惟会城客民错处，渐趋于华。嗟乎！风俗者，与时转移者也。方余髫龀侍诸长者之侧，其所见闻衡之，今凡已数变，然国奢示俭，国俭示礼，潜化而默夺之，虽守土者之任乡里，士大夫其能不与有责矣。【《道光昆明县志（2）·卷第三·风土志第三》，页 25—26】

娼妓：县属民风素重廉耻，笑娼不笑贫，故自来无娼妓，间有桑间濮上之事，然亦稀矣。【《民国嵩明县志（二）（16）·卷之十九·礼俗·习尚》，页 141】

村屯之中，民气尚为翕聚，现在编连保甲，实力奉行。又于保甲之中，每甲择老成者为管事，少壮者为壮勇。各村自为连络，合数村为一保，每一界为一大保，遇有鼠窃①，各村自为防守，若贼党众多，则各保会集驱逐，追捕送官究治。其法：每十家为一甲，家应出一人，十家中以二人输流馈食，以二人持梃从众，其余六家不出丁。每日出米数合钱数文，交馈食者饲执挺之人；此馈食之二人，每日一人来，一人往，有事则守望相助，无事各务本业。行之数年，盗贼敛迹，地方安谧。【《道光大姚县志（一）（63）·卷二·地理志下·风俗》，页 533—534】

交接往来之礼：婚礼有贺，士游泮点，然丧必赙，水火荡戏相教，优

---

① 旧指盗窃。

隶寻挂，遇不为礼，妇女无故不出门，非至亲不往来，勤织务，女红不提退尽，不事游嬉。【《光绪续修嵩明州志（15）·卷二·风俗》，页17】

《新云南通志》：缅宁①汉少夷多，安分畏法；《采访》：民务勤劳，士知向学。《旧志》：按今俗，郡人多谨慎愚拙，不事虚诞，不求名誉，亲友往来，重情实，略仪文。宴会有时，盘餐有数，不为夜饮。【《光绪续顺宁府志稿（35）·卷之五·地理志三·风俗（夷俗附）》，页213】

祭祀、宴会、习尚丰腆，夷民聚会赶街为期，群聚而饮，剁生肉为食，汉人则和以醋。【《光绪腾越厅志稿（39）·卷之三·地舆志下·风俗》，页264】

庆吊：贺亲迎者，以糖贻馈，嫁女者以线缕，吊丧家者以酒脯，问疾者以饧饵。【《光绪镇南州志略（62）·卷二·风俗》，页407】

庆吊：按州人不论汉彝，凡亲邻故旧，有喜庆事，皆具仪往贺；丧事，助以钱米。又按：新丧之家自正月初一日设灵座于中庭，亲友具酒肉、香烛、楮钱往祭，名曰"奠酒"，至十五日撤灵而止；七月初一至十五日，亦设灵，如正月仪，亲友封楮镪于纸袋中，诣灵焚之，名曰"送包"。【《光绪姚州志（63）·第一卷·地理志·风俗》，页36】

馈遗：《姚安府志》民间施予相尚。按：州人极敦古道，凡亲朋日久不见，及有疾皆馈问，馈问之物或以鸡凫，或以果品，或以糖饴，或以茶，或以酒，丰俭各视其力。【《光绪姚州志（63）·第一卷·地理志·风俗》，页36】

夷俗：《通志》载昭郡改土归流，夷多汉少，风气刚劲，习俗凶顽，佩刀以随，相见（之）［脱］帽为礼。【《宣统恩安县志（5）·卷五·风俗》，页308】

庆吊宴会礼：贺亲迎者以财物送，嫁女者以棉布，吊殡丧者以帐联赙赠，问疾病者以枝圆裹糖。至饮食，旧俗不用牛犬、山禽、野兽，惟于酒脯中用鸡鸭猪羊。古时用五碗四盘，今改用八碗，而富家用海味，加四碟八碗，已蹈奢侈。至平日接待内亲，不过家常便饭，随添鸡豚而已。【《宣统楚雄县志（一）（59）·卷之二·风俗》，页347—348】

酬酢之事，昭之筵宴无论数十百席皆以平头即四品碗，五大碗，菜皆以猪肉为主，而夹一二蔬菜，极其丰盛，一桌人犹食不尽。至宴嘉宾，昔有

---

① 今临翔区在民国时的旧称。

八大、八小之名，近则改用八大件；昔尚参翅，渐有烧烤，今则海味已贵，鲜有用之，惟改为用炒菜数样，尾或豆花一鼓，火锅一具而已。至婚、丧宴客，前则备席四五日，邑绅李开仁等议减二日，席用四菜两汤，讫不能行，后公益社立，议定婚礼只待一朝，丧礼亦只开吊宴客一日，亦殊不行。考当时价格，尚不若今之贵也，然则崇实黜华去奢，宁俭以救其弊，愿我邦人亟急而行之矣。【《民国昭通县志稿（4）·卷第六·第十七·礼俗·酬酢》，页406—407】

酬酢：婚、丧之外，凡庆寿、生子、迁移、新张以及年节、纪念等事，每视其财人之丰啬，往来酬酢，过去数十年间均甚俭约。所设筵席，普通以八簋为限，菜品以鸡、猪为主。近因风气渐开，习染奢侈，多用海味，踵事增华，大有日新月异之势。【《民国巧家县志稿（二）（9）·卷八·礼俗》，页382】

夷人俗名曰"倮倮"……游嬉约期，齐集村中旧台，植大木于地，有能独扛者，喝彩敬酒。又有所谓"跌交会"者，其会无常，或因用村中牲畜有瘟疫传染，乃议举行。若汉俗斋醮之属，先行定期通告，各村汉人有相识者，亦邀请参观，选平原宽广之地，名曰"交场"；届期，各属男女毕集，有力者出而相较：初入场，鞠躬相向，继维以握手，其斗力，以至跌地者为负，不相搏击，有跌至血流蔽面，而犹未肯甘休者。若连胜数人，名"拔扛子"，言无敌也。共相喝采敬酒、挂红，礼毕相与笙歌、爆竹，行迎送回家，以为非常之荣幸云。【《民国路南县志（14）·卷一·地理志·风俗》，页153—156】

酬酢：酬酢之事以婚、丧、祭三者为主，无论城区、乡镇，居民遇有婚、丧、祭等事请邻亲族戚友，备金帛物品馈送主人。酬席大抵早六晚八_{早六点、晚八点}，以三餐、四餐为率；其次，如初生小孩，家眷属备礼物送之，谓之送"祝米"_{又名"送饭"}。及春初，春客岁腊宰年猪，亲朋互宴；中秋送月饼，彼此相酬。小康之家，家长高年寿诞，亲朋庆祝，谓之"上寿"。立匾贺行政官吏，谓之"颂德政"。

谨案：县属婚丧嫁娶，先年颇尚奢侈，虽窘迫之家亦必勉强撑持门面，家事因以中落者：为数不鲜；甚至丧事有乡党当家强迫奢侈之恶习，使生者由此破产，为害尤深。自经邵甸前乡议会及风俗改良会逐件改良，一尚节约，如婚事筵宴旧时八餐，近则改为四餐，丧事筵席旧时四餐，近则改为两餐，旧须酬帛，近则免之。其余改良者尚多，已分见于前，不

赘。【《民国嵩明县志（二）（16）·卷之十九·礼俗·酬酢》，页 136—137】

县政府召集者曰"县务会议"，各区区公所召集者曰"区务会议"，商议奉行国家行政或地方自治。学界组织者曰"教育会"，商议教育进行事务；其余人民集会多在寺庙庵观，为拜佛迎神，讽经演戏以求地方清吉，或一家一人祈福之举，如祭龙谢天、庆祝圆满，圣诞及迎佛、迎土主等事，俗称"会火"。此为信仰之集会，于公益无甚裨益。惟于民二十二年，县长陈诒孙倡提县立风俗改良会，并于各区设分会，厉行禁止妇女缠足、早婚等事，日著成效。先是第七区于每年旧历八月二十七日孔子圣诞，均集会庆祝；入会者在前清时必限于举贡、生监，乃有此资格，民国以来举贡生监及高小以上毕业生充当本区各项公务人员，身家清白者，均得入会。至民国十九年，公议于祀孔会内附设风俗改良会，以改良风俗，提倡地方公益，增进人民幸福为宗旨，呈请核准立案。其组织系用会长制，公举正、副会长各一人，干事八人，调查员则每村一人。至二十年八月开第二次常会，提议厉行戒女子缠足，戒青年吸烟，戒早婚三事，行之有效后，乃会推及全县焉。二十一年八月，常会议决再改名为"自治改进会"，附设风俗改良会，以资辅助官厅推行一切自治事宜，及村乡之间有事约会名曰"议话"，且民权初步之嚆矢焉。此外，间有学校于纪念日，约邻近各学校教职员各率领学生同开运动会，为合操、竞跑及各种游戏运动，于青年体育实有益之举也。【《民国嵩明县志（二）（16）·卷之十九·礼俗·集会》，页 135—136】

庆吊：《滇系》：有丧则合砦，皆醵金相助。《甘志》：州人不论汉彝，凡亲邻故旧，有喜庆事，皆具仪往贺；丧事，助以钱米，新丧之家自正月初一日设灵座于中庭，亲友具酒肉、香烛、楮钱往祭，名曰"奠酒"，至十五日撤灵而止；七月初一至十五日，亦设灵，如正月仪，亲友封楮锭于纸袋中，诣灵焚之，名曰"送包"。《采访》：耆旧生辰多具匾屏往庆。近来，吊仪亦有具祭章、挽联、花圈者。【《民国姚安县志（66）·礼俗志第七·风俗》，页 245】

亲戚朋友应酬繁多，庆婚吊死固无论矣，初生小儿三朝有贺，周岁有贺，已嫌太烦；赁屋迁居，情非得已，亦必往贺，是何取意？无聊应酬，类此者多，无关紧要，疲于奔命而已。【《民国马龙县志（一）（45）·卷二·风俗志》，页 191】

酬酢：年节馈赠，新年亲长赐幼童以金钱，端午戚友互馈花苗、树秧、药苗等，秋初农家馈戚友以新米，至秋节冬至互赠饼饵、蜂蜜，出行远归馈赠土物殊品，均为一般人民乐行之详岁时。【《民国顺宁县志初稿（二）（37）·卷九·礼俗》，凤凰出版社 2009 年版，页 229—230】

饮食：至宴客筵席，上品为十件多用鸡、豚、鸽、鸭，间用山珍、海错，燔炙鱼脍，盐甜辛酸，纷陈杂进十件，即五羮五盘外，加四冷荤、四水果，次为五碗四盘多用鸡豚，间加围碟，婚丧及普通宴客则为八簋多用豚肉，间用鸡肉。【《民国顺宁县志初稿（二）（37）·卷九·礼俗》，页 228】

庆吊宴会礼：贺亲迎者以财物，送嫁女者以棉布，吊殡丧者以帐联赙赠，问疾病者以桂圆裹糖。至饮食，旧俗不用牛犬、山禽、野兽，惟于酒脯中用鸡鸭猪羊。古时用五碗四盘，今改用八碗，而富家用海味，加四碟八碗，已蹈奢侈。至平日接待内亲，不过家常便饭，随添鸡豚而已。【《宣统楚雄县志（一）（59）·卷之二·风俗》，页 347—348】

宴会、服饰、饮食皆尚俭约但庆吊每流连二三日，亦陋习，亟宜改良，乡村以松毛席地而坐，犹有古风。【《民国续修马龙县志（25）·卷之三·地理·风俗（附种人）》，页 159】

酬酢：丧事宾主酬酢，其送赙仪及宴客，与婚嫁略同详丧礼及饮食。旧俗婚丧宴客，妇孺每喜带馂余名曰"筵剩菜"，此风穷乡僻壤尚有残存，近城则少见矣。【《民国顺宁县志初稿（二）（37）·卷九·礼俗》，页 229—230】

酬酢：镇属汉夷居民，凡一切庆吊婚祭之事，无不互相援助，古朴直实，已为他县不可及，若系同居一寨，遇有启盖住屋之家，为其邻里者每家一人前来帮助，或搬运竹木，或平定地基，必将此屋造成而后已。为主人者仅具饮食相待，不必另给工资，此贫民向来之通例也。若有大兴作，即不存此例之内矣。【《民国镇康县志初稿（58）·第十七·礼俗》，页 285】

酬酢：礼尚往来，汉夷均同。新年请春客，清明拜扫坟墓，邀亲朋……婚丧贺吊礼仪视家之丰啬为之。病视疾渐有用糖米、食物酬馈者。【《民国维西县志（83）·第十七·礼俗》，页 301—302】

习尚：城内士民，男耕读，女纺织，尚淳朴，不事奢华，语言、衣服、饮食与中州同，冠婚丧祭互相倾助，然土地瘠薄，谋生匪易，进化较迟。夷族习尚不同，风俗亦易，且多近于迷信，详见种族门。【《民国续

修新平县志（二）（31）·第十七·礼俗》，页331—332】

娱乐：县属娱乐之事有演戏、唱灯二种。演戏则有县城之崇正社，杨林之正风社，每年旧历正月初九日依顺_{今三区}、中和_{今四区}二里士民祭莲花池龙神，十三日杨林士民迎土主，二月初八日县城士民迎佛，三月头龙日邵甸龙潭营八村士民祭黑潭龙神，均雇二社人，各演戏三日或四日。演戏之日，男女往观者，甚属踊跃，虽曰庆祝佛神，亦藉此暇日娱乐也。唱灯，均在新春举行，村中男子装为灯生、灯姑娘，于夜间奏笙箫鼓乐，燃点各种灯笼，到各村唱舞庆祝，听人随意送钱若干，老幼士女围而观之，亦藉此娱乐也。此外，近来各学校学生亦间有组织音乐队，以为娱乐者，及农暇之晚间，亦间三五成群，以箫笛、月琴、二胡、三弦等乐器吹弹唱和，以为娱乐者。【《民国嵩明县志（二）（16）·卷之十九·礼俗·习尚》，页142】

交际：礼尚往来，此赠彼答，婚丧庆吊，亦视其家境之有无，与情谊之厚薄而已。惟昔用物相酬，今则多用银钱，从其便耳。

宴饮：旧崇俭约，不过八簋、四簋而已，今则竞尚奢靡，间用山珍海错；近城市井，此风尤甚。【《民国宜良县志（一）（23）·卷二·地理志·风俗》，页153—154】

《台阳随笔》：其俗生儿匝岁亦集族邻为宴会，列耕具、刀矛之属于儿前，儿若拾刀持矛，其父母则喜甚，亲族皆赞贺，谓其异日必为盗魁也。【《民国元江志稿（一）（29）·卷二十·种人·窝泥》，页153—154】

集会：阴历新年，民间有龙灯、花灯、狮子灯等会，组织表演贺年。

正月九日，玉皇会。

正月十三日，理发祖师会。

二月十五日，老君会，乡民有集会、跳舞之举，殆中古年节之遗风。

二月十九日，观音会，男妇老幼多往城西南观音山进香，而县属观音殿，亦多于是日拜祝；此外，农村尚有举办土主会者。

三月十五日，商界举办财神会。

三月二十日，旧有子孙会，今废。

三月二十一日，玄坛会。

三月二十八日，东岳会，地点为东岳官，昔有演戏媚神者；新丧人家则着素服，持香帛、牲醴、蔬果之属，到此祭亡，异常热闹。五月，农家插田，毕，多于土主庙集会祀神，俗谓"洗牛脚"。五月十三日，单刀会，俗有谈经庆祝关公者，屠业亦于是日祭祖师。五月二十八日，旧有城隍会，今废。六月二十五日，火把会_{见岁时}。七月十五日，中元会_{见岁时}。

以上各会期多于各职业团体，家庭则否。【《民国顺宁县志初稿（二）（37）·卷九·礼俗》，页226—227】

习尚：（1）性情语言：治事耐劳，说话（耿）［鲠］直，少婉和气，重信用，多有热忱，待人诚恳，暇辄喜过从，青年好弄音乐，年老喜话家常。

……

（3）迷信嬉戏：营墓宅迷信风水，每逢祈晴闭北城门，有时或放枪炮射云雾，祈雨则闭南城门，或耍水龙、禁屠宰、做斋醮，则凡祈晴雨均举行之。又六、腊月入庙还太平愿。闲散之人喜弈棋、竹战、赌博、试马或蓄鹦鹉、画眉、八哥、（菜）［养］子雀、斑鸠、摆夷鸡等，斗画眉及斗鸡皆常见；又有蓄雉、罗雀、钓鱼、网鱼等。入夏，农田栽薅时，男妇好歌唱取乐。春秋佳日，儿童放纸鸢为戏，乡农喜作中古舞以聚乐。【《民国顺宁县志初稿（二）（37）·卷九·礼俗》，页231—232】

集会_{集会分普通、特别二种}

普通集会：斗会，废历六、九两月为南、北二斗会期，善男信女多会聚于城东桂山寺、玉清观，或城西北盘龙寺三处，设坛诵经，谓之"朝斗会"。期，南斗六日、北斗九日，虽属迷信，而斋明盛服，以诚拜祷，与寻常借神敛饮不同。

牛赊会：每年旧历十月，农人聚饮一日，其宗旨有二：一、互相查拿，使盗牛者不易出境；二、集资，共买牯子一条喂养。凡会中人所养之母牛，均得就牯子传种不收费，于农家大有便利。

集金赊会：旧习多上七钱，赊会友十一人。民国以还，改上集金赊会友共十六人，赊银五百元，赊期七月一次，除三首赊认定楼外，以下摇骰仅点多者接，凡接赊者须以实据作押，放零收整，合有储蓄性质；每月办赊者不下数十家，颇为发达。

天足会：是会于民国初年即已成立，惟时风气未开，解放者少；民国十二年，奉令整顿解放者，仅学生十余人；至二十二年，奉令由县长负责，委区公所公安局调查，年在二十五岁者免议，二十五岁以下者，勒令于六个月内放清。首次调查，限期令其解放，违者科以罚；二次调查，仍未解放，加倍处罚；如是递加，必令解放，而后已缠足积习，由是可望扫除矣。

特别集会：运动会，遇有大庆日，由各学校教职员、学生发起，各机关副之；届时官绅齐集演武厅庆祝；祝毕，开运动会，表演有关社会科目，参观者不下六七千人。

展览会：由农会征集动、植、矿各物陈列实业所内，以伙众览，限期三日；初日官绅，次日普通男宾，三日普通女宾，每日不下千余人。然困于财物，越三四年或七八年始举行一次。

游艺会：民国十八年冬，中学生第一班毕业，职教员、学生组织游艺会以资娱乐。内设总副干事二人，下设文书、会计、剧务、音乐、招待、布置、纠察七股，以破除迷信，开通风气为宗旨。届时开演，观者云集。【《民国续修新平县志（二）（31）·第十七·礼俗》，页326—329】

酬酢：礼尚往来古之道也。新邑酬酢，每年春季不论官绅、士民，彼此互相邀饮宴会，菜用八簋一春盘，谓之"请春客"。至若婚丧、迁居、生子、寿辰，亲友以银物、联帐、镜图等物致送，主人酬以筵。宴席之丰俭，称家有无，大约除丧事用八簋外，余普通用八簋四碟。【《民国续修新平县志（二）（31）·第十七·礼俗》，页329】

酬酢：顺俗婚丧庆吊，宾主酬应，颇尚俭约，近因人事日繁，有渐趋奢侈之势。至于年节、馈赠、庆贺寿辰、生子、移居、新张、纪念等事，每视其财力之丰啬。而举办酬酢之仪礼，兹分述于下：

……

其他酬酢：寿辰、建造，俗多以匾联、酒醴相送，移居、新张则以纸图、纸联致贺，主人均设宴答谢。若遇远客佳宾，款待更为隆盛，至于接风洗尘，祖饯俱乐等，亦时有举行筵席详饮食。【《民国顺宁县志初稿（二）（37）·卷九·礼俗》，页229—231】

男女社交，尚守古制，授受不亲，未似内省之放任自由也。【《民国马龙县志（一）（45）·卷二·风俗志》，页192】

仆㑩之跳乐：当秋谷既登，农事既毕，月白风清之夜，逸兴遄飞，男女咸集，以为跳乐之戏。其跳法：（与）[以]一男一女相对而跳，身腰手足各有解数，按拍合节，不逾绳墨。两人若迎若拒，忽前忽却，腰肢如绵，神情已醉。斯时也，人虽众，皆屏息不敢声出，神注视，但闻琴声铮铮，履声擦擦，方之西人跳舞，未见不如。【《民国马龙县志（一）（45）·卷二·风俗志》，页232】

集会：本县第一区蛮丙地方有一观音寺，每年二月十九日乡人集会，庆祝大士圣诞，远近男妇老幼前来上表酬愿。商旅云集，游客辐辏，先后数日，会场拥挤，约计数千余人。其次，若邦卡之石涧寺，其集会亦有千余人焉。【《民国镇康县志初稿（58）·第十七·礼俗》，页285】

酬酢：镇属汉夷居民，凡一切庆吊婚祭之事，无不互相援助，古朴直实，已为他县不可及，若系同居一寨，遇有启盖住屋之家，为其邻里者，每家一人前来帮助，或搬运竹木，或平定地基，必将此屋迨成而后已。为主人者，仅具饮食相待，不必另给工资，此贫民向来之通例也。若有大兴作，即不存此例之内矣。【《民国镇康县志初稿（58）·第十七·礼俗》，页285】

馈遗：《府志》民间施予相尚。陈鼎《滇黔纪游》记楚雄、姚安、开化三郡，曰：余遍游三郡，别时各有遗赠，土仪之盛馈赆之丰，有多至百金者。《甘志》州人极敦古道，凡亲朋日久不见，及有疾，皆馈问。馈问之物，或以鸡凫，或以果品，或以糖饴，或以茶，或以酒，丰俭各视其力。【《民国姚安县志（66）·礼俗志第七·风俗》，页246】

交际：交际之理，均尚往来，如娶妇之家，贺以钱，自四、六、八百，乃至一、二千不等，如亲长则予以拜银，多至一元以上。嫁女之家，馈以钱或布，如至亲则赠之衣服。小儿周晬，则送以花冠、锦衣及银质帽饰，甚有镀金为錾银百家锁福寿字为贺者。老人祝寿，寻常贺以茶食，亲友则贺以寿帐、寿对，至亲则贺以红缎、金书之额联，并加以羊酒。新丧之家赗以祭帐、挽联，至亲则增羊一、豕一。于远行，则赆以银钱、茶茗。于有疾，则送以蜜食、糖果，或丰或俭，各视其力。近年以来，有因事缺用之家，恒邀约亲友为赊会。此风盛行，然或信用不昭，以致滋生讼事者，亦往往有之矣。【《民国盐丰县志（69）·卷之三·地方志·风俗》，页314—315】

酬酢：礼尚往来，汉夷均同。新年请春客。清明拜扫坟墓，邀亲朋。端午以角黍相馈。中秋，馈瓜果月饼。九月九日，登高，或于宝华、太平、图龙诸山饮菊花酒，食糕。冬至，食糯米饭团。婚丧贺吊礼仪，视家之丰啬为之。病，视疾渐有用糖米食物酬馈者。【《民国维西县志(83)·第十七·礼俗》，页301—302】

礼俗：巧家以交通不便，风气晚开，故向来风俗皆朴而不华，简而易行。婚丧礼节，昔因种族沿习略有不同，近则教育普及，民智以启，互相融合，已趋一致。至起居、饮食、酬酢。往来虽海上之风，由省恒而间接输入，但不过少数人习染，且较之省垣亦相差甚远。兹志其概要如次。【《民国巧家县志稿（二）（9）·卷八·礼俗》，页 377】

宴会、服饰、饮食，皆尚俭约但庆吊每流连二三日，亦陋习，亟宜改良，乡村以松毛铺地，而坐犹有古风。【《民国续修马龙县志（25）·卷之三·地理·风俗（附种人）》，页 159】

酬酢：至若婚丧、迁居、生子、寿辰，亲友以银物、联帐、镜图等物致送，主人酬以筵，宴席之丰俭，称家有无，大约除丧事用八簋外，余普通用八簋四碟。【《民国续修新平县志（二）（31）·第十七·礼俗》，页 329】

酬酢：镇属汉夷居民，凡一切庆吊婚祭之事，无不互相援助，古朴直实，已为他县不可及，若系同居一寨，遇有启益住屋之家，为其邻里者，每家一人前来帮助，或搬运竹木，或平定地基，必将此屋迨成而后已。为主人者，仅具饮食相待，不必另给工资，此贫民向来之通例也。若有大兴作，即不存此例之内矣。【《民国镇康县志初稿（58）·第十七·礼俗》，页 285】

酬酢：婚丧贺吊礼仪，视家之丰啬为之。病，视疾渐有用糖米食物酬馈者。【《民国维西县志（83）·第十七·礼俗》，页 301—302】

酬酢：至若婚丧、迁居、生子、寿辰，亲友以银物、联帐、镜图等物致送，主人酬以筵，宴席之丰俭称家有无，大约除丧事用八簋外，余普通用八簋四碟。【《民国续修新平县志（二）（31）·第十七·礼俗》，页 329】

十五　宗教、禁忌习惯

（一）历代史志文献所见宗教、禁忌习惯

南广郡……俗妖巫，（惑）［或］禁忌，多神祠。【常璩：《华阳国志》卷四，"南中志"，齐鲁书社 2000 年版，页 55—56】

西南诸夷，汉牂牁郡地……病疾无医药，但击铜鼓、铜沙锣以祀神。【（元）脱脱：《宋史》卷四百九十六，"蛮夷四"，中华书局 1977 年版，页 14223】

广南府：侬人沙人……好巫不好医，恃险剽掠，时相仇杀。《旧志》。【（明）刘文征撰，古永继校点：（天启）《滇志》，"地理志第一之三·风俗"，云南教育出版社 1991 年版，页 111】

顺宁府：信鬼，以鸡骨占。【（明）刘文征撰，古永继校点：（天启）《滇志》卷之三，"地理志第一之三·风俗"，云南教育出版社 1991 年版，页 111】

镇沅府：郡多僰夷，信巫鬼，轻医药。【（明）刘文征撰，古永继校点：（天启）《滇志》卷之三，"地理志第一之三·风俗"，云南教育出版社 1991 年版，页 112】

安宁州：保僰之性喜祷鬼，近亦熏陶教化，渐符汉俗。【《康熙云南府志（1）·卷二·地理志之七·风俗》，页 58】

白保保：性窳惰淫洒，病惟祭鬼，占用鸡骨。【《康熙平彝县志（10）·卷之三·地理志·风俗（附种人）》，页 335—336】

沙人，一号"仲家"，习俗同侬人……病不医药，惟事卜鬼，占决吉凶，另有卦书。【《康熙罗平州志（19）·卷之二·风俗志》，页 190】

鲁屋保保……多信鬼，病不医药，惟许猪羊之类，巫名曰"白祃"，

不知者讹为"必慕"①，凡事悉用之。【《康熙罗平州志（19）·卷之二·风俗志》，页191—192】

干猓猡……丧无站场，其信鬼，亦如之数种猓猡。【《康熙罗平州志（19）·卷之二·风俗志》，页192】

黑猓猡：其祝以铃，其占以草筮，或鸡骨为卜，多有应验……遇有疾病，不服药，谓有鬼祟；初用鸡猪之类为牲，疾重则烹宰牛羊。【《康熙嶍峨县志（32）·风俗（附种人）》，页378】

黑彝：即黑猓猡……其祝以铃，其占以蚆钱、草筮或鸡羊骨为之……遇有疾病，谓亲为祟，用猪羊祷祀之。【《康熙元谋县志（61）·卷之二·风俗》，页136—137】

一曰僰人：即"白人"也……然性俱勤俭，多信佛事巫，近亦有读书，通仕籍者。【《康熙蒙化府志（79）·卷之一·风俗志》，页48】

凡病者酬神，必宰猪羊，备烧酒、纸锭延巫，曰"香"。童者数人歌舞以乐神，焚铁炼于火口啣之，出入踢跳，缚数十刀于木端，似梯，走足升降，曰"上刀山"。牲醴必先尝，然后敢祭。相传三崇为汉将于漕涧中彝毒，故祭如此，然灵应甚著，祷赛者无虚日。【《雍正云龙州志（82）·风俗（附种人）》，页146—147】

夷俗附：乾人……疾病信巫祝，卜以鸡骨，葬以火，缚尸如猿猴，使人踊跃火上助喝。【《乾隆东川府志（10）·卷之九·风俗》，页77—78】

鸡卜，用细竹四十九枝，或以鸡骨代之，占事吉凶，彝中称为筮师。鸡骨卜者以雄鸡雏，执其两足，焚香祷祈。占毕，遂扑杀鸡，拔两服骨，净洗，用绵束之，以竹筮插束处，使两骨相背，端执再祝，左骨为侬侬，我也，右骨为人人者，所事祝，两骨之侧有细窍，以细竹筮长寸许偏插之，斜直偏正若随窍之自然，以定吉凶。其法有十八变，直而正近骨者多吉，曲斜远者歹是《滇史》。【《乾隆新兴州志（26）·卷之三·地理·风俗（附种人）》，页451—452】

白子……其性直而畏责，蠢愚而信鬼，以手压裙边，以米投水，验其浮沉，当占卜。病不用医，惟事巫祝，寡弱易治。【《乾隆新兴州志（26）·卷之三·地理·风俗（种人附）》，页452】

土人家家供佛，信喇嘛僧，有卜筮者，俗呼"阿明"，念番语，结毛

---

① 又译为"毕摩"，彝族的祭师，也是彝族古代文化知识阶层。

索随索所结，每以一物取象，结十三次，断吉凶，甚验。【《乾隆丽江府志略（41）·礼俗略·风俗》，页 253】

㹺，俗亦与倮舞同，独语音异。正六月，门挂钱时，烹鸡祭赛居恒稗酒菜粥，羊皮、麻衣、皮鞋，冬尽宰豚祀天神，暇则渔猎，性颇醇，谨而畏法。【《乾隆大理府志（一）（71）·卷十二·风俗》，页 305】

白人：一称"民家"，多白国张乐进求之裔，及赵氏、杨氏、段氏之后，有"㹺"字，善夷语，信佛事巫，常持斋诵经，然性勤俭，力田，颇读书，习礼教，通仕籍，与汉人无异。【《乾隆赵州志（77）·第一卷·民俗》，页 33】

回族：其先阿（刺）［拉］伯人……其人，性坚忍，勤苦耐劳，不嗜烟酒，忌豕肉，多食牛羊鸡鸭。日念西域经数次，每七日为一礼拜，十三月则大礼拜。一月谓之"把斋"，斋日见星月然后饮食，男子悉集清真寺，妇人则在家。又素有洁癖，凡两便后，必沐浴，不用盥器，恒以铜壶浇之，妇人胸常带一巾搭肩上。【《乾隆续修蒙化直隶厅志（79）·第十六卷·人和部·人类志（附风俗）》，页 632—633】

倮倮有二种：一种即古之罗罗摩，为哀牢九族之一，唐南诏细奴逻后也；一种为蒲落蛮，即古百濮，《周书》所谓"微卢彭濮"是也，后讹"濮"为"蒲"……疾病不服药，惟信鬼，用阿闭禳之。阿闭者汉言巫司也。【《乾隆续修蒙化直隶厅志（79）·第十六卷·人和部·人类志（附风俗）》，页 634】

㹺人，《周礼·王制》屏之远方，西曰㹺，注㹺偏也，使之逼寄于荒远也。旧汝成《炎荒纪》曰："其俗善事佛，持番咒所祷，辄念人死，以尺帛裹头为服。"州境杂居之。【《乾隆新兴州志（26）·卷之三·地理·风俗（附种人）》，页 452】

白马夷，正也号"大觋幡"，或曰"拜祃"，取雏鸡雄者，生剖取两髀束之，细刮其皮骨，有细窍，刺以竹签，相多寡向背顺逆之形，以占吉凶其鸡骨窍各异，累百无雷同，名曰"打鸡卦"。或取山间草齐束而拈之，略如著法，其应影响。有夷经，皆爨字，其状类蝌蚪，精者能知天象，断阴晴，土官甚尊敬之。【《嘉庆阿迷州志（14）·卷之六·风俗（附种人）》，页 550】

夷俗附：倮倮之俗……疾病，信巫祝，卜以鸡骨。【《嘉庆永善县志略（25）·上卷·风俗》，页 566】

《旧志》土人有三种：……一曰"俅俅"，山居……其祝以铃，其巫曰躲依，其占以虮钱、草签、鸡羊骨。【《嘉庆楚雄县志（59）·卷之一·天文地理志》，页28】

风俗：蛮种繁处，淳悍不同，缘箐而居，尚巫信鬼。设流以后，风俗渐开《图经》。【《道光新平县志（30）·卷之二·风俗》，页109】

《旧志》曰：……至崇信释道，建斋诵经，其风固大概相同也。【《道光昆明县志（2）·卷第三·风土志第三》，页25】

昆阳，近省城……况沐国朝声教风，会尤为大开，至于信佛道好斋醮，西南之风类，然独疾病贵巫而贱医则惑矣。【《道光昆阳州志(3)·卷之五·地理志·风俗》，页309】

黑窝夷：宁洱、思茅、他郎、威远有之，性情和缓，服色尚黑，卜鸡卦，占吉凶，遇病不服药，宰牲祈祷而已。【《道光威远厅志（35）·卷之三·风俗》，页92】

旧俗，献岁前，伐松二株，径四五寸，长丈余，连枝叶栽插门首，无论官廨，士民之家皆然，云"摇钱树"。鄙俚可笑，愚守郡后，绅耆言"此恶俗，多不便，曰久干枯"。既虞，水烛排街，树木槎枒，遇吉凶事，亦挂碍旦，每岁取不于山村，民受害无穷。若一年留数千松，十年有数万松，则材木不可胜用。予闻而佩服，当示禁革，土民莫不称美者。癸未，予俸满北上。迨回任，时值岁暮，见有复栽插者。盖兵役偕此骚扰寨民，愚以官弁而冥顽梗化之徒；幸予去任，故知复萌也。城中非无醇谨老成之士，遇此等小人，亦难与之别。自是非亦可慨已。故正月，抛毱之戏，予虽禁断，犹存其俗，以不过戏，无益耳。至此风则论著于志使后之览者，知有所害，而自禁焉。夫官斯土者，不能为民生财，若之何纵焉，而寻斧斤也愚识。【《道光广南府志（43）·卷二·风俗（附种人）》，页181—182】

侬人：侬，智高遗种……病不医药，惟知祷神。【《道光广南府志（43）·卷二·风俗（附种人）》，页185】

白俅俅：其习俗好猎，信鬼，病不服药。【《道光广南府志（43）·卷二·风俗（附种人）》，页188—189】

苗俅，杂居，性缓力弱，病不服药，专祷鬼神。【《道光广南府志（43）·卷二·风俗（附种人）》，页176】

地近西域，自来喜事浮屠，故佛舍僧寮，远近相望。凡有疾病灾眚，辄延僧道忏悔过愆，富者达旦连宵，贫者亦终朝讽诵，每岁修设斋醮，城乡殆无虚月。文昌洞经社各处俱有，而大姚尤盛，数十里内辄有一二社，每谈演一次须三日始竣，许愿之家仅供斋蔌，多费亦复多金。【《道光大姚县志（一）（63）·卷二·地理志下·风俗》，页 526】

好赛会，每遇神诞，装扮台阁香亭，绕街迎讶，至久则惟仓街之三月会，自二十四至二十八日，村屯聚集众至万人，九伍按粮摊派钱文，虽贫窭之家亦不能免，每年费至数百金。【《道光大姚县志（一）（63）·卷二·地理志下·风俗》，页 526—527】

倮倮：疾病鲜用医药，多听巫，信鬼。【《光绪镇雄州志（8）·风俗》，页 79】

狼底秀水者，地本无水，土官每代承袭后大聚部落，盛陈仪，从至彼掘地，履以斗笠，令夷巫视之，至次日揭笠有水，取而饮之甘，曰"饮秀水"。【《光绪镇雄州志（8）·风俗》，页 80】

地羊鬼，短发黄睛，坚狡成性，嗜利，出没不常。《旧志》云：或与人相仇，能用器物行妖术，易其肝胆心肾，使为木石，不救则死；或行蛊饮食中，妇有所私者，他适辄药之，及期归解以他药，过期则死。今孟密尚多此种。【《光绪腾越乡土志（35）·人类》，页 590】

回：其先阿拉伯人……其人性坚忍，勤苦耐劳，不嗜烟酒，忌豕肉，多食牛羊鸡鸭。日念西城经数次，每七日为一礼拜，足十二月则大礼拜。一月谓之"把斋"，斋日见星月然后饮食，男子悉集清真寺，妇人则在家。又素有洁癖，凡两便后，必沐浴，不用盥器，恒以铜壶浇之，妇人胸常带一巾搭肩上。【《光绪蒙化乡土志（42）·下卷·人类》，页 613—615】

倮：……疾病不服药，惟用鬼，用阿闭①禳之。阿闭者，汉言巫司也。

以二月八日为年，是日必将道路拦塞祀密枯，各村皆置密枯树。祀时以黄牛一绳系于旁，祝之。祝讫，一人持利斧劈牛首，后按人数分剖以归。近来此事渐废，多以松枝之。有三义者，代密枯树位置于屋之左右，以祀之。其素所惯祀者，曰"打青苗"，遇期以鸡髀骨为卜祝，即其细孔以竹签穿之，或用鸡下腮之嫩骨，有三义者视其高下、长短、向背、离合为吉凶。近又用松枝长三寸许，剖作二掷之地，分阴阳，以定一年休咎。

---

①　是彝族"毕摩"的不同音译。

【《光绪蒙化乡土志（42）·下卷·人类》，页616—618】

白：白人者，古白子国之支流也，南诏时徙大理，属民实蒙化者，现止四十余户，聚居落摩、杵蜡、五子坡、猪街子等处。每正月十六，则跳神唱灯。【《光绪蒙化乡土志（42）·下卷·人类》，页620】

黑彝：即黑倮倮……其祝以铃，其占以虵钱、草签或鸡羊骨为之……遇有疾病，谓亲为祟，用猪羊祷祀之。【《光绪武定直隶州志（62）·卷之四·风俗》，页276—277】

斋戒祈祷：《管榆姚州志》：二月初八日，龙华寺佛会，士女群集。二月十五日，男女集城西古山寺，焚香拜祷。三月二十八月，谒东岳庙，为东岳会。四月初八日，谒法药寺，为浴佛会。六月朔日至六日，礼南斗祈福。九月朔日至九日，礼北斗祈福。《采访》：正月初九日，汉彝群集州西园鹤山，为松华会。按州境林泉间多龙神祠。二月，农人杀牲祭龙祷雨。又按南、北斗会，民间皆蔬食，禁宰。又按人多信鬼，有疾者每延巫禳解，近年时疫流行，斋醮之举尤多。《采访》：彝人于六、七月间延朵觋鸣钲入山，杀羊豕祭祷，男妇欢饮而罢，谓之"过关"。三年杀牛大祭，曰"祭添"。【《光绪姚州志（63）·第一卷·地理志·风俗》，页36】

各川甸昔建梵宫佛殿，俗祀其虔寺名详俗祀条内。兵燹后，半为瓦砾，今则渐次修葺，每届诞期，附近居民咸集祈年。宴会不演剧，视前差为朴约。每年六月九日南、北斗朝，男妇率持斋朝礼，经声梵音，比户相闻。虽近崇佛，或亦好善之一端也。惟乡愚入赘川民婿，或游荡不归家，或用事致累，实为闾阎之蠹。有心斯邑者，此风亟宜禁之。其余岁时，伏腊与通省无异。【《光绪云南县志（8）·卷二·地理志·风俗》，页79—80】

查昭通黑、白夷系出主奴，因而命名乃异……遇有疾病罔用药医，常以猪羊腹胆刺汁服饮。至于失物，证执鸡之骨以占验，即撩裙边以星卜。【《宣统恩安县志（5）·卷五·风俗》，页308—309】

查民家之俗……惟除夕祀神于中霤，丧同夷俗。【《宣统恩安县志（5）·卷五·风俗》，页310】

世人之心，由信仰而生敬畏，由敬畏而生疑忌，此理之常也。盖人不能无婚丧、宅舍、与夫出行、开市等事，有之则阴阳、风水、星命、占卜之说兴焉，趋吉避凶，因事而忌讳多矣。昭自反正后，一切维新，事多趋简便，岁时既易日期尤差，更经废除偶像，则祈禳拜祷之风已无，趋向即锢，蔽之习亦可渐次消化矣。惟种族及教徒之禁，一时难于改变，至于下等社会之谰语，与及巫觋之诅呪，则有不堪言者也。【《民国昭通县志稿（4）·卷第六·第十七·礼俗·禁忌》，页408—409】

黑夷：病不医药，用必磨①翻书扣算病者生年及获病日期，注有牛、羊、猪、鸡等畜，即照所注祀祷之……夷之巫师曰"必磨能以鸡卜遇重要事"，欲占吉凶，则取鸡雄者，生剒两髀束之，细剖其骨，有细窍刺竹签，相其多寡，向背顺逆之形，以为定断；或取山间草齐束而拈之，略如筮法以上占卜。今鸡卜之法，汉、回、苗均有习之者，但不生剒，熟而荐之于神。既毕，剖而礼之，其重要部分在头与两髀，善占者验如神。

白夷，《旧志》衣妆悉如黑种，丧祭婚娶亦同。【《民国宣威县志稿（二）（13）·卷八之四·民族志·礼俗》，页259—261】

民国法令，信教自由，佛、道、巫、回惟其所投，亦越耶稣、天主之俦入者不拒，贵自图谋。

（1）汉人：县属人民大多数以读书、力田为本，宗教思想所不涉也。县城南门外之善庆寺，佛氏弟子虽经设堂而实未尝讲演。惟当前清末年，西区治度地方有耶稣教栏入，设立教堂于非田坝，入教者约六百余人。民一入县城西门内，亦发现耶稣教堂，其教规与省垣相同，教士则本境人承充。此外，别有一种非佛非道之教，煽诱青年子女拒嫁、离婚，杂其际，拜偶像而持长斋；有识者，深忧之。

（2）黑夷：夷族信鬼，所奉巫师，有大、小鬼主之别，今皆称为"必磨"②，祸福仰其祈祷，所有爨字亦惟必磨习之。其人率多锢蔽，无政治思想。陵夷以至于今，强名所奉曰"巫教"，而实无教之可言也。

（3）苗子：苗族所奉大概可谓之巫教，其巫师亦曰"必磨"一作"毕貘"，世守其书，专为彼族禳祸祈福，与爨夷之有"必磨"同。要而言之，夷、苗两族均不无特出之英，文字、语言旧皆极为发达，而终不免同化于汉，失其本来之旧者，无他，进取之心太薄而立足之点有未至也。【《民国宣威县志稿（二）（13）·卷八之四·民族志·宗教》，页241—242】

禁忌：元日闭门不纳客。租住之房不许成婚。朔日不出门。望日不归家。有喜之家不送人喜。【《民国续修新平县志（二）（31）·第十七·礼俗》，页332】

---

① 即毕摩，彝族的传统宗教人士。
② 毕摩的音译。

禁忌：（1）家庭方面：忌随时吵闹及哀哭声；忌坐门限；禁淫妇人门；禁牛猪闯家；忌外人来家流泪；忌狗上屋顶及怪哭掘地；忌捕养自来鸟兽；忌铜器入井汲水；妇人生产未满月者，不能擅入人家；井边忌洗濯秽物；忌叹冷气；忌说凶语。

（2）农村方面：村规禁唱淫曲；男妇忌戊是日不工作及动土；立夏、立秋忌入田园。

（3）商贾方面：晨起忌谈梦语；街期清晨忌间人入户及立门限上；旅行忌出凶险；语忌见鼬鼠、穿山甲、蛇等。

（4）婚姻方面：新妇入门时，禁披白者及孕妇在堂；新郎、新妇在未回门前，忌入人家；女子忌食文定礼品；结婚日，新妇忌食男家菜饭。

（5）岁时方面：元旦忌用菜刀、火筒及洒扫，说不吉语；日月蚀时忌饮食，及野露尸棺忌被照射；除夕忌不洗脚。

（6）儿童方面：忌重帽、食鸡脚、束麻线、穿草鞋，玩弄死鸟、死虫，以手指虹，五月剃发。

（7）杂项方面：寿材忌移动、启盖；孕妇忌煮药物；忌见蛇吞鼠蛙，及两蛇相交。

其余旧时禁忌尤多，如俗用之，时宪书中所载杨公忌日，忌四立四绝等，与全国同。【《民国顺宁县志初稿（二）（37）·卷九·礼俗》，页232—233】

迷信琐记：贪生怕死，趋吉避凶，人之恒情也，迷信实根于天性。吾邑汉少夷多，风俗互化，既染夷俗，迷信更深，以致巫觋、邪说、星卜，谬妄转得信仰，聊举数端以见大概。

打保福，又谓之"抓生替死"，病久医药无效，则央求亲友数人具名于神鬼前为病人（耽）［担］保，巫师行法代申其意。夜深，巫者头披纸钱，手执茅，人口螺角，而步蹒跚游行街巷，怪声呼叫，微有响应，即谓"生魂已得病者，可以不死"。居民知其事者，必傲告家人，闻声不可应答，一答则魂随声去矣。作法经费，全由保人（耽）［担］负，故此事亦未易举行。

……

叫魂烧胎：人有病，每疑魂落他处，请巫师叫之使归。其法：门口置凳，焚香灯，以米一碗，鸡蛋一枚，插高五六寸之细条于米内，将鸡蛋站立条端，则谓魂已归来，又谓病人之魂已投入人胎，则将此叫魂之蛋以火烧之，以为经此一烧，则胎死魂归。信者甚众。

关亡：又名"下神"，女巫忧为之，死者家属思念亡者，请女巫为神。女巫行法：手执白扇，冥目坐樉上，少时身体摇颤，便谓"神来"，家属与谈生前死后情事，女巫能代亡者答之，盖谓"亡者之灵已附于女巫身也"；神去谓之"回马"。信者妇女为多。

改本命：妇人生女不生男，望子心切，既有妊请白马_{夷巫之称}行法改本命，谓一经改后，便可变女作男。

大肠愿：生子不育者，于九子太婆神前许大肠愿，既受孕，向岳家要雌鸡一只养之，至生蛋十余枚时，买猪肠一具，赴庙还愿，请多子，有福之夫妇二人各由肠之一端，将蛋装入，杀鸡共烹献神。毕还愿者夫妇各食一枚，鸡腿一双，其余请来宾食之。未尽者须赠他人，不得携带回家，归路不由去路，一直到家，不得回头望后。

放阴：使一人卧既成眠术者，向之捏诀念咒。毕，既呼而问曰"汝至某处见某物"，否眠者目不能启，身不能动，惟随问随答，能使之查冥间一切现象。

闯拜：信算命之言，小儿命犯，将军箭则竖指路碑以当之，犯断桥关，则于小沟上横木为桥厌之，并候路上行人，谁先至，请给小儿取一名字，拜为干爹；人之贵贱，并不选择，此闯拜之谓也。又小儿八字太硬，亦必拜一干爹，以作保育。此则有选择，或另有作用矣，且有拜及木石者。邪说惑人，不亦甚乎？【《民国马龙县志（一）（45）·卷二·风俗志》，页 210—216】

侬人之迷信：有病不求医而求白马夷巫之称，不拘贫富，家有病辄日送鬼，杀鸡鸭犬豕甚多，必至病者痊，或死而后已。白马以草签或鸡膀骨为卦，能卜吉凶，查鬼祟，笃信为深。每年祀屋后神为最重要，不祀则必召不测之祸。所祀神为杨六郎，该族妇女又多能养蛊厌人，放药病人，放五海_{以邪术摄人魂}，以致於于死。【《民国马龙县志（一）（45）·卷二·风俗志》，页 220】

摆夷：本名"僰夷"，或又称"白衣"，盖声相近而讹也，其族来自越南果来，自何时则无史可考……居越南者，能以邪术、迷药留恋华人，往彼贸贩者，各怀戒慎。【《民国马龙县志（一）（45）·卷二·风俗志》，页 229】

瑶人之迷信：瑶人有邪术，能符咒建斋行法，谓"自上古流传"，念以瑶语，非他族人所得知也。以草签鸡卦，以卜休咎，时或应验，乡人多信之，每延之以禳鬼祟。凡瑶人住处，所遗器物，人每不敢取，盖恐其邪术伤人也。父母以火焚尸，殓骨置瓦器，以便迁徙。【《民国马龙县志（一）（45）·卷二·风俗志》，页223—224】

苗人：苗族本三苗后裔，其先自湘窜黔，由黔入滇，其来久矣……家无神堂，男女皆衣麻，习苦耐劳，亦有养蛊祸人，以邪术致人于死者。【《民国马龙县志（一）（45）·卷二·风俗志》，页234】

苗人之迷信：苗俗信鬼，有病不服药，惟请巫公禳改退送，或于野旷之地，悬竿为记，击鼓吹笙，焚香奠酒，然后执斧椎牛以祭祖先，男女聚啖，谓能（却）[祛]病，不效亦无悔悟。至于外科，又每有良药接骨生筋，其效如神。又复密而不宣，流传不广，识者惜之。【《民国马龙县志（一）（45）·卷二·风俗志》，页241】

苗人之化虎：相传苗人化虎言之确凿，似真有其事者，谓其将变化时，必以病渐则好夜出，渐则窃家中鸡，大生爪毛，家人避之，而不敢近，彼犹恋恋不肯去，经家人祷祈始吼啸而去。一说，陶姓者变虎，熊姓者化熊，此则苗人自言之。【《民国马龙县志（一）（45）·卷二·风俗志》，页242】

祈晴祷雨：遇雨旸愆期，知州出示禁宰，于城隍祠设坛，讽诵经典，朝夕诣坛行礼。【《民国石屏县志（一）（51）·风土志第六·礼仪》，页525】

斋戒祈祷：《管志》：二月初八日，龙华寺佛会，士女群集。二月十五日，男女集城西古山寺，焚香拜祷。三月二十八月，谒东岳庙，为东岳会。四月初八日，谒法乐寺，为浴佛会。六月朔日至六日，礼南斗祈福。九月朔日至九日，礼北斗祈福。《甘志》：正月初九日，汉彝集州西园鹤山，为松华会。（又）州境林泉间多龙神祠。二月，农人杀牲祭龙祷雨。（又）南、北斗会，民皆蔬食，禁宰。（又）人多信鬼，有疾者每延巫禳解，近年时疫流行，斋醮之举尤多。（又）彝人于六、七月间延朵觋鸣钲入山，杀羊豕祭祷，男妇欢饮而罢，谓之"过关"；三年，杀牛大祭，曰"祭添"。《采访》：正月十五日，男女集城南笔架山岭观光。二月朔日，集烟萝山武侯祠祭祷。十九日集观音阁拜佛。佛诞日，妇女多素食，间多长斋而焚香酬神，尤为妇女常习。【《民国姚安县志（66）·礼俗志第七·风俗》，页246】

禁忌：邑之汉人事理通达，少禁忌，不过多说吉祥话而已，不似土人禁忌之多，如甲不开仓、丁不剃头、亥不宰猪、未不宰羊、丙不作炉，疾病忌人，生育忌人，乙不栽种，已不破券，庚不经终，辛不合酱，壬不决水，癸不词讼，子不问卜，丑不冠带，寅不祭祀，卯不序井，辰不泣哭，己不远行，壬不占盖，未不服药，戊不受田。【《民国维西县志（83）·第十七·礼俗》，页 303—304】

建房盖屋、婚葬等皆有忌日，必请阴阳选择焉。

禁止小孩骑猪狗，谓否则至婚嫁日必下大雪。

有喜事忌道凶语，居丧者不贴红联、不着红衣。【《民国嵩明县志（二）（16）·卷之十九·礼俗·禁忌》，页 144—145】

禁忌：元日闭门不纳客。租住之房不许成婚。朔日不出门。望日不归家。有喜之家不送人喜。【《民国续修新平县志（二）（31）·第十七·礼俗》，页 332】

信巫滇省一般习惯

滇人信巫甚笃，家有病人，辄延请之，为施祛鬼召魂之术。

按：巫为之术，自古而然，惟滇南崇信最笃，斯害亦然。巫者出入人家闺阁，串谣略诱之案，州县上曾见叠出。若不严加取缔，未免为文明之玷。【《清末民国时期云南省法制史料选编·民商习惯录》，云南省司法厅史志办公室 1991 年版，页 371】

供奉牛角为神苗民习惯

苗民家中供奉牛角一对，极恭敬，如汉人之奉财神，然若有他人入室参观，只可由大门入，自后门出，设有不知而有由大门出者，苗民必仇杀之。立意谓由大门入，系送财来，由大门出，系带财去也。杀之，所以免财神他去。【《清末民国时期云南省法制史料选编·民商习惯录》，云南省司法厅史志办公室 1991 年版，页 371】

咒人致死苗民习惯

苗民有邪术，能诅咒人致死。其法取仇人年命在家中，以物压之，对之诅咒，能使鬼直入其家作祟，而被诅咒者即病，倘病人家中侦知其故，立执诅咒之人，谓如不使病人痊愈，将置汝死地，则诅咒者惧而为之解免，病即立愈。

按：此即所谓蛊术之一种矣，能否致人病亡，因不足信，而引人迷信，妨害社会安宁秩序，违反善良风俗，则亦所当严加禁者也。【《清末

民国时期云南省法制史料选编·民商习惯录》，云南省司法厅史志办公室1991 年版，页371—372】

（二）20 世纪 50 年代少数民族社会历史调查资料中的宗教、禁忌习惯

为了避免得罪于鬼神，就必须处处遵照神的意旨，这样，各种贞卜之法就特别盛行。在小凉山彝区，贞卜法主要有如下几种：① "午吉海" 看猪胆，这是卜年成丰歉和决定婚姻的必行的贞卜法；② "约各吉" 烧羊胛骨；③ "色也木" 砍木刻；④ "瓦布海" 鸡脚骨卜；⑤ "瓦哈海" 鸡舌卜；⑥ "瓦以七海" 即看杀的鸡头卜；⑦ "瓦切以沙" 鸡蛋卜，即把鸡蛋打在水中看清黄的颜色等。其中以猪胆卜、烧羊胛骨卜、砍木刻卜、鸡舌卜最为普遍，几乎所有成年人都能熟知其法。而看鸡头卜法较复杂，据说鸡头骨各部位都有一定的示意，毕摩和苏涅才能辨认。在彝族社会中，对贞卜得出的结果必须唯命是从，不能违抗。如在猪胆卜中，是看杀猪的胆汁，如果汁多而黄则吉，无汁或汁极少而褐黑则凶。这是男女婚姻中必行的一种贞卜，如果卜后得凶兆，即使 "八字" 契合也不得成婚。【《云南小凉山彝族社会历史调查·云南小凉山彝族的奴隶制度》，页 20—21】

禁忌

彝族在生产生活中，都有一些禁忌，主要有：

1. 二月初八和三月初三的当天，火把节的当天和第三天，过年的第三、第四天，以及村中有人烧尸那天，均不能下地劳动，不然便认为庄稼易遭虫害，长不好。

2. 生小孩的当日，全家不能下地生产，否则便认为会给土地带去脏东西，影响庄稼生长。

3. 当众放屁认为是最不礼貌的行为，特别是儿媳当着公公，弟妇当着哥哥，侄儿当着娘娘更不能随便放屁。据说，有因当众放屁而害羞自杀的。

4. 男子头上的 "如比" 和 "如且"，妇女不能乱摸，摸后认为是触犯了菩萨，男子终身不吉利。

5. 家中生小孩儿时，丈夫不能亲临服侍，全家男子亦要离开屋子。产妇出门必须选择吉日，并洗脸、扫地。不然便认为会把脏东西带到

屋外。

6. 15 岁以上的女子，不能爬上屋顶，认为妇女有月经后很脏。

7. 新娘未进屋前，孕妇不得进入，不然便认为冲走了喜气。

8. 已婚妇女不能做敬神的粑粑，不能参加敬神。

9. 杀过人或打死过狗的人，不能剪羊毛，认为剪后羊不易长大。

【《云南小凉山彝族社会历史调查·宁蒗彝族自治县跑马坪乡彝族社会经济调查》，页 59—60】

彝族信仰神鬼，认为天、地、日、月、山、水、火都有神，即所谓天神、地神、太阳神、月亮神等。神有善恶之分，能给人以祸福。天地日月神是善神，给人幸福；而山神、水神是恶神，是鬼，给人灾难。一般认为，头痛、背疼、胸口疼、眼疼、拉痢和发热发冷等病症，是碰着了山神鬼；手疼、脚疼、嘴疼等病症，则是碰着了水神鬼。因此凡患上述病症，便认为是恶鬼作祟，必须请"毕摩"或"东巴"跳神，将恶鬼逐走。【《云南小凉山彝族社会历史调查·宁蒗彝族自治县跑马坪乡彝族社会经济调查》，页 60】

那马人特别崇拜铁三脚架，认为铁三脚架代表灶神，因而禁止任何人，特别是女人从上面跨过，女人衣服的下摆也不能触着铁三脚架。那马人尤其禁用白石头压房顶、垫墙基、砌坟墓等。他们对白石头的崇拜有两种说法：多数人说白石头是祖宗的骨头，所以不能随意动用；少数人说白石头是妖怪的骨头，动用它会给自己带来灾难。【《白族社会历史调查（二）·那马人风俗习惯的几个专题调查》，页 3】

中华人民共和国成立前，被人怀疑为养药鬼、撒魂鬼的妇女，是无法替自己申辩的，只好听天由命，任人摆布，而人们对这两种人也产生恐惧心理，并由恐惧而发展到仇恨。当时，为了断定某某妇女是不是养药鬼或撒魂鬼，通常采用神判的方法。据调查，神判主要是捞油锅，即烧一锅开水，放进一把斧子或一个秤砣，让被怀疑者伸手到锅中捞起斧子，然后察看其手是否烫伤，以此判断，那马人叫"抓陆"。当然，捞斧子的人往往是吃亏受害者。1931 年，岩子村曾发生"捞油锅"事情。【《白族社会历史调查（二）·那马人风俗习惯的几个专题调查》，页 35】

禁忌

那马人在日常生产和生活中还有许多禁忌，人人必须遵守。据调查，有下列一些禁忌：

1. 妇女不能坐门槛，坐门槛会招耗子啃庄稼。

2. 刚生孩子未满月的产妇，要戴斗笠，披头巾，不能让太阳、月亮照着头和脸。

3. 妇女不能到佛庙去朝拜佛像。

4. 往火塘或灶塘加柴时，要先烧大头，后烧小头。否则，出门走路时会踩着蛇。

5. 烧火、做饭时妇女不能将双腿分开。

6. 新媳妇不能往门后泼脏水，因为娘家的祖先回来要躲在那个地方，脏水会泼到他们身上。

7. 在锅里洗碗筷时，碗筷不能碰击锅底。

8. 不能把脚踏在三脚架上，不能从上面跨过，妇女的衣裙不能触及三脚架。

9. 家中不能煮狗肉、吃狗肉，更不能用狗肉祭祖先。

10. 禁吃狗肉信奉木瓜依神的那马人，禁吃岩羊肉河西公社的那马人。

11. 禁止用白石头垒坟、砌墙、铺路河西公社的那马人。

12. 禁止砍伐祖坟上的山神树和祭天牛的天牛树河西公社的那马人。

13. 七月十四日烧包祭祖，十五日不能到河中洗衣服、洗菜及用具。

14. 黄登、梅冲等村，男子结婚年龄要忌 9 岁、19 岁，女子结婚年龄要忌 7 岁、17 岁。

15. 结婚的日子要逢双，忌逢单；不能与男女出生的属相相克。

16. 腊月二十五日以后，不能上山劳动。

17. 正月初一，不能洗脸、扫地、泼水、背水，不准串门、吵架。

18. 入殓时，祭祀亡人的公鸡不能杀，不能吃，要送到祖坟上放生。

19. 每一个季度的最后一个月的初一，往前推两天，往后推 15 天，共 18 天，禁止出殡。

20. 人死之后，7 天之内不准扫地，3 个月内不准吃辣子，1 年内不能吃大蒜。

21. 安葬后，100 天内孝子不能理发，只能穿草鞋；妇女要披头散发，不能梳头。

22. 五服之内的从兄妹禁止对歌。

23. 弟媳不能转房给兄长。【《白族社会历史调查（二）·那马人风俗习惯的几个专题调查》，页 37】

中华人民共和国成立前，怒江地区白族所祭的鬼，大体可以分为7类：

第一类，最大最高的鬼，即神灵，叫"天鬼"，也称"高处鬼"；

第二类，属于自然物及生产生活方面的鬼，有地鬼、山鬼、路鬼、水鬼、树鬼、牲畜鬼、谷物鬼、火塘鬼等；

第三类，属于家神一类的鬼，即人死后，灵魂出来变成的鬼，也叫祖先鬼；

第四类，各种疾病的鬼，有痘鬼、咳嗽鬼、惨死鬼、暴病鬼又称天狗鬼、痨病鬼、头痛鬼、说昏话鬼、产房鬼，等等，每类病症都有一种鬼，共有20余种；

第五类，各氏族特有的鬼，如金鸡家的山羊鬼，虎家的架务鬼神鸟。各氏族特有的鬼，由各氏族祭，其他氏族不祭；

第六类，其他民族的鬼或外来鬼，如汉人鬼吴三桂、马双宝等；大维摩原是佛教神，即释迦牟尼，进入怒江地区以后成为虎家最大的鬼；

第七类，其他鬼，有梦鬼、白日鬼、黑夜鬼、咒鬼、血鬼、跳舞鬼等10多种。

现择要介绍几种主要"鬼"的祭祀活动。祭鬼一般要请"朵西博"来主持，白语"朵"是"大"的意思，为尊称。"西"是指"中间"，意为人鬼之间的"中间介绍人"。"博"是白语中对男性的通称。"朵西博"意即"人鬼中间过话的男性长者"。平时该祭什么鬼，用什么祭品，采取什么方式祭，都要听命于"朵西博"的安排。【《白族社会历史调查（二）·怒江地区白族（白人）社会历史的几个专题调查》，页84】

宗教迷信情况

由于生活困苦，经济、文化落后，群众迷信祭鬼，靠天吃饭的思想极为严重，对生产力破坏很大。如拉马鹿小村的鹿阿福，因父母生病，杀牲祭鬼，把家里的田地卖光，牲畜杀光，但父母还是死了。到妻子病时，只好把她的珠珠及锅卖掉。做饭没有锅，只好向别人借用。他家里的人都穿不上衣服，经常饿着肚子，他说：穷的原因是病。既古杂路家有田地、牲畜。有一年疾病流行，他的妻子和母亲都得了痢疾，发烧腹痛，请尼扒杀牲祭鬼，把土地卖了，从此就穷了下来。住的是窝棚，剩下一架很坏的包谷地，租来一只鸡养，两人全靠卖工生活。拉马鹿村两富比的父亲生病，请尼扒杀牲祭鬼，还是死了。其父死后，又杀了一口猪、两头牛，请亲戚邻居来吃，把可以开水田的 2 架地卖给贾师，从此贫困下来。迷信祭鬼，对生产力的破坏很大，也是某些人家贫困的原因。由于疾病多，死亡率高，人丁不兴旺。以尼金村来说，1948 年，流行头痛、痢疾、发烧等病，请尼扒祭鬼无效，结果一年中死去 28 人。【《白族社会历史调查（二）·怒江地区白族（白人）社会历史的几个专题调查》，页 82—83】

十六 节日、时令习惯

元旦，祀天地、祖先，用桃符、门丞，往来贺岁。元夕，赏灯张乐，星桥火树，有古风焉；次夕，携游北郭，插香于道，相传可以祛疾。清明，插柳墓祭。廿八日，谒东岳庙。四月八日，为浴佛节。立夏日，围灰墙角以避蛇。端阳，悬艾虎，系续命缕，饮菖蒲酒，以角黍相馈。六月朔日至六日，各礼南斗祈年。廿五日为星回节，燃松炬于街衢，醵饮邻落，照田占岁。七夕，妇女穿针乞巧，以瓜果祀织女星。中元，祭先于家庙，或焚冥衣楮镪，夜放河灯。中秋，瓜饼祭月。九月朔日至九日，礼北斗祈年。重阳登高饮茱萸酒。十月，祀先墓祭。长至拜宾，各以餈饵相馈。腊八日，作五味粥。廿四日，祭灶。除夕，欲分岁酒，先少后老，煨炉守岁，四更迎灶。【《康熙楚雄府志（58）·卷之一·地理志·风俗》，页356—357】

元谋县：汉人岁时节序之俗与各省相同，如衣冠以遵实制。元旦，视天地、祖先，相贺。上元，张灯火。清明，插柳扫墓。端阳，饮菖蒲雄黄酒。中元，祭祖先。中秋，果饼拜月。重阳，饮菊花酒。十二月二十四日，祀灶。除夕，守岁。

以上数事按汉人来自各省，故与各省相同。与各省稍异者：元旦，采松叶铺地，敬客亦然。立夏日，以灰围屋，谓蛇不敢入。六月二十四日夜束薪为燎燃之，以腥肉为牲，互相馈请，谓之火把节，又谓"星回节"……以上数事，按汉人渐于蛮俗，故与各省稍异。村庄之中，每年自相轮值火头，以司一村之事。【《康熙元谋县志（61）·卷之二·风俗》，页132—134】

凡遇元日，以松毛铺地待客，喜庆亦然。惟六月二十四日夜，束薪为燎燃之，以腥肉为牲，互相馈。所谓火把节，又谓星回节，相传汉、彝妇阿南，夫为人所杀，誓不从贼，以是日赴火死，国人哀之，故为之会。南昭皮逻阁欲并五诏，建松棚楼诱五诏王至祭祖因举火焚之，人无识其谋者，惟邓赕诏妻慈善，劝其夫勿行，夫不从慈善，以铁钏约夫臂；既而果被焚死，各诏尸莫能辨，独慈善以铁钏故得夫尸归葬；皮逻阁闻其贤智，欲娶之，慈善佯诺，葬后闭门，自居□南诏国之食尽，盛衣冠自缚以坐，竟以饿死，俗谓"星回节"。惟慈善足以当之。一云：孔明以是日擒孟获，侵夜入城，父老设燎以迎。《通志》又云：为炬照田苗，以火邑占农，一曰焚虫，二曰逐疫，来知孰是。以上数事。按汉人渐于蛮俗，故与各省稍异。村庄之中每年自相轮值火头，以司一村之事，凡田主往来或遇往行商，另有客房一座，饮食、草料毕备，去不取信，住宿则备酒馔。有公田，各村多寡不等，取租以供客。此上古淳风，特为详之。【《康熙嶍峨县志（32）·风俗（附种人）》，页 377—378】

云南府合属：元日，祀天地祖先，贴桃符、门丞，往来贺岁。立春日，春盘赏春，以饼酒交馈。元夕，赏灯，张乐列星桥火树于道。次夕长幼携游，爆竹插香于其处，相传以为祛疾。二月三日，老幼相率游龙泉憩石嘴，临江饮酒歌咏为乐。清明折柳墓祭。三月三日谒真武庙，或于西山罗汉山、鸣凤山，各从走向。念八日谒东岳庙。四月八日为浴佛期。立夏日插皂荚枝、红花于户以厌祟；又各家围灰于墙角以避蛇。端阳悬艾虎系续命线，饮菖蒲酒，以角黍相馈。会城亦常为龙舟之戏。六月朔日至六日礼南斗祈年。二十五日为星回节，市民燃松炬于街。衢村落则燃以照田占岁丰啬。七夕妇女穿铖乞巧以瓜果祀织女星。望五日祭先于家庙，或焚纸衣楮锭，夜放河灯。中秋瓜饼祭月。九月朔日至九日礼北斗祈年。重阳登高，饮茱萸酒，以面簇诸果为花糕，亲识相酬馈。十月祀先墓祭。长至相贺，各以餐饵相馈。腊八日作五味粥。廿四日祀灶。除夕饮分岁酒，先少后老，煨炉守岁，四更迎灶。【《康熙云南府志（1）·卷二·地理志之七·风俗》，页 55—56】

元旦，拜祝祀神祇、祖先，毕，往来贺岁。立春，祀祖，置辛盘春酒，邀亲友共饮。元夕，张灯、爆竹，火树盛于市；次夕，老幼有携游星桥沿，为祛疾之习。二月，士夫率农民祭八蜡祠祈年。清明日，户插柳省墓，合郡士民祭北敞义冢，具猪羊、酒果，其西北三处以牲醴分祭，祭品皆出义田。四月八日，里中作浴佛会。端午日，泛菖蒲，饮雄黄酒，小儿系续命缕，相馈角黍。六月朔日至六日，里中礼斗祈年；中旬，管义仓绅士请于府州，散给仓米于通郡鳏寡穷民。二十五日，为星回节，街衢燃松炬，酿饭；村落列炬插田，设牲醴祈岁。七夕，女子穿针，设瓜醴酺祭天，孙女乞巧。中元前二日，设酒馔、瓜果，祀祖先于宗祠，或焚冥衣楮锭。中秋，设果饼祭月。九月朔日至九日，里中礼斗祈年。重九，饮菊花酒，插萸，登高野宴。十月，士夫、农民祭八腊祠报赛旧各乡里有乡社，里中于社日祭五土谷之神，祈年报赛，即乡蜡祭乡。先生之殁而可祭者附焉，并于此讲约申。今重典也废于兵火，仅华严寺、八蜡一祠存而不备，宜复其制。十五日，祭老莺树义冢，分祭三处，仪同清明。长至日，拜贺，相馈糍饵。腊八日，作五味粥；下旬，管义仓绅士，请于府州协散仓米盐柴，给通郡鳏寡穷民。二十四日，扫舍宇，暮设果糟饴糖，祀灶。除夕，更桃符、门神，互馈仪无老幼，欢饮，爆竹辟邪，围炉守岁，四更迎灶。【《雍正建水州志（一）（54）·卷之二·风俗》，页154—157】

庆祝：正月十三日作龙王会，五井五庙轮流值会，庙内修斋，庙前演戏。三月二十六日作土主会，迎神于行台，迎花四日，走马三日，演戏十日。寿期官民同祝。【《雍正白盐井志（67）·卷之一·风俗》，页8】

二月三日，觅胜地，效修禊事。二月八日，有迎太子会，与他郡特异，相传有龙潭，不知在何许，傍生旃檀香树一株，大数围，高十余丈，不时有光；元时，有异人伐之，镂佛像三，曰"大太子""二太子""三太子"，云为释迦如来佛子，庇佑境土；冠五佛，冠衣红袍，交城十乡人民轮流供奉，每岁会期，作佛事，高台盛装，社伙鼓吹喧杂，人聚观之；先于初七日舁游市中，至初八日迎赴会场在城东诸天寺前，云与佛母相见。自元明至今，未有易也。十乡土（住）［著］，凡男女婚嫁有年月未协，两家先自言定，男家备轿马于半路，女家引女至会场，为男家抢去，俗云"抢亲"。至次日，婿往翁家谢请，其女父母照备装奁送之。此惧沿夷俗，今已大革。清明节，各姓子弟携酒醴、楮帛，拜扫先茔。【《乾隆霑益州志（17）·卷之二·风俗》，页32】

春，正月，元旦设松蓬，用长降香一株，以红纸腰为十二节，遇闰则增其一炙；至元宵新年，往来答拜，以槟榔茶酒待之；三月清明插柳于门。

夏，四月立夏日，围灰于墙脚以避蛇；五月端阳日插蒲艾，饮雄黄酒，以角黍相馈；六月廿四日，为星回节……

秋，七月七夕，陈瓜果于庭，穿针乞巧；八月十五日，祀月，盛月饼、西瓜，饮酒为乐，谓之"赏中秋"；九月九日，登高，饮菊花酒。

冬，十一月长至日，以糍饵相馈，农家或以饲牛；十二月，除夕，爆竹除旧，桃符更新，饮分岁酒，煨炉守岁。凡此习俗，大约皆与邻郡同焉。【《乾隆永北府志（42）·卷六·风俗》，页26—27】

蒙邑节令与中土同，惟六月二十四日土人以为节，祀祖，有剁生之俗。做法：以牛、豕、鸡、鱼之腥细切为齑，捣椒、蒜和之，以变其腥，然后碎切菜、瓜，杂而啖之，名曰"生"，古人鲜食之遗也。士大夫家食馔往往效之。其明日入夜，家家束松及蒿为炬，自官衙、城市及田野、村墟皆然；或椎牛置酒围坐火旁达旦为乐。诸彝人或相扑为角觚之戏，曰"星回节"，亦曰"火把节"。相传汉彝酋阿南夫为贼所杀，以是日赴火死，国人哀妇节烈，为此会以招其魂。其后，南诏亦假是日会，五诏于松楼，醉而焚之，遂并五诏为一；又云武侯以而是日擒孟获入城，城中设庭燎以迎之。未知孰是，或云即古"秉畀炎火"遗意，滇历古无蝗，理或然也。【《乾隆蒙自县志（48）·卷之二·风俗》，页153—155】

元旦，叩天接祖，贺岁，有赴鸡足山烧香者。立春荐辛盘。元宵多于飞来寺烧香，弥渡则聚于太平山，或铁柱庙，或温泉，夜则张灯踏歌为乐。起春醮祈年，各村多于土主庙，或龙王庙迎神。二月庆文昌诞。三月，多携酒于河边，煮豆为乐。二十日，子孙殿会。二十八日，东岳庙会。四月八月，浴佛。夏至，以灰围墙脚，避蛇。五月，端阳悬蒲艾于门，饮药酒，走百病，儿童系五丝、斗草，以角麦食物相馈。六月六日，晒徽黦。廿五日，为星回节，燃天火把于街衢或山寺，儿童各执炬灰、松脂向尊长揖而燎之，或持照田园占岁，村城走马为乐。七月七日，女子乞巧穿耳。中元，建醮保苗。西冲谢水。廿三日，竞渡西河，挽慈善。八月中秋，果饼祭月，儿童作火龙舞。重九，登高泛菊。十月复祭墓。长至日，拜贺，各以糍饼相馈。十二月腊八日，食五味粥。晦日，祀灶，扫屋宇。除夕，更桃符，守岁，爆竹送穷。【《乾隆赵州志（77）·第一卷·民俗》，页33】

猓猡……以二月八日为年，是日必将道路拦塞祀密枯，各村皆置密枯树祀，时以黄牛一绳系于旁祝之，祝讫，一人持利斧劈牛首，后按人数分剖以归。近来此事渐废，多以松枝之。有三叉者，代密枯树位置于屋之左右以祀之。其素所惯祀者，曰"打青苗"，遇期以鸡髀骨为卜祝，即其细孔以竹签穿之，或用鸡下腮之嫩骨有三叉者，视其高下、长短、向背、离合为吉凶。近又用松枝，长三寸许，作二，掷之地，分阴阳，以定一年休咎。【《乾隆续修蒙化直隶厅志（79）·第十六卷·人和部·人类志（附风

俗）》，页 634—635】

种人：倮倮……四时无祭祀，惟六月、十二月廿四日，贫用豕，富用牛，名曰"献天共"；六月廿四夜，村寨田宅悉燃火炬，名曰"火把节"，脍生肉食之，以此为献，岁会饮之期，多酗酒，好斗……疾病不药，卜而祭之。【《嘉庆阿迷州志（14）·卷之六·风俗（种人附）》，页 548—549】

夷俗：摆夷……以仲冬为岁首，男妇老幼俱着新衣，摘取各种山花，并以糯米蒸熟，染成五色斋供齐缅佛寺，鸣鼓击钵，供献佛前，听缅僧诵经，名为"（担佛）［赕佛］"。① 旋以各种山花插于沙堆之上，名为"堆沙"；又男女均以竹筒取水，互相洒泼，以湿衣为乐。【《道光威远厅志（35）·卷之三·风俗》，页 91】

米利：每年秋收后，宰牲祀神，吹芦笙跳舞而歌，谓之"祭庄家"。【《道光威远厅志（35）·卷之三·风俗》，页 92】

每岁清明前后数日，村人订期会于博濑在剥隘下数里，丽人成群结队，分行排立，各张雨盖。好事者，执其盖以去丽人，亦寻而至沽酒市脯，围坐劝酬，不通姓氏，饮竟而散，不及于乱，亦夷俗非礼之礼矣。案：景致列博濑春游，殊非雅俗，永宜禁止，因附志于风俗末。

每岁六月初五、初九日，夷俗谓之"小年"，数日城外少壮各结一队，掷石为戏，谓之"打丰年"，虽伤毙，亦不控官，亦不抵命，此其俗之最恶者。余（泣）［莅］任闻知，即厉禁，届期复亲率僚属巡查，此风顿止。但愿后之官斯土者，届期亲查，庶此风永思耳熙龄识。【《道光广南府志（43）·卷二·风俗（附种人）》，页 183—184】

花土僚：自正月至二月，击铜鼓，跳舞为乐，谓之"过小年"按铜鼓，马授征交阯时所遗，请夷宝之，以志不忘。【《道光广南府志（43）·卷二·风俗（附种人）》，页 186】

僰人：古白国之支流，性诡俗俭，又谓之"民家子"，知读书。其婚丧葬祭与汉相近，衣服、食用迥与他夷不同。每岁六月二十四日脔生肉合蒜而食，燃炬为乐，称曰"佳节"。【《道光广南府志（43）·卷二·风俗（附种人）》，页 192—193】

正月，男女抛绣球戏扑，又（监）［竖］一直木于地，以一横木凿其

---

① 应是"赕佛"。

口，合于直木头上，二人一左、一右，扑于横木两稍头为戏。此落彼起，此起彼落，腾于半空，名曰“磨鞦”。

三月，各寨宰牛祭龙祈年。

六月，初五、初九二日，各村寨宰牛作小年，户染红糯米祀神，土司家亦然。

七月各家祭祖，自祖父以上，每一祖一妣必有肉一、鸭一、鸡一，如十位则十（分）[份]，二十位则二十（分）[份]，皆有麦秧一盘，约数寸长。如祭外祖母舅、岳父母之类，则在门外，按名按分祭之，谓“外鬼不得入门”也。十八日，妇女为巫者，男女团聚欢唱，名曰“妍亡”。【《道光广南府志（43）·卷二·风俗（附种人）》，页 176—178】

元旦，祀天地、祖先，桃符、门丞，往来贺岁；取松树高丈许者，植于门外，谓之“年松”。元夕，张灯作乐；次夕，携游街市，插香于道，相传可以祛疾。二月二日，于龙潭祭龙修禊，用灶灰撒墙根，以却虫虺。养蚕之家于惊蛰日，晒蚕种。清明节，插柳，拜墓祭祖。四月八日，为浴佛会。五月五日，悬艾，饮菖蒲酒，以角黍相馈。六月朔日至六日礼南斗祈福；二十四日为星回节……七月初一日接祖，十五日祭先于家庙。中秋，以瓜果相馈，长幼宴饮。九月朔日至九日，礼北斗祈福。十月朔，祀先拜墓；初十至十五日为掩骨会，掩埋无主棺骸及瘗抛露兽骨，法掩骼埋胔之意。腊月二十四日祀灶。除夕，爆竹迎年，饮酒，煨炉守岁，四更迎灶。【《道光大姚县志（一）（63）·卷二·地理志下·风俗》，页 527—529】

元日，闭门不纳客，遇元宵烧纸开门。

每岁正月初二日，城隍出巡，先至土主庙住数日，乃与土主神同巡各村寨，至四月回庙每神至处，各家宰牲献神，邀亲友饮春酒；神所未至，虽至三、四月，多不请客，不饮春酒。

六月二十四火把节，家家皆剁生为食，以鸡头当门叫魂，儿童各执火把相照。是夕，行人路过者，群以火把随之。【《道光新平县志（30）·卷之二·风俗》，页 110—111】

春，正月，元旦设松蓬，用长降香一株，以红纸腰为十二节，遇闰则增其一焚；至元宵新年，铺松毛于地，亲朋往来答拜，以槟榔茶酒待之；三月清明插柳于门。

夏，四月立夏日，围灰于墙脚以避蛇；端阳日插蒲艾，饮雄黄酒，以角黍相馈；六月六日，晒书及衣服，二十四日，为星回节……

秋，七月七夕，陈瓜果于庭，穿针乞巧；八月十五日，祀月，盛设月饼、西瓜，饮酒为乐，谓之"赏中秋"；九月九日，登高，饮菊花酒。

冬，十一月长至日，以糍粑相馈，农家或以饲牛；十二月，除夕，爆竹除旧，桃符更新，饮分岁酒，围炉守岁。给儿女钱，谓为压岁钱，凡此习俗，大约与邻郡同焉。【《光绪续修永北直隶厅（42）·卷二·食货志·风俗》，页273】

武定州：岁时节序之俗与各省同者，如衣冠皆遵时制。元旦，祀天地、祖先，相贺。上元，张灯火。清明，插柳扫墓。端阳，饮菖蒲雄黄酒。中元，祭先祖。中秋，果饼供月。重阳，饮菊花酒。十二月二十四日，祀灶。除夕，守岁。以上数事按汉人来自各省，故与各省相同。

与各省稍异者：元旦，采松叶铺地，敬客亦然。立夏日，以灰围屋，谓蛇不敢入。六月二十四日，夜束薪为燎燃之，以腥肉为牲，互相馈请，谓之火把节，又谓"星回节"……以上数事按汉人渐染蛮俗，故与各省稍异。【《光绪武定直隶州志（62）·卷之四·风俗》，页273—274】

节令：元旦，以松叶铺地作毡，栽二松于门外，比户排列如林，爆竹声中，松风谡谡，不知其在城市间也。清明，插柳于门。端阳，挂艾于户，以蒸饼相馈。六月二十四日，星回节，束薪燃燎。七夕，乞巧。中秋献月。重阳登高。腊八食粥。【《光绪镇南州志略（62）·卷二·风俗》，页407】

岁时：《管桷姚州志》：元旦，祀天地、祖先，用桃符、门丞，往来贺岁。立春日，近春，春盘赏春，以饼酒相馈。元夕，赏灯张乐，火树星桥，有古风焉。次夕，男女以类相从游行，爆竹，插香于道，相传可以祛疾雨按俗谓"走百病"。三月初三日，效修禊事。清明，插柳于门。五月五日，悬艾虎，系续命缕，饮菖蒲酒，吕角黍相馈。六月二十四日，为星回节，燃火炬于街衢，通宵酿饮，照田占岁，有"秉畀炎火"之意。七夕，妇女穿针乞巧。中元，祭祖。中秋，以瓜饼祭月，长幼宴饮。重九日，登高，饮茱萸酒。冬至，拜贺以餈饵相馈。腊八，作五味粥。除夕，爆竹，饮分岁酒，先少后老，煨烬守岁，四更迎灶。按：州人每值新岁，以松叶簟地、宴饮，门外插松树各二，名曰"松对"。自兵燹后，林木渐稀，禁止插松，松叶仍听采取。《采访》：二月初八夜，彝人合家饮宴如除夕。【《光绪姚州志（63）·第一卷·地理志·风俗》，页35】

孟春月元日昧爽祀神祇、祖先，谒诸神祠，及旦，家人称寿，戚里相拜贺；七日内，择吉迎女归宁；上元夜，通街张灯，放火炬，为秋千戏；祠庙中以通脱木杂彩绘作人物，仿戏曲故事，引以机动以火，谓之"灯人"，亦谓之"灯树"。十六日夜，妇女尽出，燃香路旁，或城隅桥边而返，谓之"走百病"。

仲春月二日，农人祀土地神三日，士子祀文昌，星辰日祀龙，乡村有水泉处祀于泉上，无则择大树下祀之，恩永泉龙神祠，喧阗甲一州。

季春月三日，诣土主庙，醉尸饮福，度曲征歌；清明日，插柳于门，有寒食者，墓祭则插柳墓上，以悬楮帛；二十八日祀城隍神。

孟夏月八日，作浴佛会；立夏日，围灰墙脚间。

仲夏月五日，悬艾于门，系五色彩缕于小儿臂，食角黍及芽豆，有荆楚遗意；惟艾不作虎形角黍，谓之"粽子"。

季夏月朔日至六日，礼南斗；六日，晒衣；二十四日，牧儿祀土地神，吹牛角；二十五日，剁生饮酒，杂生肉诸菜，以蒜剂之，谓之"剁生"。夜，燎松炬，高丈余，谓之"火把"，照屋与田，强有力者，各持出郊外平旷处，相扑为胜负，是为星回节，土人谓之"火把节"。

孟秋月七日，士子祀奎星；七夕，乞巧织女星，儿女于月下穿针，或浮针于水上，视其影。

仲秋月中秋，夜陈糕饼瓜果祀月，祀毕聚饮月下，欢呼达旦。

季秋月朔日至九日礼北斗，九日登高，饮菊花酒，十三日祀汉前将军。

孟冬月朔日墓祭。

仲冬月长至日朝阙相拜贺。

季冬月，八日畜腊水作酱，二十四日设饴糖糍饵祀灶；除日，易桃符、春贴，辞岁，家长散家众压岁钱，燃爆竹，醮醋，围火炉守岁。立春先一日迎春万松山，老稚往观，至期鞭土牛，分取其土，置六畜之中，谓之"抢春牛"。【《宣统宁州志（32）·风俗》，页20—22】

昔人有岁时之记，记风俗也。风俗之大端，于岁时略具。蒙人每岁十二月中，从俗而不诡于正者，多有也。兹分晰著之：

正月元日，饮糯米作香斋，或以香糯食米舂面蒸糕，汲井水烹茶，香花供果，于夙夜陈设，以接天地，家长率众展拜。除夕、元旦一岁更新，地铺松针，以代氍毹，取松柏常青贯四时，兆吉祥也。二、三日诣庙祠进香，换新洁衣冠，往来相贺，小儿少女携年糕果饵，互相馈送亲。春新婚之婿，女家导之到亲戚家拜年，酒食酬祚，具有新春天平景象。

立春前一日，县令率僚属迎春于东郊，城乡男妇，填塞街衢，傀儡百戏杂陈，农人竞验春牛之色，以卜年岁雨旸丰歉。上元灯节，剪采错金为鸟兽鱼虫，花竹果瓜之形，罗列市肆，火树银花，星月争艳。

三月，清明前三日为寒食节，插柳于门。世家著族莫不各建宗祠，以敬宗收族，并有一姓建数祠者，先祀大宗，后祀小宗，至于墓祭，虽单寒下户，无不受子弟追荐者。礼俗此为最古。自三月下旬至于五月，四乡田家为农忙，男耕女耘，簑笠犁耙，尽力陇亩；县西北坝犁地多用双牛，三人佐之，前者挽牛，中者扶犁，后者服耕参《滇系》。

五月十三日，虔祀关帝，城乡皆然，是日雨则三农相庆，以为丰年，谓帝泽之所遗也。

六月二十四日，土人以为节，祀祖。有剁生之俗：作法以牛豕鸡鱼之腥及菜瓜椒蒜杂和而啖之，亦古人鲜食之遗意也。士大夫之家食馔，往往效之，其明日入夜，家家以束松及蒿为炬，自官衙城市及田野村墟皆然，或椎牛置酒，围坐火旁达旦为乐。诸彝人或相朴为戏，曰"星回节"，亦曰"火把节"。

……

七月十五日，为中元节，相传幽冥地官赦罪，释放鬼魂，受子孙追荐，故于初十、十一日接祖，陈设冥衣，祭献时食，殆设其裳衣，荐其时食之，遗意乎。十五日黄昏，将冥衣焚化敬送。

八月十五日，中秋节，明月在天，酒食对歌，使人不寐。

九月九日，重阳节，艺菊之家，形色烂（熳）[漫]，白衣送酒，满经黄花，有陶然其醉者矣，更有结伴登高，遍插茱萸者。

十月获稻，农夫有秋筑场纳稼，为四乡报赛之，日饮食燕乐，扶醉人归，盖有之矣。

十一月，冬至前后祀祖拜茔，与清明同，春露秋霜，报本追远之意，犹可想见。

十二月八日，作粥和以五味，曰"腊八粥"。二十四日，送灶，用花汤蜜饵考卢谌祭法曰"冬祭用荆汤"，小儿击腊鼓迎春，声彻比邻。腊月下旬，城乡杀年猪、腌腊肉，餈糕香饵，春杵之声不绝。除夕则米花炊糯米作饭，染以五色，作雨鸟方胜之形。金门岁节云，洛阳人腊月造脂花啖，即此供果，橘橼杵饼，杂陈罗列，具牲醴，祀先祖五祀，谓之"祈岁"，予儿女钱曰"押岁"，小儿女夜参半犹不寐，围炉竟夕嬉戏曰"守岁"。燃爆竹，挂五色纸钱，洒浆饭于门外，谓之"送岁"。至于饮屠苏、画桃符、新门丞、贴春帖，依然东都之遗风焉。【《宣统续蒙自县志（49）·卷三·社会志·风俗、彝俗》，页286—291】

节令：元旦，子丑时祀天地、祖先，以松叶铺地，门外栽松，烧桃符、燃爆竹，往来贺喜谓之拜年。立春日，领小儿摸土牛。上元节，比照点纱灯，以糯麦煮团为食，谓之元宵节。城乡有花灯、龙灯之闹热，次晚游黉宫沣池，谓之走百病。二月八日，乡间跳神演剧，巫上刀山、舐火犁，观者如堵。清明，插柳于门。三月廿八日，东岳宫会谈经演戏。四月，立夏以灰磺团墙角避毒虫。五月五日，悬蒲艾，食角黍、馒首。六月六日，晒衣物，朝南斗，今废。二十四日，火把节。七月七日，乞巧，接祖。十五日，孟兰会送祖。八月十五日，夕以瓜果酒饼拜月。九月九日，登高饮菊花酒，食糯饼饭饵。十二月八日，煮粥。二十三日，祀灶。除夕，烧桃柴送岁，幼拜尊长，谓之"辞年"。【《宣统楚雄县志（一）（59）·卷之二·风俗》，页348—349】

县属岁时，一切习惯多从旧历。

春正月元旦：正月初一日，元旦，人家换写春聊，贴于厅堂、楹门，以增庆祝新年之喜气；于先日除夕，即洒扫庭内，预备各种，香焚之；至元旦清晨乃设祭品于家堂，香灯花烛虔修早祀，俗谓之"元旦"，供早斋_{自元旦起至十余日，早晚家家香灯不绝，至元宵送香后乃上。}是日，任何人家均休息一日，不作他项劳苦工作，惟于早餐后，或率稚童幼女往村近寺庙拈香敬神，或与族邻人家互相拜贺新年。在新年数日内，各家老幼多著新衣，青年男女多玩弄鞦韆，畅乐竟日，谓之"过新年"。惟近年来，风俗日下，每遇元旦，休息敬香，拜年之风几完全不讲，一般青年男女，或相与游戏笑谑，男子且多籍此呼驴喝稚，夜以继日，肆意赌博，以遗此良辰者。呜呼！可概也已。

十五元宵：十五上元日为元宵节，俗呼"灯节"。一年之中，正月为佳，而正月又当以此夕为最佳。盖此时日暖风和，既不苦寒，亦无厌雨，田事既竣，岁储犹丰，于是户户春客，家家春宴，红男绿女，酬酢宴会之。正月至此热闹已极。各村公房或寺观内，皆请僧或应佛生讽经礼忏，庆祝上元天官，十五、十六两宵，火树银花，辉煌灿烂，名曰"登山"。

村中老少设品果肴馔而聚饮者，曰饮元宵，俗呼"吃灯山酒"。各村花灯相庆，灯火满地，鼓乐喧天，村中人多围而观之，各家男妇老幼亦多燃点花灯，游行街道、寺观，名曰"走百病"。今一区村中，其有男妇新生子者，例沽酒作食邀众聚饮，如有多年未生育之夫妇，每遭剧谑喜笑喧哗以为乐至更深夜，夜阑方散。十六日晚，每家有几人则点香几柱送之灯山门外，名曰"送香"。

三月上巳日是为踏青节，人多会饮于名山胜景。清明日是为寒食节，村人家家均门插柳枝，招介之推魂，古风犹未改也。人亦多戴柳枝者，并于是日扫墓祀祖，俗又以建辰而属龙，故逢辰日人多集会，宰牲祭龙，更有于是日，捐资集会演戏，讽经以庆祝龙神者。村人于农作需雨尤殷，俗谓"龙能致雨"，故虔祀之。

夏四月八日，为浴佛会；立夏日以灶灰洒屋墙周围，谓可以制蛇。

五月五日，为蒲节，又名"端阳节"，又名"天中节"。是日早起，各家均购买菖蒲蒿艾，乡间自行折取插于门端，又扎蒿把置于供桌上，名曰"五娑婆"。又以桃、李、杏与粽子及馒头、茶酒等供奉家堂神祇及祖先，献毕，则以雄黄和酒，聚家人而饮食之，谓"雄黄酒"，可以除病云。又以染色菱角百索五色线香包、布人、布虎、布茄、布辣等系于小儿之手胫、足胫、胸前、脖颈上，谓其可以祛邪云。惟农村间适值农忙，如包角黍即粽子、烧糖饼之类，皆不暇为，仅以蒸包子馒头、发牙包等以祀祖先而已。

六月六日，是为天贶节，藏书之家将书移而晒之，可以避蠹，各家妇女亦多洗衣被而晒之，故俗有"六月六，晒红绿"之谚。

二十四日，是名星回节，俗名"火把节"，各家皆接已嫁之女与女婿同来过节，各家孩童多先日预备绽薪为火把，以松脂和火药与木炭捣碎，名曰"松香"；至是日之晚，将火把燃烧，洒松香于其上，则轰然爆发，其大如箕；如此向新郎、新妇庆嬉，并遍游街道，逢人便向庆嬉，名曰"耍火把"。此为吊汉阿南夫人、唐慈善夫人之余习，并持火把遍游禾田，以驱螟螣者。又有约多数人为一团，此团与彼团持炬相戏，名曰"打火把架"。间有伤人者，近又有愚顽村童籍此以为烧人之举动者。刻经地方团绅严行取缔，不准有野蛮举动，藉存古风耳。谨案：是晚，持火把游于田间，颇于农事有益。盖是时螟虫之蛾正在发生，辄自飞来扑来，而被焚毙。倘持火把游田者多，则蛾之被焚者亦多，则可减少螟虫害苗之患，故于农事为有益也。

秋七月十五日是为中元节，各家皆接祀祖先，已详前氏族宗祠目，惟间有悬先人之遗像者；又有放阴者，谓"放阳人找阴人也"，系将属猪、马、兔等人以帕蒙其眼，以花椒及棉花塞其耳，燃香三柱，令双手执之向之持咒，其人即昏迷不醒，手摇身抖，俟其出声时，即可问阴府寻见亲人，情节、动作、口吻往往拟似生前家人，为之动容，是名"放阴"，但为时不可太久，即须呼之还阳，否则有昏迷不醒之危。集又各村人多有于是日集会作佛事，以祈超昇祖祢者，虽曰迷信，殆亦不失古人慎终追远之道也。

八月十五日是名中秋节，节前各家皆烧制红饼俗呼"糖饽饽"，有余之家开由省购添月饼，又备梨、毛豆、栗子、包谷、松子、瓜子、胡桃、石榴等物，至是日之夜，于月下敬献；献毕阖家老幼围桌饮食，以示团圆之意，故又名为"团圆节"。节前，亲戚间以饼相馈贻，曰"送节"，尤以新婿送节为常。惟近来风俗改良会以此种礼节徒令彼此相扰，曾有以后互不相送之提议。

九月九日是名重阳节，而居乡者因适遇收获农忙，鲜有蒸重阳糕者。

十一月冬至日是为常至节，各家皆以糯米粉做汤圆而煮之，俟熟取而裹以糖及豆面，名曰"马打滚"，以献太阳，庆日长至也；并以汤圆喂牛，平年喂十二个，闰年喂十三个，故又曰"牛年节"。村村并于是日扫墓，与清明同。

十二月二十四日，是为送灶节，夜间于家堂上备净水一碗、稻草七节、黄豆七粒亦有不拘此数者，意谓是晚灶神朝天，备此以作马草、马料也。又用粉面作饼，并买白糖、杂糖以献灶神。亦于二十三日晚行之者。

十二月晦日，是名除夕，至次年正月一日为一岁之终始，其纪念仪式，例于是晚换贴文、武像门神，并写春联贴于门楹亦多有至次日始换贴者，以示除旧更新之意。中上人家则于前数日宰猪，舂饵块以备食用，贫寒之家，届除夕均必购肉数斤，杀鸡造饭，以祀天地神祇、祖先。祀时，香灯蜡烛一齐点燃，奠酒浇茶，跪拜祷祝，以祈消灾降祥。祀毕，将青松毛铺于楼板，置饮食物于其上，阖家围坐大餐一饱，谚云"一年三顿饱"，盖指中秋节、祀灶节及除夕而言也。又食将鸡骨留之，又于河内拾圆石子十二枚，闰月十三枚烧熟及皂荚、乱发合所留碎骨置于瓦片内，至夜际送之门外，谓之"送祟"。送时并放爆竹，意在驱邪也。送讫，转身时，于案置钱、米、盐等物谓之"压岁"。其次，请水封门，是夜，壮男多半不眠，谓之"守岁"。又儿女辈拜父母辞年，父母给之以钱，谓之"赐压岁钱"。此除夕之习尚也。至刻下奉行新历者，只学界中人，每值新历元旦及双十、国庆等日，各学校悬国旗庆祝耳。

谨案，《续州旧志》：有七夕妇女穿针乞巧，腊八食羹粥等事，今则鲜有行之者矣。【《民国嵩明县志（二）（16）·卷之十九·礼俗·岁时》，页 127—133】

正月元旦，肃衣冠，拜天地、祖先、尊长以次；毕，即互相贺岁，各拜亲命，传茶，奉槟榔，至亲者则设馔，饮年酒，至四、五日渐稀。立春先一日，官吏彩仗迎春东郊，土民竞赏。元宵，张灯，前三日城市，乡村装饰，踏歌为行乐，调类竹枝词，竞放花炮。

二月三日觅胜地，效修禊事。二月八日，有迎太子会，与他郡特异，相传有龙潭，不知在何许，傍生旃檀香树一株，大数围，高十余丈，不时有光。元时，有异人伐之，镂佛像三：曰"大太子""二太子""三太子"，云为释迦如来佛子，庇佑境土，冠五佛，冠衣红袍，交城十乡人民轮流供奉，每岁会期，作佛事，高台盛装，社伙鼓吹喧杂，人聚观之；先于初七日舁游市中，至初八日迎赴会场 在城东诸天寺前，云与佛母相见；自元明至今，未有易也。十乡土住，凡男女婚嫁有年月未协，两家先自言定，男家备轿马于半路，女家引女至会场，为男家抢去，俗云"抢亲"。至次日，婿往翁谢请，其女父母照备装奁送之。此误沿夷俗，今已大革。清明节，各姓子弟携酒醴、楮帛，拜扫先茔。【《光绪霑益州志（17）》，页 343—344】

四时八节，则元旦称祝祀神祇、祖先。毕，往来贺岁。朔四日，俗名"烧火星纸"，每里约会，或十家，或二十家，当首之家具牲、礼钱、马；五鼓，请众诸火神祠，回即剁生饭，众至午宴酒，即日送神牌于明岁；当首之家复请宴饭。合郡行之元宵，各里张灯以庆丰稔，老幼相携，游于会津桥，名曰"祛百病"。清明，折柳插户，自春社后，即行祭扫至此日；止是日，士女游于西郊，谓之"踏青"。四月八日，各庙修浴佛会。端午，采艾插户，泛菖蒲，饮雄黄酒，以五色线系小儿肘背，谓"带百索"；造角黍面茶，交相馈赠。六月朔日至六日，里中礼南斗祈年。二十四日为星回节，街衢燃松炬，酾饮村落，列炬插田，设牲醴祈岁。此本夷俗、今革之。七月七夕，女子穿针，设瓜醋醮祭天，孙女乞巧。中元，设酒馔瓜果，祀祖先于宗祠，并焚五色冥衣于门外。中秋，设果饼祭月，玩赏并交相馈送。九月朔日至九日，里中礼北斗祈年。重九日，以菊花置酒中，列盆花燕赏，士夫插萸，登高野饮。十月朔，行祭墓之礼，长至拜贺相馈。腊八日，作五味粥食。二十四日，设果饼饴糖祀灶。除夕，更桃符、门神，互馈仪物，放爆竹辟邪，聚饮守岁，四鼓迎灶。此四时八节之礼也。【《民国陆良县志稿（一）（21）·卷之一·地舆志·风俗》，页100—101】

风俗：被于上者，谓之"风"；成于下者，谓之"俗"。风俗之美恶，政治之隆替见焉。宜良勤朴俭，士食旧德农服先畴边徼轻儇之习，早日一变而敦礼教。盖太和翔洽道德齐礼，沐浴于雅化者深矣。顾风之上也，如挽逆之水之船；风之下也，也若乘破竹之势。士大夫为庶民表率，宜如何，敦古谊，崇善道，为闾里倡矣。

正月：初一日，为元旦，贴桃符、门丞，晓起人家张灯烛焚香楮，设米花、黄果、乌栗之属，以供天地、祖先，堂中皆取松毛铺地如毛毯，族党间往来贺岁。立春日，春盘，赏春，竞土牛，今废。初八日，白莲寺迎太子会附小学教员段文彦撰太子传。太子不知何许人也，年代、姓名、爵里均无考。相传太子为元宗室，明初颍川侯傅友德南征，太子避兵于宜，因入白莲寺为僧，性聪颖，善诗文。每遇文人学士，辄剧谈今古，慷慨悲来至讽经。暇时，乘白龙驹，或登高览景，或临流赋诗，意甚适然也。一日，游于南山之野，龙驹误践麦田，为耕夫诟詈逐之，跌伤一足，太子疾呼"昔夷齐尚耻食周粟，饿于首阳，吾今避兵于此，竟为农人所辱，视夷齐得无愧乎"，遂触古木而死。时春正月初八日也，村人感其高义，殡殓如礼。嗣因屡显灵异，乃刻木像祀之。供诸寺右，每岁正月初八日讽经庆祝，以鸾舆迎游村中，鼓乐喧天，旌旗蔽日，爆竹声隆隆不绝，驾临里巷，士民焚香顶祝祈福、祈年灵应如音。迄今，木像犹存，懔懔然有生气，诚恐懿行湮没，故述父老之言，以志其梗概云尔。初九日，城内东岳庙设洞经会，庆祝玉皇诞。十六日，为上元节，张灯，又舞龙灯，长三丈许，庆贺太平，食元宵汤丸。

二月初三日，城内文昌宫设洞经会，庆祝文昌诞。十九日，城内观音阁、西槽、观音洞、汤池、迎仙庵，俱设会庆祝观音大士诞。又南屯山脚营公山顶土主寺开会，庆祝土主诞。

三月初三日，为上巳辰，士女携酒煮豆，踏青为乐。初三日，汤池二十余村，于元旦诣万福寺迎佛祈年，每村迎供二、三、四日不等，至三月初三日送佛归殿，每村各迎台阁一抬，演戏酬神，远近聚观。二十八日，谒东岳庙，远近妇女进香酬愿者，异常拥挤。清明日，插柳祭墓。

四月初八日，为浴佛会，俗又谓之"洗太子"，以释迦牟尼原净饭王太子也。

五月初五日，为端阳节，又曰"天中节"，悬艾虎门侧，儿童皆系百索，酌菖蒲酒，以角黍相馈。十三日，庆祝关帝诞，编行贮香，饰以五采人物、花卉，新奇工巧，高二三丈，大可以围约三四封，名"大香会"；又迎台阁彩亭，绣旛殊；盖自十三至十八演戏敬神始燃大香，观者如堵，称盛会焉。二十八日，庆祝城隍神，俗传为城隍诞日。民国元年废。

六月自初一日至初六日，礼南斗祈年。十三日，汤池乌纳山俗名"儿闪山"，山顶供儿闪土主，远近祷祀，以毡毳裹之。是日，杀鸡宰羊，难以数计赴会者，不下万余人。二十四、二十五两日，为星回节，俗曰"火把节"，斫松为燎，高丈余，入夜争先燃之村落，用以照田，以炬之明暗占岁之丰歉，街市群儿并杵松脂作粉，互相浇洒为戏相传汉时，有夷妇阿南，其夫为人所杀，南誓不从贼，即以是日赴火死，国人哀之，因为此会。一云南昭皮罗阁会五诏，于松明楼将诱而焚杀之，逐并其地邓赕诏妻慈善测谏夫勿往，夫不从，乃以铁钏约夫臂；既往，果被焚，慈善迹钏得夫尸归葬。皮罗阁闻其贤，欲委禽焉，慈善闭城死，滇人以是日燃炬吊之。一云武侯以是日擒孟获，侵夜入城，父老设燎以迎。后相沿成俗。未知孰是。

七月初七日，祀魁星，凡文武新进入庠者，轮流办会演戏酬神，自岁科试停考后，旋废。七夕，妇女穿针乞巧，以瓜果祀织女星。十五日，为中元节，祀先于家庙，无家庙者祀于中堂；先是十二日夕，即迎神，俗曰"接祖"没未逾再期者于十一日夕接之，其送神以十四、十五两日；设饼花，以鸡冠红蓼即水红花，取新麦罨之，俾作芽长八九寸许，谓之"麦秧"，盛以盘，其他若石榴、葡萄、松子取松球之大者供之，犹未剔出松子也之属；是皆果实之新成熟，以作供养者也俗尚剪纸衣粘于壁，至十五日焚楮锭时，并焚之；既迎神，思其饮食，思其嗜好，必诚悫以奉之；至十五日晡时，乃送神，曰"送祖"；或焚纸衣冥钱楮锭，虽贩夫樵妇无不竭力以将事。是夕，为佛盂兰盆会，夜放河灯。

八月初一日，严泉寺盘龙祖师殿焚香，自初一日至十五日乡人于此施舍钱米、衣服酬愿。十五日，为中秋节，夜间祭月，供瓜果、月饼。

九月自初一日至初九日，礼北斗祈年。初九日，为重阳节，饮茱萸酒，又于土王日，乡民浴于西浦温泉禳灾祓除，其地如市。初九日，为滇省光复纪念日，合邑军、警、学、商各界悬旗，张灯庆祝民国。

十月：拜扫坟茔。

十一月长至日，叠糯米粉作牢丸，糁以豆屑、醣糠食之，曰"豆面团"；族党间往来相贺，语曰"冬至大似年"。

十二月腊八日，作五味粥。二十四日，祀灶。除夕，祀先，购酒肉、蔬果之属必具，易桃符、门丞，煨炉取桦木、皂荚焚之炽炭，于盆淬以万醋，谓"可除恶"；是夕围坐不眠曰"守岁"；饮酒曰"表岁"；俵钱赐卑幼者曰"压岁"。

附记：每年清明、中元、冬至三节，旧例迎城隍神于极乐村，城隍滩，民国元年废。【《民国宜良县志（一）（23）·卷二·地理志·风俗》，页143—152】

岁时：元旦，废历正月一日为元旦。是日，黎明家家准备香烛斋茶供献，谓之"接天地"。拜后，放爆竹。是日，不杀牲、不工作，一家围聚休息为乐，或互相往来贺喜。民国改称春节。正月二日，每年废历正月二日，民人接城隍至土主庙住二月，与土主同出巡各村寨，至四月八日回庙，每神至处，各家宰牲祭献，邀请亲友饮酒作乐，神所未至，虽三四月犹不请客，不饮春酒。元宵节：废历正月十五日为元宵节，是夜张灯于小城内，武侯祠戏台一夜之内灯火通宵，锣鼓喧天，街市龙灯、狮子回环不绝，香车、宝马填塞道路，真有火树银花，金吾不禁之概。

旅行日，每年二月秒学校举行旅行目的地，或龙潭，或盘龙寺，或花山大庙不等，整队出发时，学生在前，管教员在后，国旗飘空，歌声震野，极一时之乐事，每经过处，观者如堵。清明节，每年清明日，家家悬柳于门，相传谓"吊介之推"。儿童则戴柳帽、骑柳马，沿途游戏为乐，民国改称植树节。

浴佛日，废历四月八日为浴佛日，城乡男女老幼聚集桂山寺、或玉清观庆祝释迦诞辰；正午洗太子时，水以瓜子、松子、米花糖和之，凡莅会者辄以得分一杯水为幸。

端午节，废历五月五日为端午节，是日家家悬艾蒲于门，食角黍面包，谓"吊屈原"。早餐后，咸以彩绳系小儿臂，以雄黄涂小儿口鼻，率领出游，谓之"游瘟"，民国改称"夏节"。

滇炬节：废历六月二十五日为滇炬节，俗谓"火把节"。是日，家家剁生肉为食，以鸡头当门叫唤，名为"叫魂"。晚则儿童执火把相照，行路者过之，群以火把尾烧其后以取笑乐。

中元节，废历七月十五日为中元节，由十二日起，家家陈设肴馔及新鲜物品，供献祖先，谓之"接祖"；十三、十四供献同至，十五日敬备冥资、汤饭于门外，饯祖先行，谓之"送祖"。

八月一日，废历八月一日城乡男妇老幼至城西北盘龙寺朝参，谓之"朝活佛"。朝毕，就寺内外席地畅饮为乐，共约四五千人，极形热闹。

中秋节，废历八月十五日名中秋节，是晚家家陈瓜果、月饼、酒肴拜月。拜后，家人父子共席而坐，就月下啖饮，取"团圆"之意。民国改称"秋节"。

重阳节，每年九月九日为重阳节，亦即本省光复纪念日；是日，男妇老幼多携菊酒、香糕，约友登高，以图娱乐。

双十节，十月十日为双十节，又名"国庆日"；是日，官绅、士兵悬旗结彩，纪念演讲武昌起义历史，或开运动会庆祝。

冬至节，每年冬至日家家荐时食，奠祖先，食汤圆，招集亲友，宴饮为乐；民国改称"冬节"。

除夕日，废历十二月三十日为除夕，是晚各家具三牲、酒醴，祀天地、祖先，物品丰洁。拜毕，家人父子铺松针于地，席坐啖饮后，子女为父母辞年，各赐以钱，谓之"压岁钱"。是夕，灯光达旦。【《民国续修新平县志（二）（31）·第十七·礼俗》，页319—323】

正月：元旦，男女早起具香烛、茶酒先祀井，汲新水，继接灶神，祀天地、家神及祖先；黎明，男俱向父母翁姑尊长称祝，男子往来贺，正先拜师；数日后，女归，祝父母；月内，互置酒筵，宴尊长、族邻、亲友，名"田饮春酒"。城乡少年各集太平灯会，或龙并狮子，各种排灯，每夜张乐赴人户庆祝，名为"放灯"；初二、三日出灯，十六日散灯；龙灯送于河，狮灯送于山。是夜解散。立春，各家具辛盘春酒，以祀祖；凡附近城者，入城观迎春，衙署、街衢以及于东郊欢声载道，农人争取春牛之土、春棚之枝携回，置于牛棚间，谓"可除牛疫"。今迎春礼废，此俗遂革。初二日，早起具牲醴玉笔山、祀财神，络绎不绝，乡村集于就近之财神庙进香。十五日，为上元节，食汤（元）［圆］，名为"元宵"；是夕，庆祝太平，街道张灯，放爆竹，男子多游观。十六日夜，老幼各执条香出门外，插于道左，以祛疫疾，名为"走百病"。

二月：初三日，士庶咸庆。文昌诞月，内城乡谈演洞经，以逐疫；丁祭后，上坟祭扫，老幼同往。十五日，庆老君诞，名为"朝山会"。是日，各姓皆祭祖祠，亦有十六日祭者。

三月：清明日，插柳于门，凡未祭墓者，皆于是日祭之。二十日，三霄诞，祈嗣者、禳花童关煞者咸赴会进香，请道士讽经献幡。二十八日，东岳诞，庙前演戏，茶舍、酒馆毕集，进香者，追荐亡人者不绝于道。

四月：初八日为浴佛会，进香者以糖水浴佛，传饮之可以获嗣。立夏日，以石灰，或灶灰围墙脚，谓"可避虫蛇"。

五月：端午日，各家悬蒲艾于门，以牲醴祀家神及祖先。毕，拜父母、翁姑尊长，男子往外拜师及亲友，女子归拜父母，置酒筵会，食角黍。十三日，为单刀会，男子赴关岳庙进香庆祝，农人以牲醴祀田，谓"烧秧纸"。多栽竹木、果树。

六月：二十四日为星回节，燃松炬，俗谓"洒火把"，照田占岁。

七月：七夕，女子于月下穿针乞巧，祀织女。初一日起，连日咸有接祖先，晨、午荐食至十四日夜，具酒果、冥衣、金银，课（锭）［诞］于门外，名为"送赴盂兰大会"。此等世俗，虽近迷信，姑为记之，以为不知追远者戒。十五日，于城隍庙内，作盂兰会，水陆拯幽。

八月丁祭后，上坟祭扫。中秋日，祀家神及祖先。毕，拜父母、翁姑尊长，男子出外拜师，女子归拜父母。至晚设香烛、果饼、酒醴于天井，以祀月。毕，阖家老幼置果饼，庆团圆节。二十七日，祀孔子，祝国庆日，悬灯彩、国旗。

九月：重阳日登高，饮菊花酒。

十月：初一日，凡未祭墓者，均于是日祭之。

十一月：冬至日，各家均食糍饼，亦有馈送亲友者，山居民尤盛，谓之"过年"。初四日为庆祝纪念日，各家悬灯彩、国旗。

十二月：初八日，各家均作五味粥、腌腊菜。二十四日，扫尘祀灶，除夕，更桃符、贴春联，亲友互馈仪物。富厚之家择贫之亲、邻周以钱米、肉食。是日晚，悬旗、张灯迎新除旧，祀神祇、祖先。封门毕，男妇老幼各序行欢饮，爆竹声喧，辟邪除旧，燃长灯、巨烛以守岁，各家取山松一株植天井中，以迎春色，祀天地。【《民国景东县志稿（一）（32）·卷之二·地理志·风俗》，页641—647】

岁时：岁时一项，《旧志》所记，以阴历为主，因阴历沿用民间，已属久远，未易破除，故旧日"岁时"俗例，仍多习而不废。今特分季载之：

（1）春季：立春日，《旧志》载"官吏士民往东山寺迎春，各乡里亦扮社火，为渔、樵、耕、读之类，父老鞭芒春，官献岁"。今废。

正月元日：鸡鸣即起，祀天地、祖先，放鞭炮，张灯彩，儿童群集贺年，俗称"叫财门"。天明，祀神祠，吃米花、糖水，早餐后，择吉出行，亲邻朋友交相称贺。是日，民间多素食，休闲嬉游。

正月二日，鸡鸣天晓，各家以牲醴祀神祝福，俗称"打牙祭"。商人小贩尤为注重。街间爆竹响声不绝于耳，龙灯、狮子、花灯亦于是夜开始，直至元宵后始止。

上元节，正月十五日夜家家户户，每以糖面作汤圆为食，俗谓"吃元宵"，并称此日为"元宵节"。

正月十六日黄昏后，各家妇女焚香纸于郊外河潭，乡村多就庙宇，口呼百病消除，谓之"走百病"。

二月八日，乡村社庙，多于是日祷神聚餐，民间则逆女归，宴乐一日，俗谓"米线节"。

三月，清明节，旧俗迎祭城隍，城乡沿门插柳，幼女戴花。公墓之祭，亦于是日举行。俗例则于前后十日，纷纷拜墓。

（2）夏季：四月八日，系释迦圣诞，供奉释迦，各寺均备香枣兰汤，妇女多前往进香、浴佛，祈求子嗣，俗谓"洗太子"。

五月五日，端阳节，市上卖花木、药草，民间植树，食角黍面包，儿童手系彩丝，长者饮雄黄酒，门插菖蒲，知医者采药，小儿斗百草。

六月六日，出衣服、被褥曝阳光下，名"晒徽毒"。又各寺庙朝南斗，善男信女多入寺进香。

六月二十五日，为星回节，各村寨立火把以扑害虫，俗又称"火把节"。农人举行社祭，并观火把火炎，藉占秋收丰歉。是晚，人多于郊野赛马，小儿撒火把为戏此日相传系六诏时，邓郏诏王被害之日后，人燃火炬以哀吊之。

（3）秋季：七月七日，古为乞巧节，闺秀对月穿针，比赛眼力，今则无矣。

七月十五日，中元节，是日午间迎祭城隍，今废。夜，各寺庙作盂兰会，民俗于初二日迎祖。初七日祭祖，至十二日复祭，十四日送祖。

八月，中秋节，月华东昇列糖饼、果酒，阖家围坐而食，共享天伦之乐，尽欢而散，间亦有以饼果馈送亲友，及邀集宾客举行夜宴。是晚，又称"团圆节"。

九月，重阳节，九月九日，又名"重阳节"，俗多登高聚餐，饮菊花酒，文人墨客多有诗词唱和者。

（4）冬季：十月一日，迎祭城隍，今废。初旬内，亦有扫墓祀祖考者。

十一月，冬至节，又名"长至节"，有吃蜂蜜、糍粑之俗，并互相馈送。

十二月二十三日，各家举行大扫除，夜间以糖果、斋食祀灶神，名曰"送灶"。

十二月，除夕日，换贴春联及桃符、门钱，堂中铺青松毛，以牲醴祀神灵及祖先，张灯结彩，门户焕然，家人团聚饮酒，比户爆竹喧天；入夜，陈设糖果，围炉守岁，尊长给卑幼压岁钱，封门辞岁。

以上各季节，家庭则以清明、端阳、中元、中秋、冬至为最通行，余则渐杀。

（5）纪念节日：国历元月一日，"中华民国"成立纪念日，各机关及街市悬旗庆祝，贴春联，过新年。晨间，机关、学校均举行庆祝仪式。晚间，由教育界表演话剧，各机关、学校放年假三日。三月八日，妇女节。三月十二日，孙总理逝世纪念。四月四日，儿童节。五月一日，劳动节。五月四日，青年学生救国纪念。五月五日，国民政府非常总统就职纪念。五月九日，国耻纪念。六月三日，禁烟节。立夏日，植树节。八月七日，中华民族抗战纪念日是日祭忠烈将士。八月二十七日，祀孔及教师节，同时举行。十月十日，国庆日。十一月十二日，孙总理诞辰纪念。十二月二十五日，云南起义拥护共和纪念日。【《民国顺宁县志初稿（二）（37）·卷九·礼俗》，页222—226】

倮倮：废历六月二十四日为火把节，是夜燃火炬，系羊皮鼓，绕行田亩以及园圃果树，谓光照所及，则收获丰，而虫害少。照毕，陈酒脯，集男女行歌互答，进酒为欢。【《民国马龙县志（一）（45）·卷二·风俗志》，页224—225】

年节琐记：新年元旦，庭堂门户换贴新桃符，张灯结彩，陈时鲜果品于案，为清供，铺松叶于地为裀席，大门前栽松树或杉一棵，以红笺书"松柏长青"四字，贴其上，称之为"摇钱树"，以取吉利。因其多伤材木，官府屡禁，城市此风稍息，乡村仍旧无改。

除夕夜，午即往井取水，以敬祖先、神祇，谁能先取，以为最净，必获神享，故争先恐后，屏息急走，谓之"抢头水"。晨鸡既明，满城爆竹声，陆续不绝，清茶、素斋叩拜迎神，谓之"按天地"。是日，卑幼拜尊长，亲友、街邻往来互贺，并往各庙拈香，百业休业，共赏春光。

初二日，以牲醴献神，谓之"打牙祭"。

十六日，燃爆竹拜神，谓之"送年"。新年既完，百行开业，有不复业，或另有别故，非常情也。当此新岁半月中，凡所以赏心悦目之事，务求完备。自初三日起，即百戏杂陈，游人拥挤，火树银花，鼓乐前导，此龙灯也。抹粉缠头，忸怩情歌，此花灯也。或则飘扬断送，或则旋转翩翻，此各种秋鞑也。往事重提，忠奸再演，此高台戏也。灯火连宵，锣鼓喧天，金吾不禁，游赏有余，乃有人马，犹以为乐事。未足躬入赌场，喝雉呼卢，财尽神疲，无可奈何，自寻之苦，实累于俗。

当清代立春之前二日谓之"演春"，前一日谓之"迎春"，立春日谓之"打春"，官民合办典礼隆重，于今废止，不为详录。

正、二两月，亲戚族友，酬祚往来，互相欢宴，城乡同俗，谓之"请春客"。三月辰日，官绅士民共往大龙潭祭龙，为祷雨祈年也，亦甚灵异。是日，虽不大雨，亦必稍见飞洒，以显感应。

清明前后，上冢扫墓，丰裕之家有备酒肴以延宾客者，一般妇女无缘外出，得籍此以散步郊野，最所欢迎。故此风愈行愈盛，寒素人家亦多仿效者。昔之宾客，本是临时信口相邀，今则列单预约矣。上冢早迟，亦有分别，俗言"二月清明莫上前，三月清明莫落后"。

五月五日，为端午节，包角黍，悬蒲艾，以五色线为缕，拴小儿项臂，饮雄黄酒以避毒。午后，男女成群出游郊野，谓之"游百病"。采百草，归煎汤沐浴，谓可治一切疮疥。

六月初一日，染五色花饭；二十四夜，火把节，皆从夷俗也。

七月十五为中元节，初一日吊设先祖神位于家，朝暮荐食，谓之"接祖"。凡花果、菜蔬必求鲜备，虽在检素之家亦必力从丰典，祀先诚意，人所同也。十四夜，以锡箔纸钱装封成包，并纸衣、马等焚给祖先，谓之"送祖"。

七月七日，为乞巧节，妇女以盆水置日中晒热，以细针浮水面，验其彩之变化，以觇人之巧拙。

八月十五，为中秋节，月上东山，对之供献清香、素馐、饼饵、瓜果，妇女虔诚叩拜，以祈二家之福，阖家围坐，对月饮啖，盖取"团圆"之意。

九月九日，为重阳节，亦有载酒登高者，但佳句难续，诗思为催租人所阻，逸兴遄飞间，情较落惆，人多为聊，以点缀，无负风景而已。

十月，阳春，又届墓祭之期，然此次拜扫，可有可无，不似清明时节之重要也。

十一月冬至节，煮餐团供神。

腊月，制酱腌菜，宰猪制腊肉，以备来年不时之需，舂饵块，造柏酒，为新年之用。二十四日，送灶神，室内室外，必扫除整洁，香烛糖点供于灶，严肃叩拜，俗谓"此日灶神上天，将一家善恶奏闻天庭，故媚灶之之行"。由来久矣。

除夕，祭先祖，酒馔必丰；是晚，男妇老稚均可共席，谓之"团年"；卑幼拜尊长，谓之"辞年"；尊长以银钱赐卑幼，谓之"压岁钱"。一岁之中，每逢佳节，远亲近戚，以时物相馈送，谓之"节礼。"【《民国马龙县志（一）（45）·卷二·风俗志》，页192—198】

庙会琐记：土地会二月初二、六月初二均有之，宰牲酬神，醵资举办，与会者甚众，俗谓"土地神"司一方之财帛，无敢不敬，故普及城乡。

清醮会：每三年一举办，于二、三月择吉行之，盖为祈福消灾、祷雨祈年也。挨户捐资，无敢不出，（倩）[请]道士设法坛，本地经生设经坛讽经。醮期七日，以第四日行香为最热闹，行香抬瘟神像、灵官像出游，道士往各庙上香、焚表，以达建醮悃忱也。官绅士众一体加入，衣冠整肃，各执信香，列队游行，仪仗鼓乐导于前，道士、神像殿于后。并有高台、高跷，妆男扮女，百戏并陈，夜间道士禹步踏罡，斗破地狱，放烟火，架放孔明灯，以故城乡哄动，万人空巷。吾邑会事，以此为盛。第七日，醮事毕，以流殍、乞丐饰作无常、小鬼等丑态，恶形挨户惊骇孩童，谓之"扫荡"。计自筹备，以至散场，恒须二十余日，承办奔走之人饮之、食之，糜款颇巨，消费无益，有伤民财，习俗既深且乐而为之矣。

……

三、六两月，逢鼠、马日，乡民视灶于郊，整顿乡规，宰牲设宴，按户敛资办理；自是日起，凡耕作、樵采一体休息，谓之"忌工"。忌工日期之多寡，由卦之吉凶而规定，有敢违约，处罚不贷。

各籍会馆、神会尚多，但非普遍崇信，略而不录。【《民国马龙县志（一）（45）·卷二·风俗志》，页198—202】

夷族琐记：依人：按……以废历六月初一日为岁首，染五色花饭，椎

牛祀神。【《民国马龙县志（一）（45）·卷二·风俗志》，页217】

《府志》云：昔人有岁时之记，记风俗也，风俗之大端于岁时见之矣。临人十有二月之中，礼从宜而不诡于正者多有也。兹分晰著之如左：

正月，元日先期炊糯米、作香斋，汲井花水烹净茶，晨兴陈于天地及室堂神前，家长率众展拜；毕，北面望阙九叩首，然后启门诣各祠庙进香，往来相贺，地皆铺松针以代氍毹，取松之柯叶贯四时兆吉祥也。

立春前一日，郡守、县令率僚属迎春于东郊，土人陈傀儡，百戏鼓乐前导，农人竞验土牛之色，以卜雨旸。

上元，为灯节，先期试灯。届期，放之剪采错金为鸟兽虫鱼、花竹果蔬之形，罗列巷陌，谓之“灯市”；或结采棚于通衢，火树银花争艳，星月小儿联袂相属，齐唱太平每句再叠“太平年”三字，并以笙笛佐之，抗坠抑扬叶于音节，揉米粉为团，曰“元宵”，以相馈遗，各乡里斗秋鞦、角觝之戏，翌日，往郊外嬉戏，携钱果掷与贫人，曰“结缘”，插香于道，以禳疠疾。

二月八日，迎佛，宝盖旛幢，交错于道，结彩幔，张灯如元夕，今曲江一带多有之。

三月，清明前三日为寒食节，插柳于檐，祀祖于祠。郡城自世家著族至单寒下户，莫不各建祠堂，以敬宗睦族，并有一姓建数祠者，先祀大宗，后祀小宗，再后始及墓祭，虽马医、夏畦，无不受子孙追养者。礼俗此为最古，惟三月作朝山会，士女辐辏，举国若狂，而云龙山尤甚，此则弊俗之宜革者也。自三月下旬至于五月，是人群相儆动，曰“农忙”。男耕女耘，肩挑背负，虽形骸垢敝，不敢偷安其田土，半属干原俗名“雷鸣山”，高高下下，惟视雨水为早迟，幸而甘膏应候耕种。及时，虽休勿休常恐不及，否则亢旱为忧太甚则苗多焦，名曰“发红”，良苗生节正月为早秧，八、十日栽；三月为迟秧，五、十日栽；过此，则生节为老秧。迨夏至后，土膏凝而根难畅，遂阴气伏而穗不发荣，即使有收，仅仅及半，再迟则更减矣。

四月八日，为佛诞，诸寺院作龙华会，僧尼辈以盆贮铜像，浴以五香之水，覆以花棚，铙钹喧天，以冀布施。立夏日，农人望雨尤切，谚云“立夏不下，犁耙高挂”。

五月五日，端阳节，悬艾虎，饮蒲酒，以角黍、包子一名“馒”，首始于武侯，载《三国志》，宋陆游亦有诗相馈遗，小儿系续命缕，带避兵符。十三日，祀关帝，自通邑大都至穷乡僻壤，莫不奔走恐后，勤祀惟虔。是日雨，则三农相庆，以为丰年，谓帝泽之所遗也。夷人复烹羊炮羔，吹笙鸣鼓，虽椎鲁无文，而诚意可掬。有土鼓蒉桴之遗焉。礼失而求诸野，盖于夷也征之矣。前正月十三、后九月十三亦然。

六月六日，祀土神，各村庄椎牛击鼓，少长咸集，载号载呶，不醉无归。农事毕，筮期作青苗会，延道士诵经拜疏，用柳枝蘸法水，沿胜露洒，以禳螟螣，亦古迎猫祭虎之意，与二十四日为星回节。……

七月七日，妇女结彩缕，对月穿针，陈瓜果于庭中乞巧，以喜子贮盆内，视结网之疏密以为符应。立秋前数日，农人最忌北风，夜中尤甚，夜风起则露气不能潜滋，而谷房悉虚，是多白穗。又最忌夜雨，夜雨多则冷气中于根荄而谷花先殒，是多黑谷。十五日，为中元节，道家谓"集福"，世界寺僧作盂兰盆，斋夜参半，结坛巷陌，施焰口，燃洋灯数十百盏，浮于水面，灿若繁星。斋民之家亦各祀其先祖，陈冥衣、钱纸、时果、肴蔬，乐以迎来，哀以送往考。杨炯赋云"上诸天于大梵遍法界于恒沙"，盖唐时自宫闱而降，无不虔祀者，不独临人然也。

八月十五日，中秋节，薄暮陈瓜果、月饼于庭，以祀月；农人观是夕阴晴，以验来岁上元之风雨，虽异域，无不同者。自七月中旬以后，连胜收获，亦谓之"农忙"。雨旸时，若是月即可涤场矣。

九月朔日至九日，礼北斗祈年，农人占各日内风雨为来岁三时风雨之应：朔日应正月、二日应二月，递数以至九月九日，望雨尤切，谚云"重阳无雨，一冬晴"，大率云南之冬雨，如北省之冬雪，雨多则陂池盈满，春耕有资泽润，山原荞麦畅茂，方报今年之熟。又祈来岁之登，士大夫慎勿侈菊酒、茱囊，登高作赋，遽忘田家作苦，闵闵望岁之思也。

十一月，长至日相贺交馈飱饵。

十二月八日，作粥，和以五味，曰"腊八粥"。二十四日，祭灶，用花汤蜜饵，小儿击腊鼓迎春，声彻比邻。于时，碾义仓谷散给孤贫。除夕，竞以米花、油脂、飱饵、槟榔、茶果相遗，谓之"馈岁"。具牲醴，祀先祖五祀，谓之"祈岁"。小儿女夜参半不寝，陈饤饤围炉，竟夕嬉戏，谓之"守岁"；燃爆竹，挂五色纸钱，洒浆饭于门外，谓之"送岁"。至于饮屠苏，画桃符，新门丞，贴春联，依然东都之遗风焉，由斯以观临成风俗之征于岁时者，自祭祀祈禳，勤苦作劳，以及馈遗往来亲睦，冶比之缛节，日移月易，每能行之有常，随风土以协乎人情，称时宜而通于礼意，可谓淳美者乎！【《民国续修建水县志稿（56）·卷之二·风俗》，页

【155—162】

附说：六月火把节，各村寨村人，集合献庙，用纸扎一假人，作瘟神式，又用簸箕抬菜饭、香纸，少壮有手持棍棒，入人家户内，群声呐喊，挨户驱逐。既毕，送出寨外烧之。此驱逐疫之俗，即古之乡人傩也，一笑。【《民国镇康县志初稿（58）·第十七·礼俗》，页284】

岁时：《管志》：元旦，祀天地、祖先，用桃符、门丞，往来贺岁。立春日，迎春，春盘赏春，以饼酒相馈。元夕，赏灯张乐，火树星桥，有古风焉。次夕，男女以类相从游行，爆竹，插香于道，相传可以祛疾^{甘志注俗谓"走百病"}。三月初三日，效修禊事。清明，插柳于门。五月五日，悬艾虎，系续命缕，饮菖蒲酒，以角黍相馈。六月二十四日，为星回节，（然）［燃］火炬于街衢，通宵醵饮，照田占岁，有"秉畀炎火"之意，此风近亦渐杀。七夕，妇女穿针乞巧。中元，祭祖。中秋，以瓜饼祭月，长幼宴饮。重九日，登高，饮茱萸酒。冬至，拜贺以餐饵相馈。腊八，作五味粥。除夕，爆竹，饮分岁酒，先少后老，煨烬守岁，四更迎灶。《甘志》：州人每值新岁，以松叶篸地、宴饮，门外插松树各二，名曰"松对"。自兵燹后，林木渐稀，禁止插松，松叶仍听采取。（又）二月初八日夜，彝人合家饮宴如除夕，又每值令节宴会，男女相携，跌足为乐，谓之"打跳"，吹树叶、竹笛、葫芦、笙弹、口琴和之，自成音乐。《采访》：二月初二日，围灰墙脚，以避蛇。星回节，女孩以金凤包指甲并焚续命缕。八月，稻熟荐新。十二月二十四日，扫除。【《民国姚安县志（66）·礼俗志第七·风俗》，页244—245】

十七　丧葬习惯

（一）历代史志文献所见丧葬习惯

松外诸蛮：父母死，皆斩衰布衣，远者至四五年，近者二三年，然后即吉。其被人杀者，丧主以麻结发，而黑其面，衣裳不缉。【（唐）杜佑：《通典》卷一百八十七，"边防三·南蛮上"，中华书局1988年版，页5068】

西爨及白蛮死后，三日内埋殡，依汉法为墓，稍富室广栽杉松。蒙舍及诸乌蛮不墓葬，凡死后三日焚尸，其余灰烬，掩以土壤，唯收两耳。南诏家则贮以金瓶，又重以银为函盛之，深藏别室，四时将出祭之。其余家伙铜瓶铁瓶盛耳藏之也。【（唐）樊绰撰，向达校注：《蛮书校注》卷八，"蛮夷风俗"，中华书局2018年版，页216】

至于死丧哭泣，棺郭袭敛无不毕备。三年之内，穿地为坎，殡于舍侧，上作小屋，三年而后出而葬之，蠡蚌封棺，令其耐湿。豪富者杀马牛祭祀，亲戚必会，皆赍牛酒助焉，多者至数百人。父母死皆衰布衣，不澡。远者至四五年，近者二三年，然后即吉。其被人杀者，丧主以麻结发而黑其面，衣裳不缉。唯服内不废婚嫁。【（唐）梁建方撰：《西洱河风土记》，方国喻主编：《云南史料丛刊》卷二，云南大学出版社1998年版，页219】

松外诸蛮：《唐书》曰：松外诸蛮……至于死丧哭泣棺椁袭韧剑，无不（必）［毕］备。三年之内穿地为坎。殡于舍侧，上作小屋。三年之外出而葬之蠡封蚌棺。今其耐湿。父母死则斩衰布衣，远者至四五年，近者三二年，然后即吉。其被人杀者，丧主以麻结发而黑其面，衣裳不缉。唯服内不废婚。【（宋）李昉：《太平御览》卷七百九十，"四夷部十一·南蛮六"，中华书局1960年版。页3502—3503】

上下皆祭天，为台三阶以祷死，以豹皮裹尸而焚，葬其骨于山，非至亲莫知其处。其酋用法严，果杀戮。夷性憨而恋主，莫敢怨也。【（清）倪蜕：《滇小记》，"滇云夷种"，《云南丛书》第九册，中华书局 2009 年版，页 4643】

云南府合属：丧礼，旧俗尚奢，凡吊客皆宴待，且有酬赠，甚至资用缺而停丧不举者。今易以槟榔、清茶，然旌婆、俑褚诸仪不无逾分靡费，致有破产；崇信释、道，建斋诵经，其风固不能止也。若火葬，惟彝民行之，今亦有卜地以葬者，风稍变矣。【《康熙云南府志（1）·卷二·地理志之七·风俗》，页 56】

丧礼，棺椁殡殓皆从俭，戚有力者，于茔上铭石为记。惟彝人不用棺椁，皆火化，近亦用水卜葬者，多矣。【《康熙平彝县志（10）·卷之三·地理志·风俗（附种人）》，页 330】

黑倮倮……葬，贵有裹以皋，此贱者羊皮焚诸野，而弃其灰。【《康熙平彝县志（10）·卷之三·地理志·风俗（附种人）》，页 333—335】

白倮倮：丧无棺，缚以大麻裹缯弇于竹椅，前导七人，擐甲胄、执枪弩，四方射名，禁恶止杀，焚之于山。既焚，鸣金执旗招其魂。以竹签裹絮少许，置小篾笼悬生者床间，祭以丑月，念三日，插山榛三百枝于门，列篾笼地上，割烧豚。每笼各献少许，侑以酒食，诵彝经，罗拜为敬。【《康熙平彝县志（10）·卷之三·地理志·风俗（附种人）》，页 335—336】

沙人，一号"仲家"，习俗同依人……婚丧以牛为礼，死用薄棺。葬，女媳盛妆罗立，曰"站场"，毕舁于野焚而掩。病不医药，惟事卜鬼，占决吉凶，另有卦书。【《康熙罗平州志（19）·卷之二·风俗志》，页 190】

鲁屋倮倮：丧无棺，布裹置户外，别盖小屋于上，亲朋吊祭，则子侄之媳皆彩衣盛妆罗立曰"站场"，二三日扛于野焚之，掩其骨，悉招生者之魂，而后归。【《康熙罗平州志（19）·卷之二·风俗志》，页 191】

干倮倮，次于鲁屋倮倮，服饰同鲁屋，丧无站场，其信鬼，亦如之数种倮倮。【《康熙罗平州志（19）·卷之二·风俗志》，页 192】

白倮倮，多衣褐，又次于干倮倮……丧无棺，缚以火麻，舁于木架焚之山，既焚招魂，以竹签裹絮少许，置小篾笼悬生者林间，祭以丑月廿三日，插山榛三百枝献之。【《康熙罗平州志（19）·卷之二·风俗志》，页

192—193】

黑倮倮：亲死，则火化以葬。【《康熙嶍峨县志（32）·风俗（附种人）》，页378】

窝泥：人死无棺，击锣鼓、摇铃，头插鸡尾跳舞，名曰"跳鬼"，三日。采松为柴，焚而葬其骨。祭用牛羊。【《康熙嶍峨县志（32）·风俗（附种人）》，页379】

僰人：丧则置尸木上，吊有各敷红布一方，祃①诵彝经三日以祭。【《康熙嶍峨县志（32）·风俗（附种人）》，页379】

丧礼：旧俗尚奢，凡吊客皆醵待、且有酬馈，致缺费而停丧不举者。今易槟榔清茶，甚便。……至崇信释道，建斋诵经，其风固不能止也。若火葬，则夷民行之，今亦有卜地以葬者，风稍变矣。【《康熙楚雄府志（58）·卷之一·地理志·风俗》，页357】

黑彝：即黑倮倮……星回节，列炬杀牲祭祖先，老幼围坐火下，吹笙、扑跌、饮酒为乐……性畏鬼，亲死葬之以火。【《康熙元谋县志（61）·卷之二·风俗》，页136—137】

丧礼：旧俗尚奢，凡吊客皆宴待，致缺费有停丧不举者。今易以茶茗、槟榔甚便。然旌翣俑楮诸仪，不无靡费，崇信释道，建斋诵经，致有破产者，又何益焉。【《康熙黑盐井志（一）（67）·风俗》，页356】

一曰倮倮：土著之乌爨也，为哀牢九族之一……祭祖设尸，族认大宗，事尊长上。【《康熙蒙化府志（79）·卷之一·风俗志》，页48】

城内士民，男耕读，女纺绩，俗尚淳朴，不事奢华。语言、衣服、饮食与中州同。冠婚丧祭，互相资助。【《康熙新平县志·卷之二·风俗·附种人》，梁耀武主编：《康熙玉溪地区地方志五种》，云南人民出版社1993年版，页310】

窝泥：死无棺木，击鼓摇铃，焚而葬其骨，祭用牛羊。【《康熙新平县志·卷之二·风俗·附种人》，梁耀武主编：《康熙玉溪地区地方志五种》，云南人民出版社1993年版，页311】

沙人：死用火化，不葬不祭。【《雍正师宗州志（18）·卷之下·九考》，页622】

丧：自殡殓至葬一准《紫阳家礼》，不作佛事，惟宴客酬赠，糜费甚

---

① 即毕摩。

多。今士夫议从简实，而习俗既久，有难骤变者。【《雍正建水州志（一）（54）·卷之二·风俗》，页158】

丧礼：旧俗，凡吊客，肉食宴待后，易以素食，吊者以蜜浸盒蔬菜席为礼，主人于槟榔茶外，既以此相待，或更添果品济之，甚便也。虽习染旧俗，建坛讽经，崇尚释道，然多未生气，以营奠。从未有停棺在宅，延至二三载者，益其俗尤近于古。【《雍正白盐井志（67）·卷之一·风俗》，页6】

风俗：州为彝壤，自设流迁治后，汉人慕煎煮之利多寓焉。久之，亦为土著秀者，户诵家弦……岁时伏腊、婚丧祭祀大略与内郡同。村落狃于夷俗，猝难更易，今已薰陶而渐化焉。【《雍正云龙州志（82）·风俗（附种人）》，页142】

凡出殡者，亲邻妇女行吊，丧家必盛馔款留。柩行挈饼茶远送，有多至百余人者，所费不赀，贫家以是故至不敢举丧。知州王符晓谕严禁。【《雍正云龙州志（82）·风俗（附种人）》，页146】

丧礼，凡吊客赙奠者，皆宴待，无奠仪者待以槟榔、清茶，然俑楮诸仪不无靡费，崇信释道，建斋诵经，其风固不能止也。火葬则惟夷民行之，现今晓谕严禁。举殡沿途炮竹轰天，金鼓震地，寓祓除之意。送者男妇尽属徒行制服，不用麻冠麻髻，尽以白布为之，今渐更麻为重服。【《乾隆东川府志（10）·卷之九·风俗》，页77】

夷俗附：乾人……其畏死，游骑挟弓弩，周阓驰骋，名"擢魂马"。祭祀则揭牲畜心肝于竹杪，绕尸旁歌舞，孝子受贺，孝妇衣彩，燔毕拣骨纳器悬崖中，或送入鬼洞。近亦渐习殡殓，旧日蛮出入必佩环刀，左插棶弩。近皆解去，昔（曾）[会] 长鞍马以金银饰，一具有价值千金者，败亡之兆，歌类楚巫哀，而荡细而繁。今并劝谕渐改。【《乾隆东川府志（10）·卷之九·风俗》，页77—78】

丧礼：衣衾、棺椁随贫富为之，有延僧道于家讽经建醮者，及发殡亦如之。士大夫知礼者，皆不用僧道，而发殡前随俗，用鼓乐娱尸，治酒馔以待客，更以白布数尺奉吊者，殡则设鼓乐前导，而号泣随之，相延如此。

葬礼：有力家多信风水之说，有迟至年余不葬者，既葬而有意外之事，又更卜改葬，反不若贫人附葬祖茔，早妥游魂也。【《乾隆霑益州志（17）·卷之二·风俗》，页32】

丧礼，将出殡二三日前择期开吊，士大夫家遵《家礼》，不用浮屠，民间多有崇重道教者，偶人偶马竞相侈靡，羞不相及，殊非美俗。【《乾隆新兴州志（26）·卷之三·地理·风俗（附种人）》，页450—451】

彝俗……死以火化近亦用棺椁，卜、葬如汉礼。【《乾隆新兴州志（26）·卷之三·地理·风俗（附种人）》，页451】

白子……丧无棺，以麻布缚尸弃于松架，四面鸣锣，名禁恶止杀，焚之于山。既焚，鸣锣执旗招魂，以笺衣絮少许，置于竹笼作神主近亦用棺木，卜葬者多矣，祭以丑月廿三日，插山榛柏枝于门。列竹笼地上，割烧豚，每笼各献少许，侑以酒食。诵彝经，罗拜为敬。【《乾隆新兴州志（26）·卷之三·地理·风俗（附种人）》，页452】

丧礼：吊客以槟榔、芦子相待，旌发、俑楮诸仪必备。崇信释道，建斋诵经，火葬之风久革。【《乾隆腾越州志（39）·卷三·风俗》，页41】

土人亲死，既入棺，夜用土巫名"刀巴"者，杀牛羊致祭，亲戚男女毕集，以醉为哀，次日送郊外火化，不拾骸骨。至每年十一月初旬，凡死人之家始焰焚，所拾灰烬余物，裹以松枝瘗之。复请"刀巴"[1] 念夷语彻夜，再祭以牛羊，名曰"葬骨"。改设后，屡经禁谕，土人尚惑刀巴祸福之说。自束河社长和惊顺母死殡殓如礼，择地阡葬，题主刻铭，人不见其有祸。此风乃渐革矣。【《乾隆丽江府志略（41）·礼俗略·风俗》，页251】

丧礼，丧具称家之有无，葬先定期，具状请亲友于前一二日开吊，亲友以钱物为仪，不拘多寡，于贫令之家，亦有助焉。但俗多用浮屠，道士且不分贫富，率待宾以酒肴，不别亲疏，概酬客以巾帛，又歌唱以娱尸作乐，以导辅车。此习俗之非者。今绅士之家多遵行《家礼》，其俗渐归于正矣。【《乾隆永北府志（42）·卷六·风俗》，页26】

丧礼：旧俗尚奢，凡吊客皆醮待，且有酬馈，致缺费而停丧不举者。今易槟榔清茶甚便。至崇信释道，建斋诵经，其风大概相同也。若火葬，则夷民行之，今亦有卜地以葬者。【《乾隆弥勒州志（58）·卷之九八·风俗》，页26】

丧称家有无，惟弥渡二者皆侈。春日、清明、初冬祭墓，惟七月半祭于家。【《乾隆赵州志（77）·第一卷·民俗》，页33】

---

① 即东巴，纳西族的传统祭司。

卢鹿：土著，乌爨之后，俗讹为"逻罗"……用牲畜祭祖设尸，或凭古树，事必决于火头，畏见官长。【《乾隆赵州志（77）·第一卷·民俗》，页33】

回族：其先阿（剌）［拉］伯人……人死无棺椁，临终招五师台念经，净洗之，以利刀薙其肢体，朝死夕葬，以木篋舁之。出不拘时日，山向专用子午，面朝西，坟墓亦与汉人有同异。【《乾隆续修蒙化直隶厅志（79）·第十六卷·人和部·人类志（附风俗）》，页632—633】

倮倮有二种：一种即古之罗罗摩，为哀牢九族之一，唐南诏细奴逻后也；一种为蒲落蛮，即古百濮……丧葬，亦用棺无木，主人死椎牛而祭，用阿闭念夷经；念讫，令孝主往山中，指一树取之，归刻作人形供奉，三代后则藏之深山大空心树中。祭必设尸，其族以大宗为贵，隔年一祭祖，依村旁大树下，名曰"认祖"；有生子者入酒，与族众共饮。明日，同聚族长家认高曾。凡丧礼，亲戚哭诸室，朋友哭诸灵；次居丧者，衣帽皆褐服，阕始易以布。性嗜酒，每会饮，无不醉。所居多茅舍，间亦有瓦房，夜无衾榻，房中置一大火炉，以土砌三面为床，翁妇、子女悉绕卧其侧，朝夕即于其上作饮食分爨，则以少子住主房。其居东山之黄草坝祷雨，村麻楷房及新兴乡者，俗曰"白倮倮"。言语小异，婚丧礼亦略同。间有用木主者，聘多用鸡洒，以香卜余，无大异云。【《乾隆续修蒙化直隶厅志（79）·第十六卷·人和部·人类志（附风俗）》，页634—636】

丧礼：贫者临丧乘凶速葬，富者择地选期，多延时日，亦各称家有无，以为丰俭。【《乾隆云南县志（80）·卷三·民俗》，页661】

丧礼：初丧，亲友毕吊，款以槟榔、清茶，有服者量给孝帛，发引前数日亲友祭奠皆宴待，概与孝巾，且有酬赠。至有崇信释道，建斋诵经，习俗相沿已久，贫富皆然。【《嘉庆阿迷州志（14）·卷之六·风俗（附种人）》，页548】

种人：倮倮……丧从火葬，重奠礼。【《嘉庆阿迷州志（14）·卷之六·风俗（附种人）》，页548】

僰彝，即"百彝"①，滇中所在皆有之，其在阿迷者，男青白帨缠头著华履，衣有襞绩，妇人白帨束发，缠叠如仰螺。好鬼，喜浴……佃户间有能为鬼魅者，其人眼珠或红、或白，或头耳尖削，举动不常，以一帛系

---

① 今彝族。

衣带后，即变形为象、马、猪、羊、猫、犬，直冲行人，稍畏避之，即为所魅入其腹中，食五脏，易之以土，或每夜潜至人家偷窃食物，遇婴孩，搋而食之。知者，遇其所变物，以一手捉之，一手挺拳痛捶，必复为人，夺其帛而縻之，即无能为矣。强半妇人所为饮食，内多置毒药，中者必不治，大约交易偿约失信，及私窥其妻女者必毒之。若信实笃厚者，虽屡出，人亦无伤也。【《嘉庆阿迷州志（14）·卷之六·风俗（附种人）》，页549】

窝泥，或曰"斡泥"……丧无棺，吊者击锣鼓、摇铃，头插鸡尾跳舞，名曰"洗鬼"，忽泣忽饮三日，采松为架，焚而葬其骨。祭用牛羊，挥扇环歌，拊掌踏足以证，鼓芦笙为乐。食无筋，以手抟饭，动生齿，用积蓄多用窖，死则嘱其子曰"我平生积若干窖，汝可取某处，余留为来生用"。【《嘉庆阿迷州志（14）·卷之六·风俗（附种人）》，页549】

蒲人，即古百濮……葬用梭罗布裹尸而焚之，不知荷担，以妻负背上，或傍水居，不畏深渊，能浮以渡。【《嘉庆阿迷州志（14）·卷之六·风俗（附种人）》，页550】

火头……其丧则合寨醵金为助。【《嘉庆阿迷州志（14）·卷之六·风俗（附种人）》，页550】

僰彝，即"百彝"，滇中所在皆有之，其在阿迷者……丧衣绯，架木置尸其上，吊者各散红布缎一方，欲拜祠诵彝经三日，以簟裹而界之山。妻不更嫁，名曰"鬼妻"，多为勋庄。【《嘉庆阿迷州志（14）·卷之六·风俗（种人附）》，页549】

侬人……火葬与各夷同。【《嘉庆阿迷州志（14）·卷之六·风俗（种人附）》，页550】

夷俗附：倮倮之俗……葬以火，缚尸如猿，使人踊跃火上助喝，游骑挟弓弩，四围驰骤，名"搅魂马"。祭则揭牲畜心肝于竹抄，绕尸歌舞；孝子受贺，孝妇衣衫。燔毕，拣骨纳器埋土中，与地平，不累坟，用碎石围之约周二丈余，高尺余。每日出入必佩环刀，插药弩。歌类楚巫，哀而荡细而繁。今圣天子教化覃敷良，有司潜移默化，种人多革陋习。所谓衣冠、饮食、婚姻、祭祀、宴享者，大半从汉。【《嘉庆永善县志略（25）·上卷·风俗》，页566】

丧礼：亲殁，先浴尸，富者用绵谷细绸封殓，贫者用布殡于中堂，家人以白布裹头，成服齐衰，朝夕奠泣。将葬，又讣亲友，届期，赴吊，裂布奉吊客，设酒筵送殡。墙翣鼓乐务极奢华，因此有停棺数年不能葬者，盍读三日三月殡葬之训乎？近间有易以槟榔茶者，较易举矣，而仍不免淹滞也。又亲方殁时，为子者必被发徒跣，向亲族门前叩请。揆于礼文，父兄命赴者之义不合。【《嘉庆楚雄县志（59）·卷之一·天文地理志》，页26—27】

旧志土人有三种：一曰"俫俫"……原皆火葬，今亦解藏之于地矣。【《嘉庆楚雄县志（59）·卷之一·天文地理志》，页28】

昆阳，近省城……婚丧之礼，各称其家。不丰不俭，贫乏者亲邻亦颇醵金相助。【《道光昆阳州志（3）·卷之五·地理志·风俗》，页309】

晋宁风俗……婚丧之礼丰俭，各称其家。贫乏者亲邻多醵金助之。【《道光晋宁州志（6）·卷之三·地理志·风俗》，页290】

丧礼从俭。既殓，开吊三日，凡亲友各来唁奠。及葬先三日，扬旌酹客，多以蔬素，不事浮屠，颇为近古。【《道光宣威州志（12）·卷之二·风俗》，页34】

丧礼，旧俗吊客皆宴待且有酬赠，今稍尚简朴矣。然旌铭帛楮诸仪不无逾分糜费，且崇信浮屠，惟一二绅士家遵行《家礼》。【《道光澄江府志（26）·卷十·风俗》，页166】

丧礼：称家有无，有力者或治丧三日，无力者或治丧一日。凡吊客皆有宴待。尊崇儒教，文笔签点，茔上立铭石为记。贫富俱从俭，戚无尚奢易。【《道光威远厅志（35）·卷之三·风俗》，页88】

旱摆夷：性情淳朴，习俗大略与水摆夷相同，服食各异，居于山巅，婚丧之礼悉如汉民，好嗜酒，男弹琵琶、女吹箫为乐。【《道光威远厅志（35）·卷之三·风俗》，页91】

《桂海虞衡志》曰……亲始死，披发持瓶，雍凡恸哭，水滨掷铜钱纸，纸于水没归洛尸，谓之"买水"。否则，邻里以为不孝。【《道光广南府志（43）·卷二·风俗（附种人）》，页180】

土人或遭横死，如雷击、虎伤之类，则不殓、不埋，将尸坐于椅上，送往高山以伞笠覆之，听其消化，人不敢近。男妇为巫者死，亦如是_{志略}。【《道光广南府志（43）·卷二·风俗（附种人）》，页180】

侬人：侬智高遗种……丧葬亦与汉人同，茅山箐中尚有火葬者。【《道光广南府志（43）·卷二·风俗（附种人）》，页185】

沙人：习尚与侬人同，而慓劲过之。亲死，所祭之肉不食，或弃、或

馈诸同人。【《道光广南府志（43）·卷二·风俗（附种人）》，页186】

白沙人①……丧葬用火，衣服尚白色惟土富州有此。【《道光广南府志（43）·卷二·风俗（附种人）》，页188】

花僕喇：丧亦用棺，葬不忍火，且论山向，自谓不似诸夷，各有古礼，语言亦微异。【《道光广南府志（43）·卷二·风俗（附种人）》，页191】

僰夷：本名"僰夷"，又称曰"白衣"，盖声以相近而伪也……丧亦棺瘗，其死者凡所用之器皿悉悬置诸墓侧，不复收，若有梧棬②之意焉。【《道光广南府志（43）·卷二·风俗（附种人）》，页192】

饰终之礼：三日、七日之殡殓附身，附棺之备物，俱不大远于古。惟民间多用僧道，修建斋醮，士族亦间有用者。近城乡村，或因灾疬病殁，或因拘忌，方向往往将棺枢停置外野，一任日曝雨淋，延至累月经年，始行埋葬。虽屡经谕禁，究不能改，因并志之。尚冀地方人士相劝戒，力变此风，否则停厝之时，或用藁秸浮掩，或用土甓攒护，所费无几，免致棺枢损裂，亦善全之一道也。【《道光大姚县志（一）（63）·卷二·地理志下·风俗》，页530】

丧礼：凡遇父母之丧者，衣衾棺殓，随其家贫富为之。初殁，哭泣甚哀，僻踊徒跣，动人至性。有信二氏说者，则延僧道于家，云"超度亡者"，讽经建醮，及发殡亦如之。发殡前二三日，用鼓乐、治酒馔以待吊者，或更以素布数尺奉吊者，吊者以裹其首，名曰"破孝"。殡期则鼓乐前导，而号泣随之。【《咸丰南宁县志（11）·卷之一·风俗》，页79—80】

葬礼：有力之家于父母殁，多信风水，延堪舆于家，登山择地。既得地，地主故昂其值，亦不惜厚货以买。及葬后，或所择地不吉，又更卜而迁之。【《咸丰南宁县志（11）·卷之一·风俗》，页80】

丧事宜遵《文公家礼》，俗尚建斋诵经，治酒宴客，殊为非礼。至火葬，为僰人恶习，大宜禁革。【《光绪呈贡县志（3）·卷之五·风俗》，页123】

丧礼：礼尚奢易，凡吊者皆答帛，设筵客俱致奠赙，家贫不能治丧，则亲友自备酒果，绕棺夜坐，且歌且哭祭，称家有无，务竭其力。至于缁

---

① 今壮族。

② 通"杯圈"。

黄，追荐修斋诵经，士庶家皆然。【《光绪镇雄州志（8）·风俗》，页78—79】

死则束缚其尸，宰牛烹羊以待吊者，其葬架木为楼，舁尸于上，焚之曰"火葬"。往吊者，族姓则用鸡一只，谓同笼生长也。姻戚则邀亲好率仆属、步骑成群，绕灵呼屬，哭声震地名曰"打鬼"。其祀先三代以上，则祧之；祧者，以金银为片，剪作人形，藏诸木桶，按世次奉于极险峻石洞，令人守之曰"鬼桶"。严将祧盛陈水陆为祭大会。宗族姻党，至诹卜吉葬，则命头目先迎祖先，至其所又于鬼桶严迎遗像，合祀毕，以新祧之祖，共藏鬼桶。未祧者，仍奉于家庙，却佐地方险垄上，陇氏鬼桶在焉。【《光绪镇雄州志（8）·风俗》，页79】

葬有棺无殓，祭宰羊，系高颡鼓以为哭奠之节，三年内不食盐、不莳蒜，性忠朴。居寨不论人户多寡皆立乡老，事争曲直必从乡老判决，乃鸣于官。为人佣佃，事所尊如父母，不喜争斗，见城市衣冠辄鸠啄惊避，此则诸苗性情风俗之略同者。【《光绪镇雄州志（8）·风俗》，页80】

沙兔……死则以棺收尸，横停中堂，亲友祭奠，富者答帛，贫者但款酒食，子戴白布一幅，媳必易锦绣衣，乃以为孝云。【《光绪镇雄州志（8）·风俗》，页80】

吉凶之礼：丧家邻亲相恤。祭礼必备，非绅士家，婚丧不用音乐。【《光绪续修嵩明州志（15）·卷二·风俗》，页17】

故滇人多各省籍，一应婚嫁丧葬无大异，夷汉同居村落，贸易往来，历年久远，彝人亦多习知汉礼。【《光绪霑益州志（17）》，页339—340】

丧礼：衣衾、棺椁随贫富为之，有延僧道于家讽经建醮者，及发殡亦如之。士大夫知礼者，皆不用僧道，而发殡前亦随俗，用鼓乐娱尸，治酒馔以待客。更以白布数尺奉吊者，殡则设鼓乐前导，而号泣随之，相延如此。

葬礼：有力家多信风水之说，有迟至年余不葬者，既葬而有意外之事。又更卜改葬，反不若贫人附葬祖茔，早妥游魂也。【《光绪霑益州志（17）》，页342】

《古今图书集成》：顺人性朴谨，厌虚诞，亲戚往来重实不重文；庆吊随家厚薄，量亲疏以鸡豚醴粟为仪物。间有丧葬，举素不烹、不酌，吊者遂因之，亦称简朴。【《光绪续顺宁府志稿（35）·卷之五·地理志三·风俗（夷俗附）》，页211】

丧葬：蒲门旧俗，男妇有病将危，则命女巫咒香泼水厌之，不愈乃指古木、怪石或冷庙神祠，视男像知为将军、大王，女像则称娘娘、圣母。先致祷祀，寻备鸡豚酒黍以祀，幸而愈也归功鬼神，不幸而死谓之"数尽"。近城者有医人三五，亦惟客籍是问。若士人虽至孝，见祖父母、父母病，只知割股奉汤，呼天听命，无复他计，至今陋习犹然。盖棺矣，人子不以死伤生，必延像侣，设斋诵经，择日乃葬。家虽贫，或有以乘凶入土之说，相告弗为也。既葬，则随意封树，陈其盘簋而哀戚之。未闻有损百金觅地穴，历数岁造坟茔者，故垒礧北山，略无碑碣以上皆《旧志》。【《光绪续顺宁府志稿（35）·卷之五·地理志三·风俗（夷俗附）》，页215】

妙倮倮，《府志》：一种无姓氏……身殁，火化，收骨葬，插松枝以栖神。又一种风俗敦朴……葬、祭仿佛汉礼。其姓氏有子禾、折脚、勿敢、罗羊等姓，外无别姓。【《光绪腾越乡土志（35）·人类》，页592】

永平县：永平山多田少，旧为群彝杂处之地，其服食、礼仪悉如永昌，而俗习淳朴、鄙浮薄、恶游荡。居山谷中者，有倮倮、僰人、倮武数种，亦知伦理、婚姻、丧葬，与汉礼相去不远。【《光绪永昌府志（38）·地理志·卷之八·风俗》，页45】

丧事称家有无，旌发、俑楮诸悉备。火葬之风久革。【《光绪腾越厅志稿（39）·卷之三·地舆志下·风俗》，页264】

丧礼，丧具称家有无，葬先定期，遵制成服，状请亲友于前一二日开吊，亲友以钱物为仪，不拘多寡，于贫乏之家，亦有助焉。但俗多用浮屠、道士，且不分贫富，率待宾以素食，不别亲疏，概酬客以巾帛；又歌唱以娱尸作乐，以导辂车。此习俗之非者。今绅士之家多遵行《家礼》，其俗渐归于正矣。【《光绪续修永北直隶厅（42）·卷二·食货志·风俗》，页272】

回：其先阿拉伯人……人死无棺椁，临终招五师台念经，置门后净洗之，以利刀薙其肢体，朝死夕葬，以木箧舁之；出不拘时日，山向专用子午，面朝西，坟墓亦与汉人有同异。【《光绪蒙化乡土志（42）·下卷·人类》，页613—616】

倮：丧葬，亦用棺无木，主人死椎牛而祭，用阿闭念夷经。念讫，令孝子往山中，指一树取之，归刻作人形供奉，三代后则藏之深山大空心树中。祭必设尸，其族以大宗为贵，隔年一祭祖，依村旁大树下，名曰

"认祖"。有生子者入酒，与族众共饮。明日，同聚族长家，认高曾。凡丧礼，亲戚哭诸室，朋友哭诸灵；次居丧者，衣帽皆用褐服，阕始易以布。性嗜酒，每会饮，无不醉。所居多茅舍，间亦有瓦房。夜无衾榻，房中置一大火炉，以土砌三面为床，翁妇、子女悉绕卧其侧，朝夕即于其上，作饮食分爨，则以少子住主房。其居东山之黄草坝祷雨村麻秸房及新兴乡者，俗曰"白倮倮"。言语小异，丧礼亦略同。间有用木主者，聘多用鸡酒，以香卜余，无大异云。【《光绪蒙化乡土志（42）·下卷·人类》，页 616—619】

黑彝：即黑倮倮……性畏鬼，亲死葬之以火。【《光绪武定直隶州志（62）·卷之四·风俗》，页 276—277】

丧礼：冠服皆如制，椁用平板，与他属不同，无绞衾，殓以褥。殓后，升枢于堂设帷，男哭于枢右，女哭于枢左。初昏，数人执炬鸣钲；循次日，发引必行之路，而行主人哭，从遇津梁、寺观以祝告，谓之"拜路"。盖惑于浮屠之说也。将奠，有告文，如歌词之类，数人抑扬读之，声甚悽咽，乐工以乐和之，主人以下皆哭，谓之"脯祭"。【《光绪镇南州志略（62）·卷二·风俗》，页 406】

丧礼：《管槐姚州志》：棺椁、殡殓皆从俭，戚有力者于茔上刻石立志。惟彝人不同，皆用火化，近亦有卜地以葬者。按：汉人衰［缞］麻（绖）［执］杖，悉如古制，惟崇信释道，发丧必作佛事道场。彝人至今亦用汉礼，择地以葬，悉无火化者。惟神主与汉人不同，亲丧彝巫号"朵觋"者，鸣钲引孝子入山，寻小竹或小松以作主，既得孝子哭尽哀，反手拔之，归付朵觋刻之，略如人形，长寸许，实眼耳口鼻以银屑，遂祀之。其用松用竹，则因其种类之异，相传用松者变汉易，用竹者变汉难。【《光绪姚州志（63）·第一卷·地理志·风俗》，页 34—35】

至于丧礼，称家之有无，载在《礼经》，今乃不思哀戚，务尚奢华，鼓乐喧天，宾朋杂还，谓非此不足以云孝。至贫家，淹枢或五、六年，或十余年，甚矣，其惑也。是所望于乡人士之不为俗，囿力敦古处者，亟为正之。【《光绪浪穹县志略（76）·地理志卷二·风俗》，页 28】

《旧志》：丧礼悉知哀毁，不事浮文，葬或乘凶卜吉，一秉《家礼》，岁二月初三日。【《光绪云南县志（8）·卷二·地理志·风俗》，页 78—79】

查昭通黑、白夷系出主奴，因而命名为异，其婚丧岁序之俗则概相

同……人死则不用棺木，以火焚之，残忍之家不堪目睹。【《宣统恩安县志（5）·卷五·风俗》，页308—309】

丧礼：亲殁浴尸，富者用丝绸，贫者用布褐，封殓入棺升于中堂，家人于枢前哭泣，成服男女，分伏领帷迤，外干粥，斩衰廿七之期，哀痛不辍。将奠，讣亲友；届期，初悬素，次展奠，又次请大宾签点以墙翼刍灵发引，家长披麻执杖擗踊哀哭，与吊客送至转棺回灵，至葬毕庐墓以成，三年之礼，古云"丧具。称家有无"盍读三月三日殡葬之训，近世鼓锣喧填，迷信僧道起度，惑于风水择地习俗移人，贤者不免在昔亲殁时，人自向族舅家叩头报哀，今则偏向亲友门前叩头，揆之礼文，皆为非礼。近年丧葬太觉简约，是为薄亲，留心风化者，宜反古礼，尊孔宁戚之教而维持之。【《宣统楚雄县志（一）（59）·卷之二·风俗》，页346】

古语云：丧祭称家之有无，又云：父母之丧好用钱，此谓富者不可惜费，贫者不可勉强。乃世人之人，富者则过于奢侈，贫穷则欲顾脸面，破产欠账者有之，甚至因此停枢，亦有惑于风水择地久停不葬者。城内此类甚多，有碍卫生，前经警察督促限期抬埋矣。其余丧礼皆载于前志，惟父母既没，装敛之丰俭，固随其家之贫富。其子多者，皆往亲朋家讣告，独子则仅贴讣单，戚友往吊，谓之烧纸。富贵则开大丧者有之，在简便之家或力量不及，已逐渐改良。及发引时不必遍召宾客，只点主家祭，略尽其礼，出殡则延僧道鼓乐，男女孝子亲送至山安葬而已，其余服制亦渐稍杀，有未及服阕而娶者，皆云反正不忌，然此亦少数也。【《民国昭通县志稿（4）·卷第六·第十七·礼俗·丧礼》，页394—395】

丧礼：凡人身故棺殓后，由有关系之卑亲属向族邻亲友报丧，或讣告，以及展奠出殡，成主安葬一切举行仪式，无汉、夷、苗之分，均与全国礼节同。惟回（旅）［族］则于逝世者身故后，延请阿吽[①]诵经，即日或次日出殡安葬。【《民国巧家县志稿（二）（9）·卷八·礼俗》，页377—378】

黑夷：死则覆以裙毡，罩以锦缎，不用棺木，缝大布帐，用五色帛裁为云物，谓之"远天锦"。生前所用衣物，悉展挂于旁，亲朋既集，则各执警铃一串，蹲而歌，两足交互，运动状如蝇，名曰"蹉蛆"；顷之，群起绕帐，一人吹笙前导，歌且舞，谓之"转噶"俗谓肉为"噶嘎"，此当系简称

----

① 又写作"阿訇"。

死者之尸，既转而蹉蹉已，复转如是者数。自言其先有客死于外者，子孙觅之得尸于树，鸦啄其肉，殆尽尸虫满于树下，为此者，所以慰死者之心，逐害鸟使不生畏，去腐虫俾免厌憎，所谓礼缘情起者也。事毕，焚帐及附帐各物，打猪牛羊以祭三五日，举而焚之于山_{以上丧葬之礼}……近亦用棺，变火化之旧矣。其他礼俗则因而未改。

白夷，《旧志》：衣妆悉如黑种，丧祭婚娶亦同。【《民国宣威县志稿（二）（13）·卷八之四·民族志·礼俗》，页259—260】

黑干夷：死则裹以毡异，而焚诸野。【《民国宣威县志稿（二）（13）·卷八之四·民族志·礼俗》，页261】

苗子：死则祭以猪羊，毡裹而焚诸野_{以上送死}。【《民国宣威县志稿（二）（13）·卷八之四·民族志·礼俗》，页262】

夷俗：夷人俗名曰"倮倮"……丧葬将棺埋葬，然后迎宾，各曰"（泠）［冷］丧"。【《民国路南县志（14）·卷一·地理志·风俗》，页155】

人之所以异于禽兽者，首在报本而已。盖能报本，则孝心生，故为人者，不可不知报本也。夫天下之本，孰为大？曰：父母而已。父母者，生养我，以至于成立者也。人子欲报其恩于万一，可不孝乎！顾孝子之事亲也，不独事其生而已，尤贵能事其死焉。孟子曰："养生不足以当大事，惟送死可以当大事"，此之谓也。于是丧礼重焉。兹述本属丧礼如左，以备览观焉：

（1）始丧：县属丧礼大多仍沿古制，人死则家人擗踊哭泣，既而由寝室将尸抱出，用凳扶坐于堂上，以水洗其面，洗讫又洗其身，洗讫随即为死者穿戴衣冠，穿戴讫则以黄钱纸焚之于前。孝男、孝女咸来朝尸叩头_{四叩}，叩讫则将死者抱于停床之上，头向外、脚向内而停于床；复于死者之头脚各点灯盏，头端并置香炉一座，插点条香；于内并供饭一碗，置一囫囵熟鸡蛋于饭上；用玉含于死者之口，无玉则以银少许代之，名之"口含"；又用糯米面饼置于其手停讫，家人复向尸悲哀哭泣，一面请应佛生写殃状贴于门壁，并用白纸将门联贴盖。

（2）继承：县属自来同为一父母之儿女，除女子无继承权外，凡属男子均有继承权，惟父母之丧系以长子扎指刺血点主，长孙抱送凉浆罐。至分居析产时，须先提出遗产若干作为长子、长孙田，然后就弟兄人数均分之。但长子若忤逆不孝，经族人证明，亦可剥夺其继承权，不得受相当遗户，而以长子以下之子扎指刺血点主享受点主继承之权利。

（3）入殓：欲行入殓，先用松膏和清油熬煎，俟其融化则倾之棺内，将棺之罅隙涂圆，以防血水浸漏，然后将尸入殓。当入殓时，如系父丧，须请族中长辈监视，并由孝子叩头请其下钉即敲棺钉，盖棺而酬以下钉帛；如系母丧，必请母之后亲监视下钉，盖棺酬帛如父。

（4）成服：成服礼节，一名"堂祭"，普通于晚间举行，先由赞礼生呼孝子及阖家孝眷人等转出孝堂，礼行堂祭事。于是男女孝子均由孝堂转出，男前女后，跪于灵柩之前，礼生呼"顶冠"，帮丧者即将三梁冠与粗麻布为孝子戴之。次呼"著帛"，帮丧者又将孝女递与孝子穿之，贫家无孝衣者，用孝帛箍于头而披下端于背；次呼"束缞"，又将麻缞递与孝子束之；次呼"纳履"，又将草鞋递与孝子穿之；次呼"执杖"，又将哀杖父丧用竹，母丧用桐递与孝子执之；服执既毕，呼"礼行四叩首，行献礼"，将香、酒、馔食、浆茶等物逐一递与孝子献之；献讫，读堂祭文；读毕，请赞礼生歌蓼莪诗；歌毕，又呼"礼行四叩首"；叩讫，呼孝子及阖家人等转入孝堂悲哀。于是，孝子等均复入孝堂号泣。

（5）丧服：丧服等差仍遵古制，分为斩衰、齐衰、大功、小功、缌麻五等，谓五服之亲。其实只子为父母、妻为夫服斩衰三年但名为三年，其实一年满为小祥，二年满为大祥，又由大祥后再三个月即为服开，而古人则通之曰"三年之丧"，实只二十七个月而已；子之子服齐衰，期一年，亲兄弟及其子亦服期服一年而已，其余从兄弟服大功服，其子服小功服；再从兄弟服小功服，其子服缌麻服。均名存实亡，鲜有遵礼制而实行之者矣。

谨案：现在情形，丧服虽有斩衰、齐衰之别，其实仅于送丧数日，内孝子加粗麻布于首，至发引后，只孝子服白布之衣或仅以孝帛包首，其余都不著孝服矣。

（6）讣告：县属服丧，平民之家只于门外贴哀告各亲友处，不用讣文，只央帮丧者到各家用口诉之而已，惟富贵之家除于门外贴哀告外，而于亲友另用讣文告之。

（7）吊奠：吊奠礼节系亲友于得讣告后，即备锡课、香纸等物先到丧家问忧，到时于灵前行四叩首礼，将香纸对尸焚化，孝子亦在孝堂叩头还礼；礼毕，对孝子唁而返。然乡村邻舍之人多用闻讯，即先往吊唁，不必待得讣告也；至展奠之日，复另备礼钱及纸课，前往吊奠。亦有除备礼钱及纸课外，另备挽联奠图者。至亲之家，复有杀羊，用亭子抬往吊奠者，至则先到司书处将所送奠仪交纳、登记，帮丧者引至灵前，赞礼生呼"行四叩首礼"，行献酒肴馔食、浆茶等物；献毕，又呼"行四叩首礼"，孝子亦在孝堂内还礼；叩起，向赞礼生作揖而退。自民国以来，间有行鞠躬礼者，然多系外来之客，至本地人仍沿古制行叩头礼。

（8）发引：发引仪式之繁简因贫富而异，贫者只备刍灵一封俗呼"金童银女"，置于棺头两旁作为侍奉死者。然纸篾所制金山银山一封、引魂幡一双，上书"南无西方接引阿弥陀佛"字样。帮丧者抬山人，应佛生等执引魂幡，并携带念经所需乐器先行，孝子随灵椁，有人牵之鞠躬而行，宾客之送丧者又随行于其后。至绕棺处，应佛生一手执幡、一手执铃，口中念经，引孝子绕棺数周；绕毕，孝子齐跪于灵头，应佛生引孝子长子至点主处，请后亲扎其中指刺血，请大宾濡毫点主；礼毕，灵椁入山，孝子即转回家矣亦间有在家中点主后，乃发引者。富贵之家尚有来宾在孝子两旁执绋而行以孝帛系于棺木上执之而行，俗呼"拉欠"，且添有帟罩即棺罩、旌亭、容亭、主亭、堂祭文亭及纸篾制之，引接佛、打路先锋等像，并请和尚念经、披袈裟相与送丧者。富贵之家于办丧期间，尚有请和尚上法座跑五方，破地狱等事，以超度死者。

（9）安葬：安葬者，如在旧有祖茔，只请堪舆家用罗盘针将方向测定椿线锭好，便可开挖金井为俗呼"葬坑金井"；挖讫，用石磺洒于其内，以防虫，即下棺；下棺后，孝子用衣兜土三次，放于井内，又向为安葬之人叩谢而已。如系新地开井后，须用海龙、海马、石燕等物置于盘内；再用绘龙文之盏盖之，置于井内，用银珠围之，朱书买地契于砖上，置于井内，或无砖则只用纸书契而焚之。于中措置既毕，然后下棺安葬。安葬后，能否立碑刻石，则视其家之力量如何耳。

（10）服丧：清时，孝子于服丧期间，只服粗布，不远出宴会，不得已与人宴会时，则坐不中席，此普通形式上之行为也。至真守礼之士，则不饮酒、不茹荤、不为音乐、不入内寝，且间有庐墓者。近来古礼渐废，甚至有停枢在堂，孝子于灵前居然饮酒食肉，恬不为怪者；又甚至有吊客装作优伶演戏作吊唁者，悖礼甚矣。

（11）居丧：清时，设有学官，凡在庠之人，当父母之丧，始须报丁艰丁忧，终须报起。复有不报者，被查觉则有处罚，衣服不得着绸缎及重价之裘裳。又服丧期间，若有生子者，被查觉亦有处罚，其处罚或罚钱以修理学庙如义学、圣庙等，或革除鸿名，由学官执行之。及民国以来，学官取消，居丧任人所为，无制度可言矣。惟守礼之士，于心有所不安者，仍沿古制行之而已。

（12）女子之地位：今女子虽有继承权，然对于所生父母及翁姑之丧，仍与男子同服斩衰三年，其余均视男子降一等，与古制同。在其丧期，处孝帏则男居枢左、女居枢右，行礼送丧，则男前女后。

（13）其他特殊情形：上述婚丧情形，就汉族制度而言，其与汉族风俗特殊者，则有回、夷二族：

回族：回族勤苦冒险，善经商，富团结，力重卫生，不食猪肉，不吸烟饮酒，不信神巫，不安家神，丧葬之礼与汉人不异。惟不延葬，至迟不过两日，人死无棺椁，裹尸以帛布，埋屈洞中尸体，垫以青松毛，冢成长方形，奉穆罕默德教，每年依次轮月把斋一月。

夷族有二：一为花苗，山居野处，居室用具简陋而污秽，不常盥沐，衣以自织之麻布为之，多间红色为饰，又有以发结一纠于额部者，缺乏医药知识，精于弩击、枪击。除耕种硗瘠之山地及牲畜外，兼以射猎谋生，不信神佛占卜，惟近受英人牧师影响，全数信奉耶稣教。婚丧之礼尚俭，丧事用棺木埋于地中，无突起之坟。女子天足，故男女均能勤劳坚忍，善储蓄，无浮华之习。往昔不喜与汉人接近，无由沐汉人文化，以故知识低劣。近年以来，渐喜接近汉人，除习苗文外，并读汉文书，智识渐开。

一为倮倮，性多扭悍，多不读书，亦有通习汉文者，其婚丧礼节与汉人略同。妇女天足，喜带笨重之银饰。近年以来，已多数汉化。【《民国嵩明县志（二）（16）·卷之十九·礼俗·丧礼》，页115—122】

丧礼，自殡殓至窆窀时，概尊《朱子家礼》，惟亲友奠仪，礼物颇行奢华，贫素之家仍须拼挡往奠。发引出殡之际，粗、细乐器俱备，请夷人十余人于殡前跳舞歌唱。富裕者，彩扎纸兵、纸马，接引佛、方弼、方相三位，高二丈有奇，及金童玉女、舆轿、器仗，俨如生时所需之物。贫素之家只用钱纸三坚，余皆从略。三日后，复请亲友制备冥用金锞，及备办桌席，前往坟茔祭奠，谓之"复山"，至晚而散。

谨按：丧礼，在昔，惟亲族始开孝帛，布坚实有用。若普开孝帛，必系百岁老人，有德、有寿而又家资富厚；子孙成名者，始有纸扎翁仲，大开吊奠，普散孝帛，故或数十年始遇一次也。兹则无论二三十岁亡故，皆开普孝，习为故常，而所开孝布窄小难看，捞虾可漏，直属无用之物。窃谓此等普孝，尽可取消。如省城各带纸花一朵，而客宜少请，待遇自能周

（道）［到］，不受诐驳。此风俗之宜改三也。【《民国罗平县志（19）·卷之一·地舆志·风俗》，页537—538】

丧礼：衣衾棺椁称家，有无即日入殓，择吉发引讣闻族党戚友，先期家祭，然后展奠，来宾往吊宴酬二日。发引日，剪纸扎彩，鼓乐喧天，亲友咸往送之。居丧三年，百日内不饮酒、不赴宴、不剃发，期年内，不婚嫁。至今风俗不改，其在诗礼之家尚有能行者，惟崇信释道，建斋诵经，其风俗固不能止也。【《民国宜良县志（一）（23）·卷二·地理志·风俗》，页153】

丧礼，将出殡二三日前择期开吊，士大夫家遵《朱子家礼》，不用浮屠，民间多从道教。【《民国续修马龙县志（25）·卷之三·地理·风俗（附种人）》，页159】

白子：丧不治棺，架木缚尸，置酒食于其前，俟亲众赙吊，毕则舁于山而焚之。【《民国续修马龙县志（25）·卷之三·地理·风俗（附种人）》，页161—162】

《旧州志》：丧无棺，先击鼓摇铃跳舞名曰"洗鬼"，忽歌忽泣忽饮三日，采松为架，焚之。【《民国元江志稿（一）（29）·卷二十·种人·糯比》，页161】

《开化志》：亲死，素食、麻衣，土巫卜期火葬，不拘日月，远近岁终，服即除。【《民国元江志稿（一）（29）·卷二十·种人·侬人》，页169】

始丧情况：先将亡者沐浴后穿以衣，敛以衾。孝男、孝妇跪敬以酒，始入殓闭棺，后停柩在堂越数日，设备牲酒，邀集近亲祭奠灵前。诸亲各包孝帛或服孝服，孝男、孝妇率诸孙辈，则分列次序，执麻执杖，泣跪灵前，加以丧冠，谓之"成服"。成服后，孝男、孝妇等坐丧，次诸亲友陆续执香烛前往吊唁，谓之"吊纸"，后孝子俯伏答礼。

丧服差等，共分五等，孝男、孝妇齐衰，弟侄和孙期服，堂弟侄孙大功，曾孙小功，玄孙缌麻。

吊奠礼节：诸亲友接到讣闻，于出灵前一日具备联帐等物致奠；用银元致奠者，由二元至五、六元不等，至姻亲之家，除联帐外，复加猪羊、糕果等礼物，丧家则按亲友之远近，酬以孝帛。

发引仪式：出殡日，丧家预备刍灵亭帏等物前导，丧舆在后，孝子则执仗匍匐舆前，孝妇、孝女哭随舆后，戚友执绋送之。富有之家，是日或有扮演高台会及各种戏剧者，颇形热闹。

案：丧礼近日有改良从俭，非至亲不送孝帛，出殡前一日遵照《文公家礼》，设席致祭，行三献礼，歌蓼莪章，不用道士绕棺等。旧习亦可取已。【《民国续修新平县志（二）（31）·第十七·礼俗》，页297—299】

丧礼：奢俭不一，称家有无。既殓，以香楮往吊，即卜地择日发引安葬；前期一日，悬铭旌点主家祭，亲友具香楮、猪羊、祭轴、祭文、挽联、冥马、冥钱、酒席致祭，丧家治酒宴客，答以孝帛；次日，待早饭毕，发引鼓乐，毕集亲友同送至亲，亦有路祭者，约一里许暂停棺，孝子孝女绕棺三周，叩谢，凡送丧亲友，名曰"谢孝"。各亲友归，孝男扶丧入山。【《民国景东县志稿（一）（32）·卷之二·地理志·风俗》，页649—650】

丧礼：顺宁自改流官后，外来之人，逐渐增加，风习逐渐汉化。故今之一切丧礼，与外省、外县无大差异，至《旧志》所载，乃数百年前夷风，尚未脱尽者，姑存之，以见时代进化、风习变迁之痕迹。

《旧志》蒲门旧俗，男妇有病将危，则命女巫咒香、泼水厌之，不愈乃指古木怪石，或冷庙神祠，视男像为将军、大王，女像则称娘娘、圣母，先后祷祀，寻备鸡豚酒黍以祀，幸而愈也，归功鬼神也；不幸而死，谓之数尽。虽近城者，有医人三五，皆客籍。若子孙虽至孝，见祖父母、父母病，只知割股奉汤，呼天听命，无复他计，至今陋习犹然。盖棺矣，人子不以死伤生，必延僧侣设斋诵经，择日乃葬。家虽贫，或有乘凶入土之说，相告弗为也。既葬，则随意封树，陈其盘簋而哀戚之，亦未闻有以觅地穴造坟茔者，故累累北山，多无碑碣。今则代远年湮，诸多演变，分述如下：

（1）入殓：凡人死后，先洗浴尸体，穿戴冠履衣服，停尸在堂，然后装置棉褥等物于棺内，移尸入棺，覆以衾被。至盖棺时，必召集亲属临棺视殓。殓后，即掩盖升棺，妇女每于此际，放声痛哭。入殓后，请僧道作法事，俗呼"开咽喉"。葬之前夕，或讽经，俗呼为"做功课"。

（2）成服：丧家门上，必蒙素纸，盖亦居丧之意也。孝眷则男去帽结，女去装饰，均以殓时洗尸，白布折系于手。至丧期前数日，延羽士悬素始衰经，及换贴素联，亲属中则分散孝布或孝服。其服制差等，一本古礼。

（3）治丧：治丧情况，大抵因贫富而生差等，其在贫民，遇有丧事，多遵"三不捡"之说而举办之。三不捡者，即不择时、日及地也。若富室贵族之丧，无论入殓、发引、安葬必择时、日、葬地，必究风水，先期必行赴告，讽经礼忏，大张排场，亲故会集，昼夜纷忙，由入殓起至安葬毕，大则累月，小则一月或半月，费用浩繁，诚有如俗所谓"死人不吃饭，家产分一半"者矣。

（4）继承：死者乏嗣，由其同胞兄弟之子承祧。若无同胞兄弟，或同胞兄弟无子，又由其宗族支派中择最近亲属之适合者承祧。至死者，有女乏子，而赘婿入家亦多有，但须得亲族之同意。故凡承祧或赘婿，均得享受遗产。

（5）发引安葬：出殡前，仍延僧道就灵前讽经。出殡时，排场视贫富而异。富显之家，则凡舆盖、纸扎、鼓吹、锣鼓、音乐、灵亭、彩亭、抬戏、遗像等依次前导，送殡、执绋及孝眷随之。男在枢前，女在枢后，送至相当地点即归，停枢抬灵，然后由丧主护枢至葬地。将葬，孝子长跪圹前，双手持衣襟，由执事者取圹土和米放置衣襟内，谓之"接禄米"。然后，孝子覆土于枢，亲视掩土成冢始返。【《民国顺宁县志初稿（二）（37）·卷九·礼俗》，页217—218】

丧葬琐记：父母之丧，服三年始除披麻斩衰，无贵贱一也。孝服用白色，丧事奢俭则视家之有无，未有一定之例。

人将死，设香案于堂前，扶病者衣冠凭安，坐子若孙对之叩拜，谓之"斟终"。

人死即以白纸斜封神堂门户，盖以人死为鬼，恐其畏神，以纸遮蔽，则鬼得自由出入耳。

含殓成服子若孙，即须赴邻里各家，挨门叩首，引导者高呼曰"孝子叩头"，盖报丧也。今则人情渐趋骄傲，此礼有不遵行者，人死三日须设便筵，以款亲邻，请之吃开三饭。藉商丧事进行计划，亦未可少之事也。

葬地既定，再择葬期，乃讣告亲友。俗于发引前一日开吊，至戚则祭文、祭幛、挽联而外，尚有猪羊、礼币，以助需用。富豪者且有舞狮子、跳拳棒者数十百人，以凑热闹，普通吊客则仅以钱币为奠仪而已。丧家以白布一匹，悬于高竿，谓之"悬白"。悬纸钱一树，谓之"望山钱"，虽有精粗、美恶之别，此乃发丧者不可少之物也。是日，丧家行点主礼；是夜，行堂祭礼。

送殡，孝子在棺前，孝眷在棺后，亲宾送丧者，亦分男前女后。送至，绕棺四灵处而止。富有之家，纸扎轿马，仪从冥屋、冥器，方相方弼，五光十色，充塞街道，更陈百戏，引动乡愚粉饰，虚荣大宁戚之训。

旧俗，丧家须发吊客孝布一块长四、五尺，吊者受而包于头上，或谓非族戴孝，不符礼，故有得布而不包者。近今布价高昂，丧家复抱经济主意，大多不发孝布，藉口曰"非见亲族，岂敢使人为我家戴孝"，此风亦将灭矣。送丧宾客各改佩一纸花，以作标识，民国服制，以黑纱缠臂。二十年来，吾邑向未行也。

丧筵以八大碗为例，肴蔬较喜筵稍逊，宾宴自开吊日午餐起，至发引日午餐止，共三餐。【《民国马龙县志（一）（45）·卷二·风俗志》，页207—210】

堪舆：风水之说惑人最广，以父母之骸骨求子孙之富贵，已非仁人、孝子之心。在未葬时，精选慎择，犹可说也。既葬数十年之朽骨，犹信地师之言，一再迁移，其愚真不可及。

吾是呼男巫为"端公"，女巫为"师娘"，夷巫为"白马"。【《民国马龙县志（一）（45）·卷二·风俗志》，页215】

佷人之丧葬：棺椁殓葬无甚异，其宴宾之俗，则大有互助精神，远地来宾由同村各家分款之，无须主人负责，未可以其夷而少之也。【《民国马龙县志（一）（45）·卷二·风俗志》，页220】

瑶人之迷信：父母以火焚尸，捡骨置瓦器，以便迁徙。【《民国马龙县志（一）（45）·卷二·风俗志》，页223—224】

斫头倮倮之怪俗：该族父母死，即将头斫下，婿至则持头跳舞，腐臭则弃去，另编篾头合颈上，而葬之。此种文山较多。【《民国马龙县志（一）（45）·卷二·风俗志》，页225—226】

摆夷：本名"僰夷"，或又称"白衣"……父母死，凡所用器具悉悬置墓侧，若有栖椊之意焉。【《民国马龙县志（一）（45）·卷二·风俗志》，页229】

苗人之丧葬：自人死时，即敲鼓、吹芦笙以乐鬼，昼夜不停，鼓间数抄一敲、笙间数分一吹，直至埋葬而后已，朝暮荐食，子孙各以酒肉喂塞死者之口。一、二日后，死者枕旁酒肉狼藉，秽气蒸腾。其择地法：不以罗针定方位，以木棒一条拼力向空抛掷，就棒落，横则横葬，斜则斜葬，并言于五、六间须翻尸一次，否则能化虎，以害生人。【《民国马龙县志

（一）（45）·卷二·风俗志》，页240—241】

丧礼：重哀戚，主人讣，宾亲吊，尚文者或挽联、或祭文，宾以寸笺一恭楷书之，而主人自以素纸录，悬堂上，或贴大门。盖丧家言无文也，亦有赙仪，绝不赙之，多少为轻重。男丧重族，妇丧重母，家展奠、卜葬，均尚朴实，惟葬地有惑风水而迟葬者，宜以礼早葬，屏谚曰"入土为安"。是也。【《民国石屏县志（一）（51）·风土志第六·礼仪》，页527—528】

丧礼：（1）汉人丧礼，而保山、顺宁大致相同。凡遇亲后，择地选日，延应故先生扎纸人、纸马，设灵奠祭，儿女戴孝，亲友咸集，送山安葬。三年之丧，绅民一礼，衣衾棺椁，无甚悬殊，但改流未久，风化未开，点主之礼，尚未见有人行焉。

（2）夷人丧礼，亲殁后，即请所谓缅寺内之佛爷，代为祷祝念经，设后三日，即埋葬，葬后不筑碑墓，不行祭扫之礼，虽经牛马踏平其坟，亦不介意，若无事然。惟每村落之死人，同埋一处，凡祭其祖先不至坟地，但往缅寺内设祭，其意以为人死不认尸，只有幽魂，可以成佛。故祭于缅寺，而不祭于坟墓及住家。此崇奉佛教之夷人皆然也。【《民国镇康县志初稿（58）·第十七·礼俗》，页282】

丧礼：《管志》：棺椁、殡殓皆从俭，戚有力者于茔上刻石立志。惟彝人不同，皆用火化，近亦有卜地以葬者。《甘志》：汉人衰麻（经）[执]杖，悉如古制，惟崇信释道，发丧必作佛事道场。彝人至今亦用汉礼，择地以葬，悉无火化者。惟神主与汉人不同，亲丧彝巫号"朵觋"者，鸣钲引孝子入山，寻小竹或小松以作主，既得，孝子哭尽哀，反手拔之，归付朵觋刻之，略如人形，长寸许，实眼耳口鼻以银屑，遂祀之。其用松用竹，则因其种类之异。相传用松者变汉易，用竹者变汉难。《采访》：始丧，男丧须族人，女丧须舅家亲临始行棺殓。晚间，孝子亲至族邻亲友门前叩首报忧，远则讣告。次日，戚族临丧吊唁，并议丧葬。三日，成服拘牵山向者，或殡于室，至次年始行殡葬。殡先日，家祭为文，述其道行，并（倩）[请]人撰著墓志哀词，悬帛竖旐，吊客毕集，临殡成主。出殡，前列仪仗、香亭、音乐鼓吹，或纸制俑人、舆马，亲友执绋举衬，至墓安厝。附棺间有用瓦椁、石椁之属，五、七、百日多作佛事道场。二十七月禫祭除服。（又）回教弥留时，侍疾者，警提病人诵实认经，或请阿衡代诵，既属纩薤去发毛，裹以白布，殓以木匣异，至坟移厝

于圹，诵经追悼，不宴宾，不作乐。此殆礼宁俭丧宁戚者欤。【《民国姚安县志（66）·礼俗志第七·风俗》，页243—244】

庆吊：《滇系》：有丧则合砦皆醵金相助。《甘志》：州人不论汉彝，凡亲邻故旧，有喜庆事，皆具仪往贺；丧事，助以钱米，新丧之家自正月初一日设灵座于中庭，亲友具酒肉、香烛、楮钱往祭，名曰"奠酒"，至十五日撤灵而止。七月初一至十五日，亦设灵，如正月仪，亲友封楮锭于纸袋中，诣灵焚之，名曰"送包"。《采访》：耆旧生辰多具匾屏往庆。近来，吊仪亦有具祭章、挽联、花圈者。【《民国姚安县志（66）·礼俗志第七·风俗》，页245】

丧礼：丧礼先设灵受吊，择期发引，讣于亲友，并馈白布加于首，以为礼。届期，亲友至戚，俱馈布裳或布套。展奠日，先签神点主，设筵款吊者。次日，相率送殡。葬后，于茔上立衰麻，执杖悉如古制。棺椁含殓与一切礼仪之，或丰或俭，各视其家之有无。惟崇尚释道，迷信成俗，每于百日、周年，或就家中，或假寺观，必有佛事道场，多则七日，少亦三日。此种迷信，一时尚未能破除也。【《民国盐丰县志（69）·卷之三·地方志·风俗》，页313—314】

乙丧葬：

（1）汉、回两族丧葬与内地同。

（2）藏族，均以宗教为依归，故仅有葬仪而无葬礼。其葬仪分为三种：一曰"火葬"，凡活佛、大喇嘛及僧俗中之有资产者，始能举行此种仪式，费款不赀，因举行大葬必先延请大喇嘛，或活佛结坛念经，且当春、秋两季死亡之人必以布帛缠裹，置诸缸中，覆以砂益，俟至冬天始能火化。意谓夏秋两季适五谷生长。稔熟时期，恐尸气厌天，感召霜雹也。火化后，活佛及大喇嘛之骨灰由其徒众造一精美小塔，分别供养，并以一部分和泥印像赠人供养，谓之"噶抹包"，即"法宝"之意。其普通僧俗之骨灰或捏为壶形之圆块，藏诸公共之大塔，或乘诸瓦瓶，或包以布帛瘗之深山，永不过问。二曰"天葬"，即将死尸舁至高山，寸而磔之，以饱雕鹗。如雕鹗争来啄食，顷刻食尽，即认其人有福有德。若香烟冲天，经声震地，而雕鹗不来接受，即认其人于今生或前世有宿孽重障，故不能立时解脱。三曰"水葬"，无论春夏秋冬，凡人死后即将其死尸抛入江河中，任其漂流而去，亦间有子女不忍其父母尸体之遽去，而系之于附近之深渊者。总之，除活佛与大喇嘛之火葬，系为贵族葬仪外，其余一般僧、民究应火葬，或天葬、水葬，须请活佛卜卦而定。

（3）摩些族，亦用火葬，然能称为"火化"，不能称为火葬，因在火化之前既无一定仪式，火化之后亦无一定瘗藏办法也。近亦有学棺葬者。

（4）倮倮族，系用火葬，但随烧随埋，并无一定坟地，不立碑墓。

（5）力些族，仍用棺葬，且有一定墓地，亦有立碑墓者，最重祭扫，虽历数十百数，亦能辨认。

（6）苗族，亦用棺葬，仍重拜扫。【《民国中甸县志稿（83）·下卷·风俗》，页47—48】

（二）20世纪50年代少数民族社会历史调查资料中的丧葬习惯

彝族老人死后，只要有子，在丧葬方面都有一定的仪式。人刚断气，即将尸体停放在松木扎成的木板上，离地2市尺许，接着杀一只羊煮食，以羊肚、肝各一小块，羊腰一对，羊巴 久存的羊骨一块和3个苦荞粑，敬献死者，然后请"毕摩"或老人为死者"开路" 开路不一定请"毕摩"，老年人即可。

……

念毕，女子围着死者哭泣。

开路以后，如有出嫁女儿，应让女儿回家瞻仰死者遗容，再择吉日烧尸。烧尸时间距死期约三五天，若日子不吉利，也有二三月后才烧尸的。

……

彝族除癫子、麻疯病人及三月以下小孩土葬外，均实行火葬。火葬地点一般不加选择，多在山头和森林附近。烧尸由亲戚朋友数人负责，女婿必须亲临，而子女则不能参加。烧尸时，先架一堆松柴 只能用松柴，然后将停尸木板连同尸体一起，置于柴堆顶端，下面点火。尸体在木板上必须侧卧。死者若是女子，面向北；若是男子，则面向东。烧尸应一次烧成灰，如中途加柴，即认为是不祥之兆，家中还要死人。对骨灰的处理，无一定要求，有的是连同柴灰一起撒于荒野，有的将骨灰埋在土内，有的用白布包裹，放入淋不到雨的岩洞中。

在火葬的同时，为死者做一个"马都"灵牌。"马都"系用长一市寸左右的竹子做成，外包白羊毛，缠红线，装进长5寸、挖有木槽的米青杠木棒内，再用麻皮缠好，削尖木棒两端，最后插在一小块竹篾笆上面。"马都"要在做帛道场以后才能送出家外，但应是父母二人的"马都"同时送走。如果父死母在，或母死父在，便将父或母的"马都"供在家内左面墙壁上，过年过节时祭祀。

彝族对"马都"十分重视，认为它是祖先的灵魂，照管着子孙后代是否发达昌盛。外人不得摸"马都"，更不能拿走"马都"。因此，当地彝族敬神、敬祖宗，即是敬"马都"。【《云南小凉山彝族社会历史调查·宁蒗彝族自治县跑马坪乡彝族社会经济调查》，页57—58】

周城地区的丧葬，从明代到现在的变化并不大，只是在"文化大革命"中，这里有关丧事的习俗尽被废弃，直到近几年才得以全面恢复。调查表明：这个地区的丧葬是否隆重、送礼多少、坟墓是否讲究都由贫富而定。但整个丧葬的过程无太大的变化。不过，在明代以前，则并非棺葬，而是实行火葬。这可以从1958年迁坟搬家的过程中的发现得到证明。当时的发现表明，人死后先用柴火将尸体烧成骨灰，后掩埋。为了使尸体容易燃烧，还用黄豆粉催燃。装骨灰的瓶，外表美观，附有十二属相，虽经历数百年仍闪闪发光。花瓶置在一座大砖石中，从砖可辨出为元代的墓。【《白族社会历史调查（三）·大理周城镇白族社会历史调查》，页220】

西山地区很重视打碑立墓。一般人30多岁就修好墓室，40岁左右就筹措打碑立墓。墓立得越大越好，说墓好就像生前住青砖大瓦房，墓差就像生前住低矮茅棚。立墓的规矩通常是先立长辈，再立平辈。如果长辈的不立就立自己的，亲戚就有权打你。坟地为各家族私有，已婚的才能进坟地，未婚的只能进小人坟，小人坟在全村的公共墓地。当地盛行土葬、棺葬，不用火葬。夫妻可以合葬，但仅限于原配，续娶则埋在边坟。【《白族社会历史调查（二）·洱源县西山地区白族习俗调查》，页139】

每一块公共墓地上都有一棵高大的松树或其他树，当地称之为山神树，是本家族墓地的守护树。神树下有一块大青石，是人们祭祀祖先或山神时，摆放供物和烧香的地方。这棵山神树和青石在那马人的心目中是神圣不可侵犯的。凡是安葬、垒坟、清明扫墓以及过年接祖先回去，都要在这里先祭祀山神。家族墓地上的一块石头、一草一木都不准乱动。任何人不准在墓地内放牧、割草、拾柴，更不准砍树。否则会被认为是对祖先不忠不孝的叛逆行为，要受到本家族成员的训斥。

……上门女婿只要是立了字据、改了姓的，就算是女方家族的成员。当他有了子女，正常死亡后，葬入女方家族的公共墓地。凡属未成年和成年尚未婚配的男女成员，或者是结了婚但没有子女的男子及其配偶包括招赘夫上门的女儿及其配偶，以及被石头砸死、枪打死、掉崖、坠江、妇女难产等非正常死亡的人死后，一般不举行什么丧葬仪式，当天死，当天埋，至迟不得超过第二天。……

维西县维登公社的那马人还明确规定：只有女儿没有儿子的男子及其配偶包括招夫上门的女子及其配偶虽是正常死亡，也不能葬入祖坟。这是因为，那马人早已实行一夫一妻制的父系家庭，世系依父系计算，财产按父系继承，实行父传子嗣。只有女儿没有儿子的人，在那马人看来，意味着该家绝嗣无后，故不能葬入祖坟，享受后代的祭祀。【《白族社会历史调查（二）·那马人风俗习惯的几个专题调查》，页37—38】

中华人民共和国成立前，勒墨人每一个父系家庭公社都有一块家族公共墓地。凡是本家族的成员，包括男性成员的配偶，去世后都可以葬入本家族的公共墓地。任何人都不得错葬在别的家族墓地上。否则，会引起家族间的纠纷。勒墨人认为，人活着的时候，大家是一个家族的成员，共同生活在一起。人死之后，大家又成为本家族的共同祖先，要葬在一块，共同享受后人的祭祀。勒墨人的家族墓地一般坐落在村子附近的山坡上，周围种上许多树。墓地上的一草一木，都是不准触犯的。不准在墓地上放牧、割草、拾柴火，更严禁砍树。本家族的人砍树要受到本家族的制裁，别的家族人砍了树要引起纠纷，甚至发生械斗。从前，勒墨人的家族墓地是按辈分的高低，由长及幼的顺序排列的，侪辈分的人只能安葬在本辈分的墓列内。辈分高的人安葬在墓地的上面一列，辈分低的人安葬在墓地的下面一列，不能错辈乱葬。勒墨人对人死后能否上家族墓地安葬是没有明确规定的。一般说来，凡属正常死亡的成年男女，包括男子的配偶可以葬在家族墓地上，七天之后再垒坟。非正常死亡的人，其中包括吊脖子死的，掉崖死的，坠江死的，石头砸死的，刀砍死的，枪打死的，妇女难产死的以及在械斗中被对方杀害的人均可以葬入家族墓地，但不准垒坟。在械斗中被对方杀死的人，当杀害他的仇人未被处决前不能垒坟。一旦他的仇人被处决，意味着家族仇已报，可以为他垒坟。刚生下的婴儿夭折，当即由人送到很远的地方挖坑埋掉。凡属上述非正常死亡的人，人们非常忌讳他，故其丧葬仪式从简，除至亲外，一般人都不愿去，怕遭受同样的命运。祭祀时，只能砍一头买来的猪，不能砍牛。这头猪男子不能吃，据说吃了将来会遭到同样的命运。妇女可以吃它。在杀鸡、念送魂路线时，只让他走上面的或下面的那条路，不准走中间的大路，故不能上天堂或回到祖先居住的地方。

　　……

　　勒墨人有一句俗语："红事不请不来，白事不请也来。"这是说办婚事的，主人未请你去，你不能去凑热闹。但是办丧事的，主人不请你，你知道后，一定要去吊唁和帮忙。凡属同家族或同村的人在办丧事上有互相帮助的义务。前往吊唁的人都要根据本身的经济情况以及与主人家血缘关系的远近送一定数量的礼物，如粮食、猪、鸡、漆油、钱等。主人要委托一个人——记下来，以便将来对方有事时好"礼尚往来"。女儿、女婿规定要送一头猪，用一根细麻绳，一头拴在猪的左耳，一头系在死者的手上，表示这头猪是祭给死者的，让他牵走。同家族、同村的人如不去吊唁死者，向主人家赠送一些礼物是不行的，会遭到社会舆论的非议。经济十分困难的人家办丧事，家族头人可以向其近亲亲属派猪、派粮，共同料理好这件丧事。同一家族和同村的亲友前来吊唁，哭祭死者时，每个人手里都要拿一根齐眉高的木棍，排成一行，围绕死者一边哭，一边跳。随着哭跳的声调和步子，用手中的棍子有节奏地跺地板，其声音很大，同哭声、跳声汇合成巨大的声响，房子都被振得有些颤动。吊唁的人哭得很伤心，唱得很悲恸，跳得很沉重。吊唁人要唱挽歌，其内容主要是诉说死者的生平事迹以及死者对晚辈的关怀和教育，让后人更加怀念他。……

　　……

　　……安葬后三个月之内，死者的亲属不能吃辣子，不准唱调子，弹口弦。一年之内不能吃大蒜。妇女在九天死者为男性或七天死者为女性内不准梳头，要披头散发。勒墨人有一个习俗，凡碰到有人家办丧事，从报丧到安葬的数日之内，同村或附近村子的人家，不分家族、氏族，甚至民族，都禁止下地劳动、上山砍柴、撵山，甚至出远门。【《白族社会历史调查（三）·怒江傈僳族自治州碧江县洛本卓区勒墨人（白族支系）的社会历史调查》，页80—87】

　　老年人或患病死者用棺葬，请佛爷在家念经二至四日，请客吃饭，然后送至墓地埋葬。有坟，富有之家也立碑，上刻死者生辰年月日和生平事迹等，或用汉文，或用傣文。如被刀枪杀死、自杀、无疾暴死、难产死、肚子胀病死等，则火葬，盛骨灰于罐内，用布包封口，然后埋于土中，有坟堆。不满十五岁之儿童死，则用布包裹后软葬，然后在坟上插一把伞。在孟定，枪刀死及难产死则投入河中。死于傣历每月十五、三十日及日、月食者，则不能将其棺木停在家念经，而应及时入检抬至墓地，视死者家之财产多寡，决定在墓地念经日数，然后下葬。【《临沧地区傣族社会历史调查·耿马地区傣族社会历史调查》，页48】

　　班洪寨佤族实行土葬。葬有棺，是用圆木一段挖空为棺。葬地在寨外，紧靠寨子。除胡姓官家有单独的一块坟地外，其他各姓皆葬在一处，不分姓族。胡姓官家之所以有单独的一块坟地不与一般姓氏葬于一处，因为他们是"官家"，不能与百姓埋在一起。【《佤族社会历史调查（三）·沧源县班洪寨社会调查》，页18】

　　墓地可以在村落周围自己选择，一般是选择靠自己家房屋近旁的村边，而在海东小寨有的就埋在自己家房屋晒台下，这种习俗直到1965年还保持。但村头地方不能作墓地，他们认为村头是鬼生活的地方。全村男成员都要参加挖墓穴，至少要挖一点。死者的尸体由男成员抬，死者的随葬品由女成员背。举行葬礼这天，全村所有成员都前来参加。村中有凶死者专用的墓地。凶死者，在死后3—6日内必须埋葬。【《佤族社会历史调查（三）·孟连县腊雷区海东村佤族母权制残余调查》，页71】

　　人死后以木匣入殓，也要请全寨人及外寨亲友来吃饭……来做客的人，如果贫穷只帮点米，送点祭祀用纸，不送钱。人死后，要请佛爷来念经，安葬及"做七"（天）时，也要请佛爷来念经，但没有特殊的报酬。【《德昂族社会历史调查·潞西县三台山邦外德昂族社会经济调查》，页9】

十八　祭祀习惯

仲彝：祀祖，犹类华俗，多姓王。【《康熙平彝县志（10）·卷之三·地理志·风俗（附种人）》，页337】

黑倮倮：星回节列炬杀牲，祭其祖先，老幼围坐火下，或则跳鬼，饮酒为乐。【《康熙嵩峨县志（32）·风俗（附种人）》，页378】

窝泥：祭用牛羊。【《康熙嵩峨县志（32）·风俗（附种人）》，页379】

祭礼内分二种，一为祭神、一为祭祖：

（1）祭神：镇康未有文庙，祭孔夫子者，每年八月廿七日，由学校管教员率学生，各自为祭，地方绅民不与焉。小勐统、勐板等处，各建有关帝庙一座，每年五月十三日，又由地方绅民报会首，轮充祭祀。其余各地，有文宫者，则祭文昌；有观音寺者，则祭大士；且每村落建址一庙，瓦屋、草房，不拘简陋，内供山神、土地，或土主、财神，俱各按其种之圣诞而祭之。然汉人之每村落，建立一庙房，亦犹夷人之每村落建立一缅寺。凡此村落，居住之汉人或夷人，无论有喜忧二事，及其他一切应祷祈事件，皆用牲醴，或斋饭净茶，祭献此庙房或缅寺内。此系汉夷两族祭祀之分别者也。又有汉夷两族共同祭祀，极其诚敬信仰，素日崇拜，而不敢忽略者，则为稿种，俗称之曰"稿猛"，供奉稿猛之位置，必取村落附近，有深谷大林、古树参天之地，而保蓄障冲之。虽其林木有干枯之枝叶，无敢妄自攀折。在土司时代，自官长、首人至于百姓，过此稿林，要皆下马罗拜，稍有侮慢或亵渎，往往发生意外疼痛，人即以为稿神之谴怒。今虽改流，为恃未久，其沿习遗俗，犹有存者，每年四月初八日，各处祭稿，当其祭献期内，旅行之人不得冒闯其地，只宜绕道而过，此不独镇康为然，沿边一带皆然也。游斯土者，不可不知也。

（2）祭祖：祭先祖之礼，每年清明节祭扫坟墓一次，至十月初十前后名为"十月朝"，又祭坟墓一次。至于七月初一至十四，俗名"七月半"，由初一接招祖先之魂入家，每有饮食必先供献；至十四日，送出大门外，以为先人亡魂，曰"阴曹地府"也；此十四日内，焚烧九宝钱纸，且备具冥包，封宝钱、元宝于内，其外书明"某年月日、某省县村邑某人，虔备冥包一封，化奉某亡魂某人魂下，火中收用"等字。此识字人家之祭奉祖先也。至于不识字人家，多用银（定）［锭］钱纸，封成提包，呼亡人姓名，焚化祭献。本县祭先祖之通俗，诸多如此，至于夷族之祭其先祖，前已说明，在《丧礼》注内，不再冗录矣。【《民国镇康县志初稿（58）·第十七·礼俗》，页282—283】

祭祀：丰俭随力，竭诚以享，独是淫祀最多，愚民惑之。【《康熙楚雄府志（58）·卷之一·地理志·风俗》，页357】

祭祀：丰俭随力，竭诚以享，独是淫祀最多，愚民惑之。【《康熙黑盐井志（一）（67）·风俗》，页356】

云南府合属：祭祀礼俭随力，竭诚以享，独是淫祀甚多，愚民或焉宴饮。旧尚俭约，今稍奢靡，市井尤甚。【《康熙云南府志（1）·卷二·地理志之七·风俗》，页56】

祭：士夫立神主，置祠堂，四时致祭，随力丰俭，必竭其诚。墓祭惟春秋丁祭，以后合一族人祭之，其余省墓不拘时。【《雍正建水州志（一）（54）·卷之二·风俗》，页158】

祭礼：清明插柳墓祭，中元祭先于家，焚冥衣、楮镪、夜放河灯，十月朔祭墓，十二月二十四日祀灶。又祭祀丰俭随力，但多尚淫祀，今亦稍变。【《雍正白盐井志（67）·卷之一·风俗》，页7】

祭祀：岁时、伏腊、春秋祭祀用香楮灯烛，陈设牲醴，庸愚相习信巫，遇疾病，惟崇淫祀，不事医药。近行禁止，其风稍改，程石门尝注巫说，详言之。【《乾隆霑益州志（17）·卷之二·风俗》，页32】

祭祀丰俭随力，竭诚以享，淫祀甚多，愚民惑之。【《乾隆新兴州志（26）·卷之三·地理·风俗（附种人）》，页451】

白子……祭以丑月廿三日插山榛柏枝于门列。竹笼地上割烧豚，每笼各献少许，侑以酒食。诵彝经，罗拜为敬。【《乾隆新兴州志（26）·卷之三·地理·风俗（附种人）》，页452】

祭祀、宴会、尚习丰腆，夷民聚会赶街为期，群聚而饮，割生为食，汉乐同之。【《乾隆腾越州志（39）·卷三·风俗》，页41】

祭祖，以清明、六月、十一月土人庭前植一栗树，盛陈果馔、牲醴，用刀巴祝赞寄籍祭墓按葬祭用松栗，相传有道猎死者，其子寻之，年余得父死处，骸骨腐化，已生松柴，因取松葬而栗祭焉，后遂相沿成俗。【《乾隆丽江府志略（41）·礼俗略·风俗》，页251—252】

　　西番：一名"巴苴"……终年一栉洗，必宰牲祭祀。稍涉淫渎，众执而杀之。又夷中矫矫者。【《乾隆丽江府志略（41）·官师略·种人附》，页179】

　　祭礼，元旦祭祖，正月拜墓，清明、十月墓祭；七月初十至十四日谓为地官赦罪之辰，有接祖、送祖，冥衣包封之说，其事于礼无考，大抵亦属浮屠之教耳。秉礼之家，于清明、中元祭祀祖考，以尽春秋霜露之思，犹不失古人时祭之意。又十二月二十四日，祭灶。除夕，则祀室神，祀门与井；是夕，祀祖亦如元旦，盖亦五祀之遗意也。【《乾隆永北府志（42）·卷六·风俗》，页26】

　　祭祀：丰俭随力，竭诚以享，惟愚民间有惑于淫祀者。【《乾隆弥勒州志（58）·卷之九八·风俗》，页26】

　　祭礼：祀先，庶人祭于墓，士大夫祭于家庙。四时节序及生忌日祭于寝，祭者或会食于庙，或分胙而归。世家祭田，即以祖先在胜国时所食之禄田而增益之第。地近西竺，愚民惑于浮屠，又酷信巫道，淫祀甚多，一岁之中，斋醮不可胜计。此其弊也。【《嘉庆楚雄县志（59）·卷之一·天文地理志》，页27】

　　祭礼，丰俭随力，敬神惟谨。间有淫祀师巫祈祷，宜加禁止。宴会旧尚俭约，今生齿日顿，物力维艰，而饮馔服饰渐事奢靡。知节俭、尚古风者，仅十有五六矣。【《道光澄江府志（26）·卷十·风俗》，页166】

　　祭礼：因境遇丰啬无定仪，贫乏之家不惟其物。惟其仪，即杯酒、只鸡、脔肉，亦聊以致孝思。【《道光威远厅志（35）·卷之三·风俗》，页91】

　　黑仆喇：一名"普腊"……祭则用牛、羊、豕三牲，名曰"三乐"。【《道光广南府志（43）·卷二·风俗（附种人）》，页189—190】

　　祭祀之礼，无论士民，俱于正室设家堂供奉像设，朝夕焚香。释道家所谓神诞、佛诞之期，必斋沐祷祀，男妇皆然。大姓皆建宗祠，其无宗祠者，祭之于寝。【《道光大姚县志（一）（63）·卷二·地理志下·风俗》，页531】

　　祭祀首重祖先，愚民崇奉各项神祇，实为矫诬，宜更改。【《光绪呈

贡县志（3）·卷之五·风俗》，页123】

土僚语言、衣服皆仿汉人……农隙广编筛箕，入村落易之，非令节佳辰不轻宰杀，祀神于中霤，或在室隅，云以邀福，性颇悍戾有余，多健讼，不足多行窃，去苗子也远矣。【《光绪镇雄州志（8）·风俗》，页80】

吉凶之礼：祭礼必备，非绅士家，婚丧不用音乐。【《光绪续修嵩明州志（15）·卷二·风俗》，页17】

祭礼：岁时、伏腊、春秋祭祀用香楮灯烛，陈设牲醴。庸愚相习，信巫，遇疾病，惟崇淫祀，不事医药。近行禁止，其风稍改，程石门尝注巫说，详言之。【《光绪霑益州志（17）》，页342】

祭礼，元旦祭祖，正月拜墓，清明、十月墓祭；七月初一日祀祖，供献摆设其享，十四晚送祖，焚化冥衣、包封、锞锭，其事虽于礼无考，然滇俗中元节，迎送祖先，通省皆然，亦报本追远之意。秉礼之家，于清明、中元祭祀祖考，以尽春秋霜露之思，犹不失古人时祭之意。又十二月二十四日，祭灶。除夕，则祀室神祀门与井；是夕，祭祖亦如元旦。盖亦五祀之遗意也。【《光绪续修永北直隶厅（42）·卷二·食货志·风俗》，页272—273】

祭礼：清明，拜扫先墓，以鸡酒奠于墓门。六月，操豚蹄、盂酒置田头，以祭田祖。七月，祀祖先于初七、八日_{新丧者初一日}，迎神于门外，悬现任图像于中堂，设宴，朝夕祭奠。十五日送神于门外，以冥镪、楮钱盛于纸袋中，外填写祖先名讳，焚之。九月，超荐新故先祖。十月初，墓祭，如清明节之仪。腊月二十三日，祀灶。【《光绪镇南州志略（62）·卷二·风俗》，页406】

祭礼：《管楄姚州志》：块肉、双蛋，亦裸祀。（又）清明插柳墓祭。中元，祭先于家，焚冥衣、楮镪，夜放河灯。十二月二十四日，祀灶。【《光绪姚州志（63）·第一卷·地理志·风俗》，页35】

元旦于门前插松枝，铺松毛于地，亲朋往来贺岁，出行必向喜神，方为素食供天地、祖宗，燃爆竹，焚纸钱，献欢喜糖，以糇饵粉粢相馈送。元宵，煮汤圆，张灯火为烛，舞龙、狮子之戏；次日，以香纸焚僻处，谓之"走百病"。立春日，争取土牛、土书、吉语于门当，宜春字。

二月，迎佛，各乡演剧迎神，谓之"春台"。自正月起，俱各有其日。

上巳，取野中细菜花遍插于甑釜，厨灶用制黄螘。清明日，插柳于门，七日内拜扫先茔，礼数与正月、十月同。

立夏，插白杨于门，以灰洒房屋周围，名曰"灰城"，以辟虺毒。

四月八日，为浴佛会。是月也，莺栗实肥破浆取汁，远近穷民争来佣工，曰"赶烟会"。

端阳，插蒲剑，悬艾草，午时贴天师像，以五色丝为续命缕，系小儿胸前，饮雄黄酒，食角黍，及解暑辟恶之药，始插秧于田畔，竖竿悬小红黄旗数面，吹竽唱歌，得劝农，意有醵钱助者，谓之"栽丛秧"。

六月初一起，朝南斗以益算，至六日止，是日曝书及衣服。二十五日名"星回节"，束松柴为火树，燃之以吊慈善，或曰"以照岁"也，未知孰是。

七月初一起至十四日，供先祖，荐时食、香灯、菜果各备；新丧之家更为整齐，姻戚送纸包，主人设肴馔，剪纸为冥衣，七夕以盂贮水，取细针漂之，借月光映下，以觇巧拙。中元，作盂兰会，二十三日为河头会，于茈湖结彩舟，念佛演戏，往祀河头龙王，或曰此日为慈善殉节之期，故以吊也。

中秋，作月饼，设瓜果。

九月，朝北斗以益禄。

重九，饮菊酒，食糕。

冬至日，禁宰牲，作粉团餈饼相饷遗。重此日，如元旦禁忌有服及不详之人入室。

腊月八日，食粥，是月择日屠豕为脯及肝骨捏切如脍，和以面药，杂以椒姜加白酒酿之至，春取食谓之腊牲，其余造酱料作粉饵，为酒醴，皆趁腊水，乃不霉变而多香味。二十四日，祀灶神，以饴糖涂灶，谓封口舌。

除夕，画门神，户尉，贴门联；夜静以香纸茶酒饯岁，或曰"送祟"；是夜言语必慎，云恐有语识。【《光绪浪穹县志略（76）·地理志卷二·风俗》，页27—28】

查苗子一种……以十一月朔为年节，祀先以犬，每逢正月相扫挂坟。【《宣统恩安县志（5）·卷五·风俗》，页309—310】

查昭通黑、白月夷系出主奴……及四时则无常祭献飨之仪，只知沽酒宰牲，举家席地共饮为欢。【《宣统恩安县志（5）·卷五·风俗》，页308—309】

祭礼：士庶三月清明拜墓俗谓插柳，十月拜墓谓送寒衣，至有宗祠者，每年春秋次丁祭，或会食，或分胙。无宗祠者，祭于寝，遇先人生忌日亦祭于寝。六月廿四日，农家以鸡黍祭田，七月半祭祖焚冥褚即烧包封，八月新谷熟报赛祭先请，谓之尝新【《宣统楚雄县志（一）（59）·卷之二·风俗》，页347】

黑夷：拣骨于器，籍以竹叶、草根，用必磨裹，以锦缠、以彩绒置竹笋中，插篾篮内，供于屋角深暗处；三年祔于祖，供一木桶内，别置祖庙以奉之，谓之"鬼桶"，打牛羊犬祭其先谓之"祭鬼"以上祭礼。

白夷，《旧志》衣妆悉如黑种，丧祭婚娶亦同。【《民国宣威县志稿（二）（13）·卷八之四·民族志·礼俗》，页260】

苗子：每节序击铜鼓，吹锁［唢］（拿）［呐］，赛神，欢饮以上祭礼。【《民国宣威县志稿（二）（13）·卷八之四·民族志·礼俗》，页262】

祭礼，邑中名门望族始有祭祀，集合家老幼，敬诣祠堂，于神主前遵照祭典礼式，四时致祭。乃竭诚追远之微意也。中产以下之家，未建宗祠，则于家堂祖位前祭之。余详岁时。【《民国罗平县志（19）·卷之一·地舆志·风俗》，页539】

祭礼：士夫家立神主于祠堂，四时致祭，以竭其诚；其余墓祭在清明前、十月朔二祭。临期集子姓，合往祭之。【《民国陆良县志稿（一）（21）·卷之一·地舆志·风俗》，页99—100】

祭祀：清明祭扫先茔，冬至亦然；中元祀祖于家，俗谓之"接祖"；丰俭各随其力，竭诚以享；独是淫祀甚多，愚民惑焉，且有延巫觋祈祷，走无常，观亡魂者。【《民国宜良县志（一）（23）·卷二·地理志·风俗》，页153】

白子：祭以十月二十三日为期，植松枝于门外，布叶于屋上，割鸡烧豚，侑以醴酒，陈列地上，诵夸经而罗拜焉。【《民国续修马龙县志（25）·卷之三·地理·风俗（附种人）》，页161—162】

祭祀随力丰俭，竭诚以享，民间亦多淫祀。【《民国续修马龙县志（25）·卷之三·地理·风俗（附种人）》，页159】

《清职贡图》：窝泥……祭用牛，贫用猪，不记生而记死，每逢忌日，设牲祭于家，不出财不出户。【《民国元江志稿（一）（29）·卷二十·种人·窝泥》，页153—154】

《旧州志》：葬用火化。《蒙化府志》：倮倮……祭祖设尸族，认大宗，事尊长上……用次子，盖以私生子为嫌也，近亦渐有用长子者，祭品以牛为贵，陪祭者率数十人，葬用火化，媳以衣盛饭，自坟前洒至家。【《民国元江志稿（一）（29）·卷二十·种人·倮倮》，页149—150】

祭礼：葬后三日，具牲醴祭墓，名曰"复山"；小祥除服家祭并墓祭，忌辰惟家祭焉。家祭俱立木主及祠堂，四时致享，祭品无定，必竭其诚。墓祭每岁均在丁祭以后，谓之曰"扫墓"。【《民国景东县志稿（一）（32）·卷之二·地理志·风俗》，页650】

祭礼：顺邑沿习之祭礼，大别可分公祭、私祭二者，如祭祀孔圣、关岳、昭忠、节孝、乡贤、名宦及旧列典祀之坛、祠、宫、庙等是为公祭，详载民政典礼；至于祭祖、祭墓及丧祭等，是为私祭。兹分述之：

（1）祀祖先：俗例春、秋二季祀祖，盖取古春祀秋尝之意也。春季则有新年，期间之朝夕堂祭，及清明墙祭；秋季则有七月中元之家祭、祠祭等见《旧志》岁时。其祭祀仪式简略，先设肴馔、牲醴，陈于墓前或灵前，然后焚化香楮、冥钱，行跪拜礼。此外，正月及十月亦有祭墓者又名"扫墓"；其在正月谓之"拜新年"，在十月谓之"送寒衣"，皆具古人追远之意。祭墓之日，间有邀集亲朋，盛筵款待，猜拳、赌酒为乐者，殊失礼敬矣。

（2）丧祭：家祭，丧家于展奠前一日举行之，设祭品，备祭文，极尽哀思，或不用祭文而歌蓼莪之诗以代之，远乡此风尤盛；亦有于发丧日，天将曙时，举行者、孝眷哭泣尽哀，俗谓"哭五更"。至远近亲友，则多于展奠日致祭。

烧更纸：死后三日，夜间设祭品，烧冥钱，谓之"烧更纸"，俗谓"死者于是夜上望乡台，过此即不复见"。故其子孙籍表眷恋之情也。

一七，即人死后七日，赴土主庙，设祭品，烧冥纸。二七，即人死后十四日，赴城隍庙，设祭品，烧冥纸。五七，即人死后三十五日，延道士接亡，讽经礼忏、烧化纸、包冥钱，设祭送亡。此种道场多则七日，就便超度过去亡人；少则起落三日，仅荐拔现时死者。凡属女孝眷，均着素服。次日，诣东岳庙，烧纸致祭，虽赤贫之家，亦多为之。

周年：人死三年，延道士讽经礼忏，接亡设醮，虔诚致祭，亦纪念之意也。然此系富足人家，始能为之；至如贫家小户，则仅祭亡人，烧冥钱而已。

除服：人死三年，子孙承重孙孝服期满，仍请道士讽经礼忏，设醮超荐，致祭如仪。脱去孝服，换贴红色门联，穿着颜色服帽，家庭中焕然更新，无复有居丧气象。惟以后堂上供奉神主或祖先牌位，朝夕焚香，岁时祭献_{见《旧志》岁时}。

（3）杂祀：祀"天地"，堂中供天地牌位，附以"君亲师"。民国以来，有改为"天地国亲师"，或"天地亲师"者，朝夕焚香礼拜；除夕、元旦_{见《旧志》岁时}佳节吉期，均设牲醴，跪拜致祭。

祀土主、山神：农村每于四时，捐资集会，备具享神牲醴祭献。

祀东岳、城隍：昔日公祭，今祠庙已毁，公祭早废，但民间犹有就废址或山野设祭者。

祀财神：农历三月十五日及七月二十二日，商人向例醵金集会，酬祀财神，藉此宴饮。

馆祭：川黔会馆祭川主黑神，江西会馆祭萧公，两湖会馆祭禹王及寿佛，两粤会馆祭乡贤，太和会馆祭观音，屠业、理发、染业、成衣业、木匠、石匠、泥水匠、银匠等之祭祖师_{见《旧志》岁时}，均设牲醴拜祭，其仪式与家庭中之祀天地同。【《民国顺宁县志初稿（二）（37）·卷九·礼俗》，页219—222】

土佬：土佬乃滇南原有之种族也……家设神堂香火。【《民国马龙县志（一）（45）·卷二·风俗志》，页226—227】

耕耤：每岁季春，遵奉部文，择吉祭先农坛，各官穿朝服行礼。毕，换蟒袍补服，诣耕耤所，知州秉耒，吏目执青箱，播种行耕。时以彩系牛，老农牵引，农夫二人扶犁，俱九推庶人终亩耕。毕，给以花红，各官与宴，名曰"劳酒"。【《民国石屏县志（一）（51）·风土志第六·礼仪》，页524—525】

祀典：文庙、崇圣祠、文昌_{祀尊经阁上，按后有文昌宫专记}、魁神_{祀阁下}、名宦乡贤_{以上俱祀丁日分献致祭}、风云雷雨山川社稷城隍_{俱上戊日祭}、先农_{雍正五年建设，三月亥日致祭，行耕籍礼}、关帝_{雍正五年追封，三代曾祖光昭公、祖裕昌公、父成忠公位于后殿，每岁春秋二仲月奉部定期致祭}、群厉_{死而无后者则祭之，每岁清明、七月十五、十月初一，凡三祭}。以上旧志，今俱罕存，姑照录之。【《民国石屏县志（一）（51）·风土志第六·礼仪》，页526—527】

祭礼：《管志》：块肉、双蛋，亦褅祀。（又）清明插柳墓祭。中元，祭先于家，焚冥衣、楮锭，夜放河灯。十二月二十四日，祀灶。《王志》：十月，祀先墓祭。《采访》：春正，亦墓祭；著姓有宗祠者，清明集族人

祭祖于宗祀。彝人清明、十月，亦扫墓祭祖。【《民国姚安县志（66）·礼俗志第七·风俗》，页244】

祭祀：祭祀之礼，如清明插柳墓祭，中元祭先祖于家，焚冥衣及楮镪，十月复墓祭，腊月二十四日祀灶，春分、秋分祀宗祠。滇中旧俗大略相同，若夫国之典礼，上丁祭孔，上戊祭关岳，以及五月十三日祭关圣，八月二十七日祭孔圣，亦均从同。此外，如土主、郡主、圣母、盐龙皆特别有祭，祭尤奢靡，皆地方习惯之使然也。【《民国盐丰县志（69）·卷之三·地方志·风俗》，页314】

丙祭祀：

（1）汉、回族祭祀与内地同。

（2）藏族，绝对奉佛，故无论贵贱，均以念经点灯，供佛施僧为最大功德。其有力者，尝斋银数千万两，亲赴拉萨敬上供养于达赖敦皇，退而向三大寺礼拜佛像，点酥油灯五千碗，或一万碗，再退而布施三大寺僧家每僧一枚藏元，或填造半间，其次者亦必数百千元之款赴中甸归化寺或百鸡寺、大宝寺各处点一千碗、五千碗酥油灯，布施全寺喇嘛一千二百二十五名，每名银币二角或五角。而住宅内，贫富均有经堂供奉释迦佛、宗喀巴像，其外即杀牛牲，延僧念经送鬼，绝不祭祀天地神祇，亦不供奉祖宗木主。但于冲要路口砌石为墩，中树木轴以象塔形，一般僧、民争取平清石片，刻一二句藏经或藏文之"南无阿弥陀佛"六字，甚或仅刻"南无"二字，靠于木轴以为功德。来往必向左行，俗呼为"嘛呢堆宝"，即"塔"也。复于村落附近之高山，或森林密茂处筑一石，以烧天香，而住宅之屋角、墙头亦必筑一烧香台，每日烧香一次或二次，其名曰"烧天香"。然实为供养十方诸佛之意，非祭天也。

（3）摩些族。所在村落必于附近高阜筑一天坛，定于每岁旧历正月初四、五、九日，集众醵金延请东跋①杀牲祭天一次。嗣秋收前，又择日祭天一次。其祭天之东跋必须先期选定。凡遇人畜病疫死亡，即延请东跋于大树或岩石下念经，或祭风或送鬼招魂；每次必用一豚或一羊、一鸡，故有一日而杀数豚者，其住宅中不祀任何神祇或祖宗、父母木主。

（4）倮倮族，不祭任何神祇，仅于父母死后，削一木刻，逢午节，则以牲醴祭之。

---

① 又写作"东巴"。

　　力些族，祭祀在山中则祭山神，即以猎获之麂獐兔鹿为祭品；在家祭祖则仍用线香、猪羊之属，惟不立神主或任何牌位。

　　(5) 苗族，祭天地、祖先，用猪羊香花。【《民国中甸县志稿(83)·下卷·风俗》，页48—49】

　　祭礼：邑之汉与夷人对于祭礼，素所习惯与平日崇拜者，元日具香烛茶果之属，祀天地神祇；仲春，有家庙者祀祖；清明上坟拜扫，汉夷均同。土人，六月初具香果酒肉祀祖并祀天地。七月半，汉人焚楮钱，具酒食果糕祭祖。十月，上坟送寒衣。汉夷均同。冬至日，夷人祀天地。岁除日，具酒馔果饵祀祖。汉夷均同。【《民国维西县志（83）·第十七·礼俗》，页296—297】

后　记

　　本书是笔者 2012 年主持的教育部人文社会科学研究规划基金项目"云南少数民族民商事习惯及适用问题研究（立项编号：12YJA820027；结题编号：2018JXZ2390）"的研究成果之一。课题自 2012 年立项后，由于各种原因，课题一直没有有效展开，但作为课题的基础性工作，笔者组织和动员了多位硕士研究生参与资料的收集工作。自 2015 年以来，参与史料收集的学生有牛亚慧、于全青、曹雪、唐国昌、张艺等。其中，唐国昌和张艺参与了两个方面的收集工作，唐国昌主要从事云南地方史志丛书收集，张艺完成了 20 世纪 50、60 年代民族大调查时收集的各种资料选辑工作。笔者对他们收集到的近百万史料进行了反复的分类、编排、点校、注释。最后，笔者根据收辑史料的性质把它们分为 18 类，张艺根据 18 种分类再次对民族大调查资料进行重新辑录。整个成果编排、分类、标点、注释工作由笔者完成。在完成这一工作后，焦磊和张艺对整理出的资料进行了较为详细的校对。

　　云南历史上少数民族众多，社会历史文化较为丰富。很多少数民族现在在日常生活中还有很多风俗习惯影响着他们的日常生活。当前国家对基层社会治理中，不管是村规民约还是家规族训等的建设，都需要对各少数民族和地区的社会历史风俗习惯有所了解。可以说，本书让这些工作有了较为全面的资料，同时，也解决了研究者和实务者阅读、查寻这些资料的困难。

　　我们对历史上涉及云南的历史文献、地方史志和民族调查材料等近200 多种文献资料进行了选辑，选出了 1565 条资料。很多云南历史文献中用字繁杂，术语规范性差，其中大量地志，特别是清朝中后期和民国时期的地方志多是手抄本，用字上异体字十分多，这让一般阅读者使用较为困难。我们针对这些问题，对涉及的地名、族名、异体字、繁体字等进行了必要解释和处理。同时，为了让研究者方便核对原文，我们标出摘录所在的版本、页码等信息。

此书出版首先感谢谢云南大学林文勋教授的支持，因为本书属于史料整理研究中的"大部头"成果，需要大量经费支持，若没有林文勋教授对本人学术研究价值的认可，是无法获得出版支持的。本书在经费上受到云南大学一流大学建设"国家高端智库建设项目"的支持；其次，感谢在此书整理校对过程中参与的老师和同学的辛勤工作；最后，感谢中国社会科学出版社任明老师的长期支持和帮助，让本书得以顺利出版。

胡兴东

2019 年 8 月 23 日于昆明